KB138029

다가오는
유럽의
위기와
지정학

■ ■ ■ ■ ■ ■ ■

인간이 전쟁을 하는 이유는, 인간이 바보여서도 아니고

역사에서 교훈을 얻지 못해서도 아니다.

인간은 고통이 닥치면 이를 감지한다.

인간이 싸우는 이유는 싸워야 하기 때문이다.

현실이 그들로 하여금 싸울 수밖에 없게 만들기 때문이다.

■ ■ ■ ■ ■ ■ ■

조지 프리드먼

브렉시트, 유럽연합의 와해 그리고 독일 문제의 재부상

다가오는 유럽의 위기와 지정학

GEORGE
FRIEDMAN

조지 프리드먼 지음 | 홍지수 옮김

FLASH
POINTS

김앤김북스

FLASH POINTS

Copyrights © 2015, 2016 by George Friedman

All right reserved

This translation was published by KIM&KIM BOOKS in 2019 by arrangement with Doubleday, an imprint of the Knopf Doubleday Publishing Group, a division of Penguin Random House LLC through KCC(Korea Copyright Center Inc.), Seoul

이 책은 (주)한국저작권센터(KCC)를 통한 저작권자와의 독점계약으로 김앤김북스에서 출간되었습니다.
저작권법에 의해 한국 내에서 보호를 받는 저작물이므로 무단전재와 복제를 금합니다.

다가오는 유럽의 위기와 지정학
브렉시트, 유럽연합의 와해 그리고 독일 문제의 재부상

초판 1쇄 발행 2020년 1월 10일
3쇄 발행 2022년 3월 31일

지은이   조지 프리드먼
옮긴이   홍지수
펴낸이   김건수
디자인   이재호 디자인
펴낸곳   김앤김북스
출판등록 2001년 2월 9일(제12-302호)
주소   서울시 마포구 월드컵로42길 40, 326호
전화   (02) 773-5133 I 팩스 (02) 773-5134
E-mail apprro@naver.com
ISBN   978-89-89566-78-6 (03340)

FLASH POINTS

한국의 현재 전략적 입지를 이해하려면 북한, 중국, 일본, 그리고 무엇보다도 미국과의 관계를 파악해야 한다. 한국은 놀라운 경제성과를 거둔 동시에 중요한 지정학적 문제를 안고 있는 작은 나라다. 한국만큼 규모가 작고 생산성 높고 취약한 나라는 거의 없다. 한국의 취약성을 이해하려면 위에 언급한 나라들과 그들이 추구하는 이익이 뭔지 이해해야 한다. 그들이 한국의 입장을 규정하기 때문이다. 그들의 입장을 파악하려면 2008년으로 거슬러 올라가야 한다.

역사적으로 볼 때 세계 자본주의 체제에는 낮은 임금으로 비용을 적게 들여 상품을 만들고 이를 자국보다 선진화된 국가에 수출하는 나라가 적어도 하나는 존재했다. 1890년대에는 미국이, 제2차 세계대전 후에는 독일, 일본, 한국이 그 역할을 했다. 어느 시점에 다다르면 규모가 큰 수출국들은 위기점에 도달한다. 내수로 소화할 수 있는 정도를 훨씬 능가하는 거대한 생산 체제를 구축하게 된다. 수출은 산업화를 위한 유용한 토대에서 고용과 사회 안정을 유지하기 위해 절실히 필요한 것으로 바뀌게된다. 어느 시점에 다다르면, 그들의 상품을 소비하는 국가들은 책정된 가격으로 소비수준을 유지하지 못하거나 안 하게 된다. 1980년대 말에일본에서 바로 이런 현상이 일어났다. 일본은 수출을 줄이기 위해 자국의 금융 체제와 경제의 상당 부분을 구조 조정해야 했다.

1990년 이후 중국이 저비용 저임금 수출국으로서 일본을 대체했다.

으레 그렇듯이 미국과 중국 두 나라는 공생관계로 출발했지만 중국이, 이전에 일본이 그랬듯이, 대미 수출을 급격히 늘리면서도 미국의 수출품에 대해서는 자국 시장을 굳게 걸어 잠그면서 두 나라 간의 관계에 긴장이 높아졌다. 2008년 세계 금융 위기가 중국에 위기를 초래했고 중국은 여기서 완전히 회복되지 못했다. 수출국은 소비국의 소비역량이나 의지에 볼모 잡히기 마련이다. 중국의 주요 고객은 미국이었고 금융 위기로 갑자기 미국의 수요가 줄었다. 이는 중국 경제에 대단한 압박을 가했고 미국이 중국을 훨씬 더 경계하게 만들었다.

미국은 제2차 세계대전을 계기로 대서양과 태평양을 모두 장악하게 되었다. 그 덕에 미국의 국가안보가 보장되었고 마음만 먹으면 세계무역을 통제할 힘을 얻었지만 그 힘을 사용하지 않았다. 그러나 미중 간의 경제적 긴장이 고조되면서 중국은 미국이 이 힘을 사용할지 모른다는 두려움을 느끼게 되었고 이 때문에 또 다른 국면의 긴장이 조성되었다. 중국이 남중국해와 동중국해를 장악하기로 했기 때문이다.

이 두 바다를 에워싼 작은 섬들은 중국에게 전략적 위협이 된다. 미국이 중국을 봉쇄하고 세계 시장에 대한 접근을 차단하는 데 이 섬들을 이용할지 모르기 때문이다. 미국 해군은 중국 해군보다 훨씬 막강하고, 중국은 미국이 해군력을 이용해 중국의 경제를 불구로 만들 역량이 있는 예측불가능한 나라라고 여긴다. 따라서 중국은 남중국해와 동중국해를 장악하려고 무던히 애써왔지만 번번이 실패했다. 중국이 섬들 중 일부를 장악하면 미국이 중국을 봉쇄하기가 훨씬 어려워진다. 마찬가지로 필리핀 같은 나라와 협정을 맺으면 전략적인 문제가 해결된다.

이러한 입장에서 중국이 벗어나려 하면 미국에게 위협이 된다. 미국은 제2차 세계대전에서 태평양을 장악하게 되었고 미국에게 태평양은 아시아 열강을 견제하는 완충지대다. 중국이 봉쇄를 뚫으면 태평양에서 중국의 선택지가 확대된다. 남중국해와 동중국해를 미국이 장악하면 미국의 선택지가 확대된다. 둘 중 그 어느 나라도 이러한 선택지를 사용하고 싶지 않을지 모르지만, 두 나라 모두 상대방의 의도가 뭔지 확신할 수 없다.

이런 식으로 무역 문제와 해상권 문제가 서로 얽히고설키게 된다. 북한의 위협도 마찬가지다. 중국이 북한의 핵무기 개발을 어느 정도나 도왔는지 불분명하다. 그러나 북한이 핵무기를 개발하면 중국은 이득을 본다. 미국은 북한이 미국을 공격할 역량을 지니게 되는 상황을 용납할 수 없다. 동시에 그 어떤 군사행위도 남한에게는 재앙이 될 가능성이 높다. 북한은 정권의 생존을 보장하기 위해 핵 역량을 확보하려는지도 모르지만, 이는 추측일 뿐, 장담할 수는 없다.

이 때문에 미국은 곤란한 처지에 놓였고 이런 상황에서 중국은 여러모로 이득을 본다. 첫째, 미군이 발이 묶인다. 둘째, 미국은 북한과의 협상에서 중국의 중재자 역할에 의존하게 되고 중국은 이를 이용해 미국에게서 양보를 얻어낸다. 셋째, 미국이 한국과의 관계를 바꿀 여지가 생긴다. 미국은 철수라는 선택지를 갖고 있다. 하지만 한국은 그럴 선택의 여지가 없다. 미국이 철수하면 중국은 한국을 자기 쪽으로 더 가까이 끌어당길 수 있다.

미군 철수 가능성을 무시해서는 안 된다. 미국은 이미 유럽에서 어느 정도 철수했다. 중동에서의 개입도 줄였다. 미국은 현재 서태평양 지역에 집중적으로 관여하고 있지만, 자국의 필요에 적합하게 관여할 지역을 재조정하고 있다. 미국이 철수하든 하지 않든 이 지역, 특히 미국의 동맹국들은 미국이 철수하는 경우에 대비해서 대책을 마련해야 한다.

가장 위험에 노출되는 나라는 일본이다. 일본은 원자재를 모두 수입한다. 미국이 철수하면 중국은 수출을 봉쇄하고 일본의 양보를 강요할 입장에 놓이게 된다. 바로 이 때문에 일본은 군사 역량을 강화해야 하고, 이는 일본의 해군력과 공군력을 통해 실현된다. 일본은 이제 장거리 군사 역량을 강화할 방안을 탐색하고 있다. 미국의 철수에 대비한 게 틀림없다. 이는 물론 동북아 지역에서 힘의 균형을 재조정하는 효과가 있다.

바로 이런 맥락에서 한국의 입장을 살펴보아야 한다. 한반도는 분단되어 있고 중국과 일본 사이에 놓여 있다. 역사적으로 이 때문에 한반도는 대단히 어려운 처지에 놓여왔고 이는 분단으로 인해 가중되었다. 한국은 공해에 접근해야 하는데, 중국이나 일본은 뜻밖의 상황에서 한반도를 고립시킬 수 있다.

한반도 분단 상황 때문에 한국은 두 가지를 해야만 한다. 우선 국방비를 국익을 지킬 수 있는 해상력을 강화하기보다는 북한을 막는 데 쏟아부어야 한다. 이런 점에서, 한국은 미국에 의존해야 하지만, 일본과 마찬가지로 태평양에서 자국 이익을 지킬 역량을 신장해야 한다. 이 문제의 해결책은 뻔하다. 북한과 타협하고 군사비를 해군력과 공군력을 강화하는 데 집중적으로 투자해 중국과 일본이 한국의 이익을 위협하는 역량을 제한해야 한다.

문제는 북한은 정권유지가 초미의 관심사라는 점이다. 한국과의 화해가 북한에게 아무리 솔깃한 선택지라고 해도, 실현될 가능성이 없다. 한편으로는 한국과의 화해는 북한에 엄청난 경제적 이익을 안겨준다. 그러나 바로 그러한 이익은 북한 정권을 불안정하게 만들지 모른다. 한국이 북한에 영향을 미치고 북한의 문화를 바꿔놓게 되기 때문이다. 북한이 한국을 통해 더 잘살게 되면 정권이 위태로워진다. 따라서 북한 내부의 역학관계는 항구적인 평화를 불가능하게 만들고, 따라서 한국의 군사력은 북한을 막는 데 집중할 수밖에 없다.

한국의 전략적 입지는 악화되어왔다. 중국과 일본은 각기 다른 이유로 자국의 전략적 역량을 강화하고 있다. 북한에서 뜻밖의 사태가 발생할 가능성은 상존한다. 따라서 한국은 각기 나름으로 불안감을 느끼는 세 개 세력들 사이의 틈바구니에 놓여 있고, 상황은 점점 예측불가능해지고 있다. 게다가 한국은 먼 과거에 이 세 나라들과의 관계가 원만하지 않았고, 지금도 그러하다.

여기서 다시 미국으로 시선을 돌리게 된다. 미국은 유럽 주둔군을 감축해왔고 북대서양조약기구에서의 책임도 줄여왔다. 유럽 동맹국들이 자기 몫을 다하지 않는다고 인식하기 때문이다. 유럽은 군사비를 충분히 지출하지 않고 미국이 그들의 안보를 보장해주기를 바란다. 미국은 중동 지역에 주둔하는 군사력을 줄였다. 그 지역에서 17년 동안 싸워왔지만 믿을 만한 동맹을 만들지 못했기 때문이다. 심지어 터키 같은 오랜 동맹국들도 믿지 못하게 되었다.

따라서, 미국이 자국의 노출을 줄이고 있는 것은 사실이지만, 주로 동맹국들에게 의지할 수 없다고 생각하는 지역들에서 노출을 줄이고 있다. 서태평양 지역에서는 얘기가 다르다. 이 지역에는 미국의 동맹이어야만 하는 나라가 하나 있다. 한국이다. 한국은 미국이 동맹으로서 필요하다. 잠재적인 적국들에 둘러싸여 있기 때문이다. 미국은 한국이 필요하다. 태평양 지역에 대한 장악력을 유지해야 하기 때문이다. 한국은 일본과 중국에게 위협받을 가능성이 있다. 그러나 미국과 동맹관계인 한국은 일본과 중국을 위협하므로 동북아에서 안정적인 상황이 조성된다. 미국은 분명히 일본과의 관계를 지속하기를 바라고 아마 앞으로 그럴 가능성이 높다. 그러나 한국과의 공고한 관계는 미국의 국익을 보장한다.

한국과 미국은 이 지역에서 깊은 상호 이익이 존재한다. 일본이 앞으로 어떻게 행동하든 상관없이 한국과 미국의 공동 이익은 여전히 존재한다. 그러나 두 나라의 관계는 서로 노력해야 유지된다. 미국은 오래전부터 전략적 관계의 경제적인 측면에 대해 우려를 표해왔다. 이는 새로운 현상이 아니다. 예컨대, 1980년대 말 미국과 일본은 깊은 갈등을 겪었다. 최근에는 미국과 중국의 관계가 눈에 띄게 악화되었다. 1980년대의 일본이나 오늘날의 중국과는 달리, 한국은 미국 국민이 부정적으로 인식하지 않는다. 미국을 위협하는 나라로 보지 않는다는 뜻이다. 한국을 손 좀 봐야 한다고 미국 국민이 압박을 가하지 않는다는 뜻인데, 바로 이 점이 한국의 국가안보의 토대를 구성한다. 한국에게 가장 중요한 관계는 미국과의 관계다. 한국의 이익은 앞으로도 그 토대를 유지해야 지켜진다. 그 토대는 어느 한 나라, 또는 두 나라 모두에서 여론이 부정적인 방향으로 돌아설 경우 위험에 처한다. 북한과의 문제에서 한국은 반드시 미국과 공조해야 한다. 그러나 그보다도 훨씬 더 한국에게 중요한 점은 미국과의 경제적 관계를 잘 관리하는 일이다. 이게 바로 지정학이 두 나라 관계를 뒷받침하는 상황이다. 경제적 관계가 지정학적 관계를 약화하지 않도록 하는 게 중요하다.

제2차 세계대전이 끝난 이후로 한국은 눈부시게 발전해왔다. 중국과는 달리 한국은 경제개발을 하는 과정에서 근본적인 위험에 직면하지 않았다. 일본과는 달리 한국은 극심한 경제적 위기를 겪지 않았다. 어느 나라나 그러하듯이 한국도 정치적 경제적 문제를 겪었지만, 그 파괴력은 이웃나라들이 겪은 정도에 비하면 훨씬 덜했다. 한국이 풀어야 할 숙제는 지정학적 현실이 변하는 지역에서 이러한 상태를 유지하는 일이다. 미국과의 관계가 유지된다고 해도 한국은 이제 이 지역에서 훨씬 비중 있는 행위자로 부상하게 된다. 중국과 일본이 변모함에 따라 한국은 훨씬 민첩해져야 한다. 과거에 민첩하지 않았다는 뜻이 아니라 상황이 훨씬 더 민첩함을 요구한다는 뜻이다. 북한의 경우, 북한과의 지속적인 대화는 논의할 가치가 있을지 모르지만 큰 기대는 하지 않는 게 좋다. 북한이 현재의 상태에서 탈피하려면 격변을 통해서만이 가능하고, 북한에서 격변이 일어나면 지금 당장은 한국에게 이익이 되지 않는다.

조지 프리드먼

지정학적 관점과 현실주의 국제정치학의 관점을 정교하게 혼합한 분석 방식을 통해 굵직한 국제 문제들의 미래를 날카롭고 정확하게 예측해 온 미국의 국제정치학자, 지정학자 그리고 미래학자인 조지 프리드먼 박사는 그 조상의 뿌리를 중부 유럽에 둔 헝가리 출신 유대인이다. 프리드먼 박사가 이제껏 저술한, 세계의 주요 분쟁 지역이나 분쟁 이슈를 주제로 한 책들이 그의 지적 탁월함을 반영했던 것과는 달리, 이 책은 자신의 뿌리가 되었던 유럽을 주제로 하고 있으며, 그와 그의 부모님들의 살아온 인생 역정의 쉽지 않았던 경험담까지 들려주고 있다. 그래서 이 책은 프리드먼 박사의 다른 국제정치학 책들과는 달리 서정적인 느낌이 들고, 마치 인문학 서적을 읽는 느낌조차 든다.

프리드먼 박사의 가족이 죽음의 위협이 항상 함께했던 유럽으로부터 탈출하여 미국으로 이주하는 험난한 과정의 이야기는 한 명의 저명한 국제정치학자가 탄생되는 과정의 이야기이기도 하다. 국제정치학은 제1차 세계대전의 잔인한 결말에 경악한 유럽의 지성인들이 시작한 학문으로, 그 역사가 100년 정도밖에 되지 않는다. 유럽적 원천을 가진 학문이지만 제2차 세계대전 이후 국제정치학의 압도적 중심지가 된 나라는 미국이다. 국제정치를 잘 알아야 세계의 리더 역할도 잘 수행할 수 있기 때문이었다.

제2차 세계대전 이후 미국의 대학들에서 국제정치학을 연구하고 가르

16

쳤던 위대한 학자들 대부분이 중부 유럽 출신이거나 유대인 출신이었다는 사실은 익히 알려진 이야기이며, 프리드먼 박사는 비록 그의 연배가 선구적인 국제정치학자들보다 약 20여 년 정도 젊다고 해도, 전후 미국의 국제정치학이 중부 유럽적인 뿌리를 갖고 있는 학문이라는 사실을 증거하는 또 하나의 사례이다.

전쟁의 대륙이라 불릴 정도로 전쟁이 빈발했던 유럽대륙에서 전쟁이 발발할 때마다 가장 중요한 전쟁터가 되었고, 따라서 가장 먼저 피해를 입을 수밖에 없었던 지역이 중부 유럽이다. 서유럽의 강대국들인 프랑스, 독일은 대전쟁을 일으킬 때마다 동쪽의 거인 러시아를 공격의 표적으로 삼지 않은 적이 없었다. 그래서 중부 유럽에서 어린 시절을 보냈던 다수의 미국 국제정치학자들은 태생적으로 국제정치를 절절하게 경험했던 사람들이다. 중부 유럽에 위치한 약소국들이었던 헝가리, 폴란드, 체코슬로바키아 등은 독일, 프랑스, 러시아 같은 강대국들이 싸우면 언제라도 속절없이 전쟁의 참화를 제일 먼저 겪어야만 했던 나라였다. 이들 국가에서 세계적인 국제정치학자들이 많이 배출되었다는 사실은 놀라운 일이 아니다.

또한 탁월한 국제정치학자들 중 유대인들이 많은데, 그 이유는 유대인들이 2000년 이상 나라 없이 살아오면서 국제정치를 '객관적 시각'으로 바라볼 수 있는 혜안을 가지게 되었다는 데서 나온다. 프리드먼 박사가 헝가리 출신 유대인이라는 사실은 그가 세계적인 국제정치학자가 될 수 있었던 필연적인 배경이었을지도 모른다.

필자가 미국 텍사스 대학원 정치학과 유학 중 전쟁론이라는 과목을 수강할 때, 잭 리비(Jack Levy) 교수께서 수강 학생들에게 반드시 먼저 읽고 수업에 참여하라고 정해준 책이 마이클 하워드(Michael Howard) 교수가 저술한 『유럽 역사에서의 전쟁War in European History』이었다. 현대 전쟁의 근원이 유럽적인 것이었기에 마이클 하워드의 책은 전쟁을 연구하려는 모든 학도들이 맨 처음 읽어야 할 책이었다.

만약 필자가 지금 현대 국제정치 강의를 담당하게 된다면 학생들에게 프리드먼 박사의 『다가오는 유럽의 위기와 지정학Flashpoints』을 반드시 먼저 읽고 수업에 참여하라고 요구할 것이다. 이 책은 현대 국제정치의 원형이 된 유럽 국제정치의 진면목을 적나라하게 묘사하고 설명해주기 때문이다. 또한 유럽 국제정치를 역사적으로 설명하면서 현재 진행 중인 상황을 분석하고 동시에 미래를 예측하고 있다. 프리드먼 박사가 이 책에서 활용한 분석방법과 시각, 그리고 유럽 국제정치의 다이내믹한 측면들에 대한 묘사와 설명은 현대 국제정치를 분석하고 이해하는 데 그대로 사용될 수 있는 도구라고 할 수 있다.

프리드먼 박사가 저술한 책들은 마치 스파이 소설 같은 『미국의 비밀 전쟁America' s Secret War』(2005년)에서부터, 미래를 보는 눈을 열어주는 『100년 後The Next 100 Years』(2010년)와 『21세기 지정학과 미국의 패권전략The Next Decade』(2012년), 미국이 향후 막강한 해군력을 통해 세계 제1의 제국으로 남아있을 것임을 과감하게 예측한 『전쟁의 미래The Future of War』(1998년), 그리고 심오한 정치사상을 다룬 초기 저술인 『프랑크푸르트학파의 정치사상The Political Philosophy of the Frankfurt School』(1981년)에 이르기까지 그 종류가 다양하고 내용도 심오하다.

특히 프리드먼 박사의 초기 저술이 정치사상과 이론에 관한 책이라는 사실은 그가 정치이론에도 정통한 국제정치학자라는 사실을 증거한다. 그리고 그의 방대한 정치사상, 역사, 인문학적 지식이 가장 뚜렷하게 드러나는 국제정치학 저술이 바로 독자들이 읽으실 이 책, 『다가오는 유럽의 위기와 지정학Flashpoints』이다.

이 책은 원서의 제목처럼, 유럽이 머지않아 일촉즉발의 화약고 상태가 될 수 있다고 분석한다. 유럽연합에서 탈퇴하려는 국가들로 인해 유럽의 현상(status quo)이 위협받고 있고, 경제 불황과 난민 유입은 유럽연합을 약화시키고 있으며, 캅카스 지역을 놓고는 러시아와 터키가 경합을 벌이는 등 유럽이 점차 분열과 분쟁으로 나아가고 있다는 것이다.

프리드먼 박사는 이 같은 사안들을 설명하기 위해 책을 3개 부분으로 구성했다. 제1부에서는 세계가 자신을 발견하고 변화시킨 곳이 유럽인 까닭은 무엇이고, 어떻게 그런 일이 일어나게 되었을까라는 질문들에 답한다. 제2부에서는 장엄한 유럽 문명을 고려해볼 때, 어떤 결함이 있기에 31년(제1차 세계대전이 발발한 1914년부터 제2차 세계대전이 끝난 1945년까지 이어진 살육의 시대)으로 이어졌고, 이 31년은 어디서 비롯되었을까라는 질문들에 답한다. 마지막으로, 제3부에서는 이러한 의문들에 대해 생각해본 다음, 유럽의 미래를 전망하고 어느 지역이 잠재적인 화약고가 될지를 예측한다.

살육이라고 말해도 될 잔인한 전쟁으로 점철된 31년을 경험한 유럽인들은 1945년 이후 다시는 같은 역사를 반복하지 않겠다는 각오로 새로운 방식의 국제정치를 구축하기 시작했다. 과거의 악몽을 되풀이하지 않기 위해 국가의 주권을 일부 제약하는 유럽연합을 만들었다. 유럽연합은 유럽 국가들을 친밀하게 결속시켜 어떤 나라도 평화를 깨거나 다른 나라를 두려워할 이유가 없는, 풍요로운 곳으로 만들기 위한 취지에서 출범한 것이다. 그런데 과연 유럽은 평화의 대륙이 되는 데 성공했는가? 프리드먼 박사는 이 같은 질문에 낙관적이지 않다.

프리드먼 박사는 가장 중요한 의문은 유럽에서 갈등과 전쟁이 사실상 사라졌는지, 아니면 잠시 숨을 고르고 있는 것인지 여부라고 말한다. 유럽대륙이 세계 정치경제에서 차지하는 비중을 보았을 때, 또다시 이 대륙에서 일련의 전쟁이 발생한다면 그것은 유럽뿐만 아니라 세계가 변하는 큰 사건이 될 것이라고 본다. 유럽이 과거 31년뿐만 아니라 그 이전에 갈등으로 점철된 기나긴 천 년을 과연 극복했는지에 대한 답이 미래를 가늠하는 핵심적인 요소라고 말한다. "우리는 지금 유럽이 실행한 실험을 경험하고 있다. 인간이 만든 모든 제도와 마찬가지로 유럽연합도 심각한 문제들을 겪고 있는데, 현재로서는 대부분 경제적인 문제들이다. 유럽연합은 "평화와 번영"을 위해 창설되었다. "번영이 사라지면, 또는 일부 국가들에서 번영이 사라지면 평화는 어떻게 될까?" 프리드먼 박사는 바로 이 질문들에 답하기 위해 이 책을 저술했다고 말한다.

프리드먼 박사는 유럽을 연구하고 책을 쓰게 된 개인적 경험에 대해서도 국제정치학적 통찰력이 철철 흐르는 말로 표현하고 있다. "미국인으로서 나는 만사가 인간이 내리는 결정으로 이루어지는 세계에 살았다. 유럽인으로서 나는 역사의 산사태가 인간을 짓누르면 인간이 내린 결정은 아무 의미가 없는 세계에서 살았다. 미국인으로서 나는 세계에 맞서는 법을 터득했다. 유럽인으로서 나는 세계를 피하는 법을 터득했다." 프리드먼 박사의 이 독백은 팍스 아메리카나 시대의 국제정치의 특성과 본질을 말하고 있다.

"삶은 그리 단순하지 않다. 대학원에서 나는 독일 철학에 몰두했다. 유대인으로서 나는 의도적인 국가 정책으로서 어린이를 살해하는 사람들이 어디서 비롯되었는지 알고 싶었다. 그러나 냉전 시대에 나는 유럽에 관한 의문이 소비에트에 관한 의문으로 바뀌었다는 사실을 깨달았고, 소비에트인은 독일인 못지않게 내 삶에 큰 영향을 미쳤다." 프리드먼 박사의 이 독백은 국제정치학이 얼마나 심각한 학문인지, 그리고 이 책의 내용들을 얼마나 심각하게 받아들여야 할지에 대한 증거다. 결국 국제정치학은 국가의 삶과 죽음을 다루는 학문인 것이다.

제1장은 나치 독일의 잔악성에서 간신히 살아남은 저자의 아버지가 생

존을 위해 벌인 처절한 인생사를 묘사한다. 독일의 압제에서 간신히 살아남자마자 소련의 압제가 시작되었고, 프리드먼 박사의 아버지는 미국으로 이주하겠다고 결심했다. "아버지는 생존이 불확실한 지역에서 사는데 넌더리가 나 있었다. 아버지는 미국으로 가길 원했다. 그 이유는 지정학적이었다. 미국은 캐나다와 멕시코 두 이웃나라가 있는데 둘 다 약했다. 아버지는 약한 이웃나라들과 접한 강한 나라에 살고 싶었다. 그리고 나치든 공산주의자든, 당신과 당신 가족을 죽여야 할 만큼 깊은 신념을 지닌 그 어떤 이도 없는 나라에서 살고 싶었다."

"아버지에게 세상은 단순했다. 유럽은 늑대와 늑대가 잡아먹으려는 사람들로 가득한 곳이었다. 미국은 두려워하지 않는 사람들로 가득했다. 아버지에게는 그 사실만으로도 충분했다. 인생에서 더 바랄 게 없었다. 아버지는 나치가 시작한 만행을 뒤이어 계속한 러시아인들을 절대로 용서하지 않았다. 아버지에게 유럽은 괴물과 부역자들과 피해자들로 가득한 곳이었다. 아버지는 헝가리나 유럽을 다시는 찾지 않았다."

프리드먼 박사가 전하는 아버지에 관한 이야기는 그가 세상을 분석하는 기본적 도구로 지정학과 권력정치(Power Politics)를 활용하게 된 근원적 계기가 되었다. 그리고 그는 지정학과 권력정치라는 분석틀을 가지고 유럽에 닥쳐올 그다지 밝지 않은 미래를 분석한다. 프리드먼 박사는 유럽연합이 과거는 정리되었고 스스로의 의지로 악마를 퇴치했으며 악마도 교훈을 얻었다고 확신하고 있는 것 같지만, 역사는 그렇게 극복하기 쉽지 않다고 말하며 유럽의 어두운 구석을 논한다. 유럽의 어두운 구석, 즉 프리드먼 박사의 아버지가 "진짜 유럽의 모습이 숨어 있다고 여겼던 바로 그 부분" 말이다.

프리드먼 박사는 제1장에서 가족사를 다루면서 이 책 전체를 관통하는 관점 혹은 분석틀을 제시했고, 나머지 장들에서 유럽 각 지역의 특성들을 역사와 지정학적 측면에서 상세하게 다루고 있다.

제2장은 유럽이 지난 500년 동안 세계를 정복해 나가는 과정의 적나라한 모습을 그린다. 유럽의 공격에 의해 문명의 방벽들은 박살이 났다. 유럽인들에 의해 하나의 인류라는 개념도 태어났다. 그리고 그것은 유럽인들의 지배 하에서 혁명적인 힘이 되었다. 그러나 그것은 잔인했다. 세계를 정복하고 하나의 인류라는 개념을 확산시키는 데는 그만한 대가가 따랐다. 유럽 제국주의의 직접적인 영향으로 얼마나 많은 사람들이 목숨을 잃었는지는 아무도 모른다. 제국을 구축하는 4세기 동안 1억 명이 사망했다고 추산하는 전문가들도 있을 정도다. 유럽이 세계를 공격하며 제국주의를 확장해 나갈 수 있었던 원인과 과정에 대한 저자의 분석은 사건의 단순한 나열을 넘어서는 풍부한 역사 철학적인 해석을 제시하고 있다. 프리드먼 박사의 말대로, 이 책은 단순히 세계를 물리적으로 정복한 유럽의 이야기가 아니라 세계에 대한 유럽의 집착과 그 세계를 소유하려는 갈망에 대한 이야기이다.

제3장의 제목은 '유럽 정신의 분열'인데, 프리드먼 박사는 이 장에서 "유럽의 정신은 머지않아 유럽의 지리처럼 분열되었고, 결국 유럽은 제국과 영혼을 모두 잃게 되었다."라고 주장한다. 유럽에서의 신학, 과학, 정치학 등의 발전이 유럽과 세계 역사에 미친 과정이 지식 혹은 인간 지혜의 발달사처럼 정리되어 있는 부분이다.

3개의 장을 통해 1부를 마친 저자는 제2부에서 제1차 세계대전이 시작된 1914년부터 제2차 세계대전이 종결되는 1945년까지 31년 동안의 유럽을 다루고 있다. 제4장에서는 제목 그대로 인간들이 도살장의 동물처럼 죽어나가는 처절한 모습이 그려진다. "아무도 무슨 일이 닥칠지 예상하지 못했다. 뜬금없이, 1914년 8월, 유럽은 도살장으로 변했다. 1945년 무렵까지 1억 명이 죽었고 수많은 이들이 부상을 당했으며, 대륙 전체가 전쟁의 후유증을 앓았다. 파괴의 규모와 속도는 전례가 없었다. 계몽주의의 중심지 유럽, 인간의 정신이 가장 고양되었던 본거지인 유럽에서 이런 일이 일어나리라고는 아무도 예상하지 못했다. 당시에 유럽이라는 곳이 지옥이라는 나락에 떨어졌다는 사실은 400년 전 이 지역이 세계와 인류를 변모시키기 시작한 지역이라는 사실만큼이나 경악스러웠다. 20세기에 유럽은 31년 동안 이어진 전례 없는 만행으로 그동안 이룬 업적을 모조리 탕진했다."

두 차례의 세계대전 결과 탕진된 모습의 유럽이 제5장의 주제다. 유럽은 기진맥진했지만 새로운 강대국이 출현했다. 유럽인의 눈으로 보기에는 변방의 촌놈이던 미국이 유럽을 대신하는 존재가 되었다. 프리드먼 박사는 "미국인들은 영국에서 처음으로 자신이 보잘것없다고 느끼지 않았다."라고 썼다.

미국과 더불어 나타난 새로운 강대국은 소련이었다. 지리적으로 유럽에 속해 있지만 유럽이 아닌 듯 인식되던 러시아는 소련이라는 새롭고 막강한 나라가 되었다. 미국이 없다면 소련은 유럽 반도의 나머지 지역을 군사적으로 정복하게 될 게 틀림없었다. 유럽 어느 나라도 그들을 막지 못할 것이기 때문이었다. 소련은 강력한 공산당을 통해 정치적 영향력을 행사함으로써 나머지 유럽을 약화시키는 동시에 자신의 힘을 막강하게 강화하고 있었다. 미국이 이런 일이 일어나도록 내버려 둘 리가 없었고, 따라서 미국은 제1차 세계대전 때처럼 신속하고 완전하게 철군한다는 생각을 버려야 했다. 기진맥진한 유럽은 두 개로 쪼개져 미국과 소련의 대결장이 되어갔다. 유럽이 핵전쟁조차 가능한 화약고가 되어버린 것이다.

제6장은 전쟁 후 미국이 유럽을 부흥시키기 위한 정책을 다룬다. 다른 말로 소련과 싸우기 위해 더욱 강한 유럽의 도움이 필요했던 미국이 강

한 유럽을 만들기 위해 어떻게 노력했는가에 관한 분석이다. 미국을 위시한 서구 진영은 자본주의가 공산주의보다 훨씬 생산적이고 국민들에게 훨씬 나은 삶을 살게 해준다는 사실을 증명하고 싶었다. 무엇보다도 미국은 혼자서 소련을 방어하고 싶지 않았다. 미국은 유럽인들을 재무장시키고 싶었고, 그러려면 유럽의 경제가 튼튼해져야 했다. 미국은 계획을 세우기 시작했다. 마샬 플랜과 북대서양조약기구 등 유럽 통합에 관한 제 방안들이 만들어졌다. 이 과정에서 프랑스, 영국을 비롯한 유럽 국가들이 보였던 협력과 반발의 이야기가 분석적으로 제시된다.

많은 사람들이 유럽은 평화로운 곳이 되었다고 분석한다. 미국과 유럽인들의 노력으로 유럽은 세계 어느 곳보다 평화로운 대륙이 되었다고 보는 것이다. 그러나 프리드먼 박사의 분석은 다르다. 그는 다가올 유럽의 미래를 말하면서 자신의 아버지 이야기를 다시 인용한다. "아버지에게 세상은 단순했다. 유럽은 늑대와 늑대가 잡아먹으려는 사람들로 가득한 곳이었다. 미국은 두려워하지 않는 사람들로 가득했다 … 유럽은 절대 변하지 않는다. 그저 아무 일도 없었다는 듯이 행동하게 된다고 했다." 프리드먼 박사가 2016년 이 책을 출간하며 유럽을 아직도, 그리고 미래에도 일촉즉발의 화약고처럼 묘사한 이유가 바로 자신의 아버지의 관점에 동의하기 때문이다.

프리드먼 박사가 이 책에서 정말 하고 싶은 말들은 제3부에 있다. 프리드먼 박사는 이 책에서 3가지 큰 문제를 제시했는데 첫째, 유럽은 어떻게 정치적으로, 군사적으로, 경제적으로, 지적으로 세계를 지배하게 됐을까? 둘째, 1941년부터 1945년 사이의 기간 동안 유럽이 이러한 지배력을 잃게 만든 결함은 무엇일까? 셋째, 1945년에 뒤이은 평화의 시대가 유럽의 미래 모습일까, 아니면 유럽은 과거로 되돌아갈까이다. 프리드먼 박사는 마지막 질문에 답하기 위해 첫 두 질문을 제기했고, 이 책을 쓴 이유는 마지막 질문에 답하기 위해서라고 말한다.

프리드먼 박사는 냉전이 끝난 후 새 유럽의 서막을 상징하는 마스트리히트 조약 이야기로 제3부를 시작한다. 그는 냉전 직후 유럽의 풍경을 평화에 대한 낙관적 기대 대신 전쟁이 발발한 현실을 묘사한다. 마스트리히트 조약을 통한 유럽연합의 창설은 발칸 반도와 캅카스 지역에서 전쟁이 시작된 시점과 맞물려 있다. 1990년대 발칸 반도에서 25만여 명의 인명피해가 발생했다. 캅카스에서는 아르메니아-아제르바이잔 전쟁으로 11만 5,000여 명이 사망했고 수십만 명이 삶의 터전을 잃었다. 마스트리히트 조약이 이 전쟁들을 야기하지는 않았고, 전쟁 당사국들은 유럽연합 회원이 아니었다 해도 유럽연합이 창설된 때는 전쟁의 시기이기도 했다. 실제로 1945년부터 1992년까지의 기간보다 유럽연합이 창설된 이후로 전쟁이 더 많이 일어났다. 유럽인들은 이러한 전쟁들이 유럽의 전쟁이 아니라고 부정했지만, 그 전쟁들은 유럽의 전쟁이었고, 평화가 얼마나 성취하기 어려운 것인지를 증명했다. 프리드먼 박사는 유럽이 위기에 직면해 있고, 이는 쉽게 해결할 수 있는 문제가 아니라고 주장한다. 그는 유럽연합이 무너지고 있으며, 다시 균형을 되찾기는 불가능한 일일 것이라고 주장한다.

이 같은 주장을 바탕에 깔면서 프리드먼 박사는 유럽의 문제는 이제 또다시 '독일의 문제'가 되었다고 본다. 독일이 무엇을 원하고, 무엇을 두려워하고, 무엇을 하고, 무엇을 하지 않으려 할지가 문제라는 것이다. 이는 유럽의 해묵은 문제이며 유럽에서 가장 오래된 문제와 궤를 같이한다. 바로 다음 전쟁은 언제 시작되고, 어디서 치러질 것인가 하는 문제다. 독일 통일은 31년 전쟁으로 이어졌다. 그 후 45년 동안 독일은 분단되어 약화된 상태였는데 그동안에는 평화로웠다. 이제 독일이 다시 통일되었고 유럽의 맹주가 되었다. 유럽연합이 실패하고 협력 구조가 와해되면 유럽이 스스로를 사분오열시킨 예전의 구조로 돌아갈지 여부가 문제라는 것이다.

그 다음으로 프리드먼 박사는 유럽의 여러 지역들을 지정학적으로 구분한 후 각 지역에서 발발할지도 모를 분쟁의 위험을 역사적, 국제정치학적, 지정학적 분석을 통해 설명한다. 상트페테르부르크와 흑해의 가장 깊숙한 연안에 위치한 도시 로스토프 온 돈(Rostov on Don)을 직선으로 연결한 선의 동쪽인 '유럽 본토'와 그 서쪽인 '유럽 반도' 사이의 갈등, 러시아와 그 경계지역들 사이에 나타날 수 있는 분쟁 요인들, 프랑스, 독일, 그리고 오래전부터 두 나라의 경계지역이었던 곳들에서 나타날지 모르는 분쟁 가능성, 이슬람과 독일 사이에 위치한 지중해 유럽 지역에서의 분쟁 가능성 등이 그것이다.

차후 유럽의 강대국으로 부상할 것으로 예상되는 터키의 국내 및 국제 정치 상황에 대한 프리드먼 박사의 분석은 2019년 10월 초 미국이 시리아 북부 주둔 미군을 철수시킴으로써 터키 정부가 시리아 북부의 쿠르드족을 공격하는 것을 암묵적으로 허락한 사건을 이해하는 데 기본적인 지식을 제공한다. 터키 영내에 거주하는 쿠르드족은 7,500만 명의 터키인들 가운데 20퍼센트가 넘는다. 그들은 터키의 동쪽 지역에 집중되어 있고 국경 너머의 쿠르드족들과 관계를 맺고 있기 때문에 터키에게 상당히 큰 문제를 안겨준다. 제1차 세계대전이 끝나고 쿠르드족 국가를 창건하자는 진지한 논의가 있었지만 실현되지 않았다. 지역의 맹주들인 이라크, 터키, 시리아 등이 모두 결연히 반대했기 때문이다. 그러나 쿠르드족도 당연히 저항했다. 유럽 변방에 사는 그들은 여러모로 이례적인 민족이었지만 자신들의 권리를 주장하기 위해서 기꺼이 폭력에 의지했다. 이 쿠르드족이 2019년 가을, 미국의 중동정책을 시험하는 뜨거운 감자인 것이다.

터키 동쪽에는 쿠르드족 말고도 아르메니아인이라는 화약고가 하나 더 있다. 오스만 제국이 몰락한 후 터키인들은 방어 가능한 경계를 구획해야 했고, 그 결과 필연적인 인종청소가 뒤따랐는데, 이 과정에서 수많은 아르메니아인들이 죽임을 당했다. 아르메니아인들은 그 참사를 잊지 않고 있고, 터키인들은 그 사실을 인정하지 않으려 한다. 이 또한 조건이 맞을 경우 폭발하게 될 화약고가 아니겠는가?

현재로서는 지중해는 더 이상 전쟁터는 아니다. 이따금 이스라엘이 행동을 하거나 이스라엘을 겨냥한 사건들이 일어날 뿐이다. 그러나 지중해가 잠잠한 기간은 그리 오래가지 않을 것이다. 지중해와 지중해를 둘러싼 육지는 그냥 가만히 내버려 두기에는 가치가 너무 높기 때문이다.

영국 해협은 늘 그래왔듯이 유럽 반도와 거리를 유지하게 하고 영국으로의 접근을 차단한다. 그러나 이제 영국 해협을 무색케 하는 터널이 영국과 유럽 반도를 연결하고 있다. 이 모순은 영국의 역사와 전략에 근본적인 의문을 던진다. 과거 영국은 유럽 반도에서 일어나는 일들에 관여하고 싶을 때만 선택적으로 관여했다. 주변에서 벌어지는 일에 태연해할 여유가 없는 프랑스나 독일과는 달랐다. 영국은 프랑스, 독일과의 경제적, 군사적 관계를 좌지우지했고 영국의 이익을 위해 반도의 상황을 규정할 재량이 있었다. 영국은 자국이 지원하는 국가를 이 나라에서 저 나라로 갈아치우면서 끊임없이 균형을 도모했고, 반도가 내부 문제에 몰두하게 만들어 영국의 안전을 확보했다. 그러나 지금 영국은 더 이상 유럽에서 힘의 균형을 유지할 역량이 없다. 따라서 영국은 미국에게 도움을 요청하고 미국이 이룩하는 성공에 묻어가려 한다. 미국과 긴밀한 관계를 유지함으로써 영국은 유럽연합에서 가장 막강한 경제 국가는 아니지만, 자신의 몸집보다 더 큰 타격을 날릴 수 있다. 미국이 영국을 지원할 태세가 되어 있기 때문이다. 그 결과 영국 해협은 화약고가 아니라 잠잠한 경계지역으로 남게 된다. 그러나 벨기에가 분단된다면, 프랑스의 정치가 극단적으로 방향을 선회해 극우나 극좌 정당이 장악한다면, 상황은 폭발적으로 변할지도 모른다.

이처럼 유럽의 각 지역을 역사, 문화, 국제정치학, 그리고 지정학적으로 분석한 프리드먼 박사는 "유럽의 갈등의 역사는 절대로 끝나지 않았다."라는 강력한 결론을 내린다. 유럽의 기본적인 구조는 똑같다는 것이다. 1945년부터 1991년까지의 냉전 시대는 평화로운 시기였지만 이는 유럽인들에 의해 달성된 평화가 아니었다. 평화는 미국과 소련이 강제했던 것이었다. 1991년부터 2008년까지의 기간이야말로 유럽이 이룬 성과다. 그러나 오로지 이례적으로 풍요롭고 독일이 통일에 골몰하던 시기에만 유럽인들은 전쟁을 피할 수 있었다. 유럽연합에 대해 지나치게 높은 기대가 유럽연합의 진정한 면모를 드러내고, 독일에 대한 불안이 확산되고, 러시아가 전열을 가다듬기 시작한 2008년 이후부터 유럽은 시험에 들고 있다.

그 결과가 유럽을 규정하게 될 텐데, 어떤 결과가 나올지는 예측하기 어렵다는 게 프리드먼 박사의 잠정적 결론이다. 다만 그는 유럽에서 과거 31년 같은 대재앙이 일어나리라고 예상하지는 않는다. 프리드먼 박사의 현실주의 국제정치학은, 유럽은 더 이상 세계대전을 일으킬 지역은 아니라고 결론 내린다. 그는 "유럽에서 전면전이 일어난다면 놀랄 일이다."라고 말한다. 그러나 유럽에는 여전히 크고 작은 화약고들이 있으며, 전쟁은 언제든 다시 일어날 수 있다고 본다.

유럽의 역사를 자세히 살펴본 프리드먼 박사는 작금 유행하는 전쟁 이론들을 격파하는 주장으로 책을 마무리한다. 전쟁은 인간의 바보 같은 행동의 결과이며, 전쟁은 역사에서 점차 소멸되고 있는 현상이라는 주장들이 득세하는 상황이지만, 프리드먼 박사의 다음과 같은 결론이 더욱

28

설득력 있어 보인다.

"인간이 전쟁을 하는 이유는 인간이 바보여서도 아니고 역사에서 교훈을 얻지 못해서도 아니다. 인간은 고통이 닥치면 이를 감지한다. 인간이 싸우는 이유는 싸워야 하기 때문이다. 현실이 그들로 하여금 싸울 수밖에 없게 만들기 때문이다. 유럽인들은 여전히 인간이고 그들은 여전히 다른 이들이 지금 직면한 것과 같은, 그들이 과거에 직면했던 끔찍한 선택지들을 마주하게 된다. 그들은 전쟁과 평화 사이에서 양자택일을 해야 하고, 과거에 그랬듯이 이따금 전쟁을 선택하게 된다. 끝난 것은 아무것도 없다. 인간에게 중요한 것은 절대로 끝나지 않는다."

정말 좋은 책이라고 생각하며 이 책을 읽었다. 이 좋은 책이 한국어로 번역되어 나온다는 사실은 즐거운 일이 아닐 수 없다. 특히 '유럽의 역사와 전쟁'에 관한 책이 희귀한 상황인 한국의 지적 풍토에서 이 책이 간행된 것은 학술적으로도 값어치 있는 일이 아닐 수 없다. 이 책의 가치를 잘 판단하고 한국어판을 출간해준 김앤김북스에 감사를 드린다.

이 책은 영어로 된 책이라면 그것이 소설이든, 과학 서적이든 불문하고 탁월한 한국어로 옮겨놓을 수 있는 특급 번역가 홍지수 선생의 작품이다. 홍지수 선생은 미국 컬럼비아 대학교 대학원과 하버드 대학 케네디 행정 대학원에서 국제정치학을 전문적으로 공부한 국제정치학도다. 홍지수 선생은 프리드먼 박사의 책을 마치 원래부터 한국말로 쓰여진 책처럼 바꾸어놓았다. 우리 학생들과 국민들이 가능한 한 많은 국제정치학 책들을 읽어야 한다고 역설하고 살면서도 정작 우리나라 국민들이 쉽게 구입해서 읽을 책을 많이 만들지 못하고 살아온 국제정치학도의 한 사람으로서 국제정치학 전문 출판사인 김앤김북스와 탁월한 번역가 홍지수 선생을 만난 것은 행운이 아닐 수 없다.

국제정치학은 온 한국인의 필수과목이다. 그리고 프리드먼 박사의 이 책은 한국인의 필독서 중 하나로 강력히 추천할 수밖에 없는 책이다.

이춘근(한국국가전략포럼 연구위원)

『다가오는 유럽의 위기와 지정학』이 출간된 지 1년이 되었고, 이 책을
기획한 지는 몇 년이 지났다*. 그 사이 우리는 유럽에서 일어난 수많은
갈등을 목격했고, 이 책의 기본적인 취지는 변하지 않았다.

유럽이 유럽연합을 창설한 이유는 두 가지다. 하나는 유럽의 번영을
유지하기 위해서이다. 다른 하나는 역사를 통틀어, 특히 1914년부터
1945년까지의 31년 동안 유럽을 갈기갈기 찢은 전쟁의 재발을 방지하기
위해서이다. 유럽연합은 2008년 위기가 발생하기 전까지는 선전해왔지
만 그 이후로 집단 경제 체제는 갈등에 휩싸였고, 그 갈등의 대가는 공평
하게 배분되지 않았다. 독일은 선전한 반면 남부 유럽은 빠져나오기 불
가능한 침체에 빠져 있다. 그 결과 유럽은 분열되었고, 이 분열은 점증하
는 민족주의**, 지역적 참사, 점증하는 외국인 혐오 정서를 낳고 있다. 이
책에서 논의되는 화약고들이 다시 살아나고 있다.

---

* 이 책은 2015년 미국에서 처음 출간되었고, 2016년 앵커북스판으로도 출간되었다―옮긴이.
** "nationalism"은 "민족주의"로 번역이 굳어져 있다보니 이 책에서도 "민족주의"로 번역했다.
그러나 국가가 다민족으로 구성된 경우에 "nation"은 피를 나눈 집단인 "민족"을 의미하기보다
역사와 문화, 언어, 가치관을 공유하는 집단인 "국민" 또는 "국가"를 의미한다. 따라서 오늘날
서구 진영에서 부상하는 "nationalism"은 "국민주의"나 "국가주권주의"로 번역하는 게 바람직
하다. 영국의 브렉시트(Brexit) 찬성파, 즉 초국가적인 중앙권력인 유럽연합의 통제에서 벗어나
국가 주권을 되찾겠다고 주장하는 이들을 "nationalist"라고 일컫는다―옮긴이.

지난해(2014년)에 그리스 위기, 이민 위기. 지중해에서의 긴장, 러시아
와 러시아 서쪽에 위치한 이웃국가들과 미국 간에 갈등이 고조되었다.
무슨 일이 벌어지고 있는지 여기서 간단하게 짚고 넘어가자.

그리스 위기는 위기가 맞지만 그리스만의 위기가 아니었다. 이는 훨씬
폭넓은 문제, 독일과 나머지 유럽이 어떻게 공존할 수 있는가에 대한 문
제다. 1871년 통일된 이후로 독일은 유럽에 문제를 안겨왔다. 경제적으
로 독일은 늘 역동적이었다. 그러나 바로 그 이유 때문에 독일은 늘 불안
해했다. 오래전부터 독일은 경제를 유지하기 위해 수출에 크게 의존해왔
다. 특히 유럽으로의 수출에 의존해왔다. 이러한 의존성 때문에 독일은
다른 나라들이 독일 상품을 사지 않을까봐, 독일의 경제력에 위협을 느
낀 나라가 공격할까봐 두려워한다.

독일의 두 번째 두려움은 당장은 표면화되지 않고 있지만, 독일은 정
말로 유럽 시장을 잃을까봐 두려워하고 있다. 유럽연합은 독일 수출의
절반을 흡수하고, 독일의 총수출은 GDP의 절반을 차지한다. 따라서 독
일은 어떤 대가를 치르더라도 자유무역지대를 유지해야 하고 독일의 수
출 환경을 최적화하기 위한 수단들—유로와 브뤼셀의 규제—을 유지해
야 한다. 그리스가 빚을 갚지 않고도 멀쩡하다면 스페인 같은 다른 나라
들, 특히 이탈리아 같은 나라는 똑같은 길을 선택하게 된다. 채무 불이행
은 자본 통제를 뜻하고, 자본 통제에는 무역 제한이 수반된다. 이는 독일
의 머리에 총을 겨누는 셈이다.

그리스는 빚을 갚을 능력이 없다. 채무 불이행은 일어나게 되어 있다.
그러나 독일은 채무 불이행이 야기할 고통을 극심하게 만들어서 그리스
가 그런 선택을 하지 못하게 만들어야 한다. 그리스가 그래도 채무 불이
행을 선언한다면 상당한 고통을 감내하게 해서 아무도 그리스를 흉내낼
엄두도 내지 못하게 만들어야 한다. 그리스를 눈감아준다고 해도 독일이

나 유럽은 전혀 피해를 보지 않는다. 그리스는 유럽 총 경제의 2퍼센트밖에 차지하지 않는다. 그러나 그리스를 눈감아주면 유럽이 추구하는 프로젝트 전체를 위험에 빠뜨리는 선례를 남기게 된다.

그리스에 대한 결정은 유럽에 다른 여러 위험들을 제기하고 있다. 독일이 그리스를 혹독하게 대하면서, 독일이 나머지 유럽에 비해 상대적으로 풍요롭다는 사실과 더불어, 독일에 대한 깊은 반감이 두 개의 서로 다른 영역에서 조성되고 있다. 첫째는 정부 대 정부다. 프랑스 대통령이 독일 총리를 만날 때, 양측은 더 이상 유럽연합 공동의 목표를 위해 노력하는 유럽의 서로 다른 지역에서 온 두 명의 유럽 지도자로서 만나지 않는다. 프랑스 대통령은 프랑스의 의견을 독일 총리에게 전달하고, 독일 총리는 오직 독일만을 대변한다. 여전히 유럽 전체를 대변하려고 애쓰는 지도자들이 간혹 있지만, 유럽연합은 다수의 공동지도자들이 있는 단일한 통일체가 아니라 각자의 이익을 다투는 경연장이 되고 있다.

국가 차원에서 분열되는 현상과 더불어, 대중 사이에서도 유럽연합에 대한 반감이 높아지고 있고, 그리스, 스페인, 프랑스, 영국 같은 나라들에서는 좌익 진영은 물론이고 특히 우익 진영에서 유럽연합에 반대하는 정당들이 부상하고 있다. 여론과 이러한 신흥 정당들은 기존의 정부가 독일과 다른 사안들에 대해 훨씬 강경한 노선을 취하라고 압박하고 있다.

이러한 문제들과 더불어 유럽에는 무슬림 문제도 있다. 무슬림 지역사회에서 비롯된 테러공격들은 무슬림에 대한 반감과 무슬림들을 받아들이지 않으려는 정서를 불러일으켰다. 게다가 북아프리카와 중동에서 벌어진 전쟁을 피해 지중해를 건너오는 무슬림 난민이 쇄도하면서 많은 유럽인들이 경계하고 있다. 이러한 두려움 때문에 유럽인들은 유럽연합과 나머지 세계와의 경계, 그리고 유럽연합 내에서의 국경을 통제하라고 지속적으로 요구하고 있다.

이 책에서 자세히 다루었듯이, 지중해는 유럽의 핵심적인 화약고로 손꼽히고 있고 과거에 천 년 이상 화약고였다. 유럽은 압도적으로 그리스도교도였고, 북아프리카와 중동은 압도적으로 무슬림이었다. 과거에 군대들이 지중해를 건너고 지중해를 포위했었다. 무슬림은 이베리아를 정복하고 비엔나까지 진군했다. 유럽인들은 중동과 아프리카를 지배했다. 『다가오는 유럽의 위기와 지정학』이 출간된 이후 이주자들의 물결이 지중해를 건너고 지중해를 둘러쌌다. 유럽에 피난처를 찾아서 말이다. 유럽인들은 그들이 들어오지 못하게 막을 방법을 모색했다. 군대를 동원하지는 않았지만 지중해는 여전히 유럽을 지키는 중요한 방어막 구실을 하고 있다.

제1차 세계대전이 끝나고 오스만 제국은 붕괴했고 근대화된 터키만 남았다. 영국과 프랑스는 이 제국의 상당 부분을 떠맡았고 레반트를 구성하는 근대국가들을 탄생시켰다. 미국이 이라크를 침공한 후 이 나라들은 해체되기 시작했다. 정부는 불능상태가 되거나 내전에 휘말리면서 여러 파벌로 갈라졌다.

그중에는 칼리프가 통치하는 나라, 이슬람 율법 하에서 기능하는 지도자가 통치하는 초국가적 국가를 건설하는 게 목표인 파벌도 있다. 몇 년 전만 해도 이러한 생각은 상상하기 어려웠고, 여전히 실현 가능성은 희박하지만, 더 이상 상상하기 불가능하지는 않다. 이 지역은 자체적으로 재조직화하게 되고 이번에는 유럽이나 미국이 상당히 관여하게 되며, 그과정에서 지중해와 지중해 연안을 따라 위치한 화약고들에 다시 불이 붙게 된다. 난민이 급증하고 있는 현상은 단순히 이 지역에서 벌어질 보다 심각한 대결의 전조현상일지도 모른다. 그러나 이러한 난민 쇄도는 유럽의 민족국가 정서의 핵심을 파고들고 있다. 유럽인들은 다양한 문화적 배경을 지닌 사람들의 대거 이민을 감당할 능력이 없다. 『다가오는 유럽의 위기와 지정학』이 보여주듯이 유럽 국가는 미국과는 전혀 다른 토대 위에 구축되었다.

다시 불붙을 조짐이 있는 또 다른 화약고는 러시아와 유럽 반도 사이의 경계지역이다. 이 지역은 『다가오는 유럽의 위기와 지정학』이 처음 출간되었을 때 이미 불이 붙어 있었는데, 지난해(2014년—옮긴이)에 열기가 식었다. 제1막은 끝났지만 연극은 끝나지 않았다. 제1막에서 러시아는 친서방 성향의 잘 무장된 우크라이나라는 위험에 정면으로 맞섰다. 미국과 중부 유럽은 러시아가 우크라이나로 진입하여 유럽을 위협하는 상황을 두려워했다. 사실 러시아군은 대대적으로 우크라이나를 침공할 처지가 아니었다. 미국은 중부 유럽에 군 배치를 시작하면서도, 우크라이나에는 군 훈련교관들만 파견했다. 독일은 동쪽에서 충돌이 일어난다는 생각에 소스라치게 놀랐다.

따라서 이 화약고는, 수사를 빼면, 비교적 잠잠해왔다. 그러나 그러한 정적(靜寂)은 영원히 지속되지 않는다. 양측 모두 우크라이나 변방에서 군사력을 증강하고 있고 그 지역에서 각자 최소한 하나의 또 다른 대결—강도가 어느 정도일지는 불확실하다—을 맞을 준비를 하고 있다. 이와 동시에 나는 제2막이 시작되기 전에 수년 동안 긴장이 잦아들리라고 예측한다.

그리고 마지막으로, 『다가오는 유럽의 위기와 지정학』의 말미에 언급했던 국가 해체의 과정이 진행되고 있다. 영국에서 열리는 선거는 영국이 유럽에서 탈퇴하는 관문을 열고, 스코틀랜드가 영국에서 이탈하려는 움직임을 재차 확인한다. 그런 투표 결과는 5년 전에도 상상하기 어려웠을지 모른다. 스코틀랜드-잉글랜드 분열은 유럽 도처에서 나타나는 분열의 징후이고, 장기적인 분열을 야기하는 가장 큰 위협은 러시아에서 비롯된다.

이러한 해체의 과정은 2015년 11월 파리에서 발생한 사건들 때문에 강력한 추진력을 얻었다. IS(Islamic State)가 세 개의 목표물을 겨냥해 최대의 사상자를 내도록 설계된 복잡한 작전을 실행했다. 그리고 그 작전은 성공했다.

첫 번째로 우리가 목격한 바는 지중해의 화약고가 아주 흥미로운 방식으로 활성화되었다는 점이다. 중동에서 전쟁들이 벌어지면서 터키, 그리스, 지중해 연안의 육로를 통해 유럽으로 난민들이 대거 밀려들어왔다. 이는 유럽연합에 상당한 위기를 조성했다. 난민들이 택한 육로—그리스, 마케도니아, 세르비아, 헝가리—상에 위치한 작은 나라들은 난민 유입을 막으려고 했지만, 독일은 유럽이 난민이 계속 유입되도록 관문을 열어두기를 바랐다. 이 때문에 독일은 다시 한 번 그리스, 헝가리와 대립했다. 그러나 무엇보다 난민 유입이 유럽연합이 해결할 수 없는 또 다른 문제를 던졌다는 사실이 중요하다. 즉, 유럽연합에는 난민 유입을 막을 어떤 합동 군대도 없고, 난민 유입에 대처할 어떤 합의도 존재하지 않는다.

파리에서 발생한 테러공격은 심각한 문제를 위기로 전환시켰다. 이 글을 쓰는 현재, 테러리스트들 일부는 시리아에서 난민들에 섞여 들어온 것으로 보인다. 난민 문제는 테러리즘과 연관된 문제로 전환되었다. 테러공격이 발생하고 프랑스가 처음 보인 반응은 국경 전면 폐쇄였다. 몇 시간 안에 다른 유럽 국가들도 프랑스 뒤를 이어 국경을 폐쇄했다. 각 나라로 들어오는 사람은 누구든지 검문하고 신원조회를 하겠다는 게 취지였다. 그러나 이 책임을 맡은 주인공은 유럽연합이 아니었다. 개별적인 나라가 자국의 국경을 폐쇄하고 드나드는 사람들을 검문 검색해야 했다.

유럽연합의 근본적인 원칙으로 손꼽히는 게 사람들의 자유로운 이동이다. 국경 폐쇄조치는 두 가지를 보여주었다. 각 민족국가가 자국의 안보를 스스로 책임졌고, 자유로운 이동은 우선순위에서 국가안보에 다음으로 밀려났다. 물론 이러한 조치들은 테러리즘 위협이 사라지면 철회되겠지만, 언제 그런 날이 올까?

『다가오는 유럽의 위기와 지정학』을 출간하기 전에 나는 유럽에서 민족주의가 강화되고 있다는 내용의 글을 썼다. 민족주의는 분명히 계속해서 강화되고 있다. 기존의 민족국가들만 해체되는 게 아니라 국가들 간의 적대감도 강해지고 있다. 독일에 대한 강한 반감은 그리스에 만연해 있고, 독일 지도자들은 그리스에 대한 강한 경멸감을 표출했다. 그러나 이는 빙산의 일각에 불과하다. 유럽 전역에서, 국가 내부에서, 국가와 국가 간에 긴장이 고조되고 있고, 가장 널리 퍼져 있는 현상은 독일에 대한 불신―심지어 적대감―이 강화되고 있다는 사실이다.

화약고들은 독일과 유럽의 관계를 중심으로 부상하고 있다. 유럽연합은 유럽 국가들을 번영을 통해 하나로 묶어 독일을 많은 나라들 가운데 하나로 만들어 이러한 긴장을 제거하려는 것이었다. 그러나 그 번영은 위축되었고 손해는 공평하게 분배되지 않았다. 독일은 그리스 위기가 발생하면서 유럽에서 명실상부한 의사 결정자로 부상했고, 많은 유럽 국가들은 독일의 이런 역할에 대해 깊이 분개하고 있다.

이 책의 요점은 유럽연합이 유럽의 핵심적인 문제, 민족주의와 권력―특히 독일의 권력―을 일시적으로 완화했다는 것이다. 이제 그 일시적인 완화가 무너지는 시대에 들어서고 있다.

1914년부터 1945년 사이에 대략 1억 명의 유럽인들이 전쟁, 집단학살, 숙청, 의도적으로 야기한 기아 등 정치적 이유로 사망했다. 어느 시대 어느 지역에서 발생했다고 해도 이는 엄청난 사망자 숫자다. 이런 일이 유럽에서 발생했다는 사실은 특히 놀랍다. 지난 400년에 걸쳐 세계 대부분의 지역을 정복하고 인류가 자신을 보는 관점을 형성해온 유럽에서 말이다.

유럽이 세계를 정복하면서 일상생활이 변했다. 한때 음악은 연주 장소에 있어야만 들을 수 있었다. 문해(文解)는 인류 역사 대부분의 기간 동안 무용지물이었다. 책이 희귀하고 구하기 힘들었기 때문이다. 어둠은 이제 인간의 의지로 극복하게 되었다. 인간의 수명은 이전보다 두 배로 늘었고 여성들이 출산하다가 사망해도 당연시하지 않게 되었다. 1914년 무렵 유럽이 유럽뿐만 아니라 전 세계에서 인간의 삶의 구조를 얼마나 변모시켰는지는 헤아리기가 힘들다.

1913년 유럽의 어느 나라 수도에서 열리는 음악회에 참석한다고 상상해보자. 레퍼토리는 모차르트와 베토벤이다. 추운 겨울밤이지만 공연장은 환하게 불이 밝혀져 있고 안락하다. 우아하고 얇은 옷으로 성장(盛裝)을 한 여성들이 공연장에 가득하다. 그 커다란 공연장에서 겨울은 사라졌다. 남성 한 명이 방금 도쿄에 전신을 보내 비단을 주문했는데, 한 달 안에 유럽에 도착할 예정이다. 또 다른 한 쌍의 남녀는 세 시간 동안 열차를 타고 백 마일을 달려와 연주회에 참석했다. 유럽이 탐험을 시작한 1492년에는 모두 불가능했던 일들이다.

뛰어난 유럽교향악단이 연주하는 모차르트와 베토벤 음악보다 듣기 좋은 소리는 없다. 모차르트 음악은 천상의 소리처럼 들린다. 베토벤은 한 음 한 음을 삶의 순간과 연결해준다. 베토벤의 제9번 교향곡을 듣고 있으면 혁명, 공화주의, 인간의 이성이 떠오르고 인간이 신처럼 느껴진다. 보편적이고 초월적인 유럽의 예술, 철학과 정치는 인류가 전에는 가보지 못한 곳으로 안내했다. 많은 이들은 마치 천국의 문 앞에 다다른 기분이 들었다. 내가 그 당시에 살았다면 나도 같은 느낌이 들었으리라고 생각한다.

그 순간이 지옥으로 가는 서막이라고 생각한 이는 아무도 없었다. 그후 31년 동안 유럽은 갈기갈기 찢겼다. 유럽을 위대하게 만든 것들—기술, 철학, 정치—이 유럽인들을 공격했다. 아니, 유럽인들이 이를 이용해 서로를 그리고 자신을 공격했다는 게 정확하다. 그 31년이 끝날 무렵 유럽은 파괴된 도시와 산산조각난 삶이 널브러진 무덤으로 변했다. 세계를 장악하고 있던 힘이 빠져나갔다. 베토벤의 제9번 교향곡에 수록된 "환희의 송가"는 더 이상 유럽적인 삶에 대한 찬양이 아니라 유럽의 허세를 조롱하는 소리로 들렸다.

유럽뿐만이 아니었다. 다른 문명들도 혼란과 전쟁과 참혹을 겪었다. 그러나 유럽의 경우 전혀 뜻밖이라는 점에서, 엄청난 강도와 속도로 그런 상황이 벌어졌다는 점에서 유럽이 전 세계에 끼친 영향은 두드러졌다. 가장 독특한 점은 바로 이 문명이 지닌 자기파멸 역량이었다. 식민지주의의 잔인함, 유럽 사회의 심각한 불평등, 사분오열된 상태 등이 이러한 사태가 벌어지리라는 전조였는지도 모르겠다. 그래도 격조 있는 문화를 창달한 유럽에서 죽음의 수용소가 등장했다는 사실은 아무리 생각해도 놀랍다.

유럽인들은 수세기 동안 내내 내전을 치르면서 세계를 정복했다. 유럽 제국은 시시각각으로 지형이 변하는 모래 위에 구축되었다. 그러나 진짜로 풀리지 않는 의문은 유럽의 통합이 그토록 어려웠던 이유다. 유럽은 지리적 여건 때문에 통합이 어렵다. 유럽은 단 하나의 거대한 땅덩어리로 이루어지지 않았다. 섬도 있고 반도도 있고 반도에 또 다른 반도가 딸려 있다. 산맥이 반도를 가로막는다. 바다와 해협, 까마득히 치솟은 산맥, 깊은 계곡, 끝없이 펼쳐진 평야가 있다. 유럽의 강들은 미국의 강처럼 하나로 만나 바다로 흘러나가지 않는다. 유럽의 강들은 사방팔방으로 흐르기 때문에 통합하기보다 갈라놓는다.

유럽처럼 작고 잘게 쪼개진 대륙은 없다. 유럽보다 작은 대륙은 오스트레일리아뿐이지만, 유럽은 오늘날 (이유는 나중에 설명하겠지만, 터키와 캅카스를 포함해) 50개의 독립 국가들로 구성되어 있다는 점이 다르다. 대륙 내의 나라의 밀도도 높지만 인구밀도도 높다. 유럽의 인구밀도는 제곱킬로미터 당 725명이다. 유럽연합의 인구밀도는 제곱킬로미터 당 112명이다. 아시아는 제곱킬로미터 당 86명이다. 유럽은 인구밀도도 높고 지리적으로 사분오열되어 있다.

유럽의 지리적 여건을 보면 정복을 통해 통합하기가 불가능하다. 작은 나라들이 아주 오랜 세월 동안 생존한다는 뜻이다. 1000년 경의 유럽 지도는 2000년의 유럽 지도와 비슷하다. 오래전부터 국가들이 서로 이웃한 채 존재해왔고 오래전의 기억들을 간직하고 있으므로 신뢰와 용서가 불가능하다. 그래서 유럽에서는 끊임없이 전쟁이 되풀이되어 왔다. 20세기에 일어난 전쟁들은 기술과 이념이 대륙 차원의 재앙으로 확대되었다는 점만 다를 뿐이다.

유럽은 국가와 종교와 문화가 만나고 섞이는 경계지역들(borderlands)

로 나뉜다. 하나의 경계지역 내에 정치적 경계선이 있는 경우가 종종 있지만 경계지역 자체는 훨씬 넓고 여러모로 훨씬 의미가 있다. 멕시코와 미국 사이의 국경을 생각해보자. 명확히 구분된다. 그러나 멕시코의 영향, 언어, 멕시코인들은 국경에서 훨씬 북쪽까지 퍼져 있고, 미국의 문화와 사업은 국경에서 훨씬 남쪽까지 뻗어 있다. 멕시코 쪽에서 미국과의 접경 지역에 사는 이들은 미국 문화를 흡수하므로 멕시코의 나머지 지역에 사는 이들과는 이질적이다. 국경의 북쪽 문화는 앵글로 문화에서 스페인어와 영어가 혼합된 스펭글리쉬(Spanglish)라는 독특한 언어를 구사하는 낯선 혼합형 문화로 변했다. 이러한 경계지역에 사는 이들은 독특하고, 자국 국민들보다 국경 저편의 이웃나라 경계지역 거주자들과 공통점이 더 많다.

나는 텍사스 주 오스틴에 사는데, 이곳 지명들은 앵글로계이거나 독일계이다. 독일계 이민자들은 오스틴 서쪽 지역에 정착했다. I-35 도로를 따라 남쪽으로 차를 몰면 눈에 띄는 마을의 이름은 뉴 브런펠스(New Braunfels) 같은 독일계이다. 샌안토니오에 가까워지면 마을 이름들은 스페인계로 바뀌고 이따금 멕시코에 와있다는 느낌까지 든다. 어찌 보면 멕시코에 와있는 게 맞는다고 할 수도 있겠지만, 국경은 100마일 이상 훨씬 남쪽으로 가야 있고 국경은 여전히 중요한 의미가 있다.

유럽은 그러한 경계지역들로 가득하지만, 가장 중요한 경계지역은 유럽 반도와 유럽 본토를 구분하는 지역이다. 바로 서구와 러시아를 구분하는 지역으로서, 우크라이나, 벨로루시, 리투아니아 같은 나라들을 아우르는 광활한 지역이다. 20세기에 걸쳐 러시아가 경계지역을 흡수하면서 정치적 경계를 계속 서쪽으로 밀어냈지만, 이제는 독립 국가들이 출현하면서 정치적 경계가 동쪽으로 물러났다. 특정한 시기에 경계선이 어디에 그어지든 상관없이 이 지역 사람들은 러시아나 서구보다 서로와 공통점이 더 많다. 우크라이나(Ukraine)라는 단어 자체가 "가장자리" 또는 경계지역이라는 뜻이다.

이 경계지역이 유럽의 역사를 규정하긴 하지만 유일한 경계지역은 아니다. 북해에서 알프스 산맥까지 이어지는 경계지역은 프랑스 세계와 독일 세계를 나눈다. 발칸 반도 국가들은 중부 유럽과 터키 사이에 놓인 경계지역이다. 피레네 산맥은 이베리아 반도와 나머지 유럽 사이에 위치한 경계지역이다. 헝가리를 둘러싼 규모가 훨씬 작은 경계지역도 있는데, 이 지역에 있는 헝가리인들은 루마니아와 슬로바키아의 통치를 받는다. 이른바 바다 경계선도 있다. 영국과 유럽대륙을 가르는 영국 해협이다. 그처럼 작은 땅덩어리에 사람과 구원(舊怨)이 가득하므로 경계지역은 늘 존재하고, 이러한 상황이 유럽만큼 명확하게 나타나는 곳은 없다.

경계지역에서는 서로 다른 문화들이 혼재하고, 밀수가 정당한 사업이 되기도 하며, 전쟁이 일어나기도 한다. 이 지역들은 화약고이다. 라인란트(Rhineland)는 지금은 평온하지만 늘 그렇지는 않았다. 1871년 이후로 라인강과 프랑스어권 지역들 사이에 있는 이곳에서 세 차례 전쟁이 발생했다. 당시에 이곳이 화약고였던 이유는 프랑스와 독일을 갈아놓는 심각하고 근본적인 문제들이 있었기 때문이다. 그리고 화약고에 불이 붙으면 이 지역은 불길에 휩싸인다. 오늘날에는 러시아 서쪽 경계지역이 화약고다. 이미 불이 붙어 불길이 타오르고 있지만 아직 불씨가 전 지역으로 확산되지도 대화재로 번지지도 않았다.

제1차 세계대전과 제2차 세계대전 동안 유럽의 모든 경계지역들은 화약고가 되었고, 여기서 붙은 불길은 점점 거세져서 널리 퍼져나갔다. 세계는 유럽을 강타한 그런 종류의 화마를 목격한 적이 없었다. 이 화마는 1914년에 불이 붙었다가 잠시 수그러들더니 1939년에 다시 맹렬히 타올랐다. 사람들은 끔찍한 기억과 공포에 사로잡혀 있었고, 그러한 정서에 불이 붙자, 경계지역은 완전히 불길에 휩싸였고, 타오른 모든 불길은 하나의 집단학살로 수렴되었다.

유럽은 도움을 받아 어렵게 재건되었고 외부 세력들의 조치로 주권을 돌려받았다. 이러한 파멸의 잿더미에서 하나의 문구가 탄생했다. "절대로 다시는 되풀이하지 않겠다(Never Again)." 이 문구는 자신들이 겪었던 학살이 절대로 다시는 일어나지 않게 하겠다는 유대인들의 다짐을 뜻한다. 유럽인들 모두가 이 문구를 사용하지는 않지만 그 정서는 그들의 일거수일투족에 스며있다. 이 31년을 견뎌낸 이들은 다시 냉전을 견뎌내야 했고, 이 전쟁에서는 그들의 생사를 가르는 결정, 전쟁이냐 평화냐 결정은 소련과 미국의 손에 맡겨졌다. 이 기간 동안 유럽에서 전쟁이 일어나지 않았다는 사실은 나중에 살펴볼 필요가 있지만, 냉전의 위협이 잦아들면서 유럽은 31년을 다시 되풀이하지 않겠다는 결연한 의지를 다졌다. 유럽인들은 그러한 31년의 공포를 다시는 겪지 않고, 냉전 시대처럼 벼랑 끝에서 살지 않겠다는 원칙을 지키기 위해 제국을 단념하고, 힘을 내려놓았으며, 어찌 보면 유럽이 차지하는 중요성마저 포기했다.

과거에 겪은 악몽을 되풀이하지 않기 위해 만든 기구가 유럽연합이었다. 유럽 국가들을 서로 친밀하게 결속시켜 어떤 나라도 평화를 깨거나 다른 나라를 두려워할 이유가 없는 풍요로운 곳으로 만든다는 취지였다. 공교롭게도 유럽은 수세기 전부터 다른 나라의 억압을 받는 나라를 해방시키고, 국가의 주권과 자결권을 실현하려고 투쟁해왔다. 유럽은 이러한 도덕적 책무를 포기하지 않으려 한다. 그 때문에 어처구니없는 결과가 초래될 수 있다는 사실을 알고 있음에도 불구하고 말이다. 그들이 추구하는 목표는 모든 나라가 주권을 그대로 보유하되, 아무도 그 주권을 빼앗지 못하도록 모든 나라의 주권을 제약하는 일이었다. 유럽연합의 공식 노래는 베토벤의 〈환희의 송가〉다. 유럽연합의 모순은 말끔히 제거된 채로 말이다.

세계에서 가장 중요한 의문은 갈등과 전쟁이 사실상 사라졌는지 아니면 그런 생각은 단지 솔깃한 망상일 뿐, 잠시 숨을 고르고 있는지 여부다. 유럽은 세계에서 가장 풍요로운 지역이다. 유럽의 GDP를 모두 합하면 미국의 GDP보다 크다. 유럽은 아시아, 중동, 아프리카와 접해 있다. 또다시 일련의 전쟁이 발생한다면 유럽뿐만 아니라 세계가 변하게 된다. 유럽이 과거 31년뿐만 아니라 그 이전에 갈등으로 점철된 기나긴 천 년을 어떻게 극복했는지에 대한 대답이 미래를 가늠하는 핵심적인 요소다.

바로 이 때문에 나는 이 책을 썼다. 여러모로 이 주제는 내 삶과 생각을 형성해왔다. 내 부모님은 각각 1912년과 1914년에 태어났고, 나는 1949년 헝가리에서 태어났다. 내 가족은 유럽의 참상을 겪었다. 31년뿐만 아니라 그 후유증도 겪었다. 내 가족이 유럽을 떠난 이유는 부모님의 확신 때문이었다. 부모님은 유럽의 영혼은 심각하게 타락했고, 이를 잠시 감출 수는 있겠지만 결국 그 흉측한 면모가 드러나리라고 확신했다. 미국인으로서 나는 만사가 인간이 내리는 결정으로 이루어지는 세계에 살았다. 유럽인으로서 나는 역사의 산사태가 인간을 짓누르면 인간이 내린 결정은 아무 의미가 없는 세계에서 살았다. 미국인으로서 나는 세계에 맞서는 법을 터득했다. 유럽인으로서 나는 세계를 피하는 법을 터득했다. 유럽의 수수께끼를 풀 열쇠를 찾겠다는 결심은 저녁 식탁에서 부모님과 나눈 대화와 부모님이 밤에 악몽을 꾸면서 내뱉던 신음소리에서 비롯되었다. 내 정체성의 위기—지금 내가 어느 정도나 미국에 동화되었는지를 보여주는 용어다——는 삶에 대한 유럽인의 접근방식이 미국인과 전혀 달랐기 때문에 생겼다. 나는 유럽인이자 미국인이었다. 그렇다면 나는 누군가? 이는 단 한 가지 의문으로 귀결되었다. 유럽이 정말 변했을까, 아니면 유럽은 끊임없이 〈환희의 송가〉로 조롱을 당할 운명일까?

젊었을 때 나는 전공으로 정치철학을 택했다. 가장 고차원에서 이 의문과 마주하고 싶었기 때문이다. 인간이 처한 여건의 가장 근본적인 의문들은 결국 정치적이라고 생각했다. 정치는 공동체에 관한 문제다—공동체가 당신에게 부여하는 의무, 권리, 적, 친구에 관한 문제들이다. 철학은 가장 당연한 것들을 파헤친다. 철학은 익숙한 것에 맞서게 만들고 그 익숙한 것이 낯선 것임을 깨닫게 한다. 내게 철학은 세상을 이해하는 길이었다.

삶은 그리 단순하지 않다. 대학원에서 나는 독일 철학에 몰두했다. 유대인으로서 나는 의도적인 국가 정책으로서 어린이를 살해하는 인간들이 어디서 비롯되었는지 알고 싶었다. 그러나 냉전 시대에 나는 유럽에 관한 의문이 소비에트에 관한 의문으로 바뀌었다는 사실을 깨달았고, 소비에트인은 독일인 못지않게 내 삶에 큰 영향을 미쳤다. 칼 마르크스는 최적의 출발점으로 보였다. 신좌익(스탈린을 증오한 공산주의자들)의 위세가 절정에 달했을 때 나는 이를 연구하기로 했다.

연구를 하면서 나는 수차례 유럽을 찾았고 유럽의 신좌익과 친분을 쌓았다. 나는 신좌익 철학자들—알튀세(Althusser), 그람시(Gramsci), 마르쿠제(Marcuse)—을 이해하고 싶었지만 도서관에만 처박혀 있고 싶지는 않았다. 바깥세상에서 너무 많은 일들이 벌어지고 있었기 때문이다. 신좌익은 데이트 상대를 구하는 방법이었고 세련된 사회 운동이었다. 보다 작은 조직으로 들어가면 세계를 이해하고 세계를 바꿀 방법을 모색하는 진지하고 심오한 시도였다. 극소수에게 신좌익은 폭력을 행사할 구실이자 의무가 되었다.

1970년대와 1980년대에 유럽은 점점 폭력적으로 변했다. 유럽이 알카에다보다 먼저 테러를 저질렀다는 사실을 기억하는 이는 많지 않다. 대부분의 유럽 국가들에서 테러조직이 등장해 사람들을 암살하거나 납치했고 건물을 폭파했다. 테러를 자행하는 좌익은 미국에도 있었지만 유럽에 비할 바가 아니었다. 이러한 소수 집단들이 가장 내 흥미를 끌었다—사회운동의 차원에서 유럽에 정치적 폭력이 재등장했다는 사실 말이다. 이들은 이따금 계급투쟁을 떠들었지만 실제 그럴 의도는 없었다.

이때 등장한 한 가지 습관은 적의 "무릎뼈 박살내기"였다. 무릎에 총을 쏜다는 뜻이었다. 누군가를 죽이는 대신 불구로 만드는 게 더 선한지 아니면 더 잔인한 행동인지 알 길이 없었다. 나는 이들이 예의주시해야 할 사람들이라고 생각했다. 이들이 과거 31년을 계승한 사람들이라고 생각했기 때문이다. 이들은 자신들의 도덕적 의무를 심각하게 받아들이고 공동체의 가치를 거부함으로써, 거리낌없이 끔찍한 일을 저지를 사람들이었다. 그들 가운데 일부와 우연히 만나면서, 나는 그들이 진정으로 자신의 행동으로 세상이 변하리라고 기대하지도 않는다는 사실을 알아차렸다. 그들의 행동은 자기가 태어난 세상에 대한 순전한 분노였고, 평범한 삶을 사는 이들에 대한 경멸이었다. 그들은 평범한 삶을 사는 이들에게서 악을 보았고, 악을 퇴치하는 역할을 자처했다.

이들과 어울리면서 나는 과거에서 벗어났다는 유럽의 자신감이 점점 강해지는 상황에 대해 불편함을 느꼈다. 외과의사가 암을 도려냈는데, 암세포 몇 개를 놓쳤고 여건만 조성되면 암이 재발하겠다는 생각이 들었다. 1990년대에 유럽의 두 지역, 발칸 반도와 캅카스에서 전쟁이 발발했다. 유럽인들은 이러한 전쟁이 유럽을 대표하는 사건들이 아니라고 일축했다. 그들은 과거에 좌익 테러리스트들도 유럽을 대표하지 않는다고 일축했다. 오늘날 그들은 새로이 등장한 우익 건달들이 유럽을 대표하지 않는다고 일축한다. 유럽의 자긍심과 자신감을 대표하는 이러한 시각은 옳을지 모르지만 자명하지는 않다.

우리는 지금 유럽의 실험을 경험하고 있다. 인간이 만든 모든 제도와 마찬가지로 유럽연합도 심각한 문제들을 겪고 있는데, 현재로서는 대부분 경제적인 문제들이다. 유럽연합은 "평화와 번영"을 위해 창설되었다. 번영이 사라지면, 또는 일부 국가들에서 번영이 사라지면 평화는 어떻게 될까? 몇몇 남유럽 국가들에서 실업률은 대공황 때 미국의 실업률과 같거나 더 높다. 이게 무슨 뜻일까?

바로 이 책이 그 의문을 다룬다. 유럽은 예외적인 존재라는 정서도 다룬다. 나머지 세계가 풀지 못한 평화와 번영이라는 문제를 유럽은 해결했다는 정서 말이다. 그러한 정서가 옳을지도 모르지만 논의해볼 필요가 있다. 유럽이 예외적인 존재가 아니라 궁지에 처해 있다면, 그 다음에는 어떤 일이 발생할까?

이 질문은 세 부분으로 나누어 다룬다. 첫째, 세계가 그 자신을 발견하고 변화시킨 곳이 유럽인 까닭은 무엇일까? 어떻게 그런 일이 일어나게 되었을까? 둘째, 장엄한 유럽 문명을 고려해볼 때, 어떤 결함이 있기에 31년으로 이어졌을까? 이 31년은 어디서 비롯되었을까? 마지막으로, 이러한 의문들에 대해 생각해보고 나면 유럽의 미래뿐만 아니라 어느 지역이 잠재적인 화약고가 될지 예측해보겠다.

유럽이 유혈의 역사를 극복했다면 이는 중요한 소식이다. 극복하지 못했다면 이는 더욱더 중요한 소식이다. 우선 지난 500년 동안 유럽인으로 산다는 게 어떤 의미였는지를 살펴보자.

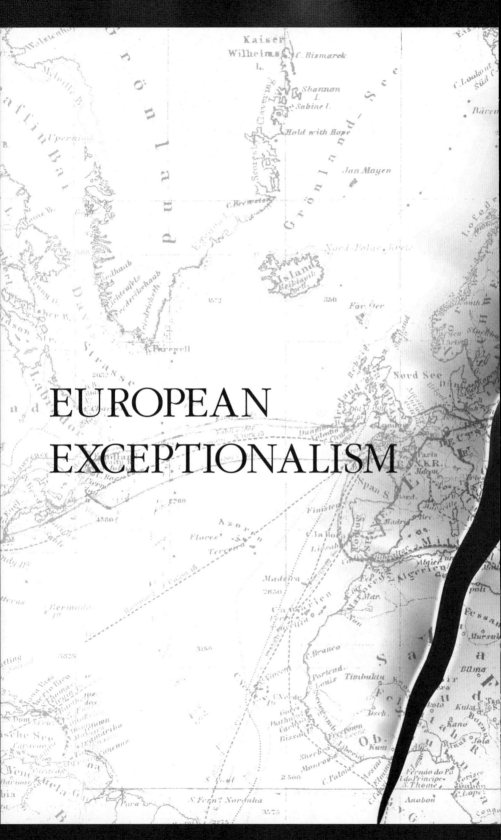

EUROPEAN
EXCEPTIONALISM

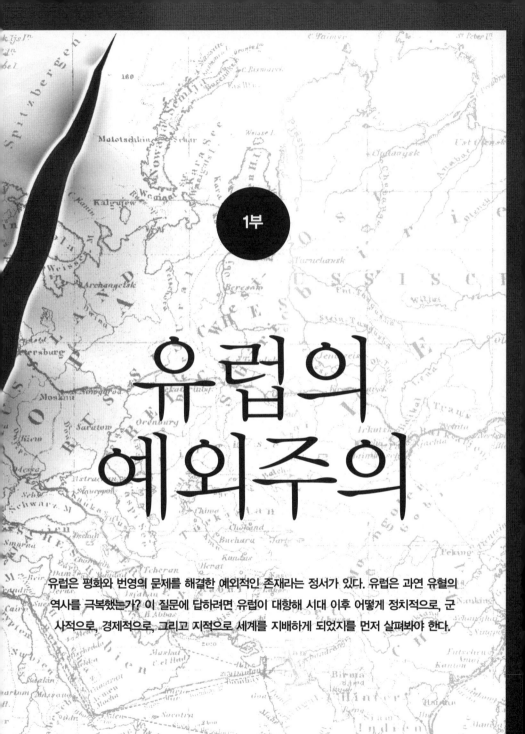

1부

유럽의
예외주의

유럽은 평화와 번영의 문제를 해결한 예외적인 존재라는 정서가 있다. 유럽은 과연 유혈의
역사를 극복했는가? 이 질문에 답하려면 유럽이 대항해 시대 이후 어떻게 정치적으로, 군
사적으로, 경제적으로, 그리고 지적으로 세계를 지배하게 되었는지를 먼저 살펴봐야 한다.

01

유럽적인
삶

A European Life

1949년 8월 13일 밤, 우리 가족은 다뉴브강의 헝가리 쪽 강기슭에 서 고무보트에 올랐다. 최종 목적지는 비엔나였다. 우리는 공산주의자들로부터 벗어나 탈출하고 있었다. 아버지 에밀은 서른일곱 살, 어머니 프리더리카는 서른다섯 살, 누나 아그네스는 열한 살, 나는 생후 여섯 달이었다. 밀수꾼도 한 명 있었는데 이름이 뭐였고 어디 출신이었는지는 기억나지 않는다. 아마도 부모님이 우리 기억에서 일부러 지웠다고 생각된다. 그런 사실을 알고 있으면 목숨이 위험해질 염려가 있었으므로 우리를 철저히 보호하기 위해서였다.

우리는 부다페스트에서 기차를 타고 부다페스트 북서쪽 다뉴브 강변에 있는 알마스푸지토라는 마을로 갔다. 내 누나와 나는 부다페스트에서 태어났다. 부모님은 각각 당신의 가족과 함께 부다페스트로 이주한 뒤 그곳에서 만나 사랑에 빠졌고, 20세기 초반 유럽의 심연으로 빨려 들어갔다. 어머니는 1914년 브라티슬라바 근처의 마을에서 태어났다. 당시에는 포조니라고 불리던 헝가리 지역이었고, 헝가리는 오스트리아-헝가리 제국의 일부였다. 아버지는 1912년 헝가리 동부에 있는 니르바토르라는 마을에서 태어났다.

두 분은 제1차 세계대전 발발 직전에 태어났다. 1918년 전쟁이 끝나고 전쟁으로 파괴된 유럽의 구조에는 균열이 생겼다. 4대 왕조—오스만, 합스부르크, 호엔촐레른, 로마노프—가 붕괴되었고 발트해와 흑해 사이에 견고했던 것들은 모조리 유동적으로 변했다. 전쟁, 혁명, 외교를 통해 이 지역의 지도가 새로 그려지면서 나라가 새로 생기기도 하고 억압되기도 했다. 친조부 고향마을 문카치는 이제 소비에트연방의 일부인 우크라이나에 속하게 되었다. 포조니는 이제 브라티슬라바라고 불렸고, 체코와 슬로바키아가 합쳐진 신생국에 속하는 도시가 되었다.

유대인인 부모님에게 국경의 움직임은 일기예보와 같았다. 달갑든 달갑지 않든 예정되어 있던 바였다. 헝가리 출신 유대인들은 독특한 점이 있었다. 그들은 헝가리어를 썼다. 나머지 동유럽 지역에 거주하는 유대인들은 독일어에 다른 몇몇 언어를 합성한 이디시(Yiddish)를 썼다. 이디시는 히브리어 알파벳을 썼기 때문에 문제를 더 혼란스럽게 만들었다. 이디시어를 쓰는 유대인들은 자신들을 자신이 거주하는 나라에 속한다고 여기지 않았고, 그들이 사는 나라도 대체로 그러한 그들의 정서에 전적으로 공감했다. 지리는 편의상의 구분일 뿐 그들을 규정하는 요소가 아니었다. 그들이 일차적으로 이디시어를 쓴다는 사실은 그들이 속한 사회와의 결속력이 약하다는 뜻이었고, 그들과 함께 살아가는 이들은 이러한 사실에 분개하면서도 그렇게 하라고 부추겼다.

그러나 대체로 헝가리 출신 유대인들은 헝가리어를 유일한 언어로 여겼다. 헝가리어는 누나와 나의 모국어였다. 아버지처럼 이디시를 제2언어로 구사하는 이들도 있었지만, 어머니는 이디시를 전혀 할 줄 몰랐다. 부모님의 모국어도 헝가리어였고, 국경이 새로 그려지자 재단사였던 외조부가 부양하던 내 어머니 가족 열두 명은 부다페스트 남쪽으로 이주했다. 같은 기간 동안, 아버지의 나머지 가족은 나중에 우크라이나가 된 지역에서 벗어나 서쪽으로 이주하여 전쟁 후에 헝가리로 남은 지역에 정착했다. 유럽을 휩쓸던 반유대인 정서가 헝가리에서도 확산되었지만 헝가리와 헝가리의 유대인들 사이에는 보다 친밀한 관계가 존재했다. 단순하지도 편안하지도 않은 관계였지만 그래도 관계가 존재했다.

양차 세계대전 사이의 기간 동안 헝가리는 살기 불편한 곳이 아니었다―공산주의 정권이 수립되고 뒤이어 반공산주의 정권이 들어섰는데, 그러한 혼돈은 유럽에서 흔히 그랬듯이 학살로 마무리되었다. 수세기 만에 처음으로 독립한 헝가리는 왕이 존재하지 않는 상황에서 섭정이 된 해군 제독이 통치를 했다. 섭정 미클로슈 호르티는 "시류에 따르자(Go with the Flow)"를 자신의 모토로 삼은 듯했다. 1920년대와 1930년대 일부 기간 동안 헝가리의 시류는 자유주의적이었지만 방종하지는 않았다. 따라서 동부지역 출신 시골뜨기인 아버지도 부다페스트로 이주해 인쇄업을 배우고 스무 살이 될 무렵 인쇄소를 차릴 수 있었다. 예사롭지 않은 시대와 장소였는데, 특히 시대적으로 그러했다. 제1차 세계대전으로 철저하게 응징을 받은 유럽이 사악한 원초적 본능을 말끔히 씻어냈다고 믿게 되었다.

그러나 악마는 그리 쉽게 퇴치되지 않았다. 제1차 세계대전은 아무것도 해결하지 못했다. 독일의 지위를 둘러싸고 전쟁이 터졌다. 1871년 이후로 독일의 통일은 유럽의 균형과 안정을 혼돈에 빠뜨렸다. 독일이 통일되면서 막강하고 부유한 나라가 탄생했지만, 이 나라는 또한 절박할 정도로 불안감에 휩싸인 나라였다. 독일은 프랑스와 러시아 사이에 놓여 있는데다가 영국이 교묘하게 모든 나라들을 뒤에서 조종하고 있었으므로 독일은 양쪽에서 동시에 공격을 받으면 절대로 살아남지 못한다는 사실을 알고 있었다. 독일은 프랑스와 러시아도 독일을 상당히 두려워했으므로 이들이 동시에 독일을 공격할 가능성을 배제할 수 없다는 사실 또한 알고 있었다. 따라서 독일은 프랑스를 먼저 패배시키고 나서 군사력을 총동원해 러시아를 패배시키는 전략을 써야 했다. 1914년 독일은 이 전략을 실행하려고 했지만 패배했다.

나의 조부는 제1차 세계대전에 오스트리아-헝가리군 소속의 군인으로 참전했다. 그는 당시 두 살이었던 나의 아버지를 집에 남겨두고 러시아 전선에서 싸웠다. 조부는 전쟁에서 살아 돌아왔지만, 수많은 참전 군인들과 마찬가지로 심신이 병든 채 돌아왔다. 전쟁에서 살아남은 사람들은 참전하기 위해 집을 떠날 때와는 전혀 다른 사람으로 변했다. 조부는 귀향한 후 곧 사망했다. 아마도 결핵이었던 듯싶다.

제1차 세계대전은 독일의 지위를 결정하기는커녕 지정학적 공포심에 이념적 분노까지 보태게 되었다. 독일이 패배한 이유는 반역 때문이라는 해석이 나왔다. 반역 행위가 있었다면 누군가가 반역을 저질렀다는 뜻이다. 아주 복잡한 음모이기는 하지만, 독일은 악의적으로 음모를 획책한 주범이 유대인이라는 결론을 내렸다. 우리 가족에게는 특별한 의미를 지닌 결론이었다.

지정학적으로 보면, 히틀러가 독일의 이익을 확보하길 원한다는 사실은 호르티가 "따라야 할 시류"는 독일이라는 뜻이었다. 이념적으로 볼 때, 부모님은 이제 당신들이 독일이라는 국가에 큰 위협이 된다는 사실을 깨달았다. 이로 인해 부모님은 한 세기에 걸쳐 유럽인들이 직면해온 선택을 해야 했다—유럽에 남느냐, 미국으로 가느냐의 선택이었다. 어머니의 자매가 뉴욕에 살고 있었다. 어떻게 했는지는 모르지만, 부모님은 1938년 미국으로 가는 비자를 얻었다. 이런 비자는 금보다도 가치가 있었다. 앞으로 무슨 일이 닥칠지 빤히 보이는 사람들에게 미국으로 가는 비자는 생명줄이었다.

아버지는 영리한 사람이었지만 무슨 일이 닥칠지 내다보지 못했다. 그는 반유대인 정서 속에서 자랐고, 그로 인해 구타와 괴롭힘도 당했다. 1938년 무렵 그는 부다페스트에서 수입이 쏠쏠한 인쇄업을 하고 있었다. 그런 사업을 포기하고 자신이 알지도 못하는 언어를 쓰는 나라에서 새 출발을 한다는 게 영 마뜩치가 않았다. 지정학적인 현실을 보면 아버지는 광란에 빠진 유럽에서 탈출할 방법을 찾아야 했다. 그러나 개인적인 욕구를 충족시키려면 유럽에 남아 버텨야 했다. 당시의 반유대인 정서는 아버지가 그때까지 겪은 반유대인 정서가 아니라는 사실을 깨달았을 때는 이미 늦었다.

우리 가족에게 닥친 결과는 참혹했다. 헝가리에서 호르티는 독일에 굴복함으로써 나라를 지켰다. 헝가리는 독일이 감행하는 모험에 협력하는 한 내부적으로는 자유를 유지할 수 있었다. 독일은 여섯 주 만에 프랑스를 패배시키고 나서 관심을 소련으로 돌렸고 신속하게 승리하리라고 자신하고 있었다. 시류에 따르는 호르티는 전쟁에 헝가리군을 파병했고, 그 보상으로 제1차 세계대전 후에 우리 가족이 탈출했던 지역을 되돌려받기를 기대했다. 그러나 그 보상이 영구반환이려면 피를 흘려야 했다. 호르티는 이 사실을 잘 알고 있었다.

아버지는 헝가리군에 징집되었다. 처음에는 그저 한 명의 군인이었다. 그러나 헝가리인들이 독일군과 함께 싸우는 데 유대인은 군인으로 낄 수 없다는 게 명백해졌다. 아버지는 다른 유대인들과 함께 노동 대대로 전보되었는데, 그들이 하는 일은 예컨대, 지뢰밭을 걸어서 통과하면서 지뢰를 제거하는 일이었다. 군인은 누구나 기꺼이 죽을 각오를 하기 마련이지만, 노동 대대 소속 군인들은 당연히 죽을 목숨으로 여겨졌다. 호르티가 유달리 유대인에 대한 반감이 강한 인물도 아니었고 본인도 원하는 바가 아니었을지 모르지만, 그는 독립적인 헝가리를 보호할 의무가 있었고 그 의무를 다하기 위해 유대인을 노동 대대에 몰아넣을 필요가 있다면 그렇게 할 작정이었다.

아버지와 우리 집안의 수많은 남성들은 헝가리의 동쪽 국경에서 출발해 카르파티아 산맥을 관통한 다음 쿠르스크와 키예프를 거쳐 돈강을 건너 보로네즈라는 곳까지 행군해야 했다. 우리 집안 남성들 대부분이 사망했지만 정규군도 수없이 사망했다. 소련은 보기보다 훨씬 강했다. 소련의 막강한 힘은 1942년 가을에 드러났다. 돈강의 동쪽에서 엄청난 군사력을 규합한 소비에트인들은 스탈린그라드를 대부분 차지한 독일 제6군에 대해 반격을 했다. 독일의 목표는 캅카스로 가는 소련의 접근로들을 차단하는 것이었다. 캅카스 동쪽에는 바쿠라는 도시가 있었는데, 19

세기 말 스웨덴의 노벨 형제가 이곳에서 대량의 석유를 발견해 채굴했다. 소련은 석유를 대부분 바쿠에서 충당하고 있었고 히틀러는 바쿠를 소련으로부터 빼앗으려고 안달이 나있었다. 독일은 스탈린그라드와, 돈강과 볼가강 사이의 영토를 접수하면 바쿠도 독일 수중에 들어오고 전쟁도 끝난다는 사실을 알고 있었다.

그러나 소련은 스탈린그라드에서 반격을 감행하지 않았다. 대신 그들은 북쪽과 남쪽을 공격해 독일 제6군을 포위했고 결국 굶주려 항복하게 만들고 섬멸해버렸다. 소련의 북쪽 공격으로 아버지는 직접적인 목표물이 되었다—소련은 독일의 연합세력이 약한 고리라는 사실을 알고 있었다. 1942년 겨울 무렵 독일은 이탈리아, 루마니아, 헝가리를 비롯해 여러 연합국들에게 의존하고 있었다. 그들은 히틀러가 구상하는 위대한 독일을 실현하는 데 목숨을 바치고 싶지는 않았다. 따라서 소련이 대대적인 공격을 감행하자 헝가리인들은 기꺼이 대오에서 이탈했다. 아버지는 공포의 대상이었던 "스탈린의 오르간"이라고 불린 다연장로켓포에 대해 내게 들려주었다. 연속해서 발사된 십여 개의 로켓이 모두 몇 초 간격으로 낙하했다. 아버지는 평생 그 로켓이 출현하는 악몽에 시달렸다.

그리고 나서 헝가리인들은 보로네즈에서 부다페스트까지 기나긴 퇴각 행군을 시작했다. 1942-1943년에 러시아의 겨울을 무릅쓴 1,000마일 거리의 행군이었다. 사망자 수는 끔찍할 정도였고 유대인은 거의 전멸했다. 아버지는 겨울옷도 입지 않은 채, 먹을 것도 없어서 닥치는 대로 아무거나 주워 먹으며, 눈보라를 뚫고 걸어서 집으로 돌아왔다. 후방에서 독일 SS군과 마주치면 죽음은 따 놓은 당상이었다. 아버지는 자신이 살아 돌아올 수 있었던 이유가 세 가지라고 말했다. 첫째, 아버지는 당신의 몇 미터 앞에서 당신의 딸, 즉 내 누이가 걷고 있다고 상상했다. 누이가 쓰러지면 달려가서 일으켜 세워야 한다고 생각했다. 둘째, 도시 출신 소년들은 나약했지만 아버지는 농촌 출신이어서 태생이 강인했다. 마지막으로 운이었다. 엄청난 운이 따랐다.

히틀러는 바쿠가 절실히 필요했다. 히틀러가 소련을 패배시키려면 바쿠는 지정학적으로 볼 때 반드시 필요했다. 당연히 독일은 스탈린그라드를 빼앗아야 했고 당연히 소련은 스탈린그라드를 절대로 빼앗기면 안 되었다. 당연히 독일의 연합군들은 중심이 아닌 주변에 포진하고 있었고, 당연히 소련은 그들에게 공격을 집중했다. 당연히 아버지는 폭격의 낙하점에 있었고, 헝가리인들이 낙하점에 있는 곳이면 어디든 유대인이 가장 공격에 노출되었다. 아버지가 살아남은 것은 천운이었다. 인간에게는 무심한 힘들이 역사의 큰 조각들을 완성한다. 인간의 의지, 품성, 순전한 운 등으로 규정되는 사소하지만 소중한 것들도 있다.

1943년 아버지가 마침내 부다페스트에 있는 집에 도착했을 때, 헝가리는 아직 독일로부터 독립적인 주권을 유지하고 있었다. 헝가리의 외교 정책은 독일의 영향을 받았지만 헝가리가 스스로 통치할 여지는 남아있었다는 뜻이다. 그 여지가 점점 줄어들고 있기는 했지만. 헝가리 유대인들은 다른 헝가리인들보다 훨씬 어려운 여건에 놓여 있었다. 다른 헝가리인들도 심각한 문제에 직면하고 있었지만 그들은 독일의 광폭한 반유대인 정서를 온몸으로 체감하지는 않았다. 어머니와 누이는 살아있었고 인쇄소도 여전히 그럭저럭 제 구실을 했다. 집도 있고 먹을 것도 있었다. 아버지가 사업을 확장할 수도 있었지만 그러려다가 더 일찍 나치의 분노를 샀을지도 모른다. 당시 유럽에서 유대인은 언제 집을 빼앗길지 몰랐지만 그래도 여전히 살 곳이 있었다는 사실은 호르티의 입장에서 절대로 하찮은 업적이 아니었고 우리 가족에게는 사소한 문제가 아니었다. 점령당한 폴란드에 사는 것과 주권을 지닌 헝가리에 사는 것은 천양지차였다. 주권국가에 사느냐는 생사를 가르는 문제였다. 나는 호르티 같은 사

58

람을 평가할 때, 그 사람이 행했으면 좋았을 뻔한 선행이 아니라 다른 이들은 행했지만 그는 행하지 않은 악행으로 판단한다. 호르티가 아니었다면 헝가리의 상황도 훨씬 일찍 더욱 악화되었을지 모른다. 그를 훨씬 혹독하게 비판하는 이들도 있지만, 부모님은 그렇지 않았다. 여전히 논쟁은 진행 중이지만 당시에 분명했던 사실은 호르티의 행동은 생사가 걸린 문제였다. 다른 이들과 마찬가지로 그도 유럽 역사의 광풍에 휩싸여 있었고, 선택의 여지가 별로 없었으며, 그나마 있는 선택지도 하나같이 끔찍했다.

이는 1944년에 분명해졌다. "시류에 따른다"는 정책에 따라 호르티는 독일이 패배할 전쟁에서 독일을 버리고 소련 편을 드는 문제를 두고 소련과 비밀협상을 했다. 독일 첩보부가 이를 알아챘고, 히틀러는 호르티를 소환한 자리에서 헝가리를 점령하겠다고 협박하면서 거의 100만 명에 달하는 헝가리의 유대인들을 보내라고 요구했다. 호르티는 10만 명을 내주기로 했다. 당시 유럽에서는 이런 행동이 인도주의적 행동으로 여겨질 만큼 타락했다. 나치에 협력해 10만 명만을 죽이는 대신 어쩌면 80만 명은 조금 더 오래 살 수 있게 한 사람은 그의 입장에서는 최선을 다한 셈이었다. 결국 독일은 헝가리를 점령했고 호르티가 유대인에게 했던 작은 배려마저도 불가능해졌다. 호르티가 따른 역사의 시류는 헝가리를 삼켜버렸다. 호르티는 끝장났고, 헝가리의 운명은 이제 히틀러와 헝가리의 파시스트가 결정하게 되었으며, 호르티와 더불어 우리 가족은 가망이 없었다.

아돌프 아이히만은 유럽에서 가장 큰 규모의 유대인 공동체가 아직 존재하고 있던 헝가리로 파견되어 "최종 해결책(Final Solution)"의 실행을 지휘했다. 독일은 패색이 짙은 전쟁을 계속하는 와중에 아까운 인력과 운송시설을 동원해 수십만 헝가리 유대인들을 북쪽에 있는 아우슈비츠를 비롯한 강제수용소로 이동시키고 몰살했다.

국가가 이성적으로는 도저히 이해하기 힘든 행동을 하는 경우가 있다. 나는 히틀러가 유대인을 어떻게 생각하는지 이해하고 그가 무슨 생각을 하고 있었는지 상상해보려고 애썼다. 아무리 해괴망측하다고 해도 유대인을 학살하겠다는 결정에는 나름의 논리가 있었다. 이에 대해서는 나중에 다루겠다. 그러나 연합군이 분명히 프랑스에 상륙할 예정이고 붉은 군대가 서쪽으로 진군하고 있으므로 물자를 총동원해 이에 맞서야 할 상황에서 독일이 헝가리 유대인을 처치하겠다는 결정을 실행하기란 매우 어려웠다. 논리적으로 맞지가 않았다.

그러나 그건 내 문제가 아니었다. 나는 아들이 둘 있는데, 아버지들이 으레 그렇듯이 아들들이 어렸을 때는 잠자는 모습을 지켜보곤 했다. 그리고 내가 태어났던 그다지 멀지 않은 과거에 아들들이 내가 태어난 곳에서 태어났다면 문명국이라는 국가가 정책적으로 그들을 색출해 처치했으리라는 암울한 생각에 빠지곤 했다. 보다 폭넓은 차원에서 그러한 정책의 논리를 찾아보지만, 잠든 두 아들의 모습을 보고 있으면 그런 논리는 금세 녹아버렸다. 아버지가 한 어떤 행동으로도 설명되지 않는 천운이 아버지를 살렸듯이, 어떤 논리로도 설명되지 않는 순전한 사악함에 사로잡힌 인간이 어린 아기들을 색출해 처치했을지 모른다. 전쟁을 수행하는 과정에서 우발적으로 처치한 게 아니라 그들을 처치하는 일 자체를 일차적인 목표로 삼아서 말이다.

지정학에 따르면, 인간은 늘 잔혹한 현실에서 해야만 하는 일을 하게 되며, 국가가 나아가는 방향은 그 나라가 처한 현실을 보면 어느 정도 예측가능하다고 한다. 히틀러가 폭넓은 차원에서 반유대인 정서에 의지한 까닭은 독일이 처한 현실을 고려해보면 최소한 합리화될 수는 있다. 그러나 개인의 삶이라는 아주 미시적인 차원으로 들어가, 잠들어 있는 어린 두 아이를 마주하게 되면, 그런 논리는 무너진다. 역사와 개인의 삶 사이에는 단절이 있다. 아니, 어쩌면 역사는, 나름의 논리적 결론에 따라, 인간이 도저히 이해하기 힘든 참상을 만들어낸다.

우리 가족은 대부분의 유대인들보다 훨씬 처지가 나았다. 아버지는 영리한 사람이었지만 지옥에서는 영리함만으로는 살아남지 못한다. 아버지는 독일이 부다페스트에서 유대인들을 검거하기 시작하리라고 판단했든지, 아니면 이를 누군가로부터 전해 들었든지, 어쨌든 당신의 모친과 누이를 안전을 위해 당신이 태어난 동부지역 마을로 돌려보냈다. 그런데 독일은 부다페스트가 아니라 동부지역에서 유대인을 검거하기 시작했고 아버지의 모친과 누이는 가장 먼저 아우슈비츠로 이송되었다. 아버지의 모친은 가스실로 직행했지만 누이는 살아남았다. 부다페스트에서는 유대인 검거가 나중에 시작되었고 훨씬 마구잡이였다. 1944년 6월, 어머니는 당신의 세 자매들과 함께 오스트리아로 끌려가 도로와 공장을 짓는 데 동원되었다. 그중 두 자매는 사망했고, 어머니를 포함해 둘은 살아남았다. 어머니는 전쟁이 끝난 후 체중이 80파운드인 상태로 부다페스트로 돌아왔고 발진티푸스에 걸렸다가 가까스로 회복했다.

아버지는 내 누이와 사촌의 목숨을 구했는데, 어떻게 구했는지 아직도 정확히 알지 못한다. 소련이 부다페스트에 근접하고 있었고 독일은 남은 유대인들을 이송시켜 처치하려고 눈에 불을 켜고 서두르고 있었다. 당시 각각 다섯 살과 여섯 살이었던 내 누이와 사촌은 거리에서 체포되었고 트럭에 오르려고 줄을 서서 기다리고 있었다. 내 누이는 가죽 외투를 입은 키가 큰 금발 남성이 와서 둘을 찾더니 서 있는 줄에서 빼내주었다는 사실만 기억한다. 다섯 살짜리 아이도 뜬금없이 나타난 사람이라는 사실을 안다. 이 남성은 두 아이에게 아버지가 보내서 왔다며 안전한 곳으로 가자고 했다고 한다. 그는 스위스적십자의 보호 하에 있던 한 건물로 둘을 데려갔다. 아버지는 포위된 한 도시를 가로질러 둘에게 날마다 음식을 갖다 주었다. 당시 아버지는 자신을 러시아 내륙 깊숙이 데려갔던 노동 대대에 재배치되어 있었다.

아버지가 어떻게 해냈는지 아무도 모른다. 내 누이도 다른 가족도 가죽 외투를 입은 남자가 누구였는지 알지 못한다. 아버지가 손을 쓴 게 분명하다. 아버지가 어떻게 그런 영향력을 행사하게 되었는지는 아무도 나나 내 누이에게 설명해주지 않았다. 당시에 그 지역에서 살아남은 이들의 사연을 들어보면 죄다 천운이었거나 뛰어난 기지를 발휘한 덕분이었다. 유대인에게만 해당되는 얘기가 아니다. 살아남은 사람은 거의 한결같이 믿기지 않는 사연이 있다. 그러나 아버지는 절대로 당신의 사연을 털어놓거나 해명한 적이 없었고 무덤까지 사연을 지니고 갔다. 아버지는 당신의 모친과 누이를 다시 헝가리 동부로 돌려보내는 실수를 했고 당신의 아내인 어머니를 보호하지 못했다는 사실 때문에 평생 자책하며 괴로워했다. 아버지는 그 때문에 절대로 당신을 용서하지 못했고, 당신의 기지 덕분에 내 누이를 구한 것만도 다행이라고 여기지 않았다. 바로 이 때문에 아버지는 침묵을 지켰다는 생각이 든다. 그 당시 그 지역에서는 기지를 발휘해도 고통으로 이어졌다.

결국 아버지는 마우트하우젠 강제수용소로 끌려갔다. 그러나 내 누이는 전쟁에서 살아남았고 어머니와 아버지 두 분 모두 집으로 돌아왔다. 한 가족이 온전히 살아남은 건 기적이었다. 헝가리는 소련이 점령했다. 소련의 관점에서 보면 헝가리와 독일은 똑같은 처지였다. 둘 다 소련을 침략하고 짓밟은 적성 국가였다. 소련이 침공한 헝가리를 다루는 데서 복수심이 묻어났다. 독일에게만큼 혹독하게 굴지는 않았을지 모르지만 분명히 잔혹했다. 내 누이는 부다페스트 전투 동안 지하실에 여섯 주 동안 숨어 있었다. 전투가 진행되는 동안 소련군은 부다페스트에 쉴 새 없이 폭격을 했고 미군기도 폭탄을 쏟아부었다.

독일은 최대한 버텼다. 부다페스트와 다뉴브강은 독일 제국에 속한 비엔나로 이어지는 평원을 가로막고 있었다. 독일은 부다페스트가 완전히 포위된 후에도 격렬히 저항했고, 연합군의 공격은 무자비했다. 다섯 살짜리 누이와 여섯 살짜리 사촌은 성인 남성도 견디지 못했을 정도의 상황에 처해 있었다. 누이는 당시에는 그 상황이 거의 일상이었다고 말한 적이 있다. 언제 총이나 폭탄에 맞아 죽을지 모르는 상황 말이다.

악마가 당신의 먹살을 놓아주면 일상으로 돌아간다. 아버지의 경우 일상은 인쇄소를 다시 열고 먹고살 만큼 벌게 되는 일이었다. 어머니는 건강을 회복하고 체중도 어느 정도 늘었다. 아마 아버지가 암시장에서 먹을 것을 구했나보다. 부모님은 유대인 율법에 맞는 식생활을 고수했기 때문에 아버지가 돼지고기를 구해오자 이걸 먹는 게 적절한지를 두고 논의를 했다는 이야기를 들었다. 훗날 이 얘기를 들은 나는 일상적인 삶이 돌아왔다는 징표처럼 여겨졌다. 1년 전만 해도 돼지고기를 먹을지 말지 논의한다는 게 상상이나 할 수 있었겠는가?

소련 점령 하에서의 삶은 고달팠다. 러시아인들은 전쟁에서 엄청난 고통을 겪었고, 따라서 헝가리인들에게 호의를 베풀 물자도 의향도 없었다. 그들은 전쟁을 하는 중에 헝가리를 점령했다. 그들의 점령은 자기들 이익을 위해서이지 헝가리인들을 위한 게 아니었다. 그러나 점령의 지정학적 현실은 1948년에 가서야 공식적인 정치적 현실로 바뀌었다. 소련은 헝가리에서 선거를 해서 합법적으로 진정한 공산주의 정부를 수립하려고 치밀하게 계획했다. 소련은 1948년 선거를 실시했지만 공산주의자들이 패배했다. 그러나 정당한 방법으로 공산주의 정권을 수립하는 데 실패해도 다른 방법을 쓰면 되었다. 따라서 소련은 두 번째로 선거를 실시했고, 물론 이번에는 공산당이 이겼다. 이는 헝가리인민공화국 건국으로 이어졌다. 공산주의이자 친소비에트인 완전한 주권국가가 탄생한 것이었다.

사실 이 선거 절차 자체가 완전히 코미디였다. 소련 붉은 군대가 총을 들이대고 있으니 헝가리는 시키는 대로 해야 했다. 이게 지정학적 현실이었다. 또다시 지정학은 우리 가족에게 사적인 골칫거리를 안겨주었다. 아버지는 전쟁 전에 사회민주주의자였고 여전히 그들의 요주의 인물 목록에 올라 있었다. 이름이 올라서 절대로 좋을 일이 없는 목록이었다. 공산주의자들은 사회민주주의자들을 보수주의자들보다 더 증오했다. 사회민주주의자들은 노동자 계층을 장악하기 위해 공산주의자들과 경쟁하는 관계였기 때문이다. 1948년 선거 전에 공산주의자들과 사회민주주의자들은 통합했다. 사회민주주의자들은 꺼져달라는 점잖은 경고였다. 아버지(그리고 어쩌면 어머니까지도)가 목숨을 잃거나 수감돼야 하다는 뜻이었다. 첫 선거에서 헝가리가 엉뚱한 쪽에 표를 던졌으니 이번에는 스탈린이 모험을 할 리가 없었다.

아버지는 당신 나이가 20대 초였던 1930년대에 사회민주주의자가 되었다. 당시에는 누구나 정치적 성향이 있었고, 유대인은 좌익으로 기울었다. 좌익이 우익보다 유대인을 덜 증오했기 때문이다. 적어도 아버지가 보기에는 그랬다. 1930년대의 아버지의 모습은 1940년대에 가서 자취도 없이 사라졌다. 아버지는 정치가 어떤 결과를 초래하는지 피부로 체험했기 때문에 무슨 일이 있어도 정치는 피해야 할 대상으로 여기게되었다. 아버지에게 지정학은 당신을 짓이겨버리는 대상이었다. 정치는 살려고 발버둥치는 손을 묶어놓는 대상이었다. 이제 아버지는 정치와는 결별했다.

그렇다고 해도 궁극적으로 달라진 건 없었다. 소련 비밀경찰이 조종하는 헝가리 보안경찰은 반역자들을 추적하고 있었고, 처단 대상 명단도

64

있었다—낡은 정보였지만 그래도 목록은 목록이었다. 아버지의 배다른 형제인 숙부는 공산주의자였고 정보에 접근할 수 있었다. 두 분은 정치를 비롯해 사사건건 오래전부터 다투었지만 숙부는 아버지가 명단에 올랐다고 귀띔을 해주었다. 당시에는 명단이라는 단어만 들어도 가슴이 철렁했다.

부모님이 처한 상황은 상당히 절박했다. 나는 1949년 초에 태어났다. 숙부가 부모님에게 명단에 올랐다는 소식을 전하기 직전이었다. 몇 년 전부터 몸이 허약했던 어머니로서는 나를 낳는 게 큰 모험이었다. 당시 열한 살이었던 내 누이도 나름 지옥 같은 시기를 보내고 있었다. 이제 우리 가족은 또 다른 지정학적 재앙을 맞게 되었다. 헝가리에 남아있다가 헝가리 보안경찰에게 잡혀 죽든가, 탈출을 시도하다가 함께 죽는 길뿐이었다. 부모님은 그 논리를 내게 설명한 적이 없다. 자라 보고 놀란 가슴 솥뚜껑 보고 놀랐는지도 모른다. 딱히 공산주의에 대한 순진한 시각이라고 볼 수만은 없었다. 부모님은 헝가리를 떠나기로 했다. 절박한 선택이었지만 당시에는 그 방법밖에 없어 보였다.

헝가리를 벗어나기란 쉽지 않았다. 헝가리인민공화국이 수립된 이후 소련은 헝가리 국민들이 떠나지 못하게 하려고 안간힘을 썼다. 헝가리-오스트리아 국경은 봉쇄되었다. 지뢰가 깔렸고 경비가 개를 동반하고 국경을 순찰했다. 감시탑에는 수색등과 기관총이 설치되었고 보초가 섰다. 북쪽으로는 체코슬로바키아였다. 헝가리와 마찬가지로 이 나라도 소련이 장악했지만 이 나라 국경은 오스트리아-헝가리 국경만큼 엄격히 통제되지 않았다. 체코슬로바키아도 오스트리아와 국경을 접하고 있었다. 오스트리아에 도달하는 게 부모님에게 남은 유일한 희망이었지만 헝가리에서 직접 오스트리아로 가기는 불가능했다. 체코슬로바키아를 거쳐야 했다. 체코슬로바키아-오스트리아 국경이 비교적 통과하기 쉬웠던 지정학적 이유가 있었다. 1948년 이스라엘이 탄생한 데서 비롯된 이유였다. 이스라엘은 대영 제국에 속한 영토에서 탄생했고 영국을 약화시키는 것은 무엇이든 스탈린을 기쁘게 했다. 스탈린은 영국이 계속 이스라엘의 적으로 남으리라고 생각했고 따라서 이스라엘과 동맹을 맺을 수 있겠다고 생각했다. 소련은 늘 지중해에 접근할 기회를 노렸고 돌파구를 마련하기 위해 그리스와 터키에서 봉기가 일어나면 지원을 아끼지 않았다. 그러나 트루먼 독트린을 천명한 미국이 그리스와 터키의 반공주의자들의 뒷배를 봐주면서 그 계획이 성공할 가능성은 희박해졌다. 스탈린이 보기에 이스라엘이 소련의 동맹으로 부상할 가능성도 희박했지만, 감수해야 할 위험은 낮았다. 1949년 이스라엘은 두 가지가 절실히 필요했다. 무기와 유대인이었다. 스탈린은 두 가지를 다 갖고 있었다. 이 두 가지를 이스라엘까지 나르는 게 관건이었다. 스탈린은 1947년부터 1949년 말까지 체코슬로바키아가 이스라엘에 무기를 판매하도록 허락했다. 이스라엘의 입장에서 보면, 누가 자국에 무기와 유대인을 제공하든 그 두 가지만 확보되면 지정학적 문제가 해결되고 보다 큰 문제는 저절로 풀리게 되어 있었다.

체코슬로바키아에서 오스트리아를 경유해 이탈리아 항구까지 무기와 유대인들을 실어 나르는 경로가 있었다. 훗날 저녁 식탁에서 가볍게 대화를 하던 중 부모님이 내게 들려주었다. 유대인들이 바로 이 경로를 따라 움직였다고 말이다. 부모님은 체코슬로바키아에 있는 브라티슬라바에 반드시 도달하겠다고 마음먹었다. 어머니가 태어난 곳에서 몇 마일 떨어진 곳이었는데, 그보다는 비엔나에서 몇 마일 떨어진 곳에 있다는 사실이 훨씬 중요했다. 브라티슬라바에서 아버지는 믿을 만한 소식통으로부터 소비에트 제국 전역에서 유대인들을 모집해 오스트리아와 이스라엘로 보낸다는 소식을 들었다. 따라서 브라티슬라바까지 가는 게 관건이었다.

지중해에서의 소비에트 전략이 체코슬로바키아의 정치적 상황과 맞물려서 우리 가족은 숨통이 트였다. 넘어야 할 난관은 세 가지였다. 첫째, 헝가리 보안경찰의 눈에 띄지 않고 부다페스트를 탈출해 다뉴브강을 건너 체코슬로바키아로 진입하게 해줄 지점까지 도달해야 했다. 둘째, 브라티슬라바에 도착해 이스라엘인들과 엮여야 했다. 셋째, 오스트리아에 도달한 뒤 이스라엘인들과 결별해야 했다.

눈에 띄지 않고 부다페스트를 떠나기는 쉽지 않았고 부모님의 고집으로 상황은 더 어려워졌다. 따뜻한 외투는 비쌌기 때문에 부모님은 외투를 버리고 떠나지 않으려 했다. 몇 달 후면 겨울이었기 때문이다. 유감스럽게도 이때는 8월이었고 일가족이 겨울 외투를 입고 걸어가는 모습은 수상해 보일 게 뻔했다. 게다가 네 사람이 며칠 먹을 식량을 휴대해야 했다—난민이면 티를 안 낼 수가 없다. 무엇보다도 다뉴브강을 건너 브라티슬라바까지 안내해줄 사람을 물색하는 게 관건이었다.

다행히도 이 지역에서 밀수는 로마 시대까지 거슬러 올라가는 유서 깊은 사업이었다. 국경 이쪽에서보다 저쪽에서 값이 나가는 물건은 늘 있었고, 뭔가로부터 또는 누군가로부터 벗어나고픈 사람도 늘 있었다. 밀수꾼들은 사람들을 다뉴브강 이편에서 저편으로 데려다주고 돈을 벌었다. 그들은 닳고 닳은 이들이었다. 위험한 지역에 사는 절박한 사람들을 상대로 돈을 벌었고 감상에 젖을 여유가 없었다. 한 번 건널 때마다 목숨을 걸어야 했다. 국경 지역에 사는 사람들은 다 알다시피, 이런 사람들은 무자비했고, 그들 손에 당신 목숨을 맡기려면 위험을 감수해야 했다. 그러나 사람들을 몰래 탈출시켜주는 일은 알음알음으로 연결되고 평판에 의존하므로 고객을 죽이거나 강도짓을 하면 수고비를 짭짤하게 줄 고객을 소개받지 못하게 된다. 한두 번은 가능할지 몰라도 그러고 나면 고객씨가 마른다.

사람을 포함해 뭔가를 국경 너머로 밀반입하거나 밀반출하려면 반드시 소개를 받아야 한다. 그 일을 하는 누군가가 있다는 얘기를 들어본 적이 있는 누군가를 아는 누군가로부터 말이다. 아버지는 마당발이었다. 그 혼란스러운 와중에도 일정액을 받고 우리가 가려는 곳까지 데려다줄 사람을 물색해줄 사람을 소개받았다. 수고비는 선불로 내야 했다. 나는 아버지가 어디서 돈을 구했는지도 모르고 아버지가 그 얘기를 꺼낸 적도 없지만, 네 명이었으니 상당히 큰 금액이었던 게 틀림없다.

우리는 1949년 8월 13일 밤에 밀수꾼들을 만나기로 했다. 부다페스트에서 출발하는 철도가 다뉴브강과 가장 가까이 위치한 알마스푸지토 마을 근처의 다뉴브 강둑이 접선장소였다. 강은 폭이 넓고 유속은 느렸으며, 여름에는 한가운데에 섬이 물 밖으로 솟았기 때문에 탐조등이 아주 가까이 있거나 새벽에 동이 아주 일찍 트면 몸을 숨길 수 있었다. 그렇게 해서 우리는 고무보트를 타고 다뉴브강을 건너게 되었다.

발각될 위험은 매우 컸다. 아기인 내가 가장 큰 걱정거리였다. 조용한 밤에 아기가 울면 죽은 목숨이나 다름없었다. 웅가 박사는 부다페스트에서 우리 주치의였는데, 부모님은 그에게 우리 탈출계획을 믿고 털어놓았다. 그는 부모님에게 수면제 가루약을 주었고 그걸 먹은 나는 잠들어 끽소리도 내지 않았다. 겨우 열한 살이었던 내 누이는 탈출을 하는 내내 깨어 있었고 돌아가는 사정을 다 알고 있었다는 사실을 생각하면 나는 늘 경탄을 금치 못한다. 하긴, 다섯 살 때부터 목숨을 부지하기 위해 고군분투했어야 하니 당연하다. 다행히 강을 건너는 계획은 무사히 마무리되었다. 우리는 미리 약속한 시간과 장소에서 밀수꾼들과 접선했다. 날이 어두워지자 우리는 배를 타고 노를 저어 체코슬로바키아 쪽으로 건너갔다. 거기서부터 우리는 서쪽으로 몇 마일 떨어진, 이전에 헝가리 마을이었던 코마롬에 다다랐다. 당시에는 코마르노라고 불렸다.

다음에는 체코슬로바키아의 슬로바키아 지역 수도인 브라티슬라바까지 가야 했다. 체코슬로바키아 자체는 제1차 세계대전 후 트리아농 협정에 따라 탄생한 나라였다. 이 협정은 오스트리아-헝가리 제국을 해체해 여러 민족국가들을 탄생시켰지만 서로 앙숙인 민족들을 한데 묶은 유고슬라비아 연방, 서로를 탐탁지 않게 여기는 체코공화국과 슬로바키아를 합한 체코슬로바키아 같은 괴상한 나라들을 남겨놓았다. 헝가리의 국경이 다시 그려지고 이러한 해괴한 나라들이 태어나면서 문제는 더욱 복잡해졌다. 동남쪽 지역인 트란실바니아는 루마니아에 속하게 되었고, 북쪽 지역은 체코슬로바키아의 슬로바키아 지역 몫으로 돌아갔다. 이는 매우 중요한 사건이었다. 코마르노에서 브라티슬라바까지 가는 열차가 헝가리어를 사용하는 지역을 관통하기 때문에 부모님이 눈에 띌 염려가 줄어들었다.

아침 일찍 브라티슬라바로 향하는 열차에 오른 우리 가족은 자리를 잡았고, 어머니는 살라미를 꺼내 가족들을 먹이기 시작했다. 어머니는 누이에게 살라미를 나눠주고 내게는 모유를 먹였다. 승객 하나가 어머니 쪽으로 몸을 기울이더니 속삭였다. "그거 치우시오. 그건 헝가리 살라미요." 슬로바크 언어를 사용하는 지역을 관통했다면 우리는 즉시 체포되었을 가능성이 높다. 헝가리산 살라미는 슬로바키아에서는 구할 수 없었다. 그러나 여기는 헝가리 지역이었고 그 승객은 우리가 탈출하는 줄 알고 동정심을 느꼈다. 다행히 우리는 그 승객의 경고 덕분에 목숨을 건졌다. 이 사연에서 나는 살라미를 꺼내 먹을 때도 지정학을 고려해야 한다는 교훈을 얻었다.

우리가 고용한 밀수꾼들은 전문분야에 특화된 이들이었다. 강을 건너는 일을 맡은 이도 있었고 열차를 맡은 이도 있었다. 우리는 열차에서 다음 밀수꾼들을 만나기로 되어 있었다. 그들이 우리를 브라티슬라바에 들여보내주기로 되어 있었다. 우리 가족은 어머니와 아이들, 그리고 아버지로 나뉘었다. 아버지가 가장 중요한 목표물이었기 때문이다. 아버지는 밀수꾼을 찾아내 접선을 해야 했다. 유감스럽게도 서로 주고받을 신호를 정하지 않았든지, 아버지가 어떤 신호였는지 잊어버렸다. 아버지는 열차에서 우리와 따로 앉아서 밀수꾼으로 보이는 사람을 포착했다. 그 지역에서 추적당하는 이들끼리 통하는 표정과 몸짓, 손짓을 동원해 아버지는 밀수꾼으로 보이는 이에게 질문을 했고 그 사람은 답을 했다. 그 사람이 정말 그 질문을 알아들었는지는 알 길이 없다. 아버지는 고개를 옆으로 까딱해 열차에서 내린다는 신호를 보냈다. 그 사람은 가볍게 고개를 끄덕이더니 자리에서 일어났다. 아버지는 그의 뒤를 따랐다. 그런데 어머니는 열차 맞은편 끝에 있는 진짜 밀수꾼을 알아보았고 뒤늦게 상황이 어떻게 돌아가고 있는지 알아차렸다. 어머니가 뒤를 돌아보니 아버지는 열차에서 내리고 있었고, 아버지가 뒤따른 밀수꾼은 그저 평범한 승객이라는 사실을 깨달았다. 열차가 출발했고 아버지는 다뉴브강 북쪽 슬로바키아에 홀로 남겨졌다. 불길했다. 비밀 작전이 순조롭게 진행되는 일은 영화에서나 가능했다.

아버지가 어떻게 우리를 찾아냈는지 모르지만 우리는 모두 브라티슬라바까지 왔고, 거기서 유대인 학교 지하실에 숨어 있던 다른 유대인 난민들과 합류했다. 우리는 이스라엘 기관원들이 더 많은 유대인 난민들을 찾아내서 데려오는 동안 몇 주를 그곳에 머물렀다. 체코 비밀경찰은 우리가 거기 있다는 사실을 틀림없이 알고 있었다. 그 건물은 시내 한복판에 있었고 들어가는 사람만 있지 나오는 사람은 없었기 때문이다. 스탈린이 지정학을 제대로 분석했기 때문에 그가 이스라엘 총리 다비드 벤-구리온과 맺은 밀약은 여전히 유효했고, 따라서 우리는 안전했다.

그러나 유감스럽게도 우리에게는 문제가 있었다. 부모님은 이스라엘로 가기를 원치 않았다. 아버지는 유대인 국가 건설을 찬성하는 열혈 시온주의자였지만 개인적으로는 관여하고 싶어 하지 않았다. 이스라엘은 막 독립전쟁에서 승리했을 뿐이었고 생존은 여전히 불확실했다. 아버지는 생존이 불확실한 지역에서 사는 데 넌더리가 나 있었다. 아버지는 미국으로 가길 원했다. 그 이유는 지정학이었다. 미국은 캐나다와 멕시코 두 이웃나라가 있는데, 둘 다 약했다. 아버지는 약한 이웃나라들과 접한 강한 나라에 살고 싶었다. 그리고 나치든 공산주의자든, 당신과 당신 가족을 죽여야 할 만큼 깊은 신념을 지닌 그 어떤 이도 없는 나라에서 살고 싶었다.

이제 이스라엘의 국익과 아버지의 사익이 충돌하고 있었다. 이스라엘은 인구 문제가 있었다. 국민이 모자랐다. 이스라엘이 안보를 유지하려면 더 많은 유대인이 필요했지만, 아버지의 안전은 이스라엘에 가지 않아야 확보되었다. 아버지는 이스라엘인들이 피난처를 제공해준 데 대해 정말 감사했고 오스트리아 국경을 건너는 데 도움 받기를 절실히 원했지만, 징집당해 양손에 수류탄을 쥐고 네게브 사막에서 싸우는 일은 아버지가 생각하는 사익에 부합하지 않았다.

아버지가 처한 상황은 이스라엘인들이 그다지 유머감각이 뛰어나지 않다는 사실 때문에 더 복잡해졌다. 그들은 유대인들을 모아야 했고, 우리는 유대인이었고, 따라서 그들이 보기에 우리는 꿈에 그리던 삶을 살게 된 셈이었다. 아버지의 해명에 따르면, 아버지는 오스트리아 국경을 넘으려면 이스라엘인들의 도움이 필요했다. 아버지가 생각해낸 해결책은 거짓말이었다. 무사히 국경을 건널 때까지만 이스라엘에 가게 되어 뛸 듯이 기쁜 척하기로 했다. 미리 이스라엘인들을 열 받게 할 이유가 없다고 아버지는 생각했다.

그리고 나서 아버지는 당신의 삶 같은 인생을 살아본 사람만이 생각해 낼 수 있는 술수를 썼다. 우리는 확실히는 모르겠지만 버스 아니면 트럭을 타고 오스트리아 국경까지 갔다. 그곳에 도착하자 우리 같은 사람들에 익숙한 게 분명해 보이는 체코 쪽 국경수비대원이 우리가 탄 차량을 샅샅이 수색했다. 그들은 아버지와 우리 가족을 체포했다. 국경수비대가 이스라엘 사람들에게 뭐라고 설명했는지는 모르지만 이 길은 많은 사람들을 이동시키는 주요 경로였고 이스라엘인들은 아마 인원수도 많지 않은 일가족쯤 잃어도 상관없었을지도 모른다. 정치적 이유든, 법적인 이유든 간에 상관없이 말이다. 이스라엘 호송대는 국경을 넘어 오스트리아로 진입해 아드리아해 항구를 거쳐 다음 행선지로 향했다.

이스라엘 호송대가 사라지고 나서 국경수비대는 우리를 풀어주었고 우리끼리 국경을 넘도록 내버려 두었다. 돌이켜보면 아버지가 손을 써서 이스라엘 호송대가 지나갈 때 우리가 체포되도록 한 듯싶다. 아버지는 브라티슬라바에 있는 건물 지하에 갇혀있는 동안 어떻게 이런 재주를 부렸는지 내게 말해준 적이 없고, 내 누이는 아주 어렴풋이 아버지가 한 일을 기억했다. 내가 철이 들어 그때 일을 어머니에게 물어보았더니, 어머니는 운이 좋았을 뿐이라며 그런 멍청한 질문 좀 그만 하라며 내 뒤통수를 갈겼다. 하지만 분명히 일어난 일이었다. 우리가 이스라엘의 네게브가 아니라 미국의 브롱스에 정착하게 된 사실처럼 말이다. 그러나 어떻게 그런 일이 일어나게 됐는지는 영원히 의문으로 남았다.

이렇게 마지막으로 국경을 넘어 비엔나에 도착한 우리는 냉전의 지정학으로 뛰어든 셈이었다. 1949년 당시 유럽은 점령당한 영토였다. 어느 특정한 국가에 내부적인 주권이 어느 정도 주어졌는지 상관없이 연합군과 소비에트 사이에 그어진 선으로 구획된 영토였다. 소비에트가 점령한 나라들에서는 공산주의 정권이 들어섰다. 미국과 영국이 점령한 나라들은 다양한 형태의 입헌 공화국들이었다. 무엇보다도 1959년 무렵 소련이 베를린을 봉쇄하자 처칠은 철의 장막 연설을 했고, 북대서양조약기구(NATO)가 결성되었다. 유럽은 무장한 진지 같았고 또 다른 전쟁이 일어나리라는 현실적인 예측도 있었다.

비엔나는 유럽의 축소판이었다. 베를린과 마찬가지로 소비에트, 미국, 영국, 그리고 프랑스가 관할하는 4개 구역으로 나뉘어졌다. 실제로는 연합국과 소비에트의 2개 구역이 존재했다. 비엔나에서 엉뚱한 방향으로 걷다보면 소비에트 구역에 들어서게 되는데, 그러면 다시는 돌아가지 못했다. 이런 일이 내 가족 주변 사람들에게도 일어났다. 비엔나에는 많은 구호 단체들이 활동하고 있었고 온갖 난민들을 위한 거점 역할을 했다. 유대인을 대변하는 주요 기구는 미국 유대인 합동 배급 위원회(이하 합동위원회)였는데, 다른 자선단체들을 아우르는 대표 기구였다. 합동위원회는 우리 가족을 예전의 로스차일드 병원에 배정했고 유엔 국제부흥기구가 발행한 문서를 주고 우리를 받아들일 나라가 나올 때까지 기다리라고 했다.

다행히도 난민을 받아들이려는 나라는 많았다. 특히 영국인들이 정착한 캐나다, 오스트레일리아, 뉴질랜드가 적극적이었다. 이 나라들은 모두 인구를 늘리고 싶었지만 오직 백인 유럽 정착민만 받아들이려고 했다. 유대인도 이 집단에 속한다고 간주되었고, 따라서 우리는 오스트레일리아나 캐나다로 갈 선택지가 주어졌다. 둘 중 어느 나라로 가든 우리는 기꺼이 가려 했지만, 아버지는 오스트레일리아로도 캐나다로도 가려 하지 않았다. 오스트레일리아는 제2차 세계대전 중 일본에게 침략당할 뻔했다가 미국이 구해줬다는 사실을 아버지는 알고 있었다. 캐나다는 약했고 미국이 마음만 먹으면 언제든 침략할 수 있다고 아버지는 생각했다. 알베르 카뮈는 "피해자도 가해자도 되고 싶지 않다."라고 말했다. 아버지는 카뮈의 이 말을 망상이라고 여겼다. 아버지가 겪은 경험에 따르면 인간은 피해자 아니면 가해자일 뿐이며, 피해자보다는 가해자인 게 백 배 나았다. 아버지는 미국으로 가길 원했다. 쿠바나 브라질 같은 선택지는 일고의 가치도 없었다. 예전의 나치들이 우글거리는 오스트리아에 정착하는 셈이나 마찬가지였기 때문이다.

그런데 미국으로 가려는 난민들이 너무 많아서 선정되기가 쉽지 않았다. 미국은 출생국가를 바탕으로 할당제를 실시하고 있었다. 지난 십 년을 도망 다니면서 산 아버지는 불법 이민은 일고의 가치도 없었다. 아버지는 합법적으로 미국으로 가야 했다. 그러나 그러려면 기다려야 했다. 공간뿐만 아니라 시간도 아버지의 적이었다—아버지는 소비에트와 너무 가까이 있었고, 이는 곧 재앙을 초래하리라는 사실을 알고 있었다. 아버지는 전쟁이 다가오고 있음을 감지했고 따라서 가족을 유럽에서 탈출시키고 싶었다. 아버지는 기다리고 싶지 않았다.

유럽은 음모가 만연했다. 소비에트는 프랑스나 이탈리아 같은 나라들에서 공산당을 확대하고 막 재건된 독일군과 첩보조직에 침투하려고 혈안이 되어 있었다. 스탈린은 또한 신설된 미국 중앙정보국에 침투하였고 영국 첩보조직에 대한 기존 침투를 더욱 강화했다. 소비에트 첩보 조직은 탁월했고, 스탈린은 정보는 힘이라고 생각했다. 스탈린은 연합군을 무너뜨리고 마비시키면 전쟁은 필요 없을지도 모르고, 전쟁이 일어난다고 해도 쉽게 이길 수 있다고 생각했다. 아니면 최소한 첩보 활동을 통해 미국과 영국의 꿍꿍이가 뭔지 미리 경고를 받을 수는 있다고 생각했다.

미국은 소련에 집착하게 되었다. 특히 베를린 봉쇄와 그리스와 터키 갈등이 일어난 1948년 후에 더욱 이런 경향은 강해졌다. 전쟁 후의 세계에 대한 환상은 물거품이 되었다. 나폴레옹의 침략과 제1차 세계대전에 뒤이어 제2차 세계대전의 참상이 벌어지면서, 소비에트인들은 서구로부터 오는 공격의 충격을 흡수할 완충지대가 필요하다고 확신했다. 소비에트인들에게 완충지대는 발트해에서 아드리아해에 이르는 선이었고, 이 선은 독일에 위치한 유럽의 중심부를 가로질렀다.

미국의 관점에서 볼 때, 독일 한가운데에 소비에트 군대가 주둔하는 광경은 소비에트의 서유럽 정복이라는 망령을 떠올리게 했다. 소비에트는 독일군을 완전히 박살낸 대규모 군대와 세계 최고의 첩보 조직을 보유하고 있었고, 프랑스와 이탈리아에서는 막강한 공산당이 활동하고 있었다. 소비에트가 유럽 반도를 장악하면 러시아의 자원과 유럽의 기술 및 산업 역량이 결합되어 미국의 안보를 위협하게 된다. 특히 그러한 자원들이 해군과 공군을 구축하는 데 쓰인다면 말이다. 이런 사태가 일어나지 않도록 방지하는 게 미국 전략의 토대가 되었다.

미국은 두 가지 매우 현실적인 문제에 직면하고 있었다. 미국의 군 규모는 소비에트 군 규모에 비하면 보잘것없었고 소련과 공산 진영에 대한 첩보는 거의 전무했다. 미국은 군 규모의 열세는 원자폭탄으로 상쇄했고, 첩보의 열세는 나의 아버지 같은 사람들과의 거래를 통해 상쇄했다.

미국은 첩보 역량을 밑바닥부터 구축해야 했다. 제2차 세계대전 동안 첩보의 초점은 프랑스와 독일이었지만 이제 훨씬 동쪽까지 첩보대상 영역을 넓혀야 했다. 동구권과 소련에 대해 뭔가를 알고 있고 인맥이 있는 사람들을 모집해야 했다. 그 지역 언어를 구사하는 능력만 있어도 유용했을 것이다. 미국인들에게 결여된 능력이었기 때문이다. 달갑지는 않지만 소련에 대한 독일의 군사첩보 프로그램을 운영한 게르하르트 겔렌 같은 사람이 반드시 필요했다. SS부대 출신으로서 직접 첩보 작전을 실행한 훨씬 밥맛 떨어지는 이들 또한 당시에 미국에게는 중요했다.

그러나 전쟁이 끝난 지 4년이 지났고 전직 독일 첩보요원들은 소련이 구축한 완충지대 국가들에서 무슨 일이 벌어지고 있는지 알지 못했다.

게다가 미국인들은 이러한 정권들 가운데 일부를 전복하고 그 지역에서 소비에트인들을 밀어낼 수 있다는 환상을 품고 있었다. 미국은 자기가 떠나온 나라로 돌아가는 난민들을 모집해 봉기를 일으키게 하거나 최소한 서구 진영 내에서 소비에트의 작전을 막는 대응첩보활동에 협력하게 만들 계획이었다.

원상회복 작전으로 알려지게 된 이 계획은 두 가지 약점이 있었다. 첫째, 정권을 불안정하게 만들고 폭동을 일으킨다고 해도 그 나라를 점령하고 있는 소비에트군을 몰아내기는 어려웠다. 둘째, 소비에트는 난민으로 가장한 첩보원들을 파견하여 미국의 작전에 침투시킬 기회를 노리고 있었다. 가족 없이 혈혈단신 나라를 떠난 이들은 십중팔구 그런 첩보원이었다. 가족은 자국에 인질로 잡혀있었기 때문이다. 서구 진영이 이를 깨닫기까지는 한참 걸렸고, 그 사이에 미국의 작전에는 소비에트 첩보원이 침투했으며, 동쪽으로 간 미국 측 첩보원들은 붙잡혀서 고문을 당하고 비밀을 털어놓았다.

따라서 첩보의 관점에서 보면 이 작전은 실패였지만, 아버지의 관점에서 보면 그렇지 않았다. 소비에트는 가족을 인질로 잡아 협력하게 만든 반면 미국은 시민권과 영주권을 유인책으로 제공했다. 여기서부터 불분명해지는데, 내 기억으로는 아버지가 나, 누이, 어머니가 비엔나를 떠나 미국으로 가게 만들려고 일종의 거래를 했다. 우리는 먼저 잘츠부르크로 갔고 거기서 비행기를 타고(우리로서는 호강이었다) 브레머하펜으로 가서 미국으로 가는 해군함에 승선해 선장의 숙소를 배정받았다.

아버지는 뒤에 남았다. 어머니는 헝가리인이지만 체코슬로바키아에서 태어났고, 따라서 체코에 배정된 난민 할당 비율에 따라 자녀와 함께 미국에 입국할 수 있었지만, 아버지는 헝가리에 배정된 난민 할당 비율을 적용받기 때문에 미국에 입국할 수 없었다는 게 공식적인 설명이었다.

그러나 이 설명에는 문제가 있다. 미국은 난민을 받아들일 때 가족을 떼어놓지 않았다. 특히 유엔 구호부흥기구에서 발행한 카드를 소지한 이들의 경우는 더욱 그랬다. 비공식적인 설명을 들으려고 어머니에게 물어봤지만 뒤통수만 한 대 얻어맞고 얘기해줘도 이해하지 못한다는 잔소리만 들었다. 훗날 내가 아버지를 더 잘 알게 된 후, 아버지가 "멍청한 미국 개자식들"과 오스트리아에 대해 얘기를 한 적이 있다. 우리 가족이 간직한 문서들에서 이러한 사실을 알게 되었고, 이를 바탕으로 훗날 우리 가족의 역사를 재구성할 수 있었다. 어머니가 뉴욕시에 서류를 등록한 바로 그날 아버지는 할레인이라는 곳에서 난민 신청을 했다. 이 지역은 히틀러의 거처가 있었던 오베르잘츠부르크와 괴링이 약탈한 미술품들을 보관한 소금광산에서 가까웠다. 430 육군 방첩대 본부와 가까운 곳이기도 했다. 이 부대는 소련을 대상으로 작전을 실행하던, 당시 냉전에서 핵심적인 부대였다.

추측컨대, 아버지가 헝가리 난민들 사이에서 미국의 방첩활동에 필요한 일을 하는 대가로 가족을 피신시켜주기로 거래를 한 듯하다. 그 외에는 달리 아버지의 행동을 설명할 방도가 없고, 당시에 아버지의 행적이 불분명한 사실로 미루어볼 때 그럴 가능성이 아주 높다. 이게 사실이라면 아버지도 그러한 거래를 한 수천 명 가운데 한 사람인 셈이다. 아버지는 여러 차례 내게 첩보원 행세를 하는 대학생들 얘기를 하며 비판했는데, 그런 류의 사람들에 대해 알고 있었다는 뜻이다. 아버지는 중요한 임무는 하지 않은 게 분명하다. 살아남았기 때문이다. 당시 이러한 하위 작전에는 소비에트인들이 깊숙이 침투해 있었다. 아버지는 당신이 처한 상황 때문에 대단히 불안했을 것이다. 가족은 안전해져서 기뻤지만 당신은 여전히 소련의 탱크와 미국의 폭격기가 대치하는 지정학적 전선에 너무 가까이 있었다.

1952년 아버지는 미국으로 와 우리와 합류했다. 당시에 미국이 동유럽에서 벌이던 작전들은 실패하고 있었다. 알바니아에 침투해 게릴라 군을 모집하려던 시도는 침투하는 순간 무산되었다. 소련 첩보 조직이 해변에서 기다리고 있었기 때문이다. 아버지가 이런 일을 했을까? 아버지가 배를 타고 찍은 사진이 있다. 완장을 두른 아버지가 건달 같은 남자들에게 둘러싸여 있는 사진이다. 아버지는 그 배에 대해 설명해준 적이 없다. 완장은 아버지가 영어를 구사했기 때문에 그 무리들을 이끌게 돼서 찼다고 설명했다. 아버지의 설명에는 허점이 있다. 그로부터 20년이 지나 〈뉴욕타임스〉에서 활자를 조판하는 일을 할 때도 아버지는 영어를 제대로 할 줄 몰랐다.

아버지는 미국에 도착하자마자 인쇄공으로 일자리를 구했다. 우리는 처음에 브롱스에 살았다. 당시에는 지금처럼 열악하지 않았지만, 그래도 거친 동네였다. 당시에 우리는 퀸즈에 작은 집을 마련했는데, 그 집에는 부모님이 좋아한 작은 정원이 있었다. 후에 우리는 롱아일랜드의 사우스 쇼어에 있는 또 다른 작은 집으로 옮겼다. 내 누이는 엔지니어와 결혼해 자녀 셋을 두었다. 나는 학교에 다녔고 성인이 되었다.

1960년대에 피트 시거가 교외에 줄지어 늘어선 작은 집들을 천편일률적인 허접한 건물이라며 조롱하는 노래를 지었다. 그 노래를 듣고 있던 내게 아버지가 가사가 무슨 뜻인지 물었다. 나는 시거가 대량생산된 싸구려 집을 혐오하는데, 이는 그런 집에 사는 천박하고 천편일률적인 사람들을 혐오하기 때문이라고 설명했다. 사는 집을 보면 그 사람을 알 수 있다는 뜻이라고 했다. 우리는 똑같이 찍어낸 대량생산된 사람들이 되어가고 있는 내용이라고 했다. 그때 우리 둘은 집 뒷마당에 있었는데 그때 아버지가 한 말을 나는 절대 잊지 못한다. "미국인들은 고작 그게 걱정거리야?"

78

정말로 그랬다. 안전하고 힘이 세지면, 그 다음엔 정체성을 잃어버릴까봐 걱정한다. 아버지는 당신의 정체성을 잃어버린 적이 없다. 목숨을 잃을까봐 두려워했다. 아버지는 미국을 사랑했다. 악몽을 꿀지언정 현실에서는 안전했다. 아버지는 삶은 소중하고 최대의 적은 그 삶을 빼앗으려는 인간들이라는 기초적인 지식을 가지고 유럽에서 벗어났다. 아버지에게 세상은 단순했다. 유럽은 늑대와 늑대가 잡아먹으려는 사람들로 가득한 곳이었다. 미국은 두려워하지 않는 사람들로 가득했다. 아버지에게는 그 사실만으로도 충분했다. 인생에서 더 바랄 게 없었다.

아버지는 나치가 시작한 만행을 뒤이어 계속한 러시아인들을 절대로 용서하지 않았다. 아버지는 나약하고, 부패하고, 여섯 주 만에 전쟁에 패한 프랑스인들을 절대로 용서하지 않았다. 아버지는 스스로를 지키지 못하고 프랑스에 의존한 폴란드인들을 절대로 용서하지 않았다. 그리고 무엇보다도 아버지는 독일인들을 절대로 용서하지 않았다. 아버지는 괴물 같은 유럽을 절대로 용서하지 않았고, 너무나도 쉽게 스스로를 용서하는 유럽인들을 결코 용서하지 않았다. 아버지에게 유럽은 괴물과 부역자들과 피해자들로 가득한 곳이었다. 아버지는 헝가리나 유럽을 다시는 찾지 않았다. 전혀 관심이 없었다. 대학생 때 나는 아버지에게 유럽이 변했다는 사실을 인정하지 않는 이유를 물어보았다. 아버지의 대답은 간단했다. 유럽은 절대 변하지 않는다. 그저 아무 일도 없었다는 듯이 행동하게 된다고 했다.

지금 유럽연합을 보면서 나는 아버지가 한 말을 떠올린다. 유럽연합은 마치 아무 일도 없었다는 듯이 행동하고 있다. 이 기구가 어떤 일이 있었는지 모른다거나 과거에 대해 끔찍해하지 않는다는 뜻이 아니다. 유럽연합—기구로서 그리고 설립 취지로서—은 이제 과거는 정리되었고, 자신의 의지로 악마를 퇴치했으며, 악마도 교훈을 얻었다고 확신하고 있다.

역사는 그렇게 극복하기가 쉽지 않다. 이 책은 유럽의 어두운 구석을 논한다. 아버지가 진짜 유럽의 모습이 숨어 있다고 여겼던 바로 그 부분 말이다. 그 이야기는 현대 유럽의 문제보다 훨씬 복잡하고, 아버지가 알고 있던 것보다도 훨씬 더 복잡하다. 그러나 이 책의 취지는 유럽인으로서의 우리 가족의 삶을 이해하려는 것이다. 우리는 포르투갈에 있는 아주 작은 마을에서 시작해야 한다.

유럽, 세계를
공격하다

Europe's Assault on the World

유럽이 끝나는 곳이 있다. 카보 데 상 비센테라는 곳인데, 유럽 반도의 가장 서쪽으로서 깎아지른 절벽이 대서양 쪽으로 튀어나와 있다. 헤로도투스에 따르면, 그리스인들은 지브롤터 해협 너머에 있는 바다를 아틀라스 신의 이름을 따 "애틀랜틱"이라고 불렀다. 아틀라스 신의 영역이라는 뜻이었다. 광활하고 막강하고 아주 신비로운 바다였다. 카보 데 상 비센테에 서 있으면 그 바다에 왜 그런 이름이 붙었는지 깨닫게 된다. 흉측한 동시에 황홀한 세계가 엿보인다.

로마인들은 이곳을 프로몬토리움 사크룸, 즉 성스러운 곳(串)이라고 불렀고 밤에는 사람들이 접근하지 못하게 했다. 그들은 그곳이 세계가 끝나는 지점이라고 생각했고 밤이면 대서양에 사는 악마들이 해변에 출몰해 사람들의 영혼을 사로잡는다고 생각했다. 어두울 때는 대서양 심해에서 악마가 출몰해 사람을 사로잡는다는 상상을 하기가 어렵지 않다. 낮에는 여전히 황량한 곳이다. 포르투갈 해군통신센터가 있고 세계의 끝을 보러오는 관광객들에게 잡동사니를 파는 가판대가 몇 개 있을 뿐이다. 그러나 이러한 진부한 풍경은 이 지역의 중요성을 가린다.

동쪽으로 1마일이 채 못 미처 또 다른 곳이 있다. 사그레스라는 작은 마을에서 남쪽에 있다. 역사에 "항해사 엔히크"라고 알려진 인물이 15세기에 이곳에 궁전을 지었다. 지금은 그 후에 건축된 것으로 보이는 교회와 커다란 원 모양의 자취만 남았다. 그 원의 용도가 무엇인지는 알려져 있지 않지만, 한때 뭔가 중요한 것이 그곳에 있었다는 분명한 징표다. 바로 이 지점에서 엔히크는 유럽의 대탐험에 착수했다—세계를 탐험하고 정복하는 일 말이다. 카보 데 상 비센테는 구세계의 끝이었다. 사그레스는 신세계의 시작이었다.

사그레스는 유럽인들이 마침내 로마의 옛 악마를 퇴치한 곳이고, 새로운 악마가 최초로 출몰한 곳이다. 그 악마는 오늘날까지도 유럽을 배회

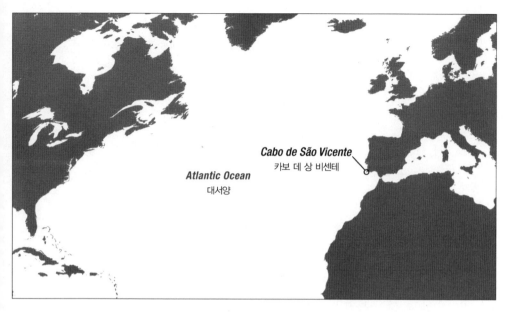

카보 데 상 비센테

하고 있다. 제국은 늘 악마들을 낳고, 이는 막강하고 끔찍한 유럽 제국의 시작이었다. 유럽은 상상할 수 없을 만큼 높이 치솟았고 의문의 여지가 없는 범죄를 저질렀다. 우리는 여전히 유럽이 겪어온 흥망의 그늘에서 살고 있다. 이는 모두 사그레스와 대서양에서 시작되었다.

항해사 엔히크로 더 잘 알려진 포르투갈의 엔히크 왕자(포르투갈 왕 주앙 1세의 아들)는 항해사 학교를 설립해 수십 년 동안 대서양을 탐사했다. 그의 제자 가운데는 인도로 가는 길을 발견한 바스코 다 가마, 배를 타고 세계를 한 바퀴 돈 페르디난드 마젤란이 있고, 난파되었다가 구조된 크리스토퍼 콜럼버스도 엔히크의 학교에 잠시 머물렀다고 일각에서는 말한다. 어떤 학교였는지, 실제로 누가 다녔고, 무엇이 낭설인지, 그리고 이 학교에 다니면서 뭘 배웠고, 엔히크 본인이 얼마나 이 학교에 관여했는지 알기 어렵다. 집단 기억 말고는 지금 남아있는 게 거의 없다. 포르투갈이 국부를 쏟아부어 대서양을 탐사하고 미지의 세계에 있는 부를 찾아 나설 때; 유럽의 세계 정복이 시작된 곳이라는 집단 기억 말이다.

포르투갈의 탐험은 거대한 국책 사업이었다. 미지의 노다지를 캐기 위해 엄청난 돈을 쏟아부었다. 포르투갈인들은 국내 정치, 국제적 경쟁관계, 종교, 이념 등의 이유로 탐험을 할 동기가 유발되었고, 순전히 영예를 얻기 위해서이기도 했다. 엔히크는 항해 시도가 성공했든 실패했든, 모든 항해를 꼼꼼하게 기록으로 남겼다. 매번 항해를 할 때마다 조금 더 멀리 나갔고 배를 더 튼튼하게 건조했다. 일취월장이 아니라 수십 년에 걸쳐 조금씩 지식을 축적했다. 공학, 항해술, 금융, 관료조직이 동원된 실험이었다. 또한 영예를 얻기 위한 실험이기도 했다.

사그레스를 보면 절정기 때의 미국항공우주국(NASA)이 떠오른다. 미국항공우주국도 정치, 지정학, 이념에 의해 동기가 유발되었으며, 놀라울 정도로 많은 자금이 투입되었다. 사그레스와 마찬가지로 미국항공우주국도 더없이 장엄한 목적을 추구했다. 머큐리, 제미니, 아폴로 등 그리스 신의 이름을 붙인 우주 프로그램들을 추진하던 이들은 공학, 조종술, 관료조직이라는 진부한 구조 밑에 낭만적인 야심을 숨기고 있었다. 미지의 영역에 있는 악마들을 기술과 품위로써 제압하려는 낭만적인 야심 말이다. 생존하려면 철저하게 자제력을 발휘해 조심스럽게 움직이고, 조금씩 앞으로 나아가며, 하나씩 개선해야 했다. 사그레스와 미국항공우주국은 시를 쓰는 사람들이 아니라 시 같은 삶을 사는 사람들로 구성되었다. 유럽인들에게 출발점은 신화가 아니라 신화를 깨려는 의지였다. 이게 제국의 시작이었다. 20세기에 있어 신화의 부활은 제국의 종식이었다.

이런 종류의 모험을 하려면 그럴 만한 지위와 재력이 있는 왕자가 아니면 거의 불가능하다. 엔히크는 템플 기사단의 포르투갈 계승자로서 막

84

강한 재력이 있는 그리스도 기사단과 연줄이 닿아 있었다. 배를 건조하려면 돈이 많이 들고 배를 잃으면 엄청난 재정적 손실을 보게 된다. 그만한 부를 관장하고 그 부를 충동적으로 무분별하게 낭비하지 않으려면 엔히크 정도의 기질을 지닌 사람이어야 했다. 신중하고, 주도면밀하고, 신앙심 깊고, 사려 깊은 엔히크는 인내심도 강했다. 그가 탐험 프로젝트를 추진했을 당시의 세계는 그 다음 수세기 동안 등장했던 세계와는 전혀 딴판이었다. 15세기 말부터 19세기 말까지의 기간 동안 일정 시점에 세계에서 유럽이 점령하지 않았거나 유럽으로부터 큰 영향을 받지 않은 지역은 찾아보기 힘들었다.

유럽이 세계를 정복했다는 단순한 사실보다도 그 자신을 알지 못했던 세계를 그 자신을 아는 세계로 바꾸어놓았다는 사실이 더 중요하다. 공통적인 인류라는 개념은 다른 문명들이 존재하는지 제대로 아는 이가 없는 세계에서는 존재할 수 없다. 잉카인은 카자흐인에 대해 들어본 적도 없었고, 타밀족은 스코틀랜드인이 있는지 알지 못했으며, 일본인은 이러쿼이인(Iroquois)이 생소했다. 문명들이 서로 단절된 채 존재하는 세계에서는 모든 문명을 알 만한 위치에 있는 사람은 아무도 없었다. 이러한 문명 간의 장벽은 유럽의 공격으로 박살이 났다. 아주 소규모인 문화도 유럽의 통제나 영향력 하에 들어가 인류의 일부가 되었고, 자신이 독특한 유일한 문화라고 생각할 권리를 박탈당했다. 하나의 인류라는 개념은 유럽인들의 지배 하에서 혁명적인 힘이 되었다. 잔인하기도 했다.

세계를 정복하고 하나의 인류라는 개념을 확산시키는 데는 그만한 대가가 따랐다. 유럽 제국주의의 직접적인 영향으로 얼마나 많은 사람들이 목숨을 잃었는지는 아무도 모른다. 군사 행동, 기아, 질병을 비롯해 수많은 원인들이 있다. 제국을 구축하는 4세기라는 기간 동안 1억 명이 사망했다고 추산하는 전문가들이 있지만, 정확한 수치는 아무도 모른다. 당시의 세계 인구는 오늘날의 세계 인구보다 훨씬 적은 규모였다는 사실을 감안할 때 엄청난 대가를 치른 셈이다. 제국에서 긁어모아 유럽에 투입한 부도 엄청났다. 런던이나 파리 시내를 거닐다보면 유럽이 자신의 제국에서 뽑아낸 부로 마법을 부린 자취가 건물마다 느껴진다. 가로등 하나에서까지도. 그 때문에 세계는 엄청난 대가를 치렀고 어마어마한 가능성이 열렸다.

오노레 드 발자크가 했다고 알려진 말이 있다. 엄청난 부의 이면에는 하나같이 엄청난 범죄가 있다고. 제국에도 해당되는 말이다. 유럽 제국의 범죄는 사망한 사람의 수에서만 나타나지 않는다. 유럽과 마주친 모든 사람은 자신의 미래를 스스로 개척할 힘을 잃었다. 유럽은 닥치는 대로 손을 댔고, 무엇에 손을 대든, 유럽이 손을 댄 대상은 미래를 선택할 가능성을 빼앗겼다. 유럽 제국주의가 저지른 죄과는 엄청났다. 유럽 제국주의가 인류에게 열어준 가능성 또한 엄청났다. 결국 한 사람의 인생은 어떻게 마무리되는지에 따라 평가해야 하듯이, 유럽도 결말로 평가해야 한다. 거대한 대상을 평가하기란 쉽지 않다. 제대로 평가하기는 더욱더 어렵다.

왜 하필 유럽의 가장 끄트머리에 위치한 사그레스에 있는 학교가 이러한 혁명을 시작했을까? 다른 문명들도 할 수 있었는데 말이다. 엔히크가 이 학교를 세우던 즈음, 중국은 원양 항해가 가능한 함대를 건설했고 이 배를 타고 마주치는 이들마다 모조리 무릎을 꿇리고 있었다. 로마인이나 북유럽 사람들도 그럴 역량은 있었을지 모른다. 그러나 그들은 그 역량을 실행하지 않았다. 포르투갈과 다른 유럽인들은 항해로 다른 문명을 정복했다. 따라서 처음에는 포르투갈이, 뒤이어 대서양을 면한 나머지 유럽 국가들—스페인, 프랑스, 네덜란드, 영국—이 그러한 엄청난 규모의 탐험에 착수한 이유를 이해할 필요가 있다.

유럽, 이슬람, 탐험의 기원

탐험의 사연은 이슬람과 깊은 관련이 있다. 유럽은 그리스도를 섬겼다. 그리스도교와 더불어 성장한 또 다른 종교가 있다. 바로 이슬람이다. 그리스도교(가톨릭, 개신교, 동방정교를 통칭한다—옮긴이)는 유럽을 지배했다. 이슬람은 훨씬 넓은 지역을 지배했다. 모로코에서 민다나오까지, 중앙아시아에서 잔지바르에 이르는 광활한 지역이었다. 이 두 종교는 매우 밀접한 관련이 있다. 구약을 공유할 뿐만 아니라 무역, 정치, 전쟁, 연맹 등으로 묶여 있다. 이슬람 세계와 그리스도교도 세계 사이에 긴장이 고조되던 시기에 이 두 종교가 서로 어떻게 협력하고 영향을 주었는지를 알아볼 필요가 있다.

이슬람은 인류 역사상 가장 널리 확산된 문명으로 손꼽힌다. 하나로 통합된 제국은 아니었다. 그러나 세계를 정복한 통일체를 든다면 이슬람을 꼽아야 한다. 수많은 무슬림 사회들은 상선과 전함을 개발했지만 원양 항해가 가능한 해군을 개발할 필요는 없었다. 뭍이 시야에서 사라지지 않는 범위 내에서 해안선을 따라 배를 타고 이슬람 지역의 한쪽 끝에서 다른 한쪽 끝까지 이동할 수 있었다. 원양 항해가 가능한 선박을 개발하고 건설할 비용을 지원할 필요가 없었다. 무슬림들은 무역을 하고 물자를 조달하기 위해 이슬람 국가들에 어렵지 않게 입항을 할 수 있었다. 무슬림들은 소규모 선박과 효율적인 육로를 이용해 광대한 지역을 관할할 수 있었기 때문에 포르투갈처럼 위험을 감수할 경제적인 압박을 느끼지 않았다.

포르투갈의 문제는 이슬람의 전략적 입지가 주는 난관에서 비롯된 측면도 있다. 그리스도교와 이슬람은 이슬람이 부상하기 시작하던 때부터 부딪혔다. 그리스도교는 지중해 북쪽 연안을 장악했다. 이슬람은 남쪽

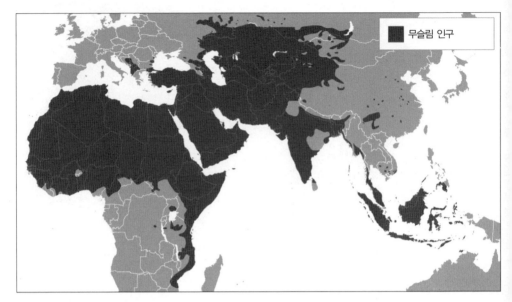

이슬람의 확산

연안을 장악했다. 711년 무슬림 군대는 북쪽으로 진출해 결국 스페인을 점령했고 피레네 산맥을 넘어 프랑스로 진입했다. 732년 결정적인 전투에서 샤를 마르텔은 무슬림 군대를 무찔렀고, 무슬림 군대는 산맥 뒤로 후퇴해 이베리아 반도에 갇혔다. 마르텔이 이 전투에서 패했다면 지금 유럽의 모습은 전혀 딴판이 되어 있을지도 모른다.

그리스도교와 이슬람이 어느 정도나 밀접하게 공존해왔는지 보면 매우 흥미롭다. 심지어 전쟁 중에도 공존했다. 현존하는 가장 오래된 프랑스 문학작품인 12세기 중엽의 프랑스 시 〈롤랑의 노래〉에는 스페인에서 그리스도교도와 무슬림이 맞붙은 전쟁이 등장한다. 사라고사라는 도시가 배경이다. 샤를 마르텔의 손자인 샤를마뉴가 무슬림인 마르실라 장군과 싸운다. 마르실라는 샤를마뉴가 스페인을 떠나면 그리스도교로 개종하겠다고 제안한다. 전쟁에 지친 샤를마뉴는 이 제안을 받아들인다. 용감한 그리스도교 전사인 롤랑은 평화 제안을 거부한다. 고통스러울 정도로 복잡한 이 이야기 속에서 롤랑은 이 합의를 깨는 조치에 착수하는데, 이는 대대적인 전투로 이어지고 결국 그리스도교가 승리하고 롤랑은 죽음을 맞는다. 이 시에서 가장 놀라운 점은 그리스도교 전사와 무슬림 전사가 매우 비슷하다는 점이다. 둘 다 봉건적 사회 질서 하에서 살고, 비슷한 충성과 기사도 정신의 가치관을 지녔으며, 신을 섬기면서도 정치적 편의에 따라 행동하기도 한다.

여러모로 그들은 거울에 비친 모습처럼 매우 닮았다. 이슬람과 그리스도교는 음모, 동맹, 배신으로 얽히고설킨 숙적이었다. 서로 정복하고 유혹하고 변모시켰다. 유럽과 무슬림 지역 간의 끊임없는 전쟁과 끊임없는 협력을 돌이켜보지 않고는 유럽도 이슬람 지역도 제대로 이해하지 못한다. 유럽의 역사를 이해하려면 이슬람의 역사를 이해해야 하며, 당시에 유럽의 양쪽 끝에서 일어나고 있던 사건들이 사그레스에서 내려지는 결정에 영향을 미치고 있었다.

1453년, 무슬림의 오스만이 콘스탄티노플을 점령했다. 그로부터 39년 후인 1492년, 스페인인들은 스페인에 마지막으로 남은 무슬림 도시 그라나다를 점령했다. 콘스탄티노플의 함락은 그리스도교 유럽의 생사를 위협하는 사건이었다. 그러나 그라나다 함락으로 이베리아 반도 사람들은 아주 뜻밖의 방식으로 뭔가를 궁리할 자신감과 재원을 확보했다.

유럽은 향신료에 목말라했다. 중세 시대의 궁극적인 사치품이던 향신료는 주로 인도에서 비롯되었다. 향신료는 음식의 맛을 내고 저장하는 데 쓰였다. 또 정력제로도 쓰였다. 후추가 가장 중요한 수입 향신료였다. 음식을 저장하는 데 쓰이기도 하고 질병을 예방하는 효과도 있다고 믿었기 때문이다. 당시에는 흑사병이 유럽에 창궐하고 있었다. 사람들은 후

추가 흑사병을 예방한다고 믿었다. 그게 사실이든 아니든 후추 가격은 금에 버금갈 만큼 엄청나게 비쌌다.

아시아와 유럽은 육지로도 바다로도 연결되어 있다. 향신료는 바다를 통해 인도에서 수입되었고 비단은 비단길을 통해서 중국에서 수입되었다. 비단길은 왕래가 활발한 지역이었고 지금도 그러하지만, 지금은 비단이 오가지 않고 송유관이 깔려 있고 석유가 오간다. 아제르바이잔에 있는 오랜 도시 바쿠에는 예전에 상인들이 묵었던 여관을 복원한 호스텔들이 있고, 여행객들이 이곳에 머무르고 식사를 한다. 고객이 없다면 존재하지 못했을 중요한 건물들이다. 바로 비단길은 왕래가 잦았고 엄청난 금액의 돈이 오갔다는 뜻이다.

바닷길과 육로 모두 콘스탄티노플이 종착지인데, 여기서 또 다른 바닷길이 이탈리아 항구로 이어졌고 여기서 나머지 유럽으로 상품이 유통되었다. 육로를 이용할 때는 각 단계를 거칠 때마다 가격이 올라갔다. 원산지에서는 비싸지 않은 물건이 목적지에 도착하면 엄청난 가격에 팔렸다. 금전에는 정치 권력이 뒤따랐고 소말리아의 모가디슈 같은 주요 교역지의 힘은 막강해졌다. 유럽으로 향하는 향신료 교역을 장악하고 싶었던 칼리프는 10세기에 카이로라는 도시를 세웠다. 홍해를 통과하는 향신료들이 이곳에 모두 집결했고 여기서 지중해로 운송되었다. 유럽인들은 은과 양모로 향신료 값을 지불했다. 두 상품 모두 인도와 중국에서 귀하게 여긴 상품이었다. 향신료는 교역을 구축했고 천 년 동안 지속된 도시들을 만들어냈다.

물론 칼리프는 무슬림이었고, 콘스탄티노플인들은 그리스도교도들이 많았다. 따라서 향신료 교역으로 창출된 부는 무슬림과 그리스도교도들 사이에 배분되었다. 그러나 카이로가 세워지고 무슬림-그리스도교도 간의 협력이 시작된 지 400년이 지나 이 지역에 새로운 세력이 등장했다.

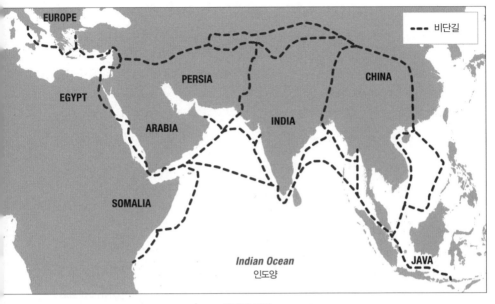

비단길 경로

오스만이 콘스탄티노플을 정복하자 그들은 그리스도교도들을 굴복시켰을 뿐만 아니라 지중해 동부에서 지배적인 해상력이 되었다. 오스만은 승리하기 전에 이미 향신료 교역을 방해했다. 일단 콘스탄티노플을 장악한 오스만은 처음에는 비단길을 차단했고 뒤이어 비단길을 경유하는 상품들에 엄청나게 높은 관세를 매겨 유럽인들의 부를 쥐어짜냈다.

그들이 이렇게 한 데는 분명히 종교적인 이유도 있었지만 종교 외적인 이유도 있었다. 오스만은 지중해를 장악하려면 동맹이 필요했다. 과거에 오스만은 수많은 지중해권 세력들과 동맹을 맺어왔지만, 15세기 중엽 무렵 오스만의 가장 중요한 동맹은 그리스도교가 지배하는 베네치아였다. 오스만과 베네치아는 합심해 향신료 가격을 점점 인상했다. 비단길을 사용하지 못하게 되자 유럽과 아시아 사이의 육로 교역 체제는 무너졌다.

지중해도 폐쇄되었고 바닷길도 막혔다. 유럽인들이 오스만을 우회할 길을 찾으면 인도에 접근하게 될 뿐만 아니라 오스만과 베네치아가 얻는 수익을 가로챌 수 있었다.

무슬림의 힘이 점점 막강해지고 향신료 가격도 점점 오르게 되자 자극을 받은 엔히크는 연속해서 탐험을 시도했다. 그는 선장과 항해사들을 훈련시키고 경험을 쌓는 데 드는 비용을 댔다. 이 가운데 많은 이들이 남쪽을 향해 돛을 올렸다가 배와 함께 가라앉았다.

보야도르 곶을 지나면 항해하기가 불가능하다는 낭설이 퍼져 있었다. 그 지점을 지나면 수온이 치솟아서 펄펄 끓는다고 했다. 1434년 이전까지는 탐험에서 돌아온 배가 없었으므로 이러한 주장을 뒷받침하는 듯이 보였다. 사실 이 지역이 위험한 까닭은 무슬림이 해안을 장악하고 있고 이 지역 말고 달리 항해에 필요한 물자를 확보할 방법이 없었기 때문이었다. 그 지역 바닷물은 펄펄 끓지 않았다. 해마다 조금씩 남진하던 포르투갈인들은 1445년 마침내 서아프리카의 불룩하게 튀어나온 지역을 도는 데 성공했고, 그 과정에서 대서양을 항해할 기술을 연마하고 힘을 확보했다.

이 시점에 포르투갈인들은 인도로 가는 경로를 찾고 있지는 않았다. 향신료를 구입하는 데 필요한 금을 찾고 있었다. 말리는 금이 가득한 엄청나게 부유한 나라로 알려져 있었고, 포르투갈인들은 그 금은보화를 손에 넣기 위해 아프리카 내륙으로 들어갈 길을—어쩌면 강이었을지도 모른다—찾고 있었다. 포르투갈인들은 이게 사실이라고 생각했지만 확신하지는 못했다. 서로 다른 지역들이 서로의 존재를 모르는 세상이었으나, 정교한 항해술을 취득한 포르투갈인들이 남쪽으로 겨우 150마일 떨어진 아프리카 내륙에 뭐가 있는지 전혀 몰랐다는 사실은 놀랍다. 포르투갈인들은 조심스럽게 조금씩 서아프리카 해안 너머의 세계로 진출하

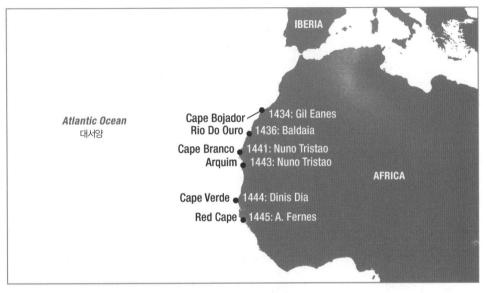

포르투갈의 서아프리카 탐험

면서 이러한 무지를 극복하게 된다.

엔히크와 포르투갈은 향신료 말고도 탐험을 감행한 목적이 있었다. 무슬림을 물리치는 일이었다. 무슬림은 서아프리카를 장악하고 있었고, 그들은 원양 항해는 하지 못했지만, 해안에서 너무 가까이 항해하는 그리스도교도의 선박을 포획할 수 있었고 실제로 포획했다. 따라서 남쪽으로 진출하려면 포르투갈인들은 해안에서 멀리 떨어져 무슬림이 도달할 수 없는 공해에서 항해해야 했다. 해안에서 멀리 떨어져 항해하는 과정에서 그들은 대서양에 있는 아조레스 제도를 발견하고 장악했다. 그 자체로도 소중한 노획물이었다. 그러나 엔히크는 더 값진 노획물을 추구했다. 바다로 진출해 남쪽으로 향하면서 포르투갈인들은 무슬림을 포위했다. 엔히크는 십자군이었다. 그는 모로코의 세우타를 정복한 군대를 지휘했었고 이베리아가 무슬림을 축출하던 시기를 살았다. 그에게 있어 부를 추구하고 무슬림을 격퇴하는 일은 동전의 앞뒷면이었다.

아프리카 어딘가에 막강하고 부유한 그리스도교 군주인 프레스터 존이라는 이가 이교도들에게 포위되어 있고 그리스도교 군대의 도움이 필요하다는 낭설이 퍼져 있었다. 그가 이교도들을 정복했고 유럽의 투쟁에 도움을 줄 수 있다는 이야기도 퍼져 있었다. 그에 관한 전설은 수세기 동안 이어졌는데, 가만히 생각해보면 참 이상한 얘기다. 그럼에도 불구하고 십자군이 서아프리카의 불룩하게 튀어나온 지역을 돌아 말리로 가는 길을 찾으면 프레스터 존과 만나게 되고 아프리카 내륙을 통해 북아프리카로 진출할 가능성이 있었다.

무슬림 외에도 이베리아의 지정학적 위치도 고려해야 한다. 피레네 산맥을 사이에 두고 나머지 유럽과 단절된 이베리아 반도는 대서양으로 불룩하게 튀어나온 고립된 땅덩어리다. 스페인이 통일을 달성하고 마침내 그라나다에 남은 마지막 무슬림을 축출하고 나자, 육지에서는 포르투갈보다 막강했지만 바다에서는 포르투갈만큼 막강하지 못한 나라가 되었다. 두 나라 간의 경쟁이 치열해지고 바닷길이 중요해지면서 덩치가 더 큰 스페인은 해상세력이 될 필요가 있었다. 덩치가 상대적으로 작은 포르투갈은 육지에서는 스페인의 적수가 되지 못했기 때문에 바다에서 훨씬 막강한 세력이 되려고 고군분투했다.

포르투갈은 이러한 이유들 가운데 어느 하나가 아니라 여러 가지 복합적인 이유 때문에 동기가 유발되었다―스페인을 봉쇄하고, 인도에 도달하고, 말리에서 금을 찾고, 프레스터 존과 접촉하고, 그리스도의 말씀을 전파하고, 대서양에 있는 섬을 장악하는 일이었다. 달성하려는 목표는 많았다. 허황된 목표도 있었고, 서로 모순되는 목표들도 있었고, 논리적이든 비논리적이든 이러한 목표들이 복합적으로 작용해 포르투갈의 추진력이 되었다.

스페인 사람들은 뒤늦게 이 경쟁에 뛰어들었다. 그들은 수세기 동안 스페인에서 무슬림에 맞서 투쟁했고 그라나다에 남은 마지막 무슬림들을 축출한 후 나라를 통일하는 과정을 마무리하고 있었다. 스페인이 이런 일에 골몰하는 동안 포르투갈은 타의 추종을 불허하는 막강한 해상 세력이 되어 있었다. 그러나 통일되고 평화로운 스페인은 포르투갈보다 훨씬 몸집이 크고 막강했다. 포르투갈은 기회의 창이 열려 있을 때 이를 십분 활용하려고 했고, 스페인은 그 창을 닫으려 했다. 두 나라는 앞다퉈 탐험을 밀어붙였다.

포르투갈은 아프리카 대륙을 돌아가는 남쪽 경로를 장악했고 스페인은 아직 그 경로를 빼앗을 입장이 아니었다. 그러나 크리스토퍼 콜럼버스는 스페인에게 또 다른 선택지를 제안했다. 서쪽으로 가면 중국과 인도에 도달하게 된다고 주장했다. 서쪽으로 가면 인도와 중국까지 얼마나 걸리는지, 그게 가능하기는 한지 아는 사람이 아무도 없다는 게 문제였다. 콜럼버스는 이 경로를 포르투갈에게 제시했지만 거절당했다. 남쪽 경로가 더 승산이 있었고, 게다가 포르투갈이 그 경로를 장악하고 있었기 때문이다. 그들은 굳이 운을 시험할 필요가 없었다. 스페인도 인도에 도달하고 싶기는 한데 포르투갈이 장악한 남쪽 경로는 건드리고 싶지 않았으므로, 콜럼버스의 제안을 받아들였다. 스페인인들은 모험을 감행하기로 하고 콜럼버스의 탐험을 지원하기로 했다.

포르투갈인들은 남쪽 경로를 개척한 보람이 있었다. 바스쿠 다 가마는 1498년 5월 인도의 말라바르 해안에 있는 캘리컷에 도달했다. 그는 자신의 존재를 만방에 선포했다. 그는 캘리컷에 포탄을 퍼부어 공포에 질리게 만들었고, 캘리컷은 곧 포르투갈과의 교역에 합의했다. 다 가마는 인도로 가는 항해에서 메카로 가는 순례자들을 실은 "메카 선"을 발견해 가라앉혔고 전원이 몰살했다. 이슬람에 대한 적개심과 부에 대한 욕망이 한데 섞여 있었다. 그는 인도에서 힌두 사람들이 자기만큼이나 무슬림에 대해 적대적이라는 사실을 깨달았다. 다 가마는 인도로 가는 새 길을 개척하고 오스만을 우회하겠다는 엔히크의 목표를 달성했다. 그는 또한 유럽이 수세기 동안 인도를 지배할 발판을 마련했다.

이게 이베리아 반도가 이룬 성공의 정점처럼 보일지도 모르지만 그렇지 않았다. 콜럼버스의 항해가 훨씬 중요했다. 당시에는 그렇게 생각하기 어려웠을지 모르지만 말이다.

첫 항해는 실망스러웠지만, 스페인 왕정은 또 다른 항해들을 지원했다. 그 결과 향신료 교역로보다 훨씬 가치 있는 것—세계의 다른 반쪽—을 발견하게 되었고 그곳에는 금은보화가 가득했다. 스페인은 향신료 교역 대신 인디언이라고 엉뚱한 이름을 붙인 이들의 부를 약탈했다.

포르투갈인들은 이미 그 존재가 알려져 있었던 뭔가로 가는 길을 발견했다. 콜럼버스는 완전히 새로운 뭔가—인류의 알려져 있지 않은 부분—와 우연히 맞닥뜨리게 되었다. 세계에 이렇게 어마어마한 미지의 땅이 존재한다는 사실을 알게 되면서 유럽인의 사고는 혁명적인 변화를 겪었다. 인도에 도달한 포르투갈이 우승자처럼 비춰졌다. 그러나 지금까지의 생각의 틀로는 이해할 수 없는 뭔가와 마주친 스페인인들이 사실 훨씬 큰 소득을 올렸다.

호메로스가 서술한 여정에서 오디세우스는 놀라운 존재들로 가득한 미지의 세계를 만난다. 외눈박이 거인 키클로페스, 몽상가인 연꽃 먹는 이를 비롯해 자신보다 훨씬 신에 가까운 존재들과 끊임없이 마주친다. 독일 철학자인 막스 호르크하이머와 테오도르 아도르노 말마따나 마법의 세계에 도달한다. 오디세우스는 미지의 세계를 발견하고 그 세계를 이해하게 되었고 결국은 지배하게 되었다. 그는 그 세계를 가린 막을 걷어냈고, 그와 함께 신비감도 사라졌다. 그는 그 세계를 알게 되고 익숙해지면서 그 마법이 사라졌다. 이게 바로 오디세우스의 비극이었다. 새로운 세계에 대해 알게 되면서 그 세계가 지녔던 신비로움이 사라지고 진부해져버렸다. 이는 유럽의 비극이기도 했다. 신비로운 세계의 발견이 마법이 사라진 단순한 사업으로 전락했기 때문이다.

콜럼버스가 인류에게 전혀 알려지지 않았던 이국적인 세계를 발견하면서 호메로스가 서사시에서 묘사한 신비로운 세계가 부활했다. 그의 발견은 부에 대한 탐욕에 불을 지폈고, 그보다 더 뜨겁게 타오른 것은 바다 너머 어딘가에 있는 미지의 세계, 신비의 세계에 대한 갈망이었다. 콜럼버스가 발견한 세계는 유럽을 매료시켰다. 일상에 짓눌린 평범한 사람들의 마음속에 환상을 불러일으켰다. 바다에는 인간이 모르는 무시무시한 것들로 가득하다고 여겨져 왔다. 콜럼버스는 두려움의 대상이던 바다 저편에 있는 세계의 장막을 아주 약간 벗겨냈다. 비밀과 부를 간직한 그 세계는 바다를 건너는 위험을 무릅쓸 가치가 있었다. 콜럼버스 이후로 수많은 유럽인들이 바다를 건넜다. 처음에는 신비로움을 맛보기 위해, 그 다음에는 장막을 걷어내고 새롭지만 진부한 세계를 창조하기 위해서. 콜럼버스는 신비의 세계를 발견했지만, 그 세계를 파괴하지 않고 그것을 알아낼 수 있는 비법은 발견하지 못했다.

유럽의 과학이란 세계의 안과 그 너머에 신비로운 것들이 꽁꽁 숨겨져 있다는 믿음이 아니라면, 과연 무엇이겠는가? 과학이란 이러한 것들을 발견하려는 욕망이 아니고 무엇이겠는가? 이러한 욕망은 유럽을 사로잡았는데, 권력도 돈도 아닌 지식에 대한 욕망을 채우기 위해 악마와 거래를 한 파우스트의 신화가 그것을 잘 보여준다. 파우스트는 유럽이 되었고, 이는 자신이 몰랐던 장소에 도착해서 자신이 이해하거나 상상할 수 없었던 것들을 보게 된 콜럼버스와 더불어 시작되었다.

그러나 우선 탐험가들이 차세대 유럽인들, 즉 강인한 정복자들에게 자리를 양보해야 했다.

굶주린 군인들

에스트레마두라는 건조하고 덥고 스페인에서 가장 빈곤한 지역으로 손꼽힌다. 이 지역은 신세계를 탐험하고 정복한 이들을 많이 배출했고 그들은 역사에 이름을 남겼다. 피사로는 페루의 잉카를 정복했다. 발보아는 파나마로 가서 신세계에서 처음으로 태평양을 바라보았다. 데 소토는 북으로 진출해 미시시피를 발견했다. 그러나 가장 위대하고 중요한 인물은 멕시코를 정복한 에르난 코르테스다.

코르테스는 여러모로 항해사 엔히크와 상반된 인물이었다. 엔히크는 부유했지만 코르테스는 굶주렸다. 엔히크는 품행이 점잖았지만, 코르테스는 무법자 불한당이었다. 엔히크는 자기 가문의 권력을 지키려고 했지만, 코르테스는 자신에게 없는 부와 권력을 갈망했다. 엔히크는 상류층 출신이었지만 코르테스는 밑바닥 계층이었다. 엔히크는 참을성이 있었지만 코르테스는 무자비한 인물로서 반드시 성공하겠다는 결의에 차 있었다. 세련된 한 사람과 건달 같은 또 다른 사람, 이 두 인물이 향후 500년 동안 유럽이 보여준 두 얼굴이었다. 한 가지 공통적인 특징이 있었다. 둘 다 독실한 가톨릭교도였는데, 그들의 신앙심은 이슬람과의 전쟁을 통해 더욱 강렬해졌다. 가톨릭은 믿음과 의무, 두려움의 원천이었다.

엔히크는 세계를 알고 싶다는 욕망을 품고 있었지만 참을성이 있었고 용의주도했다. 조심스럽게 조금씩 전진하면서 절대로 포기하지 않았지만 절대로 무모하게 서두르지도 않았다. 그는 콜럼버스 같은 인물들이 등장해 신세계의 장막을 걷어낼 토대를 마련했다. 코르테스는 영리하고 무자비했다. 그는 자기 적들에게 술수를 써서 패배시킨 다음 무자비하게 노예로 삼았다. 엔히크가 참을성이 있었다면 코르테스는 성급했다. 그러나 전자는 부유했으므로 여유를 부릴 수 있었고 후자는 가난했으므로 절박했다. 유럽은 조심스럽고 주도면밀하게 세계에 접근했다. 과연 그곳에 무엇이 있을지 두려워하면서. 그러나 일단 그 세계에 다다르자 억눌렀던 욕망을 쏟아내었고 승리에 대한 갈망으로 원하는 것을 서둘러 손에 넣었다. 신중함과 신속함은 동전의 양면 같았다. 이 두 기질은 서로 상승작용을 일으켰고 여기에 신앙심까지 더해져 수세기 동안 유럽은 무적의 세력으로 군림했다.

은유적 표현이었던 세계에 대한 공격은 코르테스 같은 사람들이 등장하면서 이제 실제 공격으로 변했다. 유럽인들은 처음으로 완전한 미지의 대륙과 문명을 만났다. 수도인 테노치티틀란을 중심으로 한 아즈텍 제국의 중심부는 인구가 통치 계층과 예속된 부족들을 합해 20만 명 정도였다. 아즈텍 전사들은 용감했고 잘 훈련되어 있었으며, 만만히 볼 상대가 아니었다. 경제도 건실했고, 아즈텍 수도는 유럽 도시들보다 훨씬 정교하고 복잡했다.

코르테스는 유카탄 반도 연안에서 떨어져 있는 코즈멜 섬에 상륙했다. 이곳은 호텔이 들어서 있고 여객선이 오가는, 오늘날 캉쿤 근처에 있고, 마야의 영토였다. 캉쿤에서 출발해 이면도로를 따라 약 열여덟 시간을 자동차로 달리면 치아파스 산맥에 들어서게 되는데, 이곳에는 마야인의 후손들이 아직 살고 있고, 그들은 여전히 멕시코 정부에 저항하고 있다. 코르테스는 500여 명의 장정들과 약간의 노예들을 데리고 상륙했다. 그는 상륙한 후 타고 온 배를 태워버렸다는 얘기가 전해 내려온다. 배수의 진을 친 셈이다. 승리하든 죽든 양단간에 결판을 낼 작정이었다. 정말로 배를 태워버렸는지는 모르겠다. 그러나 500명으로 제국에 맞서면 섬멸당하든가, 황당한 생각이긴 하나 승리하든가 둘 중의 하나였다. 중간은 없었고, 코르테스는 이 사실을 틀림없이 알고 있었다.

아즈텍인들은 말을 탄 스페인 사람들을 보고 케찰코아틀 신이 재림했다고 믿었다. 미확인 비행물체가 상륙하는 광경을 목격한 셈이다. 본 적도 없는 반들반들한 금속으로 만든 옷을 입은 낯선 생명체가 알아듣지도 못하는 언어를 구사하는데, 한 번도 본 적이 없는 물체를 타고 있으니 이들과 처음 마주친 원주민들이 얼마나 공포를 느꼈을지 상상해보라. 할리우드 영화에서 수도 없이 등장한 그 공포심 말이다.

코르테스는 아즈텍인들이 본 적도 없는 무기를 지니고 있었고, 코르테스가 온 방향에서 위험이 도래했던 적도 없었다. 아즈텍인들이 대대적인 공격을 감행했다고 해도 정복자들의 총과 대포를 견뎌내지 못했겠지만, 신비로워 보이는 대상과의 조우는 심리적으로 견디기가 어려웠다. 양쪽 모두 서로 상대방에게 매료되었다. 무기들이 내는 소리와 화력과 그로 인한 죽음을 이해할 만한 준거의 틀이 아즈텍인들에게는 없었다. 정복자들은 아즈텍 엘리트 계층에게 피할 수 없는 운명이라는 느낌을 주었다. 그들의 힘은 불가해했기 때문이다. 오로지 신만이 그런 불가해한 힘을 지녔고, 아즈텍인들은 분노한 신이 그들에게 강림했다고 느꼈다.

그러한 불가항력적인 사건은 아즈텍인들의 의지를 꺾어버릴 수도 있었지만, 그들은 일치단결해 저항했다. 충격이 가시자 그들은 수많은 이들을 정복한 위대한 전사로서의 정체성을 회복했다. 스페인인은 겨우 500명뿐이었고 총과 대포로 무장했지만 수천 명의 아즈텍 전사들이 맞선다면 제압할 수도 있었다. 그런데 아즈텍인들이 패배한 이유는 따로 있었다. 코르테스는 스페인인도 아니고 아즈텍인도 아닌 전사들 수천 명과 함께 공격을 감행하고 있었다.

아즈텍인들이 권좌에 오른 지 한 세기 남짓 된 시점이었다. 그들의 통치는 무자비했고 착취적이었으며 인신공양을 한 흔적도 있었다. 제물은 예속된 부족들 가운데서 선정했다. 수많은 이들에게 아즈텍 통치자들은 두려움과 적개심의 대상이었고 스페인인들은 구세주였다. 아즈텍의 수도―테노치티틀란―는 오늘날 멕시코시티가 있는 멕시코만 한가운데 위치해 있었다. 그들의 통치력은 유카탄 반도까지 미치지 못했고 마야인들을 정복하지 못한 상태였다. 그러나 마야인들은 머지않아 아즈텍인들이 권력을 잡게 될 것을 두려워했고, 따라서 스페인인들과 손을 잡았다. 이미 아즈텍 통치자인 몬테주마에게 예속된 부족들을 포함해, 수천 명의 다른 부족들도 스페인인들에 합류했다. 몬테주마는 전쟁을 벌이고 싶지 않았다. 자기 휘하의 세력들이 모두 자기에게 충성스러운 이들인지 전혀 확신할 수 없었기 때문이다. 그는 외교적으로 해결하려고 했다. 여전히 스페인인들을 목격한 충격에서 벗어나지 못하고 있어서가 아니라 그의 권력 기반이 분열되어 있고 적대적인 경우도 많았기 때문이었다. 아즈텍 제국 남쪽의 화약고는 코르테스의 상륙으로 점화되었고, 이로 인해 아즈텍인들은 무너졌다.

코르테스의 기량은 군사적인 기량도 심리적인 기량도 아니었다. 외교술이었다. 그는 몬테주마 정권의 약점을 이용할 줄 알았다. 그의 권력 기반은 사상누각 같았기 때문이다. 페루에서 잉카인들을 정복하던 피사로도 똑같은 상황에 직면했다. 잉카 제국 또한 여러 부족들의 연합에 토대를 두고 있었고, 이들 부족 대부분은 자신을 잉카 제국의 수혜자가 아니라 피해자로 여겼다. 피사로는 잉카 제국 통치자들의 잔혹함을 이용해 그들을 무찌를 세력을 규합했다.

이는 유럽인들이 세계를 정복한 이유를 이해하는 데 매우 중요하다. 유럽인들이 불의를 야기한 게 아니다. 불의는 이미 존재했다. 지역의 통치자들도 유럽인들이 했던 방식 그대로 통치했다. 그들은 이웃을 굴복시키고 권력과 공포심을 이용해 그들을 통제했다. 유럽인들이 와서 억압받는 이들의 편을 들고 부를 주겠다고 하자 그 지역의 정치 구조는 붕괴되었다. 유럽인들은 이러한 붕괴를 이용해 자신들이 통치를 강제했다. 500명의 유럽인이 아즈텍을 정복한 게 아니다. 500명의 유럽인과 아즈텍의 적 수천 명이 아즈텍을 정복했다. 스페인인들은 아즈텍이나 잉카의 약점을 이용해 그들의 잔혹한 통치를 자신들의 잔혹한 통치로 대체했다. 그러나 멕시코나 페루에서 이런 일은 새로울 게 없었다.

여기서 작동한 또 다른 요소가 있다. 정복자들의 야만적인 의지와 거의 제정신이 아닐 정도의 용기였다. 문명은 세 국면으로 나뉜다고 나는 항상 주장해왔다. 첫 국면은 야만(barbarism)이다. 조지 버나드 쇼에 따르면, 사람들이 자기 마을의 법이 자연법이라고 믿는 시기다. 두 번째 국면은 문명(civilization)인데, 자기들 방식이 여전히 옳다고 믿지만 자기들이 틀렸을지도 모른다는 가능성을 열어두는 시기다. 세 번째 국면은 타락(decadence)이다. 진실은 존재하지 않거나 모든 거짓들이 똑같이 진실이라고 믿게 되는 시기다.

정복자들은 그들이 한 행동 때문에 야만인인 게 아니라 그들이 야만인이기 때문에 그런 행동을 할 수 있었다. 그들은 독실한 신자였고 자신의 믿음을 추호도 의심하지 않았다. 신학자의 정교한 믿음이 아니라 신은 잔인한 동시에 자비로운 존재라고 여기는 단순한 믿음이었다. 코르테스에게 신은 은유적 존재(metaphor)가 아니라 실존적 존재였다. 이러한 시각은 가톨릭교도만이 지닌 독특한 시각이 아니었다. 시기는 달랐어도, 무슬림, 개신교도, 유대인 등 다른 여러 종교 신자들도 이러한 정서를 공유했고, 자신의 역량 너머에 있는 목표를 성취하기 위해 이러한 정서를 이용했다. 순수하고 깨이지 않은 야만인의 의지가 그의 힘이었다.

로마 가톨릭의 교리는 "두 자루의 칼"이라는 개념을 중심으로 돌아간다. 교황 보니파티우스 8세가 제시한 이 교리는 물리적 세계에서 권력을 휘두르는 국가가 쥔 칼이 있고, 영적 세계에서 권력을 휘두르는 교회가 쥔 칼이 있다. 분할 통치한다는 뜻은 아니다. 이 두 칼은 서로를 보완한다. 두 칼은 늘 동반하며, 정치적 권력과 영적 권력은 불가분의 관계다. 이러한 교리가 교회의 영적 기반이었다. 그리스도교는 이 칼을 개종시키는 데 기꺼이 이용했고, 개종은 이교도들에게 그리스도교를 전파하는 성직자들이 주도했다. 그리스도교는 사고의 풍요로움과 그 전사들이 가진 자기절제와 신념으로 이교도들을 유혹했다. 이슬람과 마찬가지로, 그리스도교는 복종해야 하는 대상일 뿐만 아니라 모방할 가치가 있는 대상이었다.

정복자들이 순전히 자기이익 때문에 위험을 감수했다고 보기는 어렵다. 그들의 탐욕이 아무리 강했다고 해도 아즈텍과 잉카 제국을 패배시킨다는 생각은 허황되어 보였다. 제정신이 박힌 사람이라면 승산이 별로 없는 그 싸움에서 이기리라고 기대할 수 있었겠는가? 정복자들은 가톨릭교도였고, 그들은 교회 대신 세속적인 칼을 휘두른다고 믿었다. 이는 부를 추구하기 위한 변명일 뿐이라고 일축하기 쉽지만, 그러면 그들의 의도를 오해하고 믿음을 과소평가하게 된다. 그들은 부를 추구하고 교리를 실천하는 두 가지 목적을 진지하게 추구했고, 칼로써 이교도를 개종시키는 행위에서 모순을 발견하지 못했다. 게다가 그들이 생존할 가능성은 너무나도 희박해서 기적이 일어나지 않는 한 가망이 없었다. 기적을 행하는 신에 대한 믿음 말고는 그들이 그런 위험을 감수한 심리를 설명할 도리가 없다.

그리스도교는 유럽의 세계 정복과 밀접하게 연관되어 있다. 그리스도교는 정복자에게 추진력이 되었고, 피정복자를 복종시키는 수단이 되었다. 아즈텍인들은 철갑을 두르고 말을 탄 채 불을 뿜어내는 물건을 든 그들을 보고 경악했다. 이러한 사실도 중요했지만 또 다른 차원의 심리적인 공격이 있었다. 스페인인들은 아즈텍인들이 믿은 신보다 더 위대한 신의 이름으로 말한다고 주장했다. 이 신의 존재는 정복자의 승리로 입증되었고, 아즈텍인들의 자신감을 무너뜨리는 데 훨씬 중요한 역할을 했다. 이러한 신의 존재 때문에 아즈텍인들은 복종하게 되었다. 그러나 아즈텍인들이 억압했던 이들의 봉기가 아즈텍인들의 몰락에 핵심적인 역할을 했다.

이는 스페인인들이나 그리스도교에 대한 매도로 보기 쉽다. 그러나 그들이 파괴한 아즈텍인들은 겨우 몇 세대 전에 그들보다 앞서 권력을 쥐었던 이들과 그들이 믿은 신을 대체했다. 이츠코아틀은 멕시코 계곡에 있는 주요 마을들을 정복함으로써 아즈텍 제국을 구축했다. 1440년 그가 사망하자 몬테주마가 권좌에 올랐고, 권좌에 오르는 과정에서 치른 마지막 전투에서 500명의 포로를 제물로 바쳤다. 스페인인들은 그들의 피해자들보다 도덕적으로 열등하지 않았다. 그들의 피해자들도 한 세대 전에는 가해자였다. 그러나 스페인인들은 보다 규모가 큰 차원에서 행동했고, 두 자루의 칼 교리가 정복과 지배에 유용한 수단이 된다는 사실을 깨달았다.

스페인인들은 멕시코, 페루를 비롯한 여러 지역에서 원주민들 간의 정치적 분열을 이용했다. 그러나 유럽인들 또한 분열되어 있었다. 포르투갈인들은 남미에서 자기 몫을 주장했고, 그들과 스페인인들 사이에 전투가 벌어졌다. 교황이 중재한 협정을 통해 라틴아메리카는 스페인 관할 지역과 포르투갈 관할 지역으로 나뉘었다. 브라질은 오늘날 포르투갈어를 쓴다. 남미 대부분은 스페인어를 쓴다. 포르투갈과 스페인 간의 갈등은 지속되었고 서로 지치게 만들었다. 스페인인들은 신세계에서 착취한 부를 통해 유럽을 통일할 힘을 얻었다. 그러나 결국 역부족이었다. 스페인이 유럽을 지배하고 통일하는 데 실패하면서 프랑스, 영국, 네덜란드는 자유로이 나름의 제국을 구축하는 전략을 추구하게 되었다.

스페인인들이 저지른 실수는 본국으로 너무 많은 약탈품을 가져갔고 신세계에서 사회를 구축하는 데 쓸 물자를 너무 조금 남겨두었다는 데 있다. 영국인들은 이러한 전략을 뒤집어서 북미에 작은 규모의 새로운 영국 사회를 여러 개 만들었다. 그러나 영국인들도 유럽에 자신의 의지를 관철시키고 유럽을 통일할 힘은 없었다. 결국 유럽인들은 신세계를 정복할 역량은 있었지만, 정작 자기 자신을 정복할 역량은 부족하다는 사실은 유럽이 가진 치명적 결함의 일부로 드러나게 된다. 사그레스가 유럽에게 깨닫게 해준 게 바로 이 치명적 결함이다.

포르투갈인들과 스페인인들은 여러 가지 이유로 세계 정복에 착수했다. 하나는 기술적인 이유였다. 그들은 원양 항해를 할 만큼 큰 배를 건조할 수 있었다. 이 배에는 몇 달 동안 필요한 물자와 적을 물리칠 함포도 실을 수 있었다. 그러나 그들이 이 항해를 떠난 진짜 이유는 그럴 수밖에 없었기 때문이다. 인도와 중국으로 가는 길이 막혔고, 누구든 또 다른 경로를 개척하면 엄청난 부와 권력을 거머쥐게 될 게 틀림없었다. 그들에게는 그럴 만한 수단도 있었고, 그럴 필요도 있었다. 결국 이게 핵심이다.

항해사 엔히크, 바스쿠 다 가마, 콜럼버스, 에르난 코르테스의 이야기는 물론 유럽 열강들에 의한 세계 정복의 지극히 일부에 불과하다. 1492년부터 1992년까지 500년이 흘렀다. 1492년에 최초로 세계적인 권력이 등장했다. 1992년에는 유럽의 마지막 세계적 권력이 몰락했다. 이러한 정복에는 세 가지 국면이 있었다. 첫 번째 국면은 이베리아인들이 주인공이었다. 두 번째 국면은 북서 유럽인들이 주인공이었는데, 미국이 영국을 축출하고 남미가 이베리아인들을 축출할 때까지 계속되었다. 뒤이어 마지막 국면이 시작되었다. 아프리카와 아시아 일부를 특히 영국이 정복했다. 나는 정복이 아니라 이 제국들이 어떻게 마침내 모두 몰락했는지에 대한 이야기를 하려 한다. 이 이야기의 서막만으로도 유럽인들이 어떤 사람들이 되었고, 어떤 사람들이 그런 엄청나고 끔찍한 일들을 저질렀는지 이해하는 데 충분하다.

그러나 이 책은 단순히 세계를 물리적으로 정복한 이야기가 아니다. 세계에 대한 유럽의 집착과 그 세계를 소유하려는 갈망에 대한 이야기이다. 단순히 라틴아메리카나 인도 같은 영역뿐만 아니라, 박테리아 같은 미생물이나 은하계처럼 광활한 공간에 대한 이야기이기도 하다. 닥치는 대로 소유하려는 유럽과 그러한 소유욕이 어디서 비롯되었고 어떤 결과로 이어졌는지—파우스트가 악마와 거래를 한 이유들—를 밝히는 게 내 관심사다. 코르테스를 유념하라. 그와 비슷한 이들이 수없이 많다. 엔히크도 유념하라. 그런 사람은 비교적 적지만 그들은 영국이 식민지를 착취하는 데 이용한 동인도회사가 등장하는 데 중요한 역할을 했다. 그러나 유럽의 엔지니어, 과학자, 예술가, 전사들에게는 모든 것에 대한 파우스트적 갈망, 신비로운 대상에 대한 사랑, 알고 싶은 욕망이 있었고, 이러한 욕망은 세계를 진부하고 평범한 곳으로 바꿔놓았고, 유럽인들을 보기보다 약한 존재로 변모시켰다.

03

유럽 정신의 분열

The Fragmentation of the European Mind

엔 히크의 영혼이 코르테스의 영혼과 결합되자, 무모한 전사의 기질을 가진 지식인이 탄생했다. 이러한 인물은 지적인 삶을 살았지만 관습에 얽매이지 않고 자신이 선택한 영역에 뛰어들어 진실을 밝혀냈다. 그는 무모한 전사와 마찬가지로, 자신의 양심과 이성, 의지가 부과하는 한계 외에는 그 어떤 한계도 받아들이지 않았다. 위대한 지성들에게 이러한 기질이 주어지자, 그들은 자연과 인간이 처한 여건에 대한 신비롭고 장엄하고 위험한 진실을 발견할 관문을 열었다. 그들 중 최고로 뛰어난 이들은 그 위험을 잘 알고 있었고, 섣불리 진실이라고 주장하지 않았다. 이에 못 미치던 이들은 고상하고 불가피한 거짓들을 모두 박살내 버렸다. 마치 아무런 대가를 치르지 않아도 된다는 듯이 말이다. 가장 위험한 이들은 평범하고 진부한 사고를 지닌 이들이었다. 이들은 위대한 사상가들의 식견을 이용해 자신들이 선택한 신념을 정당화하고 불쾌한 어떤 것이 본래 진실이었다고 강변했다. 단지 아무것도 존중하지 않았다는 이유로 범인이 천재의 권리를 주장했다. 위대한 인물들과 진부한 범인 모두의 수중에서 유럽은 만 갈래로 쪼개졌고, 극소수는 뛰어났지만 대부분 진부하고 따분했다. 유럽의 정신은 시간이 지나면서 유럽의 지리처럼 분열되었고, 결국 유럽은 제국과 영혼을 모두 잃게 되었다.

1500년 그리스도교는 유럽 본토를 지배했고 가톨릭은 반도를 지배했다. 모든 진지한 사고방식이 그러하듯이 가톨릭도 접하기 쉬운 동시에 무한히 신비로웠다. 미사는 관행과 미신을 결합한 의례로 구성되었다. 두려움과 위안을 적절히 혼합한 의례였다. 지적인 깊이에서 볼 때 그 교리는 미묘하고 복잡하고 모순적이었다. 정치적 권위와 영적 권위를 동시에 추구했다. 갈등과 타협의 삶인 정치에 관여해야 했다. 영적으로는 그리스도와 정치적 측면을 조화시키는 동시에 삶의 의미를 이해하려고 애써야 했다. 전자의 경우 타협과 타락을 서로 구분할 필요가 있었다. 후자의 경우 그리스도의 희생이라는 관점을 바탕으로 이 모든 의미를 이해해야 했다. 이는 중세 성당 못지않게 복잡하고 아름다운 동시에 건축하기 어렵고 유지비가 많이 드는 구조물이었다.

1494년 토르데시야스 조약에서 교황 알렉산더 6세는 세계를 스페인과 포르투갈로 양분했다. 이러한 결정의 이면에 존재하는 믿기 어려운 오만함을 잠시 생각해보자. 바티칸은 다른 가톨릭 국가들을 무시했을 뿐만 아니라 원주민들의 주장도 묵살했다. 심지어 가톨릭으로 개종한 원주민들의 주장도 무시했다. 아우구스티누스와 아퀴나스의 치밀한 정론은 교단의 가장 깊은 감성에 호소력을 발휘했고, 종교적인 단순함은 아름답고 유혹적인 의례에 울림을 주었지만, 이때 이곳에서 인류에 대한 보편적인 정치적 권위를 주장했다는 게 더할 나위 없이 놀랍다.

정치적 관점뿐만 아니라 영적, 목회적 관점에서 볼 때도 이는 가톨릭 교회의 절정이었다. 가톨릭 교회는 유럽 반도를 지배했다. 이교도들을 개종시켜 왔고 이베리아에서는 무슬림을 무찔렀다. 그러나 가톨릭 교회를 괴롭히는 게 있었다. 토르데시야스 조약은 양대 가톨릭 국가들 간의 전쟁을 방지하기 위해서 필요했다. 광활한 세계를 발견하고 대부분의 주민들이 예수라는 이름을 들어본 적이 없다는 사실을 깨닫게 되면서 인류와 가톨릭 교회가 주장하는 보편성 사이에 갈등이 존재하는 게 아니냐는 의문이 제기되었다. 미세한 정치적, 지적 균열이 일어나고 있었지만 아직 눈에 띌 정도는 아니었다. 그 이면에서는 엔히크의 기질과 코르테스의 기질이 융합하면서 지적인 전사가 등장할 관문이 열렸고, 이러한 특성을 갖춘 인물은 자기 나름의 조건과 규칙을 내세우며 유럽의 지적 질서를 허물려 했다.

유럽의 지적 질서의 붕괴는 유럽의 자신만만함에 세 번의 지적인 타격이 가해지면서 시작되었다. 세 차례 모두 1492년부터 1543년까지 51년의 기간 동안 발생했다. 유럽 반도의 대중 문화에는 세 가지 확실한 요소가 있었다. 세계는 우주의 중심이었다. 유럽이 세계의 중심이었다. 가톨릭 교회는 유럽의 중심이었다. 51년이라는 기간 동안 급진적이고 거부하기 어려운 개념들이 유럽의 지적인 틀에 연달아 타격을 가하면서 유럽의 정신에서 일대 혁명이 일어났고, 결국 유럽의 정신이 산산조각났다. 그러나 질서정연하게 순차적으로 일어나지 않았고 인류 역사의 시간 틀에서 볼 때 아주 신속히 일어났다.

충격과 결과

1492년 콜럼버스의 항해로 세계는 둥글다는 사실이 입증되었다. 세계의 모양이 둥글다는 사실은 물론 알려져 있었다. 다만 콜럼버스가 보다 심오한 의미에서 세상이 둥글다는 사실을 입증했다는 뜻이다. 그는 상당히 발달한 다른 문명들로 가득한 세계로 가는 관문을 열었는데, 유럽은 이러한 문명들에 대해 들어본 적도 없었고 이러한 문명들도 그리스도교 문명에 대해 들어본 적이 없었다. 그들이 무슬림들처럼 그리스도교를 거부했다는 뜻이 아니다. 그들은 그저 그리스도교가 금시초문이었다. 세계는 그 표면에 중심이 없다는 뜻에서 둥글 뿐만 아니라 그 어떤 문명도 중심축이 되지 않는다는 의미에서도 둥글었다. 유럽인들은 자신의 문명도 최초의 문명들 가운데 하나라고 주장할 수는 있었지만, 유럽인의 존재를 알지 못하고 무관심한 문명들이 존재하는 곳이 있다는 사실이 전혀 위안이 되지 못했다. 예수가 구세주라면 대부분의 인류가 그리스도교를 접해본 적이 없다는 사실을 어떻게 이해해야 할까? 세계는 그들이 지금까지 생각해온 것보다 훨씬 드넓고 특정한 중심축이 없으며 훨씬 다채로웠다.

수세기에 걸쳐 유럽 문명은 루소의 말마따나 "고귀한 야만인"보다 본질적으로 우월하다고 생각해왔지만, 이제 그런 주장에 점점 의문이 들었고 결국 모든 문화들이 동등한 가치를 지니는 듯이 보이게 되었다.

25년 후인 1517년, 마르틴 루터가 95개조로 구성된 반박문을 교회 문에 못질해 종교개혁을 주도하면서 로마가 유럽의 중심이라는 개념에 도전장을 내밀었다. 루터가 내세운 궁극적인 주장은 로마 주교는 신과 특별한 관계가 아니며, 개개인이 신부의 개입 없이 신에게 다가갈 수 있다는 내용이었다. 사람들은 성서를 자기 양심과 신의 은총이 이끄는 대로 개인으로서 해독했고, 자기 나름의 결론에 도달했다. 로마는 그리스도교의 중심—동방정교가 늘 이의를 제기해온 개념—은커녕, 이제 유럽 반도 내에서도 도전을 받았다. 세월이 흐르면서 유럽이 세계 제일이라는 심리적인 우월감이 사라졌듯이, 한때 가톨릭이 지배했던 유럽 반도 일부 지역에서도 가톨릭은 그 우월성을 상실했다.

그로부터 26년이 지난 1543년, 코페르니쿠스는 지구가 우주의 중심이 아니라 태양 주위를 돈다는 사실을 분명하고 세밀하게 입증했다. 이는 우주론적 통찰 이상의 발견이었다. 이 주장에 이의를 제기한 이들도 있었다. 그러나 코페르니쿠스가 제시한 증거는 명명백백했기 때문에 다음과 같은 의문이 제기되었다. 신이 세계를 창조하고 인간을 신의 형상을 따라 만들었다면 전 우주가 존재하는 목적인 그의 창조물을 왜 그 중심에 놓지 않았을까? 수세기 후에, 세계는 그다지 중요하지 않으며, 수없이 많은 은하계들 가운데 하나인 평범한 은하계 가장자리에 위치하고 있을 뿐이라는 지적이 제기되었다. 코페르니쿠스의 발견으로 인간은 하찮은 존재라는 정서를 낳고 이러한 정서는 수많은 종교들의 가르침에 대한 정면도전이었지만, 신이 자신의 외아들을 인간들에게 보냈다는 믿음을 신봉하는 종교에게 가장 큰 난관을 안겨주었다.

가톨릭 교회는 인간이 교회의 가르침을 통해 신을 알게 된다고 가르쳐 왔다. 이는 교회의 위계질서와 사제 계급을 통해 구현되었다. 마르틴 루터는 보름스 의회에서 다음과 같이 말했다. "내 양심은 신의 말씀에 볼모 잡혔다. 양심에 반하는 행동은 옳지도 않고 안전하지도 않다." 이러한 선언과 개인의 책임, 양심, 회의라는 개념의 도입으로 그리스도교의 구조 전체가 바뀌었고, 끊임없이 뜻밖의 결과를 낳게 된 혁명의 단초가 유럽에서 마련되었다.

가톨릭에서 교회의 가르침은 신의 말씀이었고 그 어떤 개인도 교회의 틀 밖에서 그리스도 신앙을 해석할 수 없었다. 루터는 양심과 개인의 사사로운 신념이라는 개념을 도입했다. 이는 개인이 신의 말씀과 성서를 연구하고 이를 자기 양심이 이끄는 대로 해석할 권리와 권위가 있다는 주장이었다. 이러한 주장이 지닌 의미는 절대로 축소 해석할 수 없다. 비록 루터는 완전한 주관주의를 피하려고 애썼지만 말이다. 그래도 이는 여전히 그리스도교였지만, 그리스도교도 개인을 그리스도교의 중심으로 격상하고 로마의 지위를 격하하면서 유럽의 영적인 지형을 변모시켰다.

이 모두가 기술적 혁명의 맥락에서 일어났다. 인쇄기는 1440년 이전 어느 즈음에 발명되었다. 1500년 무렵 유럽에는 인쇄기가 약 1,000여 대 있었다. 인쇄기가 발명되기 전에는 기록된 문서는 희귀했다. 문맹이 만연한 까닭은 사람들이 글을 읽을 줄 몰라서이기도 했지만 읽을거리가 없어서이기도 했다. 이제 누구나 성서를 읽을 수 있게 되었다. 그것도 자신의 평범한 모국어로 말이다. 이러한 단순한 사실은 그 누구보다도 사제의 권위를 잠식했다. 사람들은 일요일에 예배 보러 가서 신부가 말씀을 읽고 해석해주기를 기다리지 않고 집에서 날마다 성서를 읽게 되었다. 사람들은 이제 성서를 읽고 그 의미에 대해 갑론을박하고 서로 의견이 다르면 로마와도 결별하고 서로와도 결별할 수 있게 되었다. 유럽 반도에서 교회는 단순히 파가 갈리는 데 그치지 않고 점점 국경을 따라 분열되기 시작했다. 말하고 읽는 수단인 언어는 공통어를 쓰는 이들 간의 결속력을 강화했지만 아직 정치적 의미로까지 발전하지는 않았다.

인쇄기 덕분에 루터는 성서를 독일어로 번역하고 배포하게 되었다. 그리스도교는 신을 직접 대면하고 그 말씀을 양심에 따라 받아들이는 행위가 되었다면 인쇄기는 신과의 그러한 대면을 가능케 했다. 인쇄기는 책자를 인쇄하고 논쟁과 토론을 가능케 했고 이를 대중에게 배포하면서 보통사람들은 처음으로 정신 활동에 직접 참여하게 되었다.

그 결과 유럽에서 평민의 언어가 합법적으로 쓰이게 되었다. 평민의 언어는 한낱 저속한 언어가 아니라 라틴어처럼 신에게 다가가는 경로로 여겨지게 되었을 뿐만 아니라 글을 쓰고 생각하는 데도 타당한 수단으로 간주되었다. 독일어로 구상한 개념은 더 이상 라틴어로 구상한 개념보다 열등하지 않았다. 독일어, 영어, 또는 그 어느 언어라도 같은 언어를 쓰는 사람들은 그들이 사는 마을보다 더 폭넓은 공동체로 결집되었다. 사람들은 한 번도 만난 적이 없는 사람들이 창작한 사상들을 자신의 모국어로 읽고 들었다. 언어는 공통분모였고 언어는 국가의 토대가 되었으며, 유럽의 화약고를 만드는 또 하나의 요인이 되었다.

루터는 독일인들에게 독일어로 설교했다. 독일인들은 왕조들의 사소한 골칫거리가 아니라 나름의 정치적 세력이 되었다. 역사적인 독일의 기억을 회복하려는 독일 운동이 일었고, 루터주의는 이 운동의 토대가 되었으며 당시 부상하던 독일 민족주의의 구성요소가 되었다. 프로테스탄티즘은 민족주의가 만개하는 시발점이 되었고, 이는 유럽의 지리적 여건을 복잡하게 만들었다. 각 나라는 언어를 바탕으로 구축되었고 각 언어는 신이 보기에 동등했다. 유럽의 정신은 분열되고 있었다.

종교개혁의 심장부는 독일이었지만, 이는 유럽 북부 변방지역, 영국제도, 스칸디나비아까지 확산되었다. 코페르니쿠스는 독일계 폴란드인이었고, 루터와 구텐베르크는 독일인이었다는 점이 흥미롭다. 과도한 해석은 금물이지만, 게르만족들이 로마인들에게 저항하고 독립을 유지했다는 사실이 떠오른다. 흥미롭게도 독일인들은 로마에 대한 반란을 시작했고 독립을 재천명했다.

종교개혁은 또 다른 분열도 야기했다. 양심과 신앙은 생각을 하는 개인이 사적으로 간직하는 대상이다. 신앙을 양심에 귀의시키고 개인을 격상시키면서 종교개혁은 다음과 같은 질문으로 가는 관문을 열었다. 성서는 누구의 해석이 옳은가? 여기서 두 가지 갈래로 회의론이 등장했다. 첫째, 양심과 신앙의 진정성을 어떻게 판단할까? 그보다 더 중요한 의문은 서로 다른 여러 가지 해석들 가운데 어떤 해석을 선택해야 할까 하는 문제였다. 루터는 종교개혁을 촉발했지만 그가 종교개혁의 정점은 아니었다. 개혁가들도 또 다른 개혁가들로부터 도전을 받았다. 국가들 간에도 개혁의 형태가 달랐고, 주요 종파들 사이에도 이견이 발생했으며 같은 종파에서 떨어져 나간 부류들이 수없이 많은 자기 나름의 교회들을 구축했다. 신앙과 양심이 성서를 이해하는 지침이라면 그 누구의 해석도 권위를 지니지 못했다. 개개인이 자기 신앙과 양심에 따라 각각의 개념을 판단해야 했다. 개개인에게는 이렇게 할 자유가 있었을 뿐만 아니라 양심에 따라 그렇게 해야 했다.

가톨릭 교회가 신앙과 행동이라는 단일 구조에 신도들을 구속했다면, 프로테스탄티즘은 의심보다는 불확실성으로 가는 관문을 열었고, 회의론보다는 권위를 주장하는 모든 것들에 대한 경계로 가는 관문을 열었다. 수많은 것들이 유동적이던 당시에 이는 과거와의 중요한 결별이었다. 이는 당시에 부상하던 또 다른 지적 운동—과학 혁명—에 신학적-토대를 제공해주었다.

114

루터는 기적의 시대는 초기 교회 창설과 더불어 막을 내렸다고 주장했다. 신이 더 이상 자신이 창조한 자연 질서에 개입해 혼란을 초래하지 않는다는 뜻이었다. 세계는 예측가능했고 안정적이었다―자연의 법칙이 세계를 관장했다. 자연법이 세계를 관장한다면 이제 어떻게 하면 자연법을 밝혀낼 수 있을지가 관건이었다. 성서가 그러한 법칙을 밝혀내는 하나의 길이지만 성서는 자연보다는 초자연, 신과 신의 의지를 다루었다. 그러나 루터주의에서 비롯된 논리를 따라가면 연구해야 할 또 다른 영역, 성서를 통해서는 살펴볼 수 없는 영역에 다다르게 된다. 바로 자연이다. 그리고 이는 과학을 뜻했다.

과학과 계몽

과학 혁명은 많은 사상가와 지류를 아우른다. 과학 혁명은 결코 프로테스탄트 운동이 아니지만 자연을 바라보는 관점의 측면과, 양심과 개인을 도덕적, 지적 우주의 중심으로 격상시켰다는 측면에서 부분적으로 프로테스탄티즘에 뿌리를 두고 있다. 초기 과학 혁명에서 가장 큰 영향을 미친 인물은 프로테스탄트 정치인이자, 엘리자베스 1세와 제임스 1세를 지지하는 인물이었다. 이런 의미에서 과학의 탄생은 종교개혁과 정치와 엮여 있었다.

프랜시스 베이컨은 루터가 사망한 지 15년 후인 1561년에 태어났다. 『대부흥』에서 베이컨은 지식에 접근하는 새로운 방식을 제시했다. 그는 신과 영혼의 우월함을 인정하면서도 본질적으로 물질적인 세계는 인간의 감각으로 인식가능한 것에 기초해 바라보아야 한다고 제안했다. 기적의 시대는 막을 내렸으므로 물질 세계와 그 법칙은 이제 어떤 의미에서는 신의 최종적 말씀으로 여겨져야 했다. 중세에 학문을 이끌었던 연역적 추론은 귀납적 추론으로 대체되어야 했다. 이제 사유하는 정신에 대해 사유해왔던 이들의 글이 아니라 세계와 거기에 숨겨진 것들을 살펴보아야 했다.

베이컨은 자연에 숨은 비밀을 파헤칠 방법을 제시했다. 그가 고안한 과학적 방법은 자연을 관찰하고, 관찰을 바탕으로 추론하는 것이다. 가설이 제시되고 관찰과 실험을 바탕으로 입증되거나 부인되었다. 과학적 방법은 과거에 믿었던 것에 대해 의문을 제기하고 이성적 분석을 통해 그 믿음을 시험함으로써 인간의 지식을 확장한다는 원리에 기초했다. 과학적 방법의 핵심은 물질적인 세계에 대한 그 어떤 명제도 증거와 이성을 통해 증명되어야 한다는 주장이었다. 이는 명백히 과학의 철학적 토대를 마련했다. 이는 또한 적어도 물리적 세계에서는 모든 개념들에 대해 이의를 제기하거나 의문을 표할 수 있음을 의미했다.

묘하게도 베이컨은 그리스도교를 반박한 적이 결코 없는 듯하고, 이러한 노선은 다음과 같은 그의 글에도 나타난다.

무신론은 인간을 감각, 철학, 타고난 경외심, 법칙, 평판에 내맡긴다. 비록 종교는 그렇지 않지만, 이 모두는 겉으로 보여지는 도덕적 미덕의 지침이 될 수 있다. 그러나 미신은 이 모두를 버리고 인간의 정신에 절대 군주를 옹립한다. 무신론은 절대로 국가를 교란하지 않는다. 무신론은 인간이 스스로를 경계하도록 만들기 때문이다. 우리는 (아우구스투스 카이사르 시대처럼) 무신론으로 기울던 시대는 시민정신이 꽃피는 시대였음을 안다. 그러나 미신은 수많은 나라들을 혼란에 빠뜨렸고 정부의 모든 영역들을 마비시키는 새로운 동력을 만들어낸다.

과학이 반드시 무신론적일 필요는 없다. 과학이 지침을 제시하지 못하는 영적 영역의 존재를 부인할 필요도 없다. 그러나 과학에서는 영적인 것에 대해 물질을 격상시키려는 유혹이 있다. 물질은 정밀하게 연구할 수 있지만 영적 연구는 그렇지 않기 때문이다. 사람들은 자기가 하는 일이 가장 중요한 일이라고 믿으며, 과학은 자연을 가장 중요하게 여긴다. 루터는 양심과 개인적 사상으로써 권위에 맞섰다. 베이컨은 한 발 더 나아가 사고—이성—를 자연의 모든 것을 이해할 수 있는 장치로 변모시켰다. 과학의 적은 미신, 즉 증거가 아니라 권위에 근거한 믿음이었다. 베이컨은 미신에 맞서 무신론을 옹호하면서, 본인이 영적인 것들을 모두 미신으로 간주하고 있는지를 알아내는 일은 우리에게 남겨놓았다.

베이컨의 주장은 뭔가 이례적이다. 루터는 기적의 시대는 끝났다고 했지만, 영적인 영역이 실재하지 않고 중요하지 않다는 뜻은 아니었다. 인간 개개인과 그의 양심은 자유로우며, 성서를 직접 대면해야 한다고 선언했지만, 성서의 가르침이 부과하는 제약에서 인간을 벗어나게 하려는 의도는 없었다. 루터가 사람들이 자연 법칙에 관심을 가져야만 한다고 주장하는 듯이 비춰지거나 인간을 해방시켜 자유사상가로 만들려고 하는 듯이 보일지 모르지만, 이는 루터가 의도한 바가 아니다. 그는 인간을 자유롭게 해 성서를 통해 신의 의지를 충실히 헤아리도록 하려 했다.

베이컨은 결정적인 변화를 초래했다. 첫째, 그는 인간으로 하여금 자연에 초점을 맞추게 만들었다. 둘째, 그는 자연을 이해하기 위해 이성을 바탕으로 한 방법을 고안해냈다. 마지막으로, 그는 신에 기대지 않고 세계에 대해 생각할 길을 열어주었다. 베이컨은 자연에 대한 환상을 걷어내고 자연을 인간의 이성의 통제와 의지 하에 두려고 했다. 겉으로 드러난 그의 신심이나 정치적 성향이 무엇이든 상관없이, 그는 인간의 이성을 우주의 중심으로 격상시켰고, 자신이 그런 시도를 하고 있다는 사실을 알고 있었다. 그리고 그렇게 함으로써 그는 지식의 관문뿐만 아니라 유럽이 지녔던 확신의 파괴로 가는 관문을 열었다.

토머스 홉스는 베이컨의 지인이었다. 홉스는 1651년에 출간된 『리바이어던』에 다음과 같이 썼다. "인간의 인식에서 애초에 전적으로 혹은 부분적으로 인간의 감각기관에 의존해 형성되지 않은 개념은 없다." 다시 말하면 모든 개념은 감각에서 비롯된다는 뜻이다—그리고 신은 감지할 수 없기 때문에 인간이 알 수 없다는 뜻이다. 홉스는 인간의 자연적인 삶을 "역겹고, 잔인하고, 짧다."라고 했다. 홉스는 근본적으로 새로운 시각을 제시했다. 자연이 그가 말한 대로 위험하다면 자연은 극복해야 할 대상이었다. 자연을 극복하는 수단은 기술이라고 베이컨은 주장했다. 홉스의 주장은 과학과 기술을 자연의 모든 결함을 극복하는 데 활용하기 위한 토대를 마련했다. 그리고 이는 근대적 기술 문화의 발판이 되었다.

과학 혁명은 한 가지 뿌리치기 힘든 장점이 있었다. 바로 쓸모가 있다는 사실이었다. 베이컨은 과학이 사변적이라기보다는 인류에게 이득을 제공하도록 만들려고 했다. 사그레스를 보면 유럽의 세계 정복이 어디서 비롯되었는지 보인다. 베이컨을 보면 유럽의 자연 정복이 어디서 비롯되었는지 보인다. 인간이 이동하고 소통하고 치유하고 학습하는 방식의 변화는 베이컨의 과학적 방법에 뿌리를 두고 있으며, 기술로 확장되었다. 유럽의 탐험과 제국주의가 인류가 인류에 대해 맺고 있던 관계를 바꾸어 놓았듯이, 과학도 인류가 자연에 대해 맺고 있던 관계를 변모시켰다.

계몽주의는 세 가지 충격에서 비롯되어 17세기 중엽부터 18세기 말까지 서유럽 반도를 휩쓸면서 인간의 사고에 일대 혁명을 불러일으켰다. 계몽주의는 미신으로 가려져왔던 것들을 드러냄으로써 세계를 명확히 파악하려 했다. 계몽주의는 인간과 사회와 인류를 처음에는 지적으로, 나중에는 정치적으로 재규정하려 했다. 세계가 자연을 이해하는 역량이 급성장했고 인간의 사고는 복잡하고 정교해졌다. 이로 인해 자연에 대한 이해도 높아졌다.

계몽주의 시기에 등장한 인물이나 추세가 너무나도 많아서 계몽주의에 관해 모순되지 않는 어떤 것을 말하기가 불가능할 정도다. 예컨대, 계몽주의는 궁극적으로 반종교적이었다. 그러나 계몽주의의 핵심적인 인물인 르네 데카르트는 독실한 가톨릭 신자였고, 자신의 신앙과는 모순되는 발언을 많이 했다. 장-자크 루소는 이런 말을 한 적이 있다. "나는 이러한 모순을 보아왔지만 그런 모순들이 나를 좌절시키지는 못했다." 루소의 주장은 현실이 우아하지 않다는 뜻이다. 현실은 모순으로 가득하고 서로 상반되는 진실의 파편들로 가득하다. 계몽주의는 종교와 충돌했다. 계몽주의는 스스로와도 충돌했다—유럽의 정신은 분열되었다.

계몽주의의 핵심에는 이성이 있었다. 인간의 이성이 우주와 인류를 이해할 수 있다는 개념이었다. 미지의 대상이 존재했지만, 원칙적으로 이성으로 파악하지 못할 대상은 없었다. 이성이 뭐든지 잘게 저미는 면도날이라면 최고의 인간은 가장 이성적으로 사고하는 인간이었다. 전통 사회는 귀족정치에 기초하고 있었고, 유럽의 귀족은 타고났다. 귀족정치를 옹호하는 이들은 미덕이 유전되므로 타고난 귀족이 통치해야 한다고 주장했다. 계몽주의자들에게 출생은 우발적인 사건이고, 출생이라는 우연이 누군가의 운명을 결정짓도록 하면 대단히 부당하다고 주장했다. 계몽주의자에게 유일한 귀족은 재능을 지닌 이들이었고, 재능은 이성적 사고를 하는 역량이 바탕이 되었다. 이성을 타고날 수는 있으나, 그 어떤 이의 운명도 태어나기도 전에 결정되어서는 안 된다고 주장했다. 바로 여기서 계몽주의는 이성의 찬미를 구체제에 맞서는 혁명으로 변모시키는 개념을 싹틔웠다.

유럽은 능력이라는 개념을 개발했다. 이성이 인간을 판단할 유일한 기준이라면 이성적인 인간이 통치해야 했다. 이성에 의한 통치의 첫 발전 단계는 계몽군주였다. 타고난 군주이자 지적으로 탁월한 왕에 의한 통치였다. 두 번째 단계는 공화국이었다. 특정한 자격을 갖춘 유권자가 선출한 최고의 인간, 가장 적합하다고 간주되는 이들이 그들의 열정조차 자제하도록 설계된 정부 체제에서 유권자들을 대표하는 통치방식이다. 이는 유럽 자유주의의 토대였다. 그러나 이는 유럽을 보다 급진적인 개념으로 한 발 더 나아가게 했다.

갈릴레오에게 자기가 원하는 대로 생각할 권리가 있다면, 누구든 원하는 대로 생각할 권리가 있었다. 다른 이들에게 해를 끼치지 않는 한 그런 생각을 행동에 옮길 권리를 지니면 안 될 이유가 있는가? 결국 천재와 범인을 구분하는 기준을 결정할 자격이 누구에게 있는가? 하나의 길은 민주주의 혁명으로 이어졌고, 또 다른 길은 실력주의 사회, 즉 가장 이성적인 사람들에 의한 통치로 이어졌다. 두 길 모두 따르기 어려웠다. 계몽주의는 사람을 판단하는 유일한 기준으로서 이성을 찬양했지만, 이성적인 인간과 비이성적인 인간을 구분하기 위한 논란의 여지가 없는 방법을 제시한 적이 없다. 우월한 사고를 존중할 역량도 없이, 생각하고 말할 자유가 주어지자 유럽의 정신은 분열되었다. 가장 이성적인 이가 아니라 가장 말을 설득력 있게 하는 이가 우월한 지위를 차지할 길을 열어주었다.

계몽주의는 급진적인 개인주의로 변질되지만, 개인의 지혜는 보장될 수 없었다. 인간이 혼자 산다면 삶은 역겹고 빈곤하고 잔혹하고 짧을 것이다. 개인주의는 추상적인 개념이다. 개인주의는 공동체로 보완되어야 했다. 어떤 공동체가 있을까? 분명히 공동체의 지도자는 그의 추종자들에게 구속되어야 했다. 그것은 대표성에서는 공화국이고 선택에서는 민주적이어야 했다. 공동체의 조직은 어떤 결정이 정당하고 적합했는가라는 질문에 답하지 않는다. 왕조와 제국은 정당성을 상실했다. 전제 군주가 좌지우지하는 나라는 개인들을 통치할 수 없다. 자치는 본질적이었다. 그러나 이 못지않게 혼란스러운 점은 통치할 영토를 어떻게 결정할 것인가 하는 문제였다. 누가 시민이고, 누가 시민이 아닌가? 누가 투표권이 있고, 누가 통치할 자격이 있는가? 이와 같은 문제들을 해결할 방법은 루터로부터 나왔다. 언어, 문화, 역사의 정통성이었다. 다시 말해서, 해결 방법은 민족이었다. 문제는 민족이 어찌 보면 계몽주의에 반하는 개념이라는 사실이었다. 국가는 개인의 미덕을 토대로 했다기보다는 태생적인 개념이었다. 이성적인지, 능력이 있는지 확인해보지도 않고 독일에서 태어나면 독일인, 프랑스에서 태어나면 프랑스인이 되었다. 민족은 인간에게 가장 인간적인 것들을 부여해주었다―언어와 개인의 출생 이전으로 거슬러 올라가는 과거를 부여해주었다. 계몽주의와 민족주의는 양립불가능할 뿐만 아니라 늘 해소하기 쉽지는 않은 긴장을 조성했다. 이를 해소할 방법은 민족 자결주의―민주주의―였지만, 민주주의는 폭정 못지않게 무자비하고 무제한적일 수 있다. 20세기에 우리는 민족 자결주의를 바탕으로 한 가장 노골적인 형태의 국가를 목격했다.

어떤 긴장이 조성되든 인간은 태어나고 양육되고 보호받을 장소가 필요했다. 이런 조건들은 모든 인간에게 반드시 필요했다. 이를 이해하려면 반드시 알아야 할 개념이 있다. 자기 것에 대한 애착이다. 인간이 처음으로 사랑하게 되는 대상은 태생적인 것들이다. 부모, 언어, 종교, 마을 등이다. 이러한 것들은 인간이 선택한 게 아니라 태어나면서 주어진다. 자기 선택인 낭만적인 사랑과는 달리, 이러한 사랑은 첫사랑이고 가장 단순하고 가장 강력한 사랑이다―선택은 고사하고 생각할 필요도 없는 사랑이다. 계몽주의는 태생적 굴레를 타파하고 인간을 그러한 정체성, 타고난 여건의 한계로부터 자유롭게 해주려 했다. 그러나 그러한 굴레를 타파하는 과정에서 자기 생각에 매몰돼 길을 잃은 인간들을 만들어냈다.

인간이 미신으로부터 자유로워지는 것은 가장 저급하고 비합리적인 의미에서의 종교로부터 자유로워진다는 뜻이었다. 그러나 그런 사람이라도 여전히 공동체와 의무, 역사가 존재하는 곳에 소속되어야 했다. 그렇지 않으면 혼자만의 생각에 빠져 재앙을 초래하게 된다.

여기서 문제가 생겼다. 과학과 계몽주의는 인간을 물리적인 본성과 욕구의 집합체로 규정했다. 인간에게 그게 전부라면, 인간이 자기 자신에 대해, 또 서로에 대해 지켜야 할 의무는 무엇인가? 무엇이 도덕적이고 그것이 도덕적인지 어떻게 알 수 있는가? 이 질문에 답하지 못하면 인간은 위험한 존재로 변질된다. 동물과 다름없어진다. 어쨌든 원자화된 인간을 다시 사회에 재진입시켜야 했고, 이유가 필요했다. 그럴듯한 이유는 없었지만 그래도 찾아야 했다. 인간을 다시 그들의 공동체와 역사로 되돌아오도록 유인할 필요가 있었다―인간을 인간 자신과 삶의 진부함에서 구해줄 매혹적인 옛이야기가 필요했다. 인간은 동화(童話)가 필요했다. 그들이 누군지 그들의 영혼에 속삭여줄 뭔가가 필요했다.

독일 부모들―그리고 수많은 다른 유럽 국가의 부모들―은 자녀에게 끔찍하고 전율을 느끼게 하는 이야기를 들려주었다. 〈헨젤과 그레텔〉은 두 아이에 관한 이야기다. 가난한 나무꾼에게서 태어난 소년과 소녀 이야기다. 어머니가 세상을 떠나고 나서 아버지는 재혼한다. 계모는 남편을 꼬드겨 헨젤과 그레텔을 숲으로 데려가 버리라고 한다. 입을 덜어서 부부가 좀더 넉넉히 먹으려고 말이다. 부모의 대화를 엿들은 오빠는 주머니에 조약돌을 넣고 간다. 숲속에 버려지더라도 길을 되짚어 집으로 돌아올 수 있게 말이다. 자녀들이 집으로 돌아오자 계모는 또다시 남편을 꼬드겨 아이들을 버리고 오라고 한다. 이번에는 아이들이 밖에 나가서 조약돌을 주워 올 수가 없었고, 오빠는 대신 빵부스러기를 떨어뜨려 집으로 가는 길을 표시한다. 숲에서 아이들은 마녀와 마주치고, 그 마녀는 아이들을 화덕에 구워먹기로 마음먹는다. 소년은 마녀의 성찬으로 화덕에 구워질 위기에 처한다. 소녀는 무슨 일이 벌어지는지 눈치채고 마녀를 화덕에 밀어 넣고, 마녀는 비명을 지르며 죽는다. 아이들은 마녀의 보석을 챙겨 집으로 돌아온다. 숲속의 새가 길을 안내한다. 집에 도착하자 계모는 이미 죽은 뒤였다. 아버지는 보석을 가지고 온 아이들을 기쁘게 맞는다. 그들은 행복하게 잘 먹고 잘 살았다.

독일은 피해자이고 영리하다는 이 이야기에는 정치적인 함의가 담겨 있다. 부당함, 찢어지는 가난 때문에 독일인이 자기가 가장 사랑해야 할 대상에게 모질게 굴 수밖에 없게 되는 이야기로 시작된다. 그러고 나서 부당함의 근원에 맞서고 그 근원은 파멸된다. 피해자라는 이야기는 독일의 용기, 영리함, 궁극적인 승리에 대한 찬양과 병행된다. 영리함은 아이들을 통해 나타난다. 과거를 대표하는 부모는 타락했지만 미래를 대표하는 아이들은 영리하다. 이는 또한 유럽 역사의 이야기이기도 하다. 빼앗긴 부를 되찾으려는 독일인의 이야기이다. 아이들은 이러한 이야기를 읽으며 자랐다—그리고 오늘날에도 여전히 읽고 있다. 이 끔찍한 이야기 속에는 가족과 보다 넓은 공동체를 이어주는 가교가 있다.

그림 형제의 동화는 그리스도교적이기보다 이교도적이다. 원시의 숲으로 거슬러 올라가는 그리스도교 이전의 문화유산에 바탕을 두고 있다. 바로 여기에 계몽주의와의 연결고리가 있다. 계몽주의는 진보라는 이름으로 점점 종교를 멀리했고, 결국 피터 게이의 말마따나 일종의 이교(異敎)가 되었다. 그림 형제는 그리스도교 이전의 독일 숲, 위험과 승리가 가득한 숲으로 거슬러 올라갔다. 숲은 낭만적인 장소였다. 현실적이기보다는 신비에 가까운 곳이었다. 역사에 대한 애착이 근대 유럽 민족주의의 토대가 되었다.

계몽주의는 신화의 세계를 제거하려고 했지만, 국가는 신화 없이는 스스로를 정당화할 수 없었다. 낭만적인 민족주의가 이 문제를 해소했고 상당 부분 해결했지만, 새로운 문제를 야기했다. 국민이 국가에 의무를 지닌다면 그 의무의 한계는 어디까지일까? 더 정확하게 말한다면, 다른 나라들과의 관계에서 한 나라의 권리의 한계는 어디까지일까? 이는 필연적으로 자국이 다른 나라보다 더 아름답다거나 자국보다 못한 나라들에게 희생당했다는 믿음으로 이어진다.

낭만적 민족주의는 자국이 위대하다는 정서와 피해자라는 정서를 확대한다. 이성보다는 아름다움에 관한 정서이기 때문이다. 쇼팽은 글이 아니라 소나타를 통해 폴란드를 정당화한다. 소나타는 영혼을 감동시키지만, 영혼이 소나타를 이용해 무슨 짓을 할지는 예측불가능하다. 예술은 이성과는 다른 방식으로 무자비하다. 이성은 논리적 종착점에 다다른다. 그 종착점이 아무리 부조리하다고 해도 논리적이기는 하다. 예술은 숭배를 요구한다. 아무리 결함이 있더라도 말이다. 이성은 인간이 나름의 결론에 도달하도록 이끈다. 예술은 그 자체가 결론이다. 아름다움은 그 자체가 종착점, 목적이기 때문이다.

결국 파시즘이 부상하면서 국가 자체가 예술 작품이 되었고 당지도자는 예술가가 되었다. 파시스트는 합리적 계몽주의와 마찬가지로 국가에 관한 동화를 창작했다. 둘 다 이념을 탄생시켰지만, 이러한 이념은 그 근원과 결과에서 천양지차였다. 둘 다 위험했다. 이성은 극단적인 논리로 치닫고, 아름다움을 무자비하게 추구할 자유를 얻은 예술은 끔찍한 것을 만들어낼 수 있기 때문이다. 스탈린과 히틀러를 보라. 결국 인간은 공동체가 필요했고 공동체는 국가였으며, 국가는 질투가 강한 주인이었다.

유럽 문화를 강타한 세 가지 충격—코페르니쿠스, 콜럼버스, 루터—은 결국 유럽의 질서를 산산조각냈고, 유럽과, 뒤이어 인류를 해방시키고 단일한 세계 문화를 창조했다. 인간을 우주의 중심에 놓은 게 가장 큰 변화였다. 이성을 삶의 중심으로 격상시킴으로써 이성을 구현한 인간과, 이성에서 비롯되는 과학과 기술을 격상시켰다. 그러나 인간을 우주의 중심에 놓으면서 환상을 만들어냈다. 인간은 중심이 될 수는 있지만 홀로 살아갈 수는 없다. 결국 개인의 승리는 공동체를 필요로 하는 인간의 처지와 상충되었다. 공동체를 다시 만들고 인간들이 참여하도록 설득해야 했다. 유럽인들은 너무나도 비정상적이고 분열되어서 도덕적 나침반이 망가졌다. 유럽인들은 예술과 신화를 토대로 국가를 지적으로는 받아들였지만 아직 완전하지 않았다. 도덕적 나침반이 결여되어 있었다. 예술은 선악을 구분하지 못했다. 따라서 너무나도 아름답고 매혹적인 민족주의를 발명해 외로운 개인을 대체했다. 그러나 민족주의도, 외로운 개인도 옳고 그름을 구분하지 못했다. 콜럼버스, 루터, 베이컨이 산산조각낸 것을 어떤 식으로든 통합해야 했다. 이는 베이컨이 찬양한 기술과 통합된 경제적 삶을 통해 일부 성취되었다. 또 다른 부분은 국가와 통합된 도덕적 삶이었다. 이 둘은 서로 어울리지 않았다. 갈등관계였다.

모순들과 모든 게 장관을 연출했다. 지구를 상대로 승리하고, 인간 정신을 상대로 승리한 유럽은 모든 것을 혁명적으로 변화시켰고, 20세기 초 무렵, 외견상 국가들과 자연 위에 절대적으로 군림하면서 세계를 호령했다. 1913년만 해도 이러한 상황이 변하리라는 생각조차 하기가 불가능했다. 그러나 변했다. 변해야 했다. 수많은 국가들이 탄생했고, 각 나라마다 아름다움을 알게 되었고, 그것을 도덕적 행동으로 착각했다. 이는 참혹함으로 가는 발판이 되었다. 이 모두가 세 가지 충격이 낳은 뜻하지 않은 결과에서 비롯된 논리적인 결말이었다. 세 가지 충격은 하나하나가 칭찬할 만하고, 하나같이 이성을 찬양하지만, 한데 합쳐지면서 유럽의 정신은 산산조각나기 시작했다.

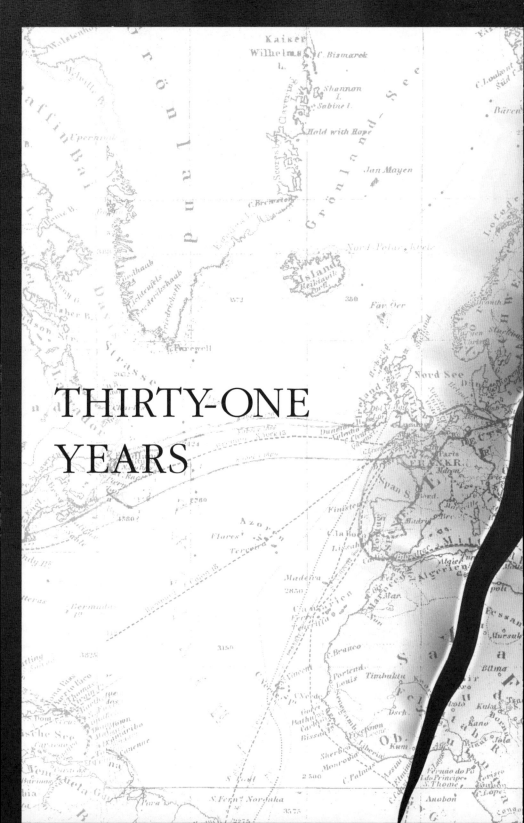

THIRTY-ONE
YEARS

2부

31년 전쟁:
1914-1945

1914년부터 1945년까지 31년 동안 7,100만 명의 유럽인들이 전쟁에서 목숨을 잃었다. 유럽은 대적할 상대가 없는 세계 체제의 중심에서 빈곤하고 자신감 없는 지역으로 전락했다. 장엄한 유럽 문명을 고려해볼 때, 어떤 결함이 있기에 31년으로 이어진 것일까?

04

학살

Slaughter

19 12년에 삶은 평탄했다. 헝가리-우크라이나 국경 근처에 있는 작
은 마을 니르바토르에서 아버지가 태어난 해다. 먹을 것도 넉넉
했고 폭력도 도를 넘지 않았다. 군대가 마을을 초토화한 지 한참 지난 때
였다. 파리는 아니었지만 계몽주의가 이 작은 마을까지 미쳤다. 유럽 반
도에서 가장 낙후된 이 마을까지 말이다. 마을 의사가 스피노자 책을 읽
었다는 이야기가 들렸다. 기차역이 있었고, 기차는 부다페스트까지 갔
다. 삶이 가능했다. 미래에 대한 계획도 세우고 희망을 품을 수도 있었
다—이곳에 태어날 운명이라면 이때가 가장 좋을 듯싶었다.

1912년은 유럽에게, 특히 유럽 반도의 서부 지역에게 아주 상서로운
해였다. 1815년 이후로 거의 한 세기 동안 유럽은 평화를 구가해왔다. 흠
잡을 데 없는 평화는 아니었지만 오랜만에 누리는 평화였다. 공화적인
개념들이 널리 확산되었고 심지어 황제가 군림하는 독일 같은 나라에서
도 의회가 권력을 행사했고 언론의 자유가 있었으며, 명문대학이 있고
풍요로웠다. 경제성장은 놀라웠다. 기술 진보는 한층 더 놀라웠다.

유럽이 세계를 지배했다.

유럽은 4,000만 제곱킬로미터에 달하는 식민지를 거느리고 있었다. 영
국이 그 가운데 2,500만 킬로미터를 통치했고, 작은 벨기에는 콩고를 장
악했으며, 네덜란드는 오늘날의 인도네시아에서 1,000만 명을 통치했고,
프랑스는 아프리카와 인도차이나에 상당한 규모의 제국을 거느리고 있
었다. 여기에는 유럽인들이 공식적으로 통치하지 않은 지역은 포함되지
않았지만, 유럽인들은 이집트나 중국 같은 나라도 비공식적으로는 통치
하거나 영향을 미쳤다. 독립한 식민지도 포함되지 않은 목록이다. 유럽
은 세계에 우뚝 선 거인으로서 부유하고 창의적이고 막강했다.

아무도 무슨 일이 닥칠지 예상하지 못했다. 뜬금없이, 1914년 8월, 유
럽은 도살장으로 변했다. 1945년 무렵 1억 명이 죽었고 수많은 이들이

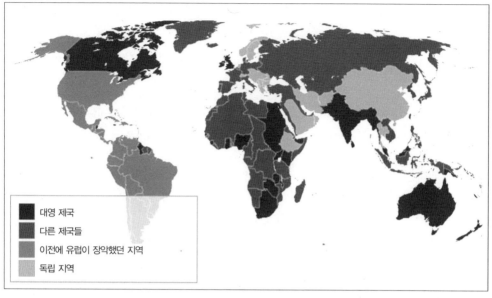

범례:
- 대영 제국
- 다른 제국들
- 이전에 유럽이 장악했던 지역
- 독립 지역

1914년 유럽의 세계 제국

부상을 당했으며, 대륙 전체가 전쟁의 후유증을 앓았다. 파괴의 규모와 속도는 전례가 없었다. 계몽주의의 중심지 유럽, 인간의 정신이 가장 고양되었던 본거지인 유럽에서 이런 일이 일어나리라고는 아무도 예상하지 못했다. 당시에 유럽이라는 곳이 지옥이라는 나락에 떨어졌다는 사실은 400년 전 이 지역이 세계와 인류를 변모시키기 시작한 지역이라는 사실만큼이나 경악스러웠다. 20세기에 유럽은 31년 동안 이어진 전례 없는 만행으로 그동안 이룬 업적을 모조리 탕진했다.

1945년 무렵, 유럽 반도는 점령지였다. 전쟁과 부역과 저항으로 산산조각났고 주권은 정지되었다. 유럽인들은 괴물이 된 자신의 모습을 보고 경악했다. 자신들의 비겁함에 경악한 이들도, 나약함에 경악한 이들도 있었다. 그러나 공통적으로 모든 유럽인들이 경악한 사실이 있었다. 제1

차 세계대전 직전까지 유럽이 보여준 위대한 업적은 상상조차 할 수 없었던 유럽의 어두운 이면을 가린 껍데기에 불과했다는 사실이었다. 그리고 이 사실을 깨닫게 되면서 세계를 지배하던 유럽은 허물어지기 시작했다. 결국 유럽인들은 자발적으로 그 위상을 포기했다. 그들이 400년 넘게 투쟁하면서 엄청난 노력을 기울이고 인명을 희생해가면서 쟁취한 제국은 무의미해 보였다. 유럽은 제국을 위해 투쟁하고 나서 그 제국을 관리할 역량을 상실했다.

모든 위대한 비극에서와 마찬가지로 유럽의 위대함을 낳은 바로 그 미덕이 유럽을 파멸시켰다. 국민국가의 원칙과 계몽주의가 찬양한 민족 자결권은 이방인에 대한 분노로 변질되었다. 과학에서 올린 엄청난 지적인 개가는 모든 도덕적 제약에 맞선 급진적인 회의주의를 원동력 삼아 이룬 성과였다. 세계를 변모시킨 기술은 이전에는 상상할 수 없었던 살인 체제를 만들어냈다. 세계를 지배하면서 이에 맞서는 갈등, 이를 지키고자 하는 갈등이 끊임없이 일어났다. 위대한 행위는 하나같이 그 안에 재앙의 씨앗을 품고 있었다.

재앙이 먹구름처럼 몰려오는데도 이러한 사실이 눈에 보이지 않았다. 저명한 저자이자 1930년대에 노벨상을 수상한 노먼 에인절은 1909년에 출간된 명저 『거대한 환상The Great Illusion』에서 유럽에서 전쟁은 불가능해졌다고 주장했다. 투자와 무역에서 유럽 국가들이 상호 의존하는 수위가 매우 높아졌기 때문이었다. 그는 전쟁이 야기할 경제적인 혼란만으로도 유럽은 파괴될 것이라고 주장했다. 따라서 전쟁은 불가능했다.

그의 주장은 독창적이었고 금융계 엘리트 계층이 혹할 내용이었다. 그들이 경제 관계가 전쟁을 어렵게 만든다고 믿었기 때문뿐만 아니라 그의 주장에 따르면 자신들이 역사의 주인이 되고 자신들의 이익이 역사를 결정짓게 되기 때문이었다. 세계의 운명을 결정하는 주인공은 금융계 엘리트였고 거미줄처럼 얽히고설킨 관계망을 형성해 원초적이고 군사적인 본능으로부터 세계를 보호하는 게 자신들의 역할이라고 믿었다. 지금과 마찬가지로 당시에도 돈이 전부였고, 돈만 벌도록 해주면 전쟁은 일어나지 않는다는 믿음이었다. 에인절의 주장은 창의적이었지만 틀렸다.

에인절이 놓친 게 있다. 두 나라가 경제적 이익을 공유하게 되면 한쪽이 자기의 입지를 이용하거나, 그 관계를 철회하고 다른 이와 협력하거나, 합의를 이행하지 않을지 모른다는 우려가 늘 존재한다. 국가들의 상호의존도가 높아질수록 상대편이 약속을 지키는지, 극단적인 경우 협박을 하지 않을지 분명히 하려고 애쓴다. 이러한 불신이 강해지면 국가들은 상대방보다 우위에 서기 위한 보다 효과적인 수단을 확보하려고 하고, 이따금 전쟁으로 귀결되기도 한다. 상호의존성은 안보를 강화하기도 하지만, 불안감을 조성해 전쟁을 야기하기도 한다.

1900년 이 모든 상호의존성의 저변에는 근본적인 현실이 도사리고 있었다. 독일은 유럽 반도에서 막강한 경제국가로 부상했고, 독일과 어깨를 견줄 만한 나라는 해협 건너편에 있는 영국뿐이었다. 그리고 영국과 독일은 수출에서 나머지 유럽 국가들을 훨씬 능가했다—영국은 제국이 있었고 독일은 제국 없이 이룬 성과다.

독일의 힘은 너무나도 막강했고 급속히 성장하고 있었으며 군사력으로 쉽게 전환될 수 있었다. 이 때문에 유럽 평원에 위치한 나라들은 공포에 사로잡혔다. 공교롭게도 그들 못지않게 독일도 그 이웃나라들을 두려워했다. 동쪽으로는 러시아, 서쪽으로는 프랑스에 둘러싸여 있고 천혜의 장애물이 거의 없으며 통일한 지 겨우 40년이 된 독일은 양쪽에서 적이 동시에 공격할까봐 두려워했다—국경을 넘나드는 무역과 투자가 활발하든 말든 상관없었다.

독일의 통일과 부상으로 유럽 체제는 불안정해졌고 동쪽과 서쪽 국경

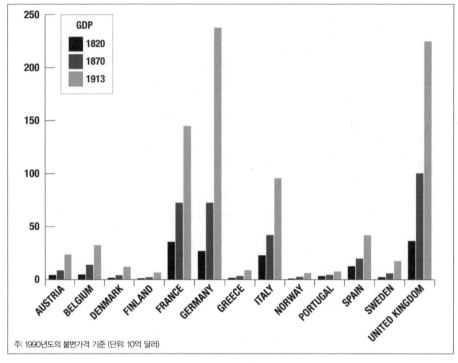

주: 1990년도의 불변가격 기준 (단위: 10억 달러)

서유럽의 경제성장 1820-1913

을 따라서 화약고가 등장했다. 막강한 독일의 부상으로 경제 질서가 변했고 외교와 대언론 발표로는 달래기 불가능한 전략적인 공포감이 조성되었다. 이러한 공포감은 실제적이었고 상호의존성이 조성한 취약성 때문에 더욱 심해졌다. 전쟁이 불가능하다는 에인절의 주장은 완전히 틀렸다. 서로 다른 욕구가 충돌하면서 생긴 마찰은 점점 더 전쟁의 필요성을 높였다. 독일이 약해지든가 유럽 체제가 독일에게 더 확실한 안보를 제공하는 쪽으로 조정되어야 했다. 유럽은 수세기 동안 이러한 종류의 갈등들을 겪어왔다. 새로울 게 전혀 없었다. 그러나 그들이 치러야 할 전쟁이 어떤 종류의 전쟁인지는 아무도 예견하지 못했다.

학살의 정상화

독일은 적들이 선택한 시간과 장소에서 적들이 주도한 전쟁을 두 개의 전선을 따라 수행하면 참패하리라고 계산했다. 독일인들은 프랑스와 러시아가 그런 공격을 계획하고 있다는 징후를 포착하지는 않았지만, 그들은 의도는 변하기 마련이고 독일이 경제적으로 계속 급성장하면 경쟁국들이 위협을 느끼고 전쟁을 일으킬 가능성이 있다고 판단했다. 독일은 그런 위험을 감수할 수 없었다. 독일은 자신이 선택한 시기에 전쟁을 선제적으로 일으키고, 두 적국 가운데 하나를 신속히 파멸시킨 다음 여유롭게 나머지 적을 상대하는 해결책을 쓰기로 했다. 독일은 상대방이 먼저 전쟁을 일으킬까봐 두려워서 먼저 전쟁을 일으켰다. 공교롭게 들릴지 모르겠지만 이는 흔히 일어나는 일이다. 독일의 전쟁 계획은 육군참모총장 슐리펜이 수립했고 그의 이름을 따 슐리펜 플랜으로 불리게 되었다.

슐리펜 플랜에 따르면 독일은 우선 프랑스를 공격해 신속하게 항복을 받아내야 했다. 독일은 중립적인 벨기에를 통해 프랑스를 공격하는 계획을 세웠다. 프랑스의 오른쪽 측면을 강타한 다음 해협의 연안을 따라 진격해 내려가 파리의 후면을 공격해 프랑스군을 고립시키고 도시를 점령하기로 했다. 이 작전은 영국이 개입하기 전에 해치워야 했다. 독일은 러시아가 동쪽으로부터 공격해오면 후퇴할 계획이었다. 이는 동프로이센을 일시적으로 잃게 된다는 뜻이었다. 일단 프랑스를 무찌르고 나면 프랑스에 있는 군사력을 독일의 탁월한 철로망을 이용해 신속히 동쪽으로 이송해 러시아를 상대하면 된다고 생각했다.

독일은 전쟁이 금방 끝나리라고 예상했고 그러한 전쟁이 어떤 방식으로 치러질지 예상한 사람들도 곧 끝날 전쟁이라고 생각했다. 그러나 전쟁은 독일이 예상했던 대로 진행되지 않았다. 짧고 깔끔하게 마무리되는 전쟁이 아니라 교착상태에 빠졌고, 몽골의 침략 이후로 유럽이 목격한 적이 없는 학살의 나락으로 떨어졌다. 1914년 9월 6일부터 9월 14일 사이에 서부전선에서만 50만 명의 사상자가 나왔다.

이런 결과가 나온 이유는 세 가지가 변했기 때문이었다. 첫째, 기술 발전으로 신형 무기를 제조하고 배치할 역량이 생겼다. 둘째, 산업화로 이러한 무기의 대량생산이 가능해졌다. 셋째, 민족국가가 지닌 심리적 힘 덕분에 유럽의 3개 주요 국가—프랑스, 영국, 독일—가 군대에 대한 통제력을 유지하고, 그들에게 동기를 부여해 전장에서의 삶을 끔찍하고 잔혹하고 단명하게 만든 학살 수준의 상황에서도 계속 싸우게 만들 수 있었다.

기관총을 보자. 기관총은 소총이 지닌 문제를 해결하기 위해 발명되었다. 아주 잘 훈련된 노련한 사수가 아니라면 소총은 명중률이 매우 낮다. 명중률을 높일 수 없다면 연속해서 총알을 발사해 지평선을 뒤덮으면 어느 정도 상쇄할 수 있다. 미국 남북전쟁에서 사용된 개틀링 기관총은 원시적 형태의 기관총이다. 히람 막심이 현대적인 기관총을 발명했다. 1882년 한 미국인이 막심에게 돈을 많이 벌게 해주겠다면서, "이놈의 유럽인들이 아주 효율적으로 서로의 목숨을 끊어줄 물건"을 발명해달라고 했다. 진군하는 적에 맞서는 상황에서 기관총 한 정만 있으면 그들이 가까이 오기 전에 수십 명을 죽이고 다치게 할 수 있었다. 그러나 적의 군대를 물리치려면 이러한 신형 무기가 어마어마하게 많이 필요했다.

기관총이라는 개념은 이미 오래전에 등장했지만, 기관총을 대량생산할 역량은 존재하지 않았었다. 그 개념은 대량생산 역량 없이는 무의미했다. 대량생산이 모든 현대전을 가능케 했다—통조림, 병기 부품과 총탄, 트럭과 삽을 대량생산하면서 가능해졌다. 산업 혁명과 기술의 발전이 복합적으로 작용해 전쟁에 혁명적인 변화를 초래했고 치명성도 몇 배로 증가했다.

국가의 명령에 따라 점점 사망률이 높아지는 전쟁에 참전해 싸우겠다는 인간의 의지 또한 전쟁에 혁명적인 변화를 가져왔다. 아무리 전 세계의 기술을 긁어모아도 자신보다 국가를 우선하고 국가를 도덕을 구현하는 체제로 여기는 병사가 없다면 유혈사태가 발생하지 않는다. 국가는 언어 이상의 존재가 되었다. 도덕적 결속력이자 보편적인 행정 체제가 되었다. 도덕적 결속력은 계몽주의, 사회계약설, 언어에 대한 애착 등에서 비롯된 수많은 개념들에서 파생되었다. 개인이라는 개념은 국가라는 개념에 묻혀버렸고 대규모 군대만큼 국가를 구체화하는 것은 없었다.

과거에 군대는 억지로 끌려나온 사람들과 용병으로 구성되었다. 이제 군대는 도덕적 원칙을 바탕으로 국가의 정신을 구현하기 위해 행동을 하는 국민들로 구성되었다. 자신의 의무를 저버리는 행위는 자신의 영혼을 배반하는 행위였다. 국가의 행정 구조, 정치 체제의 합리적 구현은 군대에서 완성되었다. 국가가 군대였고 군대가 곧 국가였다. 따라서 사람들은 기꺼이 죽을 마음의 자세가 되어 있었고 끊임없이 죽어나갔다. 국가가 초월적인 도덕적 원칙으로 격상되었고 이와 더불어 군대와 그에 따르는 의무, 자부심과 영예도 함께 격상되었다. 군인은 이 모두를 저버리느니 차라리 죽음을 택했다. 이러한 정신은 여러 국가가 혼합된 제국보다는 독일, 프랑스, 영국과 같은 성숙한 국가에서 더욱 진가를 발휘했다. 그러나 오스트리아-헝가리 제국에서조차 오스트리아 핵심 세력은 이러한 정서에 이끌렸다. 러시아에서는 이러한 정서의 유인력이 약했고 따라서 왕정이 무너졌다.

죽음은 늘 전쟁에 상존하는 정상적인 일부였지만 그 규모와 속도와 사망할 가능성이 제1차 세계대전을 계기로 완전히 바뀌었다. 너무나도 짧은 기간 동안 너무나도 많은 사람들이 목숨을 잃었고 제1차 세계대전을 촉발한 인간의 의지는 전쟁의 규모뿐만 아니라 인간과 국가와 죽음 간의 관계도 바꾸어놓았다. 죽음의 양적 변화는 죽음의 질적 변화를 초래했다. 죽음은 더 이상 비극이 아니었다. 하루에 수만 명이 죽으면 죽음은 진부해진다. 이제 이런 일이 날마다 일어나면서 무감각해진 유럽의 영혼은 더 이상 충격을 받지 않게 되었다. 죽음은 일상사가 되었고 집단학살이라는 금기는 이런 일상화로 깨져버렸다.

대량으로 죽고 죽이겠다는 유럽인들의 의지는 오랫동안 지속되었고 세상을 완전히 바꿔버렸다. 그러나 유럽인들은 지쳐갔고, 전혀 지치지 않은 생생한 미국인 100만 명이 도착하면서 전쟁을 끝냈다. 동부전선에서 전쟁은 더 일찍 끝났다. 러시아 군인들은 아직 현대적인 장비를 갖추지 못했고 계몽주의 시대를 겪지도 않았으므로, 그들은 꿋꿋이 버티다가 결국은 대놓고 반란을 일으켰다. 귀향은 국가적인 영예 이상의 의미가 있었다. 그러나 서부전선에서 전쟁은 1918년까지 계속되다가 막을 내렸다. 전쟁에 가담한 모든 당사자들에게는 단 한 가지 공통점이 있었다. 군인들이 모두 처음에는 안도의 한숨을 내쉬었지만 그러고 나서 배신감을 느꼈다.

전쟁을 통해 그 누구도 소기의 목적을 달성하지 못했다. 독일은 양면전의 위협을 제거하는 데 실패했고, 프랑스는 독일을 분열시키는 데 실패했다. 전혀 예상하지 못했던 일이 발생했다. 네 개의 제국—독일, 오스트리아-헝가리, 오스만, 러시아—이 모두 붕괴되었다. 그 결과 제국에 억눌려 있던 민족(nation)들이 부상했다.

제1차 세계대전 종전은 민족 자결권의 승리를 대변했다. 제국에 억눌려 있었던 민족들이 독립할 준비가 되어 있든 아니든 상관없이 민족국가로 독립했다. 그러한 국가들은 자국의 운명을 스스로 결정해야 했다. 수세대 동안—심지어 전제 군주가 정한—국가의 법규가 없는 상태에 놓였던 나라들에게는 쉬운 일이 아니었다. 폴란드는 수세기 만에 다시 존재

138

제1차 세계대전 후 유럽

하게 되었다. 그러나 폴란드는 공통의 언어와 종교로 결속되어 있었다. 그리고 쇼팽을 비롯한 낭만주의자들이 이미 19세기 초에 민족적 자부심을 되살려놓은 상태였다.

그러나 에스토니아나 루마니아 같은 다른 나라들은 민족이 무슨 의미를 지니는지 파악하려고 애써야 했다. 설상가상으로 여러 가지 조약들에 의해 이상한 조합의 나라들이 탄생하면서 민족의 의미를 파악하기가 더욱 어려워졌다. 체코와 슬로바크는 하나의 나라로 합쳐졌다. 발칸 반도

서쪽 지역의 슬라브족은 모두 유고슬라비아에 합류했는데, 가톨릭교도, 동방정교도, 무슬림은 서로를 증오했기 때문에 이는 특히나 우려스러운 결정이었다. 유럽은 서로에 대해 부정적인 기억과 원한을 지닌 주권국가들로 그 어느 시기보다 북적거렸다. 그리고 서구에서는 아무것도 해결되지 않았고 모든 전쟁을 끝낼 전쟁으로 불렸던 제1차 세계대전에 대해 유럽인들이 어떤 환상을 품었든 상관없이, 페르디낭 포슈 대원수처럼 식견 있는 관찰자들은 종전은 그저 21년의 휴전에 불과하다고 생각했다.

유럽은 방황했다. 유럽의 자유민주주의는 경제적으로 풍비박산났고 국민은 지도자에 대한 신뢰를 잃었다. 독일은 패전과, 국민을 전쟁으로 내몬 정권에 분개했고, 국민의 등짝에 칼을 꽂았다고 생각되는 세력들에도 분개했다. 러시아는 마르크스주의라는 미미한 운동에서 시작된 거대한 혁명을 겪었고, 마르크스주의는 유럽 본토를 장악했다. 혼돈은 전쟁만큼 폭력적이지 않았지만 훨씬 위험했다. 유럽은 분노가 끓어오르고 있었고, 지쳐 있었고, 억울해 했고, 방황했다.

오직 새로 탄생한 소련만이 분명한 목표를 지니고 있었다. 산업이 자연을 정복함으로써 가능해진 급진적인 평등을 실현하는 게 목표였다. 희소성을 극복함으로써 평등이 달성될 수 있었다. 소련이 자연의 정복과는 더할 나위 없이 거리가 멀다는 사실을 차치한다면, 마르크스주의 철학은 계몽주의의 집약체였다. 과학과 기술은 인간이 처한 여건을 급격히 변모시키며 평등으로 가는 길을 열고 인간들 간의 인위적인 구분과 태생적 특질들을 극복하게 해주리라고 여겨졌다.

계몽주의는 이념을 탄생시켰다. 이는 인류에 대한 합리적인 분석을 중심으로 구축된 정의(justice)에 대한 세속적 믿음으로, 세계가 어떻게 작동하고 사람들은 어떻게 행동해야 하는지를 내적으로 일관되게 설명해주었다. 세속적인 측면이 결정적으로 중요했다. 계몽주의는 종교와 모순

140

되었다. 신을 제거함으로써 이념을 창시한 이들은 정의가 무엇인지 자유롭게 규정하고, 자신의 이성이 이끄는 대로 인간의 조건을 분석했다.

내적 일관성이 필요하다는 뜻은 결혼의 본질에서부터 예술에서 아름다움이 무엇인지, 강철이 어떻게 제련되어야 하는지에 이르기까지 인간 사고의 모든 측면들을 이념이 규정했다는 뜻이다. 일단의 핵심적인 원칙들을 만물에 무자비하게 적용하면 무엇이든 설명가능하고 모든 행동을 규정할 수 있다. 이러한 구상이 야심만만할수록 논리적 일관성은 높아지고 그 논리는 무자비하게 적용되었다. 칼 마르크스 본인은 폭력적 행동을 신봉한 적이 없는 사람이다. 지식인으로서 그는 폭력을 이용해 다른 사람들이 자신의 사고 논리를 무자비하게 따르도록 할 방법을 고민하기는 했지만, 그의 삶을 들여다보면 자기주장이 무슨 뜻인지를 직관적으로 이해했는지 분명치 않다. 그의 이념을 계승한 이들의 경우는 그렇지 않았다. 그들은 일반적인 이념의 함의를 알고 있었고, 특히 마르크스의 이념이 어떤 함의를 지니는지 정확히 꿰뚫어보았으며, 1914년 이전에는 상상하기 어려웠을 정도로 무자비하게 그 이념을 적용했다.

이념은 또 다른 뭔가로 이어졌다. 혁명이다. 계몽주의는 체계적인 사고에 대한 애착이 있고, 이러한 애착은 체계적인 정치에 대한 애착으로 이어졌으며, 다시 세계에 체계를 강요하려는 욕망으로 이어졌다. 프랑스 혁명과 미국 혁명이 일어나면서부터 도덕적 불가피성으로서의 혁명이라는 개념이 유럽을 사로잡았다. 그러나 혁명들은, 심지어 프랑스 혁명조차도 온건했다. 혁명가들은 새로운 체제를 창출하고 완성하려는 욕망에 수천 명을 죽였다. 이러한 혁명들은 세상의 종말처럼 비춰졌지만 그 후에 일어날 일을 목격하지 못한 사람에게만 그렇게 보였을 뿐이었다.

제1차 세계대전은 혁명의 측면에서 볼 때 무엇이 합리적인지를 재규정했다. 본질적으로 한계가 없는 과정들에 대한 한계선을 제거했고 상상가능한 사상자 수에 대한 제약도 없애버렸다. 제1차 세계대전은 또한 기본적인 상식뿐만 아니라 교회나 가족과 같이 학살을 견제했을 수도 있는 제도들을 훼손시켰다. 전통적인 제도들은 한계를 벗어난 행동들을 이미 허용했던 터라, 그것들을 규제할 권리가 없었다. 전쟁은 전장에서 막 돌아온 군인들을 사회에 풀어놓았고 지식인들은 자신의 상상대로 세계를 만들어갔는데, 그 규모나 야심이 숨 막힐 정도로 놀라웠다.

공산주의와 파시즘은 대중이라는 개념을 토대로 조직화되었다. 인간을 개인이 아니라 사람들의 집합체로서의 인류로 바라보았다. 기능으로 차별화되지만 욕구와 망상, 공포심에 의해 움직이는 존재 말이다. 당과 당이 수립한 국가가 추구하는 목적은 미완의 대중(unformed mass)을 미래의 인류로 바꾸어놓는 일이었다. 공산당과 나치정당 모두 엘리트 계층이 자기들의 이익을 달성하기 위해 대중을 권력의 도구로 삼았다. 모스크바나 뉘른베르크에서 열린 대규모 군중집회 장면을 보면 망상에 사로잡힌 욕망이 드러나고, 어딘가에는 늘 공포가 어른거린다. 나치와 공산당은 군복을 벗은 제1차 세계대전의 군인들이었지만, 같은 원칙을 바탕으로 행동했다. 대규모 인간들로 이루어진 군대는 국가의 의지대로 사용되고 처분되는 그저 다수의 존재였다. 그들의 욕망은 생존이었다. 자신을 통치하는 지도자들에 대한 공포와 적에 대한 공포 때문에 그들은 맡은 바 임무를 수행했다. 그 대중으로부터 보다 나은 인간이 등장한다. 그러나 우선 피를 흘려야 했다.

러시아 공산당은 카를 마르크스의 생각과는 다른 두 계급을 바탕으로 형성되었다. 반란을 일으키고 혁명을 창출한 군인들과, 혁명적인 당을 장악한 지식인들이 있었다. 군인들은 전쟁이 끝난 후 소련의 공장과 농장으로 돌아갔지만, 전쟁을 체험한 그들은 달라져 있었다. 그들은 두 가지를 터득했다. 첫째는 끔찍한 시련에 직면해서도 자기 절제를 할 수 있게 되었다. 둘째는 그들에게 죽음은 일상적이었고 대규모의 사망도 충분히 예견가능한 일이었다. 이들은 혁명에 뒤이은 내전에 뛰어들 태세가 되어 있었다. 그들은 본질적으로 군사화된 사회에서 자신의 역할을 담당하고 자기 조국의 손에 죽음을 맞을 태세가 되어 있었다. 과거에 이미 겪은 일이었다.

당 지도부는 레닌 같은 지식인의 손에 들어갔다. 레닌은 『철학과 경험적 비판』이라는 해독이 불가능한 책을 썼는데, 이 덕분에 지식인 자격을 얻었다. 계몽주의는 지식인을 도덕적 우주의 중심으로 격상시키면서 예전에 사제들이 누렸던 지위를 지식인들에게 부여했다. 이성은 계몽주의의 중심에 놓였고 이성의 행사를 자신의 사명으로 삼은 이들이 계몽주의의 핵심 인물이었다. 그리고 천계의 중심에 위치한 지식인들은 사제 행세를 하고픈 유혹을 느꼈다. 지식인의 활동이 사물의 중심에 있다면, 지식인이 통치하는 게 낫지 않겠는가? 플라톤은 철인(哲人) 왕에 대해 논했지만 본의는 아니었다. 계몽주의는 가장 급진적인 사상도 가능하다고 믿었고, 따라서 지식인이 계시적인 성경을 대체하는 이성적으로 추론된 이념을 가지고 통치할 수 있었다.

레닌은 전쟁이 남긴 공백을 메우고 세계를 바꿀 권력을 추구한 지식인을 상징한다. 레닌은 세상과 단절된 점잖은 지식인의 상과 정반대다. 그는 자기만의 생각에 매몰된 교수가 아니었으며, 무자비한 논리를 통해 세계를 바라보았다. 이성을 섬기는 지식인은 엄청난 만행을 저지를 역량이 있다. 레닌은 공포의 목적은 공포심을 불어넣는 일이라고 말한 적이 있다. 당은 공포를 조장하기 위해 결성되었고 실제로 공포를 조장했다. 레닌의 혁명 동지인 트로츠키는 보들레르에 대한 책을 썼다. 상당히 괜찮은 책이다. 그는 또한 붉은 군대를 조직했고 내전을 지휘했다.

이런 이들은 새로운 유형의 인간이었다―행동하는 지식인이었다. 그들에게 세계는 보다 나은 새로운 인류를 창조하기 위한 화폭이었다. 지금까지 화폭에 존재해온 것은 사상이든 행동이든 모두 지워져야 했다. 레닌과 트로츠키 같은 이들에게 무자비함은 논리에서 자연스럽게 흘러나왔고, 감상 따위가 그런 무자비함을 억제하도록 내버려두어서는 안 되었다. 인류에 대한 사랑을 실천하려면 개인에게 잔인해야 했다. 레닌 말마따나, 달걀을 깨지 않고 어찌 오믈렛을 만들겠나.

계몽주의의 논리는 막강했지만, 유럽인들이 대의명분을 위한 죽음과 고통에 무감각해지게 만들고 그 후에 일어난 일들을 규정지은 사건은 사실 제1차 세계대전이었다. 러시아 내전에서는 900만 명이 사망한 것으로 추산된다. 1914년 이전까지는 이러한 숫자는 상상조차 할 수 없었다. 그러나 1914년부터 1918년 사이에 유럽 반도에서 학살이 자행된 이후로 이러한 숫자는 더 이상 상상 불가능한 숫자가 아니었다. 학살은 논리적이었고 레닌은 도덕의 제약을 받지 않았다. 제1차 세계대전에서 일어난 일은 무차별적인 학살을 현실적인 현상, 이론에 머무르지 않는 현상으로 만들었다. 한계는 없었다. 실행해야 할 일은 실행해야 했다. 논리적으로 무자비하게.

혁명 후에 공산당을 창설하고 지배한 지식인들은 지식인들이라면 으레 그러하듯이 서로 논쟁하고 이견을 표출했으며, 아무도 권력을 계속 유지하지 못했다. 그들 가운데 단 하나의 막강한 인물이 등장했는데 그는 지식인이 아니었다. 조지아 출신의 이오시프 주가시빌리였다. 스탈린으로 개명한 그는 레닌이 사망하자 체계적으로 지식인들을 제거했다. 그는 지식인들을 죽였다. 그리고 1914년 이후로 전투에서 단련된 러시아 군인은 황제보다 스탈린에게 훨씬 더 열광했다. 러시아 군인은 이번에는 자기 자신의 장엄한 미래를 위해서 죽이고, 죽으라고 설득당했다.

스탈린은 대대적인 학살의 전통을 이어받아 한층 강화했다. 지식인들

144

말고도 스탈린은 곡물을 수탈해 농부들을 죽였고, 잠재적으로 적대적인 민족들을 마음대로 이주시켰으며, 노동자 계층과 군을 모두 공포에 몰아넣었다. 스탈린은 소비에트 국가가 생존하지 못하면 공산주의는 사망한다는 사실을 알고 있었다는 점에서 공산주의자였을지 모른다. 하지만 그 국가를 보존하려면 헤아리기 힘든 공포정치를 펼쳐야 했다. 1937년에만 68만 1,692명이 처형되었다. 대부분 당원이었다. 소련을 연구하는 영국계 미국인 역사학자 로버트 콘퀘스트는 사망자 수가 200만에 가깝다고 말했다. 이들은 실제로 범죄를 저질렀든지, 아니면 누명을 썼든지 체포되어 즉결처형되었다. 1930년대에는 우크라이나를 비롯해 여러 지역에서 계획적으로 2,000만 명을 굶겨 죽였다.

비록 뒤틀린 논리이긴 하지만 최소한 이러한 죽음을 합리화하는 일종의 논리가 있었다. 소련은 1930년대에 또 다른 전쟁에 직면했다. 산업화를 하지 않으면 전쟁에 질 위기에 처했다. 산업 역군을 먹이고 서구 진영으로부터 기술을 구매하기 위해 팔 곡물이 절실했다. 이 두 가지 중요한 목적을 달성하고 농부들까지 먹이기에는 곡물이 충분치 않았기 때문에 스탈린은 곡물을 몰수하고 농부들을 죽게 내버려두었다. 지식인들은 이 과업에 동참할 만큼 단결되어 있지도 않았고 무자비하지도 않았다. 원조 볼셰비키 일원이자 배짱이 두둑한 부카린은 스탈린이 농부들에게 가하는 무자비한 행동에 경악했다. 따라서 스탈린식으로 생각하면 부카린을 비롯한 일당들은 대의명분을 위해 죽어야 했다.

유럽 나머지 지역의 좌익 지식인들은 학살을 저지른 스탈린을 용서했다. 일부는 학살이 자행되고 있다는 사실을 부인했고, 일부는 그런 학살이 가능하다고 믿을 수가 없었으며, 일부는 스탈린의 논리에 동조했기 때문이다. 그들이 직접 죽음을 목격했든가 그런 학살을 직접 실행하라는 요구를 받았더라도 그렇게 느꼈을지는 또 다른 문제다. 논리는 보통 그 논리가 야기한 결과에서 멀리 떨어져 있을수록 고수하기가 쉽다. 그러나 학살이 대대적으로 자행된 만큼 그에 따른 논리가 있었다.

이 시대와 장소에 있어 특이한 점은, 유럽에서 도살장은 소련 한 군데 뿐만이 아니었다는 사실이다. 소련뿐이었다면 설명하기가 간단했을지 모른다. 러시아인들은 낙후된 국민이고 따라서 그들의 잔인성은 이해할 만하다고 설명하면 그만이었다. 놀랍게도 독일인들, 유럽 반도에서 아마도 지적, 사회적, 경제적으로 가장 발전한 단계에 도달한 독일인도 악몽을 실현했다. 그들은 소비에트인들과 나란히 광기를 부렸지만, 대량 학살은 한참 후에 시작했다.

러시아에서 혁명은 군인들의 손을 벗어났다. 독일에서 혁명은 군인들이 일으켰다—기존의 고급장교들이 아니라 참호에서 복무한, 거의 빈손으로 시작해서 수중에 아무것도 남지 않은 군인들이었다. 히틀러가 독일인들에게 왜 그토록 막강한 영향력을 발휘했는지를 두고 치열한 논쟁이 진행되어 왔다. 그는 참호에서 살아남았고 영예롭게 전쟁을 견뎌냈고 철십자 훈장을 받았다. 그는 빈손으로 참전했고 전쟁에서 독가스로 거의 실명할 뻔했다. 서로 다른 시대의 수많은 군인들과 마찬가지로, 그는 자신의 희생이 헛수고였고 보상을 받지 못했다는 생각이 들었다. 그 숱한 희생을 치렀는데도 전쟁에 패했다는 사실을 받아들일 수가 없었다. 희생을 치르고도 패배했다는 사실을 납득할 수가 없었다. 특히 베르사유에서 만들어진 어리석은 평화 때문에 경제가 파탄나고, 진보주의자(liberal)의 손에 맡겨진 정부는 어찌할 바를 몰라 하는 현실을 받아들이기 힘들었다. 전쟁에서 살아남은 아돌프 히틀러와 그의 동지들은 전쟁의 후유증으로 고통을 겪으면서 분개했고 여러모로 군대를 그리워했다.

독일 출생 유대인 하인리히 하이네는 19세기로 넘어오면서 독일에서 벌어질 일을 다음과 같이 예견했다.

독일의 혁명은 조금도 더 온건하거나 점잖게 진행되지 않으리라. 혁명에 앞서 칸트의 비판(Critique of Kant)이 나왔고, 피히테의 초월적 이상주의가 나왔기 때문이다. 등장할 시기만 엿보고 있던 혁명 세력들이 전면에 나서는 데 이러한 교리들이 기여했다. 그리스도교는 독일인이 품은 잔인한 전사의 열정에 대한 갈망을 억눌렀지만 완전히 해소하지는 못했다. 자기절제의 부적과 같은 십자가는 산산조각났고 다시 광폭한 분노가 폭발했다. 오래전 돌로 조각된 신들이 잊힌 폐허에서 깨어나 수세기 동안 쌓인 먼지를 눈에서 털어냈다. 거대한 망치를 든 토르 신이 다시 출현해 고딕 성당들을 산산조각낼 기세였다.

칸트, 피히테, 그리고 여타 철학자들을 조심하라고 경고하는 몽상가를 무시하지 말라. 지식의 영역에서 일어난 혁명과 똑같은 폭발이 현실의 영역에서도 일어나리라고 말하는 이의 환상을 무시하지 말라. 번개가 천둥에 앞서듯이 생각은 행동에 앞선다. 독일의 천둥은 진정한 독일적인 품성이다. 민첩하지는 않으나 서서히 우르릉거린다. 그러나 일단 천둥이 일기 시작하면 세계 역사상 들어본 적이 없는 무서운 굉음을 낸다. 그런 소리가 들리면 드디어 독일의 번개가 내려친 것을 알게 된다.

독일의 번개는 유럽이 잡고 있던 마지막 지푸라기였을지도 모른다. 하이네가 지적한 바와 같이, 이 번개는 철학자와 성당으로 가득한 나라에서 비롯되었다. 그리고 지금까지 들어본 적이 없는 굉음을 발산했다.

전쟁을 경험한 이는 자신이 겪은 일 때문에 고통을 받지만 이와 동시에 그 경험을 그리워하기도 한다. 특히 기억 속에서 전쟁과 군대는 전우

애를 다지고 소속감을 느끼는 장소이고 자기절제와 질서가 존재하는 장소다. 패전한 쪽의 군인들은 자신들을 전쟁의 패배자로 간주하는 세계로 복귀한다. 그들은 무질서가 만연한 그 세계 속에서 소속감을 느끼지 못한다. 전쟁에 대한 윤색된 기억은 그들로 하여금 잃어버린 전우애를 그리워하게 만든다.

히틀러 세대에서 사지 멀쩡한 남성들은 모조리 군복무를 했다. 그들은 대부분 베르사유 조약과 바이마르 정부에 대해 분노하고 경멸을 느꼈다. 베르사유 조약은 독일이 감당할 수 없는 비용을 부과했다. 독일 경제는 군복무 후에 위안과 영예를 얻으리라 고대했던 남성들을 걸인으로 만들었고, 그들의 부모도 마찬가지로 걸인으로 만들었다. 빈곤층은 모든 걸 잃어도 삶이 크게 바뀌지 않는다. 중산층이 모든 걸 잃으면 그들의 삶은 바뀐다. 독일은 전쟁에서 패했고, 그 대가를 치른 이들은 귀족이나 암시장 사기꾼들이 아니라 평범한 사람들이었다. 바이마르의 진보주의(liberalism)는 그저 불능의 한 형태였다.

오스트리아 출신의 독일인 아돌프 히틀러는 전쟁에 나가 싸우다가 부상당해서 독일로 돌아왔고, 커다란 정치적 공백 상태에 있던 독일은 그런 군인을 존중하지 않았다. 독일 귀족과 산업가들이 여전히 존재했지만, 유럽 전역의 엘리트 계층과 마찬가지로 그들도 전쟁에서 신뢰를 잃었다. 진보주의 정부는 베르사유 조약을 거부하지도, 엘리트 계층을 다그쳐 나머지 국민들이 최소한의 삶을 꾸려갈 수 있도록 해주지도 못했기에 신뢰를 잃었다. 히틀러는 또한 문화가 해체되던 시기를 살았다. 지적인 틀을 갖춘 향락주의가 만연했고 군대의 원칙들은 폐기되었다.

히틀러는 학구적인 의미에서가 아니라 자신만의 정신세계에 빠져 스스로 터득한 독특한 방식으로 세계를 바라본다는 의미에서 지식인이었다. 공인된 지식인들로부터 괴짜라고 무시당한 그는 막강한 위력을 지닌 역사관과 세계관을 개발했다. 20세기에 우뚝 선 지식인 마르틴 하이데거 같은 이도 히틀러 앞에 무릎을 꿇었다. 많은 이들이 이러한 하이데거의 행동을 순전히 기회주의적인 행동이라고 일축했지만, 하이데거는 목숨을 부지하기 위해서 그런 행동을 할 필요가 없었다. 나는 하이데거가 어느 정도 설득당했기 때문에 그런 행동을 했다고 본다. 히틀러의 분석이 학술적으로 정교하거나 완전하지는 않을지라도 대단한 통찰력이 담겨 있다고 생각했다고 본다.

기존의 제도들이 정당성을 잃으면서 독일이라는 국가에는 커다란 공백이 생겼다. 좌익은 그런 제도들을 경멸했다. 그런 제도들이 독일로 하여금 전쟁에 뛰어들게 만들었기 때문이다. 사회 중추는 지쳤고, 살아남으려고 발버둥치고 있었으며, 냉소적이었다. 우익은 왕조와 귀족을 복귀시키면 시간을 되돌릴 수 있다고 생각했다. 히틀러는 독일이 직면한 문제를 재규정했다. 그는 문제를 달리 규정했다. 제도가 아니라 국가 자체에 대해 논했다. 낭만적인 민족주의는 문화, 언어, 종교의 공통성에 기반하는데, 이는 다른 모든 나라들도 갖추고 있는 특징이었다. 따라서 독일은 그 어떤 나라보다도 우월하지 않았다. 따라서 낭만적 민족주의는 더 이상 냉소적이고 기진맥진한 나라, 과거에 일어난 일에 분개하고 있는 나라를 감동시킬 수 없었다.

히틀러는 독일을 되살리려면 자부심을 회복해야 한다고 믿었다. 그는 국가의 토대를 문화에서 혈통으로, 실제 역사에서 완전한 신화로 재규정했다. 히틀러는 국가는 혈통으로 규정된다고 주장했는데, 이는 유전과 관련된 모호한 개념이었다. 혈통과 혈통에서 비롯된 인종은 국가의 핵심이었다. 더 나아가 그는 모든 혈통이 동등하지는 않으며, 북유럽인, 특히 독일인은 선천적으로 독특한 재능을 타고났으므로 세계를 지배해야 한다고 주장했다. 히틀러는 또한 독일의 역사를 창조했다. 신성 로마 제국이나 루터주의가 포함된 역사가 아니라 게르만족 기사들, 독일의 숲, 실존했을지도 모르는 영웅들이 등장하는 역사를 되살려 혈통과 인종에 불을 지폈다. 역사는 예술 작품이 되었다. 인공적으로 잘 다듬은, 여러모로 사실이 아니지만 독일 정신에 울림을 주는 진실이 담긴 예술 작품이었다. 그림 형제는 신화를 국가를 구성하는 요소로 보았다. 히틀러는 혈통과 더불어 신화를 국가의 본질로 여겼다.

혈통과 인종, 신화는 붕괴한 사회제도들이 남긴 공백을 메웠다. 혈통과 인종, 신화는 지친 사회 중추와 불능의 바이마르 공화국을 완전히 무시해버렸다. 혈통과 인종, 신화는 거리 투쟁에서 공산주의자들과 맞붙어 그들을 압도했는데, 그와 같은 투쟁은 군인들을 동기부여하는 방식과 상당히 일치했다. 군인들은 훈련을 받는 과정에서 스스로 생각하는 자기 모습을 해체하고 자신이 속한 부대의 영광스러운 과거, 소속부대에 대한 자부심, 조국의 탁월함에 관한 이야기들로 조금씩 자신의 모습을 재건했다. 히틀러 자신이 자기 세대의 군인들과 소통하는 군인이었고, 과거의 잘못을 바로잡기 위해 군인들에게 무기를 들라고 호소하면서, 그들이 다른 어떤 인종보다도 우월하다는 확신을 심어주었다는 사실을 기억해야 한다. 독일 군인은 기본적인 훈련을 거쳤고, 독일 국가는 군과 일심동체였다. 히틀러의 주장은 그가 채택한 방법과 교리 못지않게 공감을 불러일으켰다.

무자비해야 한다는 그의 설득도 울림이 컸다. 군인은 죄책감을 느끼지 않고 살인할 수 있어야 한다. 이는 참호에서 터득한 것이었다. 이제 히틀러는 이러한 무자비함을 역사의 원칙으로 만들었다. 니체와 히틀러 모두 그리스도교는 인간을 자비로 채움으로써 의지를 약화시킨다고 주장했다. 히틀러는 독일의 나약함을 씻어내고 싶었다. 대신 그 공백은 그리스도교적인 자비가 아니라 아리아인의 무자비함과 냉혹함으로 채워야 했다. 전쟁을 수행하는 일은 국가의 단순한 정책적 선택이 아니었다. 이는 군인과 그가 속한 나라의 건강을 가늠하는 시험대였다. 히틀러는 그리스도교에 적대적이고, 이교주의(paganism)에 의지했다는 점에서 계몽주의에 동조했지만, 인종들 간의 불평등이라는 전혀 다른 초점을 가지고 있었다.

제1차 세계대전 중 독일군은 니체의 책을 군인들에게 배포했다. 그리스도교를 공격하는 내용과 더불어 신체적으로 자기를 극복하고, 자신과 세계를 긍정하며, 지상에 의미를 부여하고 그 의미를 완성시키는 주인 역할을 하는 존재인 위버멘쉬(초인) 논리가 실려있었다. 니체는 추가적인 교리인 지평선의 개념을 제시했다. 니체는 인간에게는 지평선, 즉 세계를 감당할 만한 크기로 축소시키는 착시(optical illusion)가 필요하다고 주장했다. 계몽주의는 인류를 창조했고, 인류는 인간이 스스로 누구인지를 깨닫기에는 너무 광대한 개념이었다. 더 작은 개념이 필요했다. 히틀러는 분명히 니체의 글을 읽었다. 니체가 히틀러를 우러러보았다고 생각하지는 않지만 히틀러는 분명히 니체를 우러러보았다. 『나의 투쟁』에서 그는 하나의 지평선을 창조했는데, 다른 모든 효과적인 지평선들이 그러했듯이 그도 그 지평선이 환영이라는 사실을 잊었다. 그것은 가장 순수한 의미에서 허무주의였다. 히틀러는 아무것도 믿지 않았기에 무엇이든 자유롭게 믿을 수 있었다. 그는 독일이 가장 믿어야 할 필요가 있는 것, 독일의 압도적인 위대함을 믿었다. 쉴러와 베토벤을 탄생시킨 독일이 어떻게 그런 망상을 믿을 수 있었을까? 쉴러와 베토벤과 계몽주의는 지정학과 전쟁, 패전으로 심연에 빠진 독일을 구해줄 수 없었기 때문이다.

바이마르는 계몽주의의 화신이었다. 히틀러는 바이마르를 증오했다. 패배에 직면했을 때 보이는 패배주의와 나약함의 징후라고 믿었다. 계몽주의는 사람들을 태생에 따라 판단하기를 거부했고 불평등을 거부했다.

계몽주의는 개인을 격상시켰다. 히틀러는 혈통과 불평등, 군중을 포용했다. 어떤 의미에서 보면 그는 과학과 기술을 이용하면서도 과학과 기술을 거부하고 이를 모호하고 불분명한 신비주의로 대체했다. 히틀러는 계몽주의, 현대 과학 둘 다 자신에게 세계를 정복할 수단을 주었지만 독일의 영혼이 가진 깊이를 제거하고, 이를 물질주의로 대체해 독일의 영혼을 타락시킨다고 생각했다. 그리고 그러한 물질주의는 혈통과 인종을 바탕으로 한 국가적인 신화와는 양립 불가능했다.

히틀러는 계몽주의도 그리스도교와 마찬가지로 독일 국민의 의지를 약화시킨다고 생각했다. 진보주의자들과 사회주의자들은 독일군의 등에 칼을 꽂았다. 인종이 인간의 삶의 중심이라면 인종을 바탕으로 한 설명이 필요했다. 히틀러는 유대인에게서 이를 찾아냈다. 유대인은 아주 독특한 인종이었다. 조국이 없이 여러 나라로 섞여들어 갔지만 여전히 인종적 정체성을 잃지 않았다. 그 이유를 히틀러는 다음과 같이 해석했다. 유대인은 어디든 있고, 어딜 가든 불행을 가져왔다. 유대인은 그들이 거주하는 나라를 착취하고 그들을 받아들인 나라에 재앙을 초래함으로써 부를 축적하는 전략을 썼다. 히틀러는 유대인을 계몽주의의 가장 큰 수혜자로 여겼다. 계몽주의가 모든 인간은 평등하다고 주장하고, 존 로크가 관용에 대한 글을 쓰기 전까지만 해도 유대인은 버림받은 이들이었다. 유대인은 계몽주의 시대에 융성했다. 스피노자는 가장 위대한 작품들을 저술했고, 로스차일드 가문은 최대 은행을 창설했고, 마르크스는 물질주의 혁명에 관한 가장 극단적인 귀류법(reductio ad absurdum)을 창조해냈다. 히틀러는 유대인이 자본주의와 공산주의에 책임이 있다고 지목했는데, 그는 이 두 체제가 모두 계몽주의라는 동일한 기원에서 비롯되었다고 보았다.

유대인은 자기가 이득을 보기 위해서 근대적 세계를 만들었다는 비난을 받았다. 이런 주장은 틀렸다. 그들은 베이컨, 코페르니쿠스, 루터가 창조한 근대적 세계로부터 혜택을 받았다. 유대인이 숨 쉴 공간이 생겼고 그들은 그러한 공간에서 여러모로 이득을 얻었다. 그러나 히틀러가 창작한 예술 작품에서는, 유대인은 전혀 혜택을 보지 못했다. 히틀러가 생각하기에 유대인은 이 세계의 설계자였다. 바로 이런 세계에서 독일은 등에 칼이 꽂혔다. 독일은 유대인이 장악한 은행, 공산주의, 진보주의에 의해 피해를 당했다. 1914년에 왜 전쟁이 일어났을까? 유대인들이 음모를 꾸몄기 때문이었다. 유대인들이 왜 음모를 꾸몄을까? 부를 축적하기 위해서였다.

대답을 찾아야 할 질문들이 수없이 많았고 이 가운데 히틀러에게 가장 중요한 질문은 유대인을 이렇게 만든 유대인의 피에는 무엇이 있는가였다. 그러나 이는 과학적인 논문이 아니었다. 이는 논리나 타당한 이유에 의해 판단되는 게 아니라 공감이 되는지 여부로 판단되는 매혹적인 예술 작품이었다. 그리고 이 주장은 큰 울림을 주었기 때문에 증거나 논리적 일관성이 필요 없었다. 그저 놀라울 정도로 매혹적이고 효과적인 예술 작품이기만 하면 되었다.

고학력에 지적 수준이 높은 국민들로 구성된 독일이라는 나라가 이 논리에 설득당했다는 사실을 유념하라. 지금 생각하면 어처구니가 없어 보일지 모르지만, 그 시기와 그 장소에 안성맞춤인 주장이었다. 히틀러는 국민이 스스로 정체성을 재구성하도록 부추겼다. 그리고 무차별적인 공포의 관문도 열어젖혔다. 급진적 이념과 마찬가지로 예술 작품에는 제약이 없다. 히틀러는 독일인들은 피해자이지만 본질적으로 우월하고, 유대인들은 승승장구했지만 인간 이하라는 개념의 토대를 마련했다. 그는 이 구상을 바탕으로 유럽을 재구성하는 대대적인 개조작업에 착수했다. 유럽을 종횡무진으로 활약하는 독일군은 단순한 군대가 아니었다. 히틀러가 구상한 예술 작품의 구현이었다.

정신 나간 소리처럼 들리겠지만 제2차 세계대전은 지정학적인 사건인 동시에 예술 작품으로 볼 수 있다. 독일군을 따라 소련에 진입한 특수부대 아인자츠그루펜은 "인간 이하"인 유대인들을 색출해 처치하면서 건축가가 꿈이었던 히틀러가 그린 밑그림을 바탕으로 유럽에 새롭게 색을 입혔다. 독일군이 전쟁에 가담한 이유는 히틀러라는 예술가가 예술 작품을 창작하도록 해주기 위해서였다. 유럽이 풀어야 할 의문은 어떻게 문명화된 독일인들이 그런 괴물로 전락했는지다. 유럽의 위대함, 제국, 계몽주의의 논리는 이런 만행의 논리적 귀결을 가능케 했다. 유럽의 제국은 유럽 내부에서 일어난 내전을 토대로 구축되었고 이 내전은 제1차 세계대전에서 절정을 이루었다. 계몽주의는 과학과 기술 창달에 공헌했고 이러한 과학과 기술은 전례 없는 참혹상을 만들어냈다. 계몽주의는 인간의 이성에는 한계가 없다는 개념을 극단적으로 밀어붙여 계몽주의가 그토록 강조한 이성을 궁극적으로 훼손하고 이성 자체가 망상이라는 개념으로 가는 관문을 열어젖혔다.

독일의 극악한 만행은 독일 특유의 형태를 띠었다. 그러나 유럽 역사의 구체적인 결과는 제1차 세계대전에서 처참하게 패하고 무력화된 나라가 어떤 나라이냐에 달렸겠지만, 그런 상황에 처하게 될 나라는 필연적으로 등장할 수밖에 없었다고 나는 생각한다. 그리고 필연적으로 그 나라는 자신의 지평선이 될 예술 작품을 창작해 자신을 회생시킬 수밖에 없게 된다. 예술 작품이 국가를 회생시키고자 그려진 가짜 역사일 때, 예술 작품은 무자비하고 길들이지 않은 짐승과 다름없다. 따라서 우리 가족이 홀로코스트로 고통받았지만, 어떤 나라든 독일의 처지에 처했다면 독일이 그린 그림과 똑같은 그림을 그리고, 그 그림은 아우슈비츠라는 결과를 낳았으리라고 생각한다. 희생자만 바뀔 뿐 비슷한 결과를 낳을 또 다른 그림이 그려졌으리라는 뜻이다. 어쩌면 희생자가 바뀌지 않았을 지도 모르고.

소비에트인들은 역사를 종결하고 인류를 구제하려 했다. 따라서 어떤 대가를 치르더라도 감당해야 했다. 독일인들은 이방인들뿐만 아니라 나라도 없고, 집도 없고, 자신들이 무리지어 거주하는 바로 그 나라를 약화시키는 이들까지 숙청함으로써 독일이라는 국가를 완전무결하게 만들고자 했다. 어떤 대가를 치르더라도 해야 할 일이었다. 현실을 초월하기 위해 어떤 비용을 치러야 하는지는 제1차 세계대전을 보면 된다. 비참한 결과만 낳았다. 적어도 이는 무언가를 위한 것이었다. 적어도 나치와 마르크스주의자들은 그렇게 생각했다.

이념은 무자비하고, 자신의 논리가 이끄는 대로 어디든 기꺼이 가려 한다는 데 자부심을 느낀다. 이는 모든 이념과 종교에서 한결같이 나타나는 현상이다. 초월적인 사명을 수행한다고 생각하는 종교는 어떤 일이든 무릅쓴다. 요르단강을 건넌 히브리인들, 그리스도교 십자군, 무슬림 지하드를 보라. 그들의 논리는 한계가 없다. 그러나 종교는 스스로를 자제할 수 있었고 실제로도 자제했다. 이념은 상식에 의해 통제가능하다— 미국을 보라. 그러나 한계를 모르는 이념이 있고, 그러한 이념은 독일과 소련에서 등장했다.

신의 쇠퇴

제2차 세계대전은 제1차 세계대전의 연장선상에서 확장되고 강화되었을 뿐 매우 비슷한 양상을 보였다. 프랑스와 소련 사이에 놓여 불안을 느낀 독일은 먼저 프랑스를 공격했다. 이번에는 아르덴 숲을 통해 공격했다. 제1차 세계대전 때와는 달리 이번에 프랑스는 6주 만에 함락되었다. 영국은 독일과 평화조약 체결을 거부했고, 영국 해협을 건너지 못한 독일은 대신 소련을 제거하기로 했다. 독일은 거의 성공할 뻔했지만 결국 광대한 유럽 본토는 히틀러의 군대를 삼켜버렸고, 소비에트는 대규모 군사력으로 히틀러의 군대를 깔아뭉갰다. 독일은 미국을 상대로 전쟁을 선포했고 미국은 참전하고 2년 후에 영국 해협을 건너 유럽 반도를 공략했다. (물론 이에 앞서 북아프리카와 이탈리아에 대한 공략이 먼저 있었다.) 독일은 미국과 소련에 압도당하고 점령당했다. 두 대전이 발발한 원인은 똑같았고 결과는 비슷했지만, 학살의 규모는 이번이 훨씬 컸다. 독일은 훨씬 참혹한 결과를 맞았다. 유럽도 마찬가지였다.

제1차 세계대전은 본질적으로 유럽 내전이었다. 제2차 세계대전은 대서양 지역뿐만 아니라 태평양 지역까지 관여한 명실상부한 세계대전이었다. 그러나 무엇보다도 훨씬 강렬한 전쟁이었다는 점이 중요하다. 제2차 세계대전 동안 유럽에서 얼마나 많은 사람들이 죽었는지 아무도 정확히 알지 못하지만, 집단학살, 폭격, 통상적인 전쟁의 피해 등으로 인해 군인과 민간인을 합해 5,100만 명이 사망한 것으로 추산된다. 1939년 유럽의 인구는 중립국들을 포함해서 5억 5,000만 명 정도였다. 무려 유럽 인구의 10퍼센트가 1939년부터 1945년까지 6년이라는 짧은 기간 동안 스러져간 셈이다.

사망자 숫자만으로는 그 참상을 제대로 이해할 수 없다. 폴란드는 인구의 16퍼센트 이상을 잃었고, 독일은 약 10퍼센트, 소련은 약 14퍼센트를 잃었다. 유럽 반도와 유럽 본토 경계에서 가장 인명 손실이 많이 발생했다. 그 지역에서 대부분의 전투가 벌어졌기 때문이다. 발트해 연안 국가들, 루마니아, 헝가리, 체코슬로바키아가 가장 큰 타격을 입었다. 프랑스처럼 이 나라들 서쪽에 위치한 나라조차도 50만 명을 잃었고, 이탈리아와 영국도 거의 50만 명을 잃었다.

전쟁은 가장 극단적인 지점에 도달했다. 전쟁이 산업화되었다. 무기를 생산하는 공장은 그 어떤 개별 무기보다도 위험했다. 따라서 노동자들은 훈련받은 군대보다 훨씬 치명적이었다. 산업화가 점점 중요해지면서 산업을 파괴할 수단까지도 만들어냈다. 인간이 조종하는 폭격기가 도입되자 유럽은 더 이상 민간인과 군인을 구분하지 않게 되었다. 첫째, 민간인은 공장에서 일함으로써 전쟁에 개입했다. 둘째, 폭격기는 명중률이 형편없었다. 전쟁 초기에 영국이 독일에 폭격을 가했는데 독일인들은 영국이 정말 독일을 폭격할 생각인지 의심할 정도였다. 포탄이 허허벌판에 떨어졌기 때문이다. 명중률이 형편없는 포탄으로 군수공장을 파괴하려면 폭격기를 대대적으로 동원해 엄청난 수의 폭탄을 대량으로 살포하는 방법밖에 없었다. 그 결과는 뻔했다. 군수산업과 아무 관련도 없는 수많은 민간인들까지도 목숨을 잃었다. 전쟁이 끝날 무렵, 독일 도시들은 마치 일부러 갈아엎은 것처럼 성한 건물이 남아있지 않았다.

가장 참혹한 인명 살상은 독일인들이 자행했다. 플라톤이 한 말을 해석하자면, 전쟁을 수행하는 게 국가의 당연한 속성이다. 그러나 전쟁을 수행하는 방법은 선택의 문제다. 독일은 선택의 순간순간마다 가능한 한 가장 무자비한 방법을 선택했다. 독일인들은 혈통적으로 가장 우수한 인종이었고 따라서 열등한 인종들을 어떻게 다루든 도덕적인 문제가 아니었다. 폴란드가 패배한 후 독일이 폴란드를 다룬 방식은 무자비했다. 독일이 소련을 상대로 전쟁을 수행한 방식은 그 무자비함에서도 놀라울 뿐만 아니라 그럴 필요까지는 없었다는 점에서도 놀랍다. 우크라이나인들은 러시아의 통치와 소비에트 이념에 분개했다. 그들은 스탈린이 곡물 수출로 자금을 모을 때 끔찍한 고통을 겪었다. 우크라이나인들은 독일의 동맹이 될 수도 있었다. 그러나 히틀러는 독일인보다 열등한 슬라브족의 지원을 받고 싶지 않았고 소련을 가볍게 패배시킬 수 있다고 확신했다. 그래서 히틀러는 그들을 무자비하게 대했다. 그는 프랑스와 북유럽을 점령했을 때는 비교적 온건한 행동을 보였는데, 이는 자기 이념에 부합하기 때문이었다.

홀로코스트 이야기를 하기는 정말 힘들다. 아무런 군사적 목적도 없는 사건이었다. 히틀러가 행한 다른 모든 행동은 어느 정도 군사학적인 논리에 부합하지만 600만 명이나 되는 유대인을 몰살시키고 그 외에도 수백만 명의 다른 이들을 살해했다는 사실은 논리적으로 설명이 되지 않는다. 아우슈비츠 같은 곳은 전쟁을 수행하는 데 아무런 도움도 되지 않았고 엄청난 물자만 낭비했다. 강제수용소 죄수들을 먹여야 했고 기차로 실어 나를 인력이 필요했고 그 밖에도 여러 가지 물자가 필요했으니 말이다.

그러나 히틀러의 생각을 되짚어보면 이상하기는 하나 논리가 있다. 유대인이 유럽 국가들과 얽히고설켜 있는 한 그들은 혈통과 기질상으로 그들을 받아들여준 나라들을 착취하고 파괴할 게 뻔하기 때문에 반드시 유럽에서 그들을 제거해야 했다. 히틀러는 유대인이 제1차 세계대전을 야기했다고 주장했고, 제2차 세계대전도 유발했다고 믿었다. 그는 유대인들이 제1차 세계대전에서 미처 마무리하지 못한 일을 끝내려고 제2차 세계대전을 유발했다고 믿었다. 유대인들이 영국과 프랑스가 폴란드 때문에 참전하게 만들었고 그 다음엔 영국이 독일과 평화협정을 체결하지 못하도록 방해했다고 믿었다.

히틀러가 그려낸 예술 작품은 진실을 말하는 데 위력이 있는 게 아니라 인간을 선동하고 그 선동에 가두는 데 그 위력이 있었다. 그는 자기가 하는 말이 진실이라고 진심으로 믿었다. 그는 유대인이 유럽에서 또다시 전쟁을 일으키면 참혹한 결과를 맞으리라고 경고했다. 히틀러는 유대인들이 전쟁을 일으켰다고 믿었고 그들의 사악함에 종지부를 찍으려면 유대인들의 위협을 제거해야 했다.

계몽주의를 통해 발달한 기술과 이교적 신화를 접목하면 비상식적인 결과도 정당해 보인다. 독일인들이 살의를 느끼게 만드는 데 신화가 필요했다. 수백만 명을 죽일 수 있으려면 산업화가 필요했다. 히틀러가 주장한 신화를 믿으면 모든 유대인들은 똑같은 인종적인 결함이 있는 이들이었고, 아주 어린 아이도 성인 못지않게 독일과 유럽에게는 위험한 존재였다. 따라서 히틀러는 많은 사람들을 풀어 유대인 어린이들을 색출했고 그들을 대량으로 살상할 수 있는 장소로 끌고 가 몰살시켰다.

전쟁의 참상은 절정에 달했다. 히로시마와 나가사키에서 순식간에 10만 명이 목숨을 잃었다. 도쿄에서도 3일 동안 계속된 재래식 폭격으로 그만큼의 인명이 손실되었다. 원자폭탄은 전쟁수행능력을 한계까지 밀어붙였다. 산업은 전쟁의 토대이고 산업시설은 노동자들이 일하는 도시에 있었기에 도시를 파괴해야 했고, 따라서 도시를 효과적으로 파괴할 수 있는 원자폭탄의 발명은 논리적이고 필요했다. 그러나 일부에서 홀로코스트에 비유하기도 하는 히로시마는 근본적으로 달랐다. 군사적 논리에 동의하든 말든 관계없이, 전쟁을 끝내려면 일본을 침략해야 했다. 나는 이게 사실이라고 생각하지만, 동의하지 않는 사람들도 있다. 내 말의 요점은 히로시마를 폭격한 데는 그럴 만한 군사적인 목적이 있었다는 뜻이다.

홀로코스트는 전혀 그럴듯한 군사적인 목적이 없다는 점에서 매우 독특하다. 이를 정당화하는 논리는 너무나도 어처구니가 없어서 그런 주장을 믿는 이가 있다는 상상조차 하기 힘들다. 혈통과 인종에 대한 히틀러의 신화를 일축한 독일인들도 있었지만 대부분이 그 논리를 받아들였다. 젊은 독일인들은 자신의 조부모들이 믿었던 내용들을 돌이켜보면서 진정으로 경악을 금치 못한다. 다른 사회들도 특정 인종적, 종교적, 정치적 집단이 위험하다고 믿었다. 스페인 종교재판은 수백 명 혹은 수천 명을 죽였지만 수백만 명을 죽일 만한 기술이 없었다. 결국 홀로코스트를 가능케 한 것은 신화가 아니라 기술이었다. 죽이는 기술 말이다.

1913년에는 끔찍하다고 생각되었던 일이 더 이상 끔찍한 일로 생각되지 않게 되었다. 제2차 세계대전 사망자 5,500만 명에 제1차 세계대전에서 사망한 1,600만 명을 더해 1914년부터 1945년까지의 31년이라는 기간 동안 대략 7,100만 명의 유럽인이 전쟁에서 목숨을 잃었다. 스탈린 치하에서 살해당하거나 굶어 죽은 약 2,000만 명까지 더하면 사망자 수는 9,100만 명으로 늘어난다. 여기에 러시아 내전과 스페인 내전에 터키가 그리스와 아르메니아와 치른 전쟁처럼 그다지 언급할 가치가 없는 다른 이러저러한 갈등까지 고려하면 적게 잡아도 1억 명이 목숨을 잃었다. 백만 명 정도는 새 발의 피다.

이러한 사망자 수는 유럽의 쇠퇴를 알리는 신호이기도 했다. 유럽은 학살의 역사를 극복하지 못했다. 전쟁 막바지에 미국과 소련 군대는 유럽 반도 대부분 지역을 뒤덮었고, 미군은 영국에도 배치되었고, 영국군은 유럽 반도에 배치되었다. 유럽 반도는 점령당했고 산산조각났으며 지쳤다. 더 이상 자기 운명을 스스로 개척할 처지가 아니었다. 누가 유럽의 운명을 좌우할지는 미소 양쪽 군대가 진군을 멈춘 곳에서 결정되었다. 유럽의 제국은 아직 존재했지만 얼마 못 갈 운명이었다.

31년 만에 유럽은 대적할 상대가 없는 세계 체제의 중심에서 빈곤이 만연하고 자신감 없는 지역으로 변했다. 1945년 유럽이 폭력의 광란에서 깨어나 자신이 저지른 만행에 경악하면서 세계의 지도는 콜럼버스가 신대륙을 발견했을 때 못지않게 변했고, 유럽은 더 이상 세계의 중심이 아니었다.

05

기진맥진

Exhaustion

19

45년 5월 5일 히틀러는 자살했다. 유럽에서 전쟁이 막을 내리고 31년이 마무리되었다. 450년에 걸친 역사도 종지부를 찍었다. 유럽 반도는 미국과 소련이 점령했고 유럽의 주권은 훼손되었다. 그 후 수십 년에 걸쳐 유럽의 제국은 해체되고 유럽의 세계적인 권력은 사라졌다. 오직 소련만이 세계에서 여전히 힘을 행사했지만, 결국 소련도 해체되게 된다. 유럽의 화약고들, 맹렬히 타오르던 불길들은 갑자기 꺼져버렸고, 독일 한가운데 잠재적인 경계지역 하나와 화약고 하나만 남았다.

1913년에는 상상하기 어려웠던 일이 일어났다. 늘 사분오열되어 있었던 유럽은 31년의 전쟁과 전쟁에 가까운 사태, 망상에 불과한 평화, 의도적으로 야기된 기근과 내전으로 갈기갈기 찢겨졌고, 국민들을 먹이지도 못하고, 그들의 집을 따뜻하게 해주지도 못하고, 많은 경우에 살 집을 제공하지도 못하는 지경에 이르게 되었다. 세계 경제 체제를 주도하던 나라는 이제 대부분의 나라들보다도 빈곤해졌다. 공교롭게도 권력의 중심부가 무력해졌다.

대영 제국을 노래한 시인 러디어드 키플링은 이런 상황이 다가오고 있음을 감지하고 자신의 시 〈송가〉에서 이를 경고했다.

멀리 부름받아 갔던 해군이 스러져 갔다.
모래 언덕과 갑 저편으로 화염이 가라앉았다.
보라, 우리의 화려한 지난날은
니느웨와 티레와 함께 역사의 뒤안길로 사라졌다.
국가를 심판하는 이여, 우리는 아직 심판하지 말지니,
잊지 말지어다—잊지 말지어다.

우리가 권력에 취해 당신을 경외하지 않고,

이교도나 미천한 무법자처럼
허세를 부린다 할지라도—
만물의 신이여, 우리와 함께하소서,
잊지 말지어다—잊지 말지어다.

유럽은 분명히 입을 마구 놀렸다. 유럽에서 승승장구하고도 입을 함부
로 놀리지 않은 이들조차(처칠이 전쟁 초기에 행한 연설 가운데 일부를 허세
가 가득하다고 여기지 않는다면 말이다.) 사실상 전쟁에서 졌다. 막강한 힘
이 급격히 몰락하는 과정을 유럽이 1913년부터 1945년까지 그린 역사의
궤적보다 생생히 보여준 사건도 없다.

유럽에서 발발한 제2차 세계대전의 특징 가운데 하나는 히틀러가 죽자
금방 끝나버렸다는 사실이다. 독일인들은 히틀러가 살아있는 동안에는
치열하게 싸웠다. 그가 사망하자 저항은 몇 시간, 기껏해야 며칠을 넘기
지 못했다. 히틀러는 신화적인 역사를 썼고, 먼 과거로 돌아가 독일의 부
흥을 창조해내고자 했다. 그가 엮어낸 이야기 속에서 그의 의지는 곧 독
일이었고 독일이 곧 그의 의지였다. 그가 사망하면서 남은 것이라고는
독일어를 구사하는 지역뿐이었다. 독일을 용맹한 과거와 연결해주었던
끈이 단절되었고 독일은 마법처럼 사라졌다. 바로 이 순간 예술 작품이
자 환상으로서의 독일 국가는 죽었다.

대영 제국의 꿈도 사라졌다. 미천한 부류들을 문명화한다는, 방대한
세계 운동으로서의 대영 제국이 품었던 이상도 더불어 사라졌다. 독일처
럼 갑작스러운 죽음은 아니었지만 사라진 것만은 확실했다. 그렇게 사라
진 데는 경제적인 이유도 있었다. 전쟁으로 제국의 경제는 산산조각났
다. 영국인들이 자신이 이기는 편에 있었지만 전쟁에서 졌다는 사실을
깨달았기 때문이기도 하다. 1914년 이후로 일어난 일들 때문에 영국인들

은 경제적으로뿐만 아니라 도덕적으로도 기진맥진해졌다. 1945년 무렵 영국인에게는 더 이상 "백인의 의무(White Man's Burden)"를 다할 자신 감이 남아있지 않았다. 정부에 대한 믿음도 남아있지 않았다. 전쟁 중에 영국인들에게 용기를 북돋아준 처칠은 전쟁이 끝나자마자 퇴출되었다.

미국은 두 차례 유럽에 개입했고, 영국은 두 차례 미국 앞에서 보잘것 없는 존재가 되었다. 미국인은 영국에서 처음으로 자신이 보잘것없다고 느끼지 않았다. 제2차 세계대전 동안 미군은 3년 동안 영국에 머물렀다. 미국인들은 너무 봉급을 많이 받고, 지나치게 섹스를 많이 하고, 영국에 있다는 게 문제라는 우스갯소리 아닌 우스갯소리가 있었다. 미국인들에게는 영국인들이 상실한 힘이 있었을 뿐만 아니라 우쭐해했다. 설상가상으로 미국인들은 자신들이 우쭐거린다는 사실을 인식하지 못했다. 미국인들은 고립된 영국을 구하러 왔고, 영국인들이 자기들에게 감사하기를 바랐다. 영국인들로서는 정말 감사한 마음이 들었다는 사실이 끔찍했다.

프랑스인들은 제1차 세계대전에서 4년 동안 피를 흘렸다. 그러나 결국 프랑스인들은 인정하기 싫겠지만 미국인들이 훨씬 더 결정적인 역할을 했고, 그 덕에 프랑스인들은 승자의 편에 서게 되었다. 1940년에 프랑스인들은 6주 만에 패배했다. 레지스탕스의 활약과 나치에 부역한 부류들에 대한 진실과 낭설이 무엇이든 상관없이, 프랑스군이 6주 만에 백기를 들었고, 미국인, 영국인, 폴란드인이 그들을 해방시켜주었다는 사실만은 분명하다. 프랑스인도 나름대로 노력을 했고 레지스탕스도 활약을 했지만 영국과 프랑스를 왜소해 보이게 하는 미국의 막강한 물자지원과 대규모 파병 덕분에 그들은 주권을 되찾았다. 프랑스인들은 투르(Tours)에서 무슬림 군대를 패퇴시킨 샤를 마르텔, 패배했으나 명예롭게 패배한 나폴레옹의 후예를 자임했지만 제1차 세계대전에서 프랑스가 누릴 영광은 없었다. 제2차 세계대전은 더욱더 그러했다. 프랑스인들은 이 사실을 인식했고 이에 대단히 분개했다. 샤를 드골은 D-데이에 방송에 출연해 다른 사람이 써준 연설문을 읽지 않으려고 했는데, 그 모습이 오만하고 배은 망덕해 보였다. 그러나 드골은 절박한 처지에서 잔꾀를 쓰고 있었다. 패배하고 점령당하고 다른 이의 도움으로 해방된 처지에 놓인 프랑스의 주권을 되살리려고 안간힘을 쓰고 있었다. 그러니 감사표명은 삼키기 어려운 쓴 약이었다.

나머지 유럽은 충격에서 헤어 나오지 못했다. 스페인은 내전을 끝내고 프랑코 총통 치하에 있었고, 이탈리아는 무솔리니의 치졸한 과대망상에서 벗어나고 있었으며, 폴란드는 거듭 비극을 겪으면서 주권과 경계지역을 소련에 빼앗겼다. 위대함을 누렸던 이들은 그 위대함을 상실했다. 위대함을 추구했던 이들은 위대함을 얻는 데 실패했다. 그저 소박한 평화와 안전을 바랐던 이들은 그 바람을 거부당했다. 31년 만에 이성적인 꿈도, 어처구니없는 꿈도 모두 산산조각났다.

전쟁이 끝나면 보통 희망이 싹트는 법이다. 최소한 누군가에게는. 유럽에도 희망을 품게 된 이들이 있었을 것이다. 그러나 대부분의 유럽인들은 전쟁이 끝나면서 자신들이 무엇을 상실했는지 깨닫게 되었다. 대부분의 유럽인들은 생명을 위협할 정도의 빈곤과 평범한 빈곤 사이에서 오락가락했다. 제국과 주권, 민족주의를 망각하고는 인명 손실을 온전히 측정할 수 없다. 전 가족이 몰살당했고 그들의 이름은 인류 역사에서 지워졌다. 물론 여기서 나는 유대인을 말하는 것이지만, 얼마나 많은 독일인들이 폭격에 잿더미로 변했고, 얼마나 많은 러시아 가족들이 빨치산을 색출하던 SS부대에게 죽음을 당했는가? 얼마나 많은 아이들이 피붙이가 단 한 명도 남지 않은 고아가 되었나?

유럽은 충격에 빠졌고, 이 충격은 한 세대가 세상을 떠날 때까지 가시지 않았다. 젊었을 때 폴란드에서 그리스도교도 가족의 도움으로 폴란드

숲속에 숨어 지낸 유대인 한 명을 안다. 그는 로즈라는 도시 출신이었는데 그곳에서 전 가족이 몰살당했다. 전쟁이 끝난 후 그는 미국으로 왔다. 전쟁의 후유증은 계속되었고, 마침내 공포와 죄책감을 견디지 못한 그는 "희망이 없다."라는 말을 내뱉었다. 정신적 고통과 슬픔은 그가 항상 매고 있던 넥타이처럼 늘 그를 옥죄었다.

아주 어렸을 때 함부르크에 살았던 한 여성도 안다. 영국은 도시에 야간폭격을 하는 전략을 썼다. 큰 항구도시인 함부르크도 폭격 대상이었다. 그녀의 아버지는 참전해 SS부대에 소속되었고 집으로 돌아오지 못했다. 내 누이처럼 그녀도 적이 그녀를 죽이려 할 때 지하실에 숨어 있었다. 내가 그녀를 알게 되었을 때 그녀는 이상하게 언행을 삼가고 바라는 것도 필요한 것도 없다고 했다. 그녀는 평생 자기의 모든 것을 바쳐 사랑한 사람이 있었고 그가 세상을 떠날 때까지 그 사랑에 매달렸다. 지친 그녀이기에 베풀 게 별로 없었지만 베풀 때는 한없이 베풀었다. 그녀는 평생 외로움에 시달렸다.

그녀는 유대인이자 SS부대원의 딸이었다. 내가 보기에 이 두 가지 모두 그녀가 죄책감을 느낄 일은 아니었다. 31년이 인간을 갈기갈기 찢었을 뿐이었다. 나는 독일인들은 자신들이 저지른 일에 대해 죄책감을 느껴야 한다고 생각한다. 그러나 그녀는 죄책감을 느껴야 할 일을 전혀 하지 않았다. 이게 바로 민족주의의 모순이다. 다섯 살짜리 소녀는 죄가 있을 수가 없다. 그녀가 속한 나라는 그렇지 않다. 국가는 역사가 있다. 그저 단순히 지금 살아있는 국민들이 다가 아니다. 내가 아는 두 사람은 모두 똑같이 고통을 받았다고 생각한다. 또 다른 면에서 두 사람은 똑같았다. 그들을 알고 지낸 이 긴 세월 동안 단 한 번도 그들이 우는 모습을 보지 못했다.

우리 미국인들은 인간이 처한 여건을 설명할 때 의학 용어를 즐겨 쓴

166

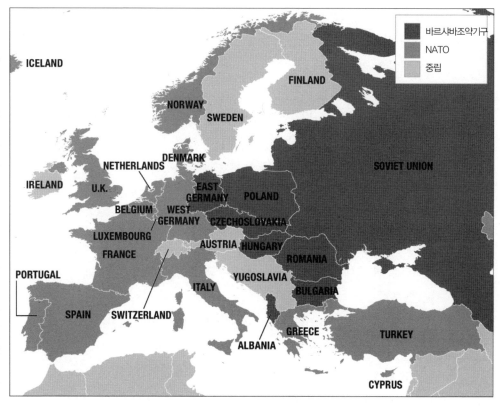

냉전 시대의 유럽

다. 끔찍한 일을 겪고 휘청거리면 외상후 스트레스 장애라고 부른다. 이 두 사람은 바로 이 증상을 앓고 있었다. 그것도 치유 불가능한 유형이었다. 이러한 고통을 백만 배로 하고 무수한 가능성이 제거된 무수한 기억을 더하면 유럽이 스스로에게 자행한 만행의 결과를 가늠할 수 있다. 정신적 고통 속에서 사망한 남성과 거의 아무도 믿지 않은 한 여성을 통해 31년의 대가는 측정된다. 그러나 이게 진실이다. 1913년에 피우던 거드름이 곧장 1945년의 절망으로 이어졌다.

전쟁은 끝났고 삶은 계속되었다. 어떤 삶을 살게 되었는지는 그 사람이 어디 살았는지, 누군지, 누구에게 정복당했는지에 따라 달랐다. 31년의 광란을 비껴간 나라는 소수였다. 스웨덴, 포르투갈, 아마 아일랜드가 그런 나라들일 것이다. 고통을 덜 받은 나라도 있고 도살장을 방불케 한 나라도 있다. 그러나 유럽은 하나같이 가난했고 모든 이의 운명은 하나같이 점령자가 결정했다. 특히 미국인과 소비에트인들의 손에 운명이 좌우되었다. 이 두 나라가 겪은 31년은 서로 매우 달랐다. 미국인들은 전쟁에 늦게 뛰어들었고 자국 본토가 전혀 공격을 받지 않았다. 소비에트인들은 제1차 세계대전, 내전, 숙청과 기근, 그리고 제2차 세계대전을 겪었다. 미국인들은 전쟁 전보다 훨씬 막강해졌지만 소비에트인들은 가장 피해를 많이 본 축에 속했다. 누구에게 점령당했는지는 유럽인들에게 매우 중요했다.

미국은 유럽 반도에서 가장 부유한 지역을 관할했지만 여러모로 매우 힘든 책임을 떠안았다. 처음에 미국인들은 제1차 세계대전 후에 했던 대로 하려고 했다. 미국으로 돌아가려고 했다는 뜻이다. 소비에트인들은 유럽의 빈곤한 지역을 점령했지만 자기들이 성취한 게 무엇인지 분명히 알고 있었다. 첫째, 그들은 엄청난 대가를 치르고 전쟁에서 이겼다. 둘째, 역사상 그 어느 시기보다도 훨씬 서쪽까지 영향권을 넓혔다.

점령군으로서 소비에트인들은 잔혹했다. 1945년의 비참한 상황에서도 소비에트 국가는 점령지 내에 있는 산업시설들을 해체해 러시아로 운송하기 시작했다. 소비에트 군인들은 시계도 훔쳐서 본국으로 보냈다. 그들은 시계에 집착했다. 당시에 시간이라는 개념에 익숙하지 않았던 농부들에게 시계는 부와 개화의 상징이었다. 소비에트 군인들은 점령지 사람들이 소유한 부를 보고 입이 떡 벌어졌다. 그들은 집안의 하수도 시설을 본 적이 없었고, 평범한 사람들의 집도 호화로워 보였다. 그들은 질투심을 느꼈고, 이로 인해 점령당한 이들은 심리적 우월감을 느꼈다. 그들은 정복당했지만 질투의 대상이 되었다. 질투는 생생했다. 비참한 경험도 생생했다. 긴 세월 동안 가시지 않을 경험이었다.

미국인들의 경우는 달랐다. 그들은 독일 과학자들과 무기들을 미국으로 보냈지만 유럽의 공장시설은 필요가 없었다. 미국 군인들도 군인들이 으레 그렇듯이 물건을 훔쳤지만 그들이 추구한 것은 값어치 있는 물건이 아니라 기념품이었다. 미국 점령군들은 훔친 것보다 더 많이 베풀었다고 해도 무방하다. 그들은 유럽인들에게 베풀 게 많았고 미국은 유럽인들에게 바라는 게 거의 없었다.

가진 것이 거의 없는 처지였던 소비에트 군인은 유럽의 부를 보고 감탄했다. 미국 군인은 그다지 자신감이 없는 상황에서 유럽의 문화를 보고 감탄했다. 제1차 세계대전 후 미국의 지식인들은 파리에 모여들었다. 이는 헤밍웨이의 작품『파리는 날마다 축제A Moveable Feast』에 잘 묘사되어 있다. 이 작품을 읽었거나 자신의 아버지로부터 이야기를 들은 군인들은 그런 유럽을 직접 체험하고 싶었다. 파리에서, 로마에서, 피렌체에서 군인들은 그런 체험을 했다.

미국인들의 바람은 기껏해야 본국으로 돌아가기 전에 유럽을 둘러보는 것뿐이었다. 무엇보다도 미군은 유럽이 가여웠다. 그래서 추잉껌, 초콜릿 등 주전부리를 아이들과 자기가 알게 된 유럽인들에게 가벼운 선물로 나누어주면서 그러한 동정심을 표했다. 여성들에게만 후한 인심을 베푼 게 아니었다. 미군은 가진 게 많았고, 유럽인들이 서로에 대해 분개하는 만큼 유럽인들에 대해 분개하지 않았다. 미군이 질려서 더 이상 먹지 않는 스팸 한 깡통이면 유럽인 한 사람의 목숨을 살릴 수도 있었고 미군은 응당 받아야 할 감사의 인사 말고는 아무것도 바라지 않았다. 그러나 동정을 받는 당사자는 비참해했다. 많은 유럽인들에게 미군의 부는 전쟁에서 미국인들이 얼마나 고통을 겪지 않았는지를 보여주는 징표였다.

소비에트 군은 그들이 정복한 이들만큼이나 배가 고팠다. 소비에트 징집 병사나 심지어 장교와도 결혼하려는 폴란드 여성이나 헝가리 여성은 거의 없었다. 대체로 금기시 되었다. 빈곤에서 벗어날 탈출구가 되어주지 않은 이유도 있다. 독일에서는 붉은 군대가 복수심에서 행한 대량 강간의 기억이 높은 장벽을 쌓았다. 독일, 이탈리아, 영국, 그 밖의 많은 유럽 국가의 여성들이 미국인과 결혼했다. 30만 명의 유럽 여성들이 전쟁을 겪고 미군과 결혼해 신부가 되었다. 이 여성들에게는 미군과의 결혼이 탈출구였다. 미국인들은 그들을 이국적인 여성으로 느꼈다. 유럽 남성들은 유럽 여성들이 자기들을 배신했다고 느꼈고 감히 미국인이 유럽인을 넘본다고 생각했다. 이러한 정서는 승전국이든 점령당한 나라든 적국이었던 나라든 한결같이 나타났다.

유럽에게 미국은 막강하고 기술적으로 발달한 나라인 동시에 천박하고 깊이가 없었다. 유럽의 하늘과 거리에 쏟아져 나온 미군을 본 사람이라면 누구든 미국인임을 알아챌 수 있었다. 미군 장교들조차도 그다지 격조 있는 사람들로 여겨지지 않았다. 유럽이 생각하는 품격은 여전히 계급이 토대였다. 상류층의 행동거지와 그들이 읽는 작품과 그들이 소중히 생각한 것이 유럽인들이 생각하는 품격이었다. 다른 여느 지역과 마찬가지로.

미국 백인들은 유럽에서 미국으로 건너간 난민들의 후손이었다. 유럽에서 설자리가 없는 이들 말이다. 그들은 시인 에마 라자러스가 일컬은 비참하고 비루한 삶을 산 이들의 후손이었다. 영국의 탐험가와 반항아들, 스코틀랜드와 아일랜드 출신 농부들, 실직한 이탈리아인들 등이었다. 드와이트 D. 아이젠하워는 캔자스 주에서 가난하게 자랐다. 아이젠하워 정부에서 육군참모총장을 지낸 오마 브래들리는 미주리에서 더 가난하게 살았다. 심지어 부유한 환경에서 태어나 시를 쓴 조지 패튼 장군조차도 유럽의 기준으로 보면 거칠고 교양 없었다. 유럽인들이 보기에 미국인은 카우보이였다. 유럽인들은 종종 미국으로 건너간 유럽인들이 만든 미국 영화들을 보고 카우보이에 대해 알게 되었는데, 그들은 생전 카우보이나 인디언을 본 적도 없었다. 그들은 카를 메이의 매우 인기 있는 대중소설을 읽었을 뿐이었고, 독일 저자인 그는 6주 동안 미국을 방문한 적은 있지만 미국 서부에는 가본 적이 없었다.

유럽인들은 미국인들에 대한 신화를 창조했고 그 신화가 사실이라고 믿었다. 카우보이는 거칠고 성질이 불같고 배움이 짧았다. 무엇보다도 카우보이는 세계관이 단순했고 흑백논리로 세상을 이해했으며, 미묘한 차이나 복잡한 면은 간파하지 못했고, 우선 폭력부터 휘두르고 봤다. 유럽인들이 미국인들은 폭력적이고 자신들은 격조 있다고 생각했다는 게 공교롭기는 하지만 그들의 역사를 보면 이해가 간다. 유럽은 박살이 났을지 모르지만 쉽게 굴복하지는 않았다. 미국인들이 아무리 막강하다고 해도, 유럽인들이 미국이 베푼 아량에 진정으로 감사히 여긴다 해도, 격조 없는 미국인을 얕보는 게 자기를 방어하기 위한 방편이었다―그리고 어떤 면에서는 타당하기도 했다. 미국인들은 유럽적인 의미에서 격조는 없었다. 미국인들은 그러고 싶은 생각도 없었다.

미국인들을 격조 없는 유럽인이라고 혼동하기 쉽다. 그러나 그들은 더 이상 유럽인이 아니었다. 그들은 격조 있는 미국인들이었다. 유럽과 미국은 교육에서 식탁예절에 이르기까지 매우 다른 문화와 가치관을 지니게 되었다. 미국 문화는 기술에 초점을 두고 있었다. 미국 소년은 자동차를 만지작거린 반면 상류층 유럽 소년은 고전작품을 읽었다. 유럽인은 미국인을 기껏해야 장인 취급을 한 반면 미국은 유럽인들을 낙오자로 간주했다. 기술과 대량생산으로 전쟁에서 이겼고 자동차를 다루는 소년은 교양 있는 고전학자보다 미국 문명에 훨씬 중요했다. 유럽인들에게는 미국인에 대한 고마운 마음, 질투, 양심, 경멸이 뒤섞여 있었고, 미국인들은 유럽인에 대해 짐짓 생색을 내거나 무관심한 태도를 보였다.

러시아인들은 막강하고 위험했고 굶주렸다. 많은 유럽 좌익들은 스탈린과 소련을 미화했다. 그가 저지른 집단학살을 몰랐거나 알았어도 용서했다. 소비에트 점령 하에서 산 사람들은 소비에트인들에 대한 환상이 전혀 없었다. 소련군은 어딜 가나 눈에 띄었고, 독일인들과 러시아인들의 차이는 종류의 차이가 아니라 기껏해야 정도의 차이에 불과했다. 유럽 동쪽 지역에서 삶은 혹독했다. 점령한 자와 점령당한 자의 관계에는 복잡한 심리 같은 것은 없었다. 점령당한 자들은 소비에트인들을 두려워했고 깔보았다. 소비에트인들은 점령당한 이들과는 거리를 유지했다. 미국인들과 유럽인들 간의 관계는 복잡 미묘하고 아주 애매했다. 소비에트인들과 그들이 점령한 유럽인들 간의 관계는 단순했다.

전략과 지배

독일인들과는 달리 소비에트인이나 미국인은 자기가 점령한 나라들을 직접 통치하지 않고 형식적으로는 주권을 유지하게 해주었다. 소비에트인들은 주권을 인정하는 척했지만 아무도 실제로 그렇다고 믿지 않았다. 헝가리의 사례에서처럼 선거가 열리고 기대했던 결과가 나오지 않으면, 소비에트인들은 점령당한 이들을 협박해 새로 선거를 치렀고 원하는 결과를 얻어냈다. 소비에트인들의 입장에서 보면 당연한 일이었지만, 소비에트인들이 점령한 나라들은 소련의 전략적 이익에 도움이 되어야 했다.

미국인들은 유럽에 직접적인 이해가 걸려 있지 않았다. 그러나 유럽에서 일어나지 못하게 막아야 할 상황이 있었다. 미국인들은 유럽이 하나의 패권 하에 통일되기를 바라지 않았다. 미국은 유럽에서 힘의 균형이 더 이상 유지될 수 없다는 사실을 터득했다. 1914년 이후로 독일이라는 단일 국가가 유럽의 힘의 균형을 두 번이나 무너뜨렸다. 이제 소비에트인들이 독일의 자리를 대신하고 있었다. 미국이 없다면 소비에트인들이 유럽 반도의 나머지 지역을 군사적으로 정복하게 될 게 틀림없었다. 유럽 어느 나라의 군사력도 그들을 막을 힘이 없기 때문이었다. 소비에트인들은 강력한 공산당들을 통해 정치적 영향력을 발휘함으로써 나머지 유럽을 약화시켰는데, 공산당들은 독일에 맞서는 지하운동에서 다져진 지구력을 지니고 있었다.

미국이 이런 일이 일어나도록 내버려 둘 리가 없었고 따라서 제1차 세계대전 때처럼 신속하고 완전히 철군한다는 생각은 곧 사라졌다. 미국은, 이따금 망상에 빠지기도 했지만, 소비에트인들이 동유럽에서 발을 뺄 수 없다는 사실은 제대로 파악하고 있었다. 따라서 서유럽을 강화할 필요가 있었다. 소련이 지배하던 동유럽과는 달리 미국의 지배 하에 있던 나라들의 이익은 미국이 원하는 바와 대체로 일치했다. 그들은 소비에트인들에게 정복당하고 싶지도 않았고 강제로 공산주의 정부가 들어서기를 바라지도 않았다. 소련과의 경계지역은 훨씬 서쪽으로 이동해 있었다.

그들은 소비에트인들이 유럽 반도를 장악하면 미국을 포함해서 그 어떤 강대국도 다시는 유럽을 침략하는 데 물자를 쏟아부을 수 없고 그러지도 않으리라는 사실을 잘 알고 있었다. 서유럽이 경제적으로 회생하는 데 미국이 도움을 주리라는 사실도 알고 있었다. 미국의 전략적 입지를 강화하기 위해서라도 말이다. 이런 의미에서 소비에트 점령지보다 미국이 점령한 지역에서 점령한 자와 점령당한 자의 이해관계가 훨씬 일치했다. 유럽에서 미국이 장악한 지역과 소비에트가 장악한 지역 사이의 경계는 새로운 화약고가 되었는데, 핵으로 불이 붙을 가능성이 있는 화약고였다.

냉전은 상호간의 공포가 그 토대다. 미국은 이 공포에 동맹 체제 구축으로 대응했다. 소비에트의 팽창을 저지하는 데 동맹국들이 일차적인 역할을 하고 미국이 지원하는 체제였다. 소비에트는 주로 자기 힘으로 대대적인 지상군을 구축하는 전략을 썼다. 1914년과 1939년에 독일이 한 방식이다. 미국은 소비에트가 독일을 돌파한 다음 영국 해협의 항구들까지 진군해 유럽 반도를 사실상 봉쇄하고 이를 하나의 블록으로 통합할까 봐 두려웠다. 이 악몽과도 같은 시나리오에서 소비에트인들은 과거에 아무도 달성한 적이 없는 것을 달성하게 된다. 유럽 반도와 본토의 통일이다. 유럽인들은 또 다른 전쟁의 가능성에 직면해야 했지만 이번에는 완전히 그들의 손을 벗어난 전쟁이었다.

경제대공황을 겪고 제2차 세계대전에서 싸운 미국인들은 이제 그저 일상으로 돌아가고 싶었다. 미군은 유럽이 즉각적으로 필요한 인도주의적인 지원을 제공하고 있었지만, 전체적으로 볼 때 미군은 유럽의 재건이 자기들 책임이라고 보지 않았다. 미국은 소련의 지정학에 볼모로 잡힌 셈이었다. 서구 지식인들이 이오시프 스탈린에 대해 뭐라고 하든 그의 의지가 러시아를 장악했고 스탈린이 장악한 나라는 통제가 불가능한 나라였다. 사실 소비에트인들은 선택의 여지가 없었다. 그들은 독일 중심부까지 장악력을 확장했다. 그들은 전략적 깊이가 필요했고 독일을 장악하고 분단시킬 필요가 있었다. 독일은 31년 동안 러시아를 두 번 침략했기 때문이다. 그러나 소비에트군은 서쪽으로 진군할수록 점점 더 취약해졌다. 그들은 그들이 점령한 나라들 특히 폴란드 같은 적대적인 영토를 통과하는 긴 보급선을 유지해야 했기 때문이다.

전략은 미국과 소련 사이의 잠재적인 움직임과 추측된 의도를 중심으로 구축되었다. 소비에트의 해법은 독일에 대규모 군대를 유지해 저항을 억누르고 자국의 전방 진지를 미국의 잠재적인 공격으로부터 보호하는 일이었다. 소비에트인들은 미국의 핵 군사력에 대응할 방안이 필요했지만 아직 자체 핵무기를 보유하지도 않았고 미국까지 핵무기를 운반해 폭격할 폭격기 부대도 없었다. 전쟁이 일어난다면 유럽에서 싸워야 했다. 소비에트의 최상의 방어는 공격이었다. 즉 서독, 프랑스, 저지대 국가들을 신속하게 접수해서 미국의 핵무기들이 사태를 뒤집을 수 없도록 기정사실로 만들어버리는 일이었다. 그게 그들의 전략이었다.

소비에트인들은 전쟁을 바라지 않았다. 그들은 지난 전쟁에 지쳐 있었다. 그러나 그들은 미국의 의도가 뭔지 확신하지 못했고 군을 대대적으로 전진 배치해 미국을 억제하려고 했다. 이게 그들의 유일한 선택지였다. 소비에트인들의 실제 의도가 무엇이었든, 미국이 보기에 소련도 독일처럼 기습공격으로 서유럽을 장악할 역량을 갖춘 것처럼 비춰졌다. 미국은 소비에트에 무관심할 수가 없었고 그들이 유라시아 대륙 전체를 점령할 가능성을 보고만 있을 수는 없었다. 그렇게 되면 힘의 균형이 극적으로 변해서 미국의 장기적인 해상 장악력이 위협받고 이에 따라 미국의 안보도 위협받게 된다. 1945년부터 1947년까지의 기간 동안 미국의 전략은 전후 유라시아에서 철군하는 전략에서 유라시아 변경지역을 따라 소비에트의 팽창을 봉쇄하되, 특히 힘이 집중되는 유럽에서 소련과 맞서는 전략으로 바뀌었다.

이 전략은 미국에게 두 가지 중요한 문제를 안겨주었다. 유럽을 소비에트의 침략으로부터 보호하려면 미국은 독일을 방어해야 했고 그러려면 네덜란드, 벨기에, 프랑스 항구들을 장악해야 했다. 공격을 경고해줄 정도로 거리가 멀면서도 동시에 잠재적인 전장을 사정거리에 둘 만큼 가까운 공군기지를 영국에 마련해야 했다. 소비에트인들이 해군력을 지중해에 투입하지 못하도록 해야 했고, 그러려면 보스포루스 해협을 확보해야 했다. 따라서 그리스와 터키의 안전도 확보해야 했다. 미국이 지중해에서 해상력을 이용하려면 이탈리아도 동맹 구조에 편입되어야 했다. 시칠리아가 지중해 동부로 접근하는 경로를 막을 수 있기 때문이었다. 스페인이 지브롤터 해협을 장악하면 지중해를 완전히 봉쇄하게 되듯이 말이다.

냉전은 1946년에 모양을 갖추기 시작했다. 그리스와 터키에서 공산주의자 반란이 일어났고 소비에트군이 그 나라들 국경에 포진했으므로 미국은 두 나라에 물자를 공급하고 비밀리에 지원을 해야 했다. 지리적으로 볼 때 소비에트인들은 지중해에 상당한 규모의 해군력을 투입할 길이 막혀 있었다. 이는 남유럽, 특히 대규모 공산당이 있는 이탈리아는 안전하며 수에즈 운하는 봉쇄될 수 없다는 뜻이었다. 터키든 그리스든 공산화되면 소비에트인들은 지중해에 접근할 수 있게 되고 미국은 훨씬 복잡한 전략적 난관에 봉착하게 된다. 따라서 1947년 미국은 트루먼 독트린을 선언해 그리스와 터키의 안보를 보장했다. 미국은 소련이 유럽 반도를 위협한다고 결론을 내리고 소비에트를 봉쇄하는 데 전념하기로 했다.

냉전이 이전의 31년과 다른 점은 두 핵심 국가 사이에 실제로 전쟁이 일어난 적이 없다는 사실이다. 폭발은 한 번도 일어나지 않았다. 그럴 만한 순간이 있었지만 한 번도 섬광이 번뜩이지 않았다. 양측 모두 전쟁을 치르는 데 이골이 나 있었고, 단단히 무장하고 있었으며, 전쟁 가능성은 늘 상존했다. 전쟁이 필연적이라고 보는 이들도 있었다. 그러나 전쟁은 한 번도 일어나지 않았다. 미국인들도 소비에트인들도 과거의 유럽인들처럼 지정학적으로 압박을 받지 않았다. 양측 모두 운신의 폭이 있었다.

거의 언급되지 않는 또 다른 이유도 있었다. 미국 정치인들과 소비에트 정치인들은 1914년과 1939년의 유럽인들보다 훨씬 더 신중했다. 그들은 31년을 목격했고 핵무기의 괴력을 잘 알고 있었다. 그들은 도를 넘지 않았고 물러서야 할 때를 알았다. 1945년에 세계가 완전히 변했음을 보여주는 하나의 징후는 서로 전쟁을 할 잠재력이 있는 세력들은 무모했던 과거 유럽인들에 비해 매우 신중했다는 사실이다.

제국의 운명

제2차 세계대전은 기본적으로 전면전이었다. 전면전에서는 한 사회의 비중을 차지하는 전 부문—산업, 사회, 군사 부문—을 전투에 몽땅 쏟아부어야 한다. 유럽인들이 세계를 정복하거나 서로 싸울 때 전면전은 불필요했고 불가능했다. 나폴레옹 때도 사회 전체가 전쟁에 동원되지는 않았고 사회 전체가 위험에 처하지도 않았다. 제2차 세계대전에서는 더 이상 그렇지 않았다. 유럽의 힘을 훼손시킨 요인으로 손꼽히는 게 바로 전쟁을 치르기 위해 국가를 총동원했기 때문에 유럽인들이 경제적으로, 감정적으로 완전히 소모되었다는 사실이다.

유럽인들은 제국을 보유하고 있었지만, 이제는 훨씬 더 큰 규모와 조직을 가진 다른 강대국들이 있는 세계에서 행동하게 되었다. 미국과 소비에트는 둘 다 그 어떤 유럽 국가가 독자적으로 할 수 있는 수준을 훨씬 능가하는 역량을 발휘할 정도로 잘 조직화되어 있었다. 제3차 세계대전이 일어난다면 제2차 세계대전의 규모를 능가하는 전면전이 될 게 뻔했다. 바로 이러한 맥락에서 키플링이 느낀 두려움은 피부에 와닿았다.

제2차 세계대전에서 영국의 전략과 미국의 전략은 대부분 일치했지만, 한 가지 사안에서는 심각한 이견을 보였다. 영국인들은 영국을 보호하고 독일을 패배시키고 그들의 제국을 유지하기 위해서 싸우고 있었다. 미국은 영국을 보호하고 독일을 패배시키고 싶었지만 대영 제국을 보호하는 데는 전혀 관심이 없었다. 이 때문에 전략을 두고 점점 마찰이 심해졌다. 미국은 프랑스를 침공하고 싶어 했지만 영국은 주저했다. 첫째, 영국인들은 제1차 세계대전의 유혈극이 재현될까봐 두려워했다. 그나마 남은 지상군을 파괴하리라는 사실을 잘 알고 있었기 때문이다. 둘째, 영국인들은 지중해에 온 신경을 집중하고 있었다. 영국인들에게 지브롤터 해협과 수에즈 운하는 인도로 가는 고속도로였다. 이 고속도로를 유지하는 게 최우선순위였다. 이 고속도로를 통해 북아프리카에 도달했고 시칠리아와 이탈리아를 침공했다. 미국은 독일에 직접적인 타격을 가하고 싶어 했고 영국은 이탈리아와 유고슬라비아를 통해 간접적으로 공격하고 싶어 했다. 자국 군을 보존하는 동시에 지중해를 장악할 수 있는 전략이었기 때문이다.

미국은 참전하기 전에 이미 대영 제국에 대한 미국의 의도가 무엇인지 암시해주었다. 미국의 군수물자대여-임대 프로그램은 두 가지 요소로 구성되어 있었다. 우선, 미국은 영국에게 북대서양 해로를 독일 U-보트로부터 보호할 구축함을 대여해주기로 했다. 대신 영국은 노바스코샤에 있는 핼리팩스 기지를 빼고, 서반구에 있는 모든 해군기지를 미국에 임대해주기로 했다. 사실상 카리브해에 있는 영국의 제국을 미국에게 넘겨준 셈이었다. 영국인들이 형식적으로는 장악하고 있었지만 이러한 섬들은 이제 미국의 지배 하에 들어갔다. 미국은 영국을 지원하는 동시에 이러한 지원을 이용해 영국이 보유한 제국을 야금야금 잠식했다.

1945년 후 유럽이 보유한 제국에서는 동요가 일었다. 인도는 수년 전부터 독립하려고 안달이 나 있었다. 인도차이나는 일본의 점령이 끝난 후 프랑스의 통치로 되돌아가지 않으려고 저항했다. 네덜란드의 동인도에서는 네덜란드인들에 맞서는 봉기가 일어났다. 특히 아시아에서는 유럽인들이 동남아시아에서 일본에게 패한 후 유럽의 통치로 되돌아가는 데 저항감이 심했다. 베트남인들과 말레이인들도 유럽의 통치로 되돌아가는 데 반대했다. 인도와 중국은 유럽인들을 축출하고 싶어 했다. 동요는 아시아뿐만 아니라 아랍권과 사하라사막 이남 아프리카 지역에서도 일어났다.

냉전은 유럽을 제자리에 묶어놓았지만, 제3세계로 불리게 된 지역에서는 갈등이 휘몰아치기 시작했다. 이 나라들은 선진 산업국가가 아니었고, 소비에트 진영의 일부가 아니었으며, 막 독립한 유럽 식민지들뿐만 아니라 라틴아메리카에서 한 세기 전에 이미 해방된 식민지들도 포함하고 있었다. 1950년대부터 1980년대까지 제3세계에서는 누가 유럽 제국의 상속자가 될지를 두고 미국과 소련 사이에 끊임없이 갈등이 일어났다. 한반도나 베트남, 아프가니스탄 같은 경계지역들은 두 강대국을 유인하는 화약고가 되었다.

여기에는 뭔가 공교로운 점이 있었다. 미국과 소련 둘 다 반제국주의 원칙을 토대로 건립되었고 제국적 지배를 깨뜨리고자 했다. 그런데 이제 두 나라가 제국의 역할을 해야 하는 상황으로 끌려가고 있었다. 말로는 반제국주의를 외치면서 말이다. 미국은 소비에트의 지배와 억압으로부터 나라들을 구하려고 애썼다. 소비에트는 그들을 미국의 제국주의로부터 구하려고 애썼다. 결국 그러한 논리는 양쪽 어느 나라든 도덕적 사명감과는 아무 상관이 없었다. 터키에서 이란에 이르기까지 유럽의 전선들은 이미 공고해졌으므로, 이제 확보해야 할 고지라고는 불안정한 제3세계밖에 남아있지 않았다.

1970년 무렵 유럽의 제국은 사실상 사라졌다—1960년 무렵 이미 대부분 사라졌었다. 유럽은 더 이상 세계적인 세력이 아니었다. 소련을 제외하면 세계적인 세력이라고 할 만한 유럽 국가는 없었다. 이와 동시에 유럽은 경제적으로 회복했다. 특히 미국인들이 장악했던 유럽 지역에서 회복세가 두드러졌다. 유럽인들은 제국 없이도 잘 살 수 있다는 사실을 터득했다. 그들은 자신들이 인간의 새로운 존재 방식을 개척했다는 결론을 내리게 되었다. 위험을 감수하지 않고도 전쟁을 일으키지 않고도 풍요로운 삶이 가능하다는 깨달음 말이다.

1991년 냉전이 마무리되고 소련이 붕괴하면서 유럽인들은 자부심을 회복했다. 31년 동안의 파괴에서 그들이 배웠다고 믿는 교훈을 토대로 한 자부심이었다. 권력이 누리게 해주는 혜택은 그에 상응하는 대가를 치를 만한 가치가 없다는 생각이었다. 그들은 유럽이 아무리 여러 나라들로 복닥거려도 과거에는 불가능했던 게 이제는 가능하다고 생각했다. 유럽을 단일한 기구로 통합하고 유럽에서 전쟁을 완전히 몰아내는 일이었다.

유럽연합은 로마인, 샤를마뉴, 나폴레옹, 히틀러가 모두 달성하는 데 실패한 목적을 달성하기 위해 조성되었다. 바로 통일 유럽을 창설하는 일이었다. 유럽인들은 이 목적을 달성할 계획을 세웠을 뿐만 아니라 피를 흘리지 않고 이를 달성하기로 했다. 어떤 의미에서 보면 유럽은 전쟁을 통한 급진적인 해법이라는 꿈을 포기한 셈이었다. 또 달리 보면, 유럽은 훨씬 급진적으로 변했다. 전쟁 없이 똑같은 해법을 실현하기로 했으니 말이다. 바로 유럽 통합이라는 해법 말이다.

06

유럽 통합의
기원은
미국

**The American Origins
of European Integration**

19

45-46년 겨울은 유럽에서 가장 추운 겨울로 기록되었다. 석탄은 귀했다. 겨울옷과 먹을 것도 귀했다. 집 없는 난민들은 유럽을 떠돌았고 그들은 절박하고 위험했다. 독일 같은 일부 지역에서는 난민들이 겨울을 버텨내지 못할 듯이 보였다. 프랑스나 영국 같은 지역은 사정이 조금 나았다. 그러나 모두가 처참하리만치 가난했다.

유럽의 제도가 남아있다면, 그런 제도들은 낡은 민족국가들에 기반하고 있었다. 망명에서 돌아온 정부들이 재건되었다. 그러나 정부가 온 사방에 만연한 인간의 재앙을 극복하기 위해 할 수 있는 일이 거의 없었다. 동부 유럽은 소비에트의 지배 하에 있었고 점령에 의해 통합되었다. 서유럽은 분열되었다. 아무도 통합을 생각하지 않았다. 그들은 생존에 온 신경을 집중하고 있었고 국가를 재건하려고 힘쓰고 있었다.

미국인들은 점령에 대해 크게 고민하지 않았다. 전쟁이 끝난 직후 미국이 소비에트와의 냉전을 계획하고 있었다는 낭설이 있다. 그게 사실이라면 동원 해제는 일어나지 말았어야 한다. 프랭클린 루즈벨트는 진정으로 유엔의 역할을 믿었고, 그 기구가 훗날 얼마나 미심쩍은 기구가 되었든지 간에, 대안으로 내세울 전략도 없었다. 미국은 사건이 일어나면 반응을 보이는데 때로는 과잉반응을 보인다. 사건을 계획적으로 일으키는 경우는 흔치 않다. 미국이 추진하는 전략적인 도그마를 바꾸려면 한참 걸린다. 루즈벨트는 사망했어도 여전히 그의 전략이 지배했다.

미국은 혼돈의 와중에 유럽에 주둔했고, 반사적으로 원조를 해야 할 의무감을 느꼈다. 미국 의회 기록 등 여타 문서들을 살펴보면 뭔가 조치를 취해야 한다는 진심어린 정서가 느껴진다. 원조를 하는 일차적인 경로는 유엔 구호부흥기구를 통해서였다. 최초의 원조는 독일이 아닌 다른 나라들이 받았다. 미국은 다른 방법으로도 무자비하게 굴 수 있었다. 전쟁이 끝나자 미국은 항복한 독일인들을 전쟁포로로 삼지 않고 무장해제적군으로 지정했다. 전쟁포로에게는 미군과 똑같은 보급품을 주어야 했지만, 무장해제 적군으로 지정하면 아무런 구호품도 줄 필요가 없었다. 그러나 1946년 겨울이 깊어지면서 미국은 다른 유럽 지역과 마찬가지로 독일에도 재앙이 닥치고 있다는 사실을 깨닫고 도와주기로 했다.

미국은 유럽을 떠나고 싶은 욕구와 돕고 싶은 욕구 사이에서 갈등했다. 전략적인 이유로 남아야 할 필요가 남겠다는 결심으로 아직 굳어지지 않은 상태였다. 돌이켜보면 유럽에 남기로 한 결정을 미국 냉전 전략의 일환으로 일축하기 쉽다. 그러나 사실 그 시점과 장소에서 미국이 그런 결정을 내렸을 뿐이고, 어느 쪽이든 그 결정은 미국에 대한 유럽의 인식을 형성하는 데 영향을 미쳤다. 비용은 감당할 만했고 "가난한 이들을 위해 뭔가 조치를 취해야 한다."라는 여론도 팽배했었다. 이따금 미국의 행동은 오로지 이타적인 의도로 이해될 때도 있다. 그러나 오래 가는 경우는 드물다.

나는 비엔나에서 난민으로 살았던 때 이야기를 들으며 자랐다. 1949년에 여전히 남아돌아가던 미국 치즈를 배급받았다고 한다. 부모님에 따르면 그다지 고급 치즈는 아니었고 샛노랬다고 한다. 어머니는 나한테 그 치즈를 먹이지 않으려 했지만, 나머지 식구들은 먹었다. 틀림없이 과잉생산된 위스콘신 체다 치즈로서 미국 정부가 낙농업자들을 도와주려고 구매해 유럽으로 운송한 치즈였다. 그러나 미국은 자국 말고는 원조 물자를 가진 나라가 없는 상황에서 유럽을 도왔다. 그 치즈는 오랜 세월이 지난 후에도 여전히 식구들 사이에서 거론되었다.

시간이 흐르면서 미국의 후한 인심은 전략으로 바뀌었다. 1947년 무렵 미국과 소비에트는 둘 다 자국의 이념을 동유럽에 강요하고 영향력을 확대하려 한다는 사실이 점점 더 분명해졌다. 특히 그리스와 터키를 대상으로 말이다. 미국은 소비에트 전략에 맞설 계획을 세우기 시작했다.

서유럽의 경제적 여건은 더 이상 자선의 문제가 아니라 미국 국가 안보의 문제가 되었다. 유럽이 경제적으로 취약하면 사회불안이 높아지고 공산당의 영향력에 취약해진다. 서구 진영은 또한 자본주의가 공산주의보다 훨씬 생산적이고 국민들에게 훨씬 나은 삶을 살게 해준다는 사실을 증명하고 싶었다. 무엇보다도 미국은 혼자서 소비에트를 방어하고 싶지 않았다. 미국은 유럽인들을 재무장시키고 싶었고 그러려면 유럽의 경제가 튼튼해져야 했다. 미국은 계획을 세우기 시작했다.

1947년 국무성 경제담당 차관 윌리엄 클레이튼은 국무장관 조지 C. 마셜에게 다음과 같은 내용의 제안서를 제출했다.

> 즉각적이고 상당한 원조를 미국이 제공하지 않는다면 경제적, 사회적, 정치적 분열이 유럽을 휩쓸게 된다. 이렇게 되면 세계 안보와 미래의 평화에 끔찍한 결과를 초래할 뿐만 아니라, 우리 국내 경제에도 재앙 수준으로 직접적인 영향을 미치게 된다. 우리 잉여 생산물을 소비할 시장이 사라지고 실업률이 높아지고 경기침체가 초래되며 심각한 예산 불균형이 야기된다. 전쟁을 치르느라 산더미 같은 빚이 쌓여 있는 상태에서 말이다. 이런 일들은 절대로 일어나서는 안 된다.

계속해서 그는 다음과 같이 말했다.

> 그러한 계획은 벨기에-네덜란드-룩셈부르크 관세동맹과 유사한 유럽 경제동맹을 토대로 해야 한다. 유럽의 경제가 오늘날처럼 서로 완벽히 분리된 여러 부분으로 쪼개져 있으면 유럽은 이 전쟁에서 회복해 독립할 수 없다.

클레이튼은 마셜 플랜의 핵심적인 설계자였다. 현금을 투입하고 무역을 활성화해서 유럽의 경제를 회생시키려는 계획 말이다. 마셜 플랜은 소련과 대결하기 훨씬 전부터 미국이 해온 정책을 공식화하고 규모를 훨씬 확장했을 뿐이다. 이는 또한 유럽 통합이 본격적으로 시작된 출발점이었다.

마셜 플랜의 최종안에는 다음과 같은 구절이 포함되었다.

> 미국은 거대한 국내 시장이 있고 내부적으로 교역 장벽이 없기 때문에 큰 이득을 누려왔다는 사실을 감안할 때 유럽도 이와 유사한 이득을 누릴 수 있다. 미국 국민들은 이러한 나라들(마셜 플랜 원조의 수혜국들)에게 합동 기구를 통해 공동의 노력을 기울이도록 권장하는 정책을 선포한다 … 이 정책은 유럽에서 경제적 협력을 신속히 달성할 것이며, 이는 항구적인 평화와 회복에 필수적이다.

마셜 플랜은 유럽 연합국을 구상하지는 않았다. 정교한 행정 체제를 구상하지도 않았다. 유럽 자유무역지대와 경제개발을 조율할 일종의 합동 기구를 구상했다. 자유무역과 정책 협력을 하려면 공동의 정체성은 아니더라도 공동의 이해관계가 필요했다. 이게 바로 유럽연합의 개념적인 토대였다.

유럽은 미국의 원조를 환영했지만 유럽을 경제적으로 통합한다는 미국의 구상은 마음에 들지 않았다. 영국은 특히 의구심을 표했다. 영국인들은 자기 제국 내에 자유무역지대를 구축했고 파운드 스털링이라는 공통화폐를 쓰고 있었다. 1947년과 1948년에 영국은 아직 대영 제국이 막을 내렸다고 인정하지 않고 있었다. 대영 제국은 여전히 영국 경제 체제의 토대였고 영국인들은 자기 제국 내에서 화폐가치를 유리하게 책정할 수 있었다. 영국에서 아직 제국이 살아남아야 한다고 믿고 있던 영국인들은 제국을 그대로 유지하고 유럽인들을 배제하려 했다.

수세기 동안 영국인들은 유럽 반도에서의 힘의 균형을 조절함으로써 영국 해협 건너편에서 생존해왔다. 통합된 유럽 반도, 특히 프랑스와 독일의 상당 부분을 포함하는 통일된 유럽 반도는 영국에게는 위협이었고, 영국은 이 두 나라로부터 거리를 유지하거나 두 나라를 이간질함으로써 이 위협을 관리해왔다. 통합이라는 개념은 경악할 개념이었다. 단일 경제 구조 하에서 프랑스와 회생한 독일 사이에 끼어 있다는 생각만으로도 영국인들은 반사적으로 몸을 움츠렸다.

영국은 제2차 세계대전의 승전국에 속했다. 따라서 영국인들은 지금까지 살던 대로 살 자격이 있다고 생각했다. 그들은 자신들이 거느리던 제국이 사라졌다거나 영국의 기본적인 전략이 타당성을 잃었다는 사실을 받아들이지 못했다. 유럽의 통합을 거론하는 미국이 순진하고 위험천만하게 여겨졌다. 미국과의 긴밀한 동맹관계 때문에 영국인들은 마셜 플랜에 참여는 하지만, 군수물자대여-임대 프로그램에 참여했을 때와 마찬가지로 동등한 양자 조건 하에서, 동등한 정도의 우선권을 갖고 참여하리라고 기대했다. 영국은 패전국인 프랑스나 독일의 수준으로 격하되는 상황은 받아들일 수 없었다.

프랑스인들도 영국인 못지않게 협력에 대해 의구심을 품었다. 특히 독일이 참여한다는 사실이 껄끄러웠다. 세 차례 전쟁을 치른 프랑스는 독일의 회복에 관심이 없었다. 게다가 프랑스는 드골주의를 내세우면서 주권을 회복하는 데 집중하고 있었다. 그러나 프랑스는 패배했고 탐탁지는 않지만 마셜 플랜이 절실히 필요했다. 프랑스는 자국이 보유한 제국을 유지하고 싶었지만 독자적으로는 경제를 회생시킬 수 없다는 사실을 잘 알고 있었다.

프랑스인들이 회생할 독일을 얼마나 두려워했든 상관없이 미국은 소비에트에 맞서 유럽을 방어하는 데 집중했고, 지정학적으로 볼 때 서독은 보루였다. 방어체계를 구축하려면 독일 인력과 독일군이 필요했고, 강력한 독일 경제가 필수적이었다. 1947년 무렵 대부분의 유럽인들과 미국에게는 전쟁이 다가오고 있는 듯이 비춰졌다. 전쟁을 피할 유일한 방법은 독일에 보루를 구축하는 길뿐이라고 믿는 이도 있었다.

프랑스인들도 이 논리를 이해했지만 독일의 재무장과 재건에 당연히 두려움을 느꼈고 프랑스와 독일 간의 화약고가 다시 불붙을까봐 걱정했다. 미국인들은 프랑스와 독일 간의 적대감을 존중해야 할 문제가 아니라 해소해야 할 문제로 여겼다. 이 문제가 해결되지 않으면 독일은 산산조각나고 나약한 나라에 머무를 게 뻔했고, 그러면 유럽의 경제 회복은 불가능했다. 유럽은 독일의 경제 회복이 필요했고 동시에 독일이 나머지 유럽, 특히 프랑스와 통합되어야 했다. 표면적으로 이는 노먼 에인절의 이론처럼 보였지만, 미국인들은 단순한 상호의존성이 아니라 독일과 프랑스를 묶어놓는 공식적인 구조를 염두에 두고 있었다.

프랑스인들은 이 개념이 마음에 들지 않았지만 그들이 어떤 현실에 처해 있는지 잘 알고 있었다. 그들은 또한 경제를 발전시키고 전쟁을 모면하려면 유럽의 전체 구조가 바뀌어야 한다는 사실도 알고 있었다. 프랑스인들이 아무리 독일인들을 혐오한다고 해도 프랑스와 서독의 이해관계는 일치했다. 그리고 정치적으로 프랑스 정부가 전후 빈곤을 경감하지 못하면 이미 프랑스 정치에서 막강한 세력인 공산주의자들이 정권을 잡을지도 몰랐고, 그렇게 되면 소비에트에 맞서 자국을 방어할 역량이 훼손될 게 불 보듯 뻔했다.

프랑스는 고려해야 할 사항이 두 가지 더 있었다. 첫째, 영국이 통합에 참여하지 않으면 프랑스가 유럽에서 주도 세력이 될 수 있었다. 통합 절차에 마지못해 따라가느니 앞장서는 게 훨씬 나았다. 둘째, 프랑스는 혼자 힘으로 주권을 회복할 수 없다는 사실을 잘 알고 있었다. 프랑스가 독자적으로 존재하면 미국이 압도적인 힘으로 밀어붙여 프랑스의 이익에 부합하지 않는 행동을 강제로 시킬 수 있었다. 미국의 힘을 상쇄하려면 다른 유럽 국가들과 연합해야 했다. 시간이 흐르면서 프랑스인들은 점점 통합되는 모양을 갖추어가는 유럽을 뒤따르거나 독자적으로 꾸려나가느니 앞장서는 게 나은 해법이라는 사실을 깨달았다.

소비에트가 침략할 경우 유럽 동맹국들이 전투를 대부분 책임지게 한다는 게 미국의 전략이었다. 미국은 유럽에 군대를 일부 주둔시키겠지만 대부분 보강하는 차원에서 공군력, 병참물자를 제공하고 최악의 경우 핵무기를 제공할 계획이었다. 소련이 침공한다면 분명히 서독을 통해 서진(西進)할 게 분명했다. 따라서 서독을 동맹 체제에 가담시켜야 했다. 서독이 결정적인 전장이기 때문이었다. 이 전략을 실행하려면 두 개의 기구가 필요했다. 첫째, 미국이 지배하는 합동사령부 하에 서유럽의 군사력을 증강해 통합한 군사동맹이었다. 둘째, 통합된 경제 구조가 필요했다. 그리고 독일은 궁극적으로 이 두 기구에 가담해야 했다.

1947년 7월 유럽인들은 파리에서 만나 유럽경제협력위원회를 창설했다. 이 계획에는 유럽의 통합과 유럽의 재건을 관장할 초국가적 기구 등 미국인들이 원한 내용은 포함되어 있지 않았다. 구속력이 없는 위원회였고 독립적인 국가들이 모여 공동 프로젝트를 논의하는 포럼이었다. 그러나 이는 시작일 뿐이었다. 그해 말 프랑스는 입장을 바꿔 독일과의 통합뿐만 아니라 마셜 플랜 하에서 유럽 통합이라는 접근 방식을 주장한 미국의 구상을 받아들였다. 영국인들은 여전히 제국의 꿈에 매달리고 있었고 독일인들은 다른 이들이 자기들 운명을 결정해주기를 기다리고 있었으며, 나머지 유럽은 미심쩍은 전쟁 전의 모델에 매달리고 있는 사이에 프랑스는 가장 먼저 입장을 바꿨다.

유럽공동체 창설의 공은 항상 로베르 쉬망에게 돌아갔다. 당시에 프랑스 총리였던 그는 유럽 통합에 깊이 심취해 있었다. 그러나 쉬망의 배후에는 드골이 있었고, 그는 다음 세 가지를 잘 알고 있었다. 첫째, 유럽은 미국과 일종의 집단적인 안보체제 없이 소련에 맞설 수 없었다. 둘째, NATO가 효과적이 되려면 독일이 결국 회생되어야 한다. 따라서 프랑스는 독일의 회생에 참여해야 하고 독일과 친밀한 관계를 맺는 절차를 반드시 거쳐야 했다. 마지막으로, 드골은 독일이 포함된 유럽 통합을 프랑스가 주도하면 그 입지를 이용해 유럽을 지배하고 유럽을 소비에트에 대항하는 효과적인 세력으로 변모시킬 수 있을 뿐만 아니라 미국의 대항세력이 될 수 있다고 생각했다. 이러한 목표를 달성하는 과정은 험난하고 드골은 이 과정이 진행되는 동안 집권하고 있지 않겠지만, 그는 그 논리를 파악했다.

드골의 영향력은 상당했고 드골주의는 강력했다. 쉬망은 유럽 연합국을 구상했다. 드골은 그 구상에는 관심이 없었지만 프랑스가 추구하는 목적을 달성하기 위해 유럽을 이용하는 데 관심이 있었다. 따라서 프랑스가 유럽을 통합하는 구상에서 미국과 손을 잡았다는 사실은 놀랍지 않다. 프랑스는 유럽의 미래상을 규정했다―주도적인 국가들이 자국의 목적을 달성하기 위해 유럽을 이용하는 통합된 유럽이었다. 이는 유럽 역사에서 새로운 국면으로서 민족주의와 유럽주의를 적절히 혼합한 새로운 틀 내에서 과거의 민족주의적 이익을 통합하고, 자국 이익을 추구한다는 원칙을 포기하지 않고 통합을 추진하는 모든 세력들을 규합하는 구상이었다. 아니면 적어도 가능한 한 그런 방향으로 추진한다는 게 프랑스의 구상이었다.

프랑스는 유럽위원회를 조직하는 데 주도적인 역할을 했지만 이 기구는 미국의 압박과 소비에트에 대한 두려움으로 결속된 느슨한 조직이었다. 유럽의 미래상에 대한 구상을 지닌 참여국도 있었지만 그들이 지닌 미래상은 널리 공유되지도 않았고 설득력도 없었다. 편협한 국익, 기회주의, 미국의 압박에 마지못해 체념한 듯한 정서가 만연했다. 패전국들이 몰락하는 제국들과 뒤엉켜 있었고, 자국의 힘을 향상시키기 위해서 합종연횡하는 나라들로 북적였다.

결국 군사적, 경제적 통합을 밀어붙인 주인공은 미국인들이었다. 유럽인들은 NATO 바깥에서는 군사적 통합을 절대로 달성할 수 없었다. 유럽인들은 그 후 반세기에 걸쳐 미국이 구상한 경제적 통합을 능가하는 통합으로 나아가게 되었지만, 유럽의 경제 통합은 유럽 정치가들의 구상에서 비롯된 게 아니었다. 역사와 낭설이 혼재되어 시야가 뿌연 상황에서 유럽 통합을 주창하고 완성하는 데 미국이 한 역할과 유럽인들이 이에 저항했다는 사실은 종종 잊힌다.

민족주의와 유럽 통합

유럽인들은 돌이킬 수 없는 포괄적인 연방의 일부가 되기 위해 국가 주권을 포기하는 일만은 절대로 할 수 없었다. 물론 진정한 의미의 연방을 꿈꾼 영향력 있는 인물들이 있었지만, 그들의 주장을 관철시킬 정치력이 없었다. 주권에 대한 갈망은 만연해 있었지만 특히 영국에서 그러한 정서가 강렬했다. 영국은 전쟁에서 이겼고 따라서 자국을 여느 유럽 국가와 똑같이 여기지 않았다. 영국인들이 보기에 자국의 제국이 살아남지 못하게 되리라는 사실이 명백해졌을 때조차 영국인들은 여전히 유럽에 관여하기를 꺼렸다. 영국 외교 정책의 근간은 유럽의 경쟁국들이 서

190

로 균형을 이루게 함으로써 자국의 안전을 보장하는 것이었다. 그게 아니라면, 영국인들은 자신들이 두 초강대국 사이에서 균형을 잡는 역할을 해야 한다고 보았다.

한편 프랑스인들도 영국인들 못지않게 주권에 집착했지만, 영국보다 훨씬 더 유럽에 관여하려는 의지가 강했다. 안정적이고 풍요로운 유럽이 다시 등장하면서 제2차 세계대전 후 물러났던 드골은 1958년에 다시 집권했다. 드골은 프랑스가 실권을 쥐려면 유럽 연합을 주도해야 한다는 사실을 알고 있었다. 그 실권은 미국에 의존하지 않고 독자적으로 소비에트를 상대할 역량을 갖춰야 한다는 뜻이었다. 드골은 미국의 경제 원조는 더 이상 필요하지 않다고 보았다. 유럽은 원조금을 유용하게 썼고 유럽의 경제는 되살아나고 있었다. 이제 유럽에 대한 위협은 미소 대결이었다. 전쟁이냐 평화냐 선택은 더 이상 유럽 수도에서 내려지지 않았다. 모스크바와 워싱턴이 결정했다. 프랑스의 신임 국가원수로서 드골은 프랑스를 필두로 한 유럽의 주권을 완전히 되찾고 싶었다.

드골은 유럽에서 쌍방적인 갈등을 3자간의 관계로 바꾸고, 그 구도 안에서 유럽은 소비에트 팽창의 문제에 대해 중립적인 입장을 취하지는 않지만, 미국에게 단순히 복종하지도, 유럽 방어를 미국에 전적으로 의존하지도 않는 지위를 확보하고 싶었다. 특히 그는 미국인들에게 점령된 유럽을 원하지 않았다. 따라서 그는 1958년 NATO 소속 모든 군대에게 프랑스 영토를 떠나라고 요청했다. 당시 그는 NATO를 탈퇴하지는 않았다. 결국 몇 년 후 프랑스를 군사위원회에서 탈퇴시키기는 했지만 말이다. 프랑스는 NATO와 계속 협력했고 전쟁이 발발하면 프랑스가 참여하는 계획도 유지되었다. 그러나 전쟁이 일어나도 미국과 소련이 아니라 프랑스와 유럽이 결정을 내리겠다고 마음먹었다.

이렇게 되려면 두 가지가 필요하다고 드골은 생각했다. 첫째, 유럽이 핵무기를 사용할 수 있는 선택지를 가져야 했다. 유럽이 합심해서 핵무기를 만들 계획은 없었기 때문에 드골은 프랑스의 소규모 핵 프로그램이 확대되어야 한다고 주장했다. 드골은 당시의 전략 하에서 유럽을 소비에트의 재래식 공격으로부터 보호할 유일한 방법은 미국의 핵 공격뿐이라고 주장했다. 그는 미국이 유럽을 위해 시카고를 잃는 위험을 감수하리라고 믿지 않았고 무엇보다도 소비에트인들이 미국이 그런 위험을 감수하리라고 믿지 않는다고 생각했다. 따라서 미국의 핵 보장은 신빙성이 없었다. 프랑스의 핵전력이 있어야 했다. 왜냐하면 프랑스와 나머지 유럽은 재앙에 직면할 것이기 때문이다. 소비에트인들이 프랑스의 핵무기가 사용될 가능성이 높다는 사실을 알게 해야 하고 그러면 그들은 훨씬 신중한 태도를 유지하게 된다고 생각했다. 드골 말마따나, 프랑스는 소련을 파괴할 역량을 갖출 필요는 없고 팔 한쪽을 떼어낼 역량만 있으면 되었다. 따라서 그는 프랑스가 독자적으로 핵전력을 사용할 수 있는 선택지를 보유해야 한다고 주장했다.

둘째, 드골은 유럽의 경제적 통합이 중요하다는 사실을 깨달았다. 특히 프랑스와 독일을 긴밀히 연결해야 했다. 독일은 어떤 전쟁에서도 전략적인 핵심이었다. 독일 영토를 방어할 필요가 있었지만, 드골은 프랑스와 독일이 함께 유럽을 방어한다는 구상을 했다. 그들은 가장 규모가 큰 유럽 국가들이었고, 가장 힘이 셌다. 그는 영국이 유럽 반도의 정치에 가담하지 않도록 내버려두어도 무방하다고 생각했다. 영국을 제외시키면 프랑스의 운신의 폭이 넓어졌다. 독일과 프랑스를 묶어두면 나머지 서유럽은 이 핵심 세력과 연합할 수밖에 없었다.

드골은 프랑스에게는 경쟁력 있는 현대식 경제 체제가 없고 독일은 그런 체제를 발전시키고 있다는 사실을 알고 있었다. 그는 독일에서 경제적 기적이 일어나 프랑스 경제를 변모시키기를 바란다고 공개적으로 말하곤 했다. 유럽의 경제가 통합되면 유럽의 경제력이 향상되고 미국에 대한 의존도는 줄어들게 된다. 그러한 경제 통합은 동맹을 형성하게 된다. 딱히 초국가적인 기구는 아니지만, 유럽의 방어를 유럽인의 손으로 할 수 있게 된다.

또 하나의 필수적인 요소가 있었다. 프랑스가 유럽에서 지배적인 세력이 되고 유럽이 초강대국 대열에 합류하는 것이었다. 독일인들은 집단적 유죄는 없다는 개념을 토대로 용서받았다. 이는 나치가 저지른 범죄에 대해 독일은 집단적으로 책임을 지지 않으며 범죄를 저지른 개인들만 책임을 진다는 원칙에 따른 것이었다. 그럼에도 불구하고 독일인들은 여전히 자신들이 저지른 짓에 대해 경악하고 치욕스러워해야 했다. 이렇게 되면 자연스럽게 프랑스가 정치적인 주도권을 쥘 수 있었다. 독일인들은 지정학적 지도력을 행사할 배짱이 없었다. 프랑스-독일 관계에 맞설 나라는 없었다. 긴밀한 프랑스-독일 관계는 방대한 경제적 이점과 유럽에 기반한 방어 체제를 제공했다. 영국은 이러한 연합을 훼손하려 시도하기에는 너무도 양면적인 입장을 지녔고, 너무 미국과 깊이 엮여 있었으며, 궁극적으로는 영국의 국가 이익에 너무 몰두해 있었다. 제2차 세계대전에서 패배하고 점령당했던 프랑스는 승자로 부상해 유럽의 세계적 이익을 지키기 위해 풍요롭고 군사역량을 갖춘 유럽 국가들의 연합을 이끌 계획이었다.

그러나 딱히 드골이 계획한 대로 이루어지지 않았다. 독일은 동쪽 화약고를 따라 너무 노출되어 있었고 경제적 연맹보다 더 나아가기에는 지나치게 미국의 영향력 하에 있었다. 소규모 국가들은 프랑스-독일 진영의 위성국가로 전락하고 싶지 않았고 프랑스-독일의 역할보다 미국의 역할이 훨씬 더 자비롭다고 보았다. 게다가 삐걱거리는 프랑스 경제와 포효하는 독일 경제는 근본적으로 긴장관계였다. 드골이 품은 막강하고 독립적인 유럽이라는 구상은 날개를 달지 못했다.

그러나 가장 야심만만하고 진정으로 유럽적인 통합 구상은 드골주의에서 비롯되었다는 사실은 매우 중요하다. 드골은 유럽이 그저 미국의 위성국가처럼 되어서는 안 된다고 믿었다. 독일과 프랑스가 불가분의 관계가 되어야 유럽을 위대하게 만들고 1871년 이후로 유럽을 사분오열시킨 민족주의의 부상을 막을 수 있다고 생각했다. 프랑스-독일 진영을 중심축으로 거대한 유럽연합이 형성되어야 했다. 물론 드골은 군사적 측면 없이 경제적 연합이나 통합은 없다고 생각했다. 그는 NATO를 미국의 존재감을 축소시키고 유럽군으로 재규정하고 싶었다. 그런 일은 일어나지 않았고, 바로 여기에 유럽의 취약점이 놓여 있다.

유럽연합

유럽 통합은 1957년에 로마조약 체결과 더불어 공식적으로 시작되었다. 1951년에 창설된 유럽석탄철강공동체 같은 전신이 있었지만 이 조약은 훨씬 포괄적이고 심도 있었으며, 이 조약을 추진하는 배경이 된 야심이 궁극적으로 유럽연합의 창설로 이어졌다.

로마조약은 6개국—프랑스, 독일, 네덜란드, 벨기에, 룩셈부르크, 이탈리아—을 한데 묶었다. 독일과 프랑스를 한데 묶었다는 게 가장 중요했다. 벨기에, 네덜란드, 룩셈부르크는 이 두 나라 사이에 위치한 작은 경계지역이었다.

유럽인들에게 이는 독일과 프랑스 간에 체결된 협정을 뜻했다. 두 나라가 경계지역을 따라 갈등을 빚으면서 1871년 이후로, 특히 나폴레옹 전쟁 이후로 유럽을 좌지우지했다. 유럽연합으로 가는 다음 단계인 유럽

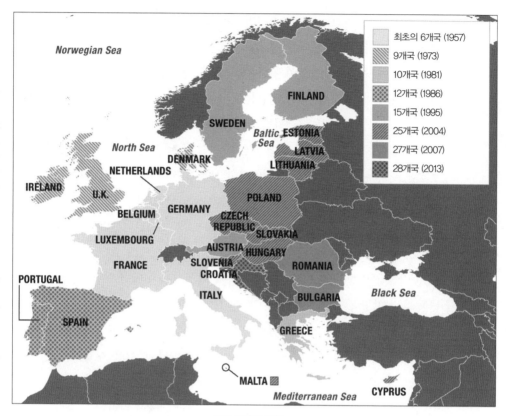

<figure>

최초의 6개국 (1957)
9개국 (1973)
10개국 (1981)
12개국 (1986)
15개국 (1995)
25개국 (2004)
27개국 (2007)
28개국 (2013)

Norwegian Sea

FINLAND

SWEDEN
Baltic ESTONIA
Sea
LATVIA
North Sea LITHUANIA
DENMARK
NETHERLANDS
IRELAND POLAND
U.K.
GERMANY
BELGIUM CZECH
REPUBLIC SLOVAKIA
LUXEMBOURG
AUSTRIA HUNGARY
FRANCE SLOVENIA
CROATIA ROMANIA
PORTUGAL
ITALY *Black Sea*
BULGARIA
SPAIN
GREECE

MALTA
Mediterranean Sea CYPRUS

</figure>

유럽 통합의 역사

공동체 창설이 로마조약에 담겼다. 평화와 번영을 약속하는 조약이었다. 이제 유럽인들은 나의 부친이 미국에 갈 때 바랐던 것을 바라고 있었다. 안전과 먹고 살 기회였다. 그러나 이 조약에는 훨씬 야심만만한 다음과 같은 내용도 들어 있었다. "유럽 국민들 사이의 보다 친밀한 결속."

이게 바로 유럽공동체와 그 뒤를 이은 유럽연합이 안고 있는 문제의 핵심이다. 유럽인들은 평화와 번영을 약속받았지만 평화를 달성하려면 국민들 사이에 보다 긴밀한 결속이 필요했다. 어디까지 결속할지 그 한계를 규정하지 않았으므로 보다 긴밀한 결속은 궁극적으로, 독특하고 개별적인 국가의 원칙과 부딪혔다. 그러나 긴밀한 결속 없이 적대적인 역사를 공유한 프랑스와 독일이 어찌 평화와 번영을 보장하겠는가? 처음부터 이는 유럽이 풀 수 없는 숙제였다.

유럽공동체는 냉전을 수행하는 도구이기도 했다. 유럽공동체는 프랑스와 독일을 함께 NATO에 묶어놓았다. 독일은 전방에서 북유럽평원을 보호했고, 프랑스는 미국의 증강 병력이 상륙해 전진할 수 있는 후방 기지 역할을 했다. 여기에 이탈리아를 포함시키면서 그림은 완성되었다. 이탈리아는 조약을 입안할 당시 다른 나라들보다 적게 관여했다. 그러나 이탈리아는 중요했다. NATO의 남쪽 측면을 지탱하고 있었고, 공식적으로 중립을 선언한 스위스와 오스트리아를 제외하고 이탈리아가 포함되면서 유럽 반도 전역을 가로지르는 선이 그어졌다.

영국은 유럽공동체 밖에 남았다. 영국인들은 자유무역지대가 필요했지만 자국의 경제에 대한 장악력을 유지하고 싶었다. 그들은 대륙의 자유무역지대가 영국의 수출을 감소시킬까봐 두려웠다. 1950년대 중엽 동안 영국은 유럽공동체의 대안으로서 1960년 유럽자유무역연합을 공식적으로 창설했고 여기에는 영국, 오스트리아, 덴마크, 스웨덴, 노르웨이, 핀란드, 스위스, 리히텐슈타인, 포르투갈이 참가했다. 차이는 분명했다. 첫째, 유럽자유무역연합 회원국들 가운데 주요 국가는 영국 하나뿐이었다. 둘째, 주로 유럽 변경지역에 있는 나라들, 대부분 유럽 반도에서 벗어나 있는 나라들이 포함되었다. 이는 역사적으로 영국이 품어온, 유럽 반도에 끌려들어갈지 모른다는 두려움에 대한 대응이자 협력 국가들을 지배함으로써 자국의 경제정책을 통제하고 싶은 욕구에서 비롯되었다.

결국 유럽자유무역연합은 실패했다. 미국이 이에 반대하고 유럽공동체를 지원한 게 실패의 큰 이유로 손꼽혔다. 미국은 유럽이 분열되기를 바라지 않았다. 미국은 유럽공동체의 기술적인 구조와 무역정책을 유럽 자유무역연합보다 선호했고 무엇보다도 유럽공동체의 지리적 여건을 중요하게 여겼다. 미국의 전략적 이익에 부합했기 때문이다. 유럽자유무역연합은 유럽 반도에서 진행 중이던 과정에 대한 대안을 창출하려던 시도였다. 결국 이 대안은 유지되지 못했다.

유럽자유무역연합은 유럽의 지도자가 되기 위한 영국의 마지막 시도였다. 영국은 제국을 잃고 있었고 지도자 역할을 자임하기에는 경제적, 정치적 비중이 너무 적었다. 세력이 너무 약화된 영국의 인구는 4,900만 명이었고, 영국이 자유무역지대를 창설하겠다며 끌어 모은 나라들의 인구는 다 합해도 5,200만 명에 불과했다. 이 나라들은 결국 유럽자유무역연합을 버리고(노르웨이, 아이슬란드, 스위스, 리히텐슈타인은 여전히 이 기구의 회원국이므로 국제기구는 절대로 사라지지 않는다는 점을 입증해준다.) 유럽공동체와 유럽연합에 합류하게 되지만, 유럽자유무역연합은 영국이 유럽공동체와 유럽연합, 대륙에 지나치게 엮이는 상황에 대해 달갑지 않게 생각한다는 원칙을 보여주었다. 그러나 역사는 영국의 편이 아니었고 유럽공동체는 확대되었고 유럽연합으로 바뀌었다.

유럽공동체 회원국들의 관계는 훨씬 긴밀하고 복잡한 관계로 발전했지만, 이 기구는 1973년 덴마크, 아일랜드와 더불어 영국이 마침내 합류하면서 비로소 확장되었다. 이 기구는 1991년 스페인, 포르투갈, 그리스가 추가되면서 12개국으로 구성될 때까지는 서서히 확대되었다. 유럽공동체는 회원국들이 적응할 수 있도록 조심스럽게 성장했다. 이 기구는 회원국들에게 많은 것을 요구하지 않았고 회원국들에게 번영과 평화를 강화할 안정적인 무역지대 이상의 것을 제공하지도 않았다. 그 이면에는 유럽을 사분오열시킨 복잡한 사정이 숨어 있었다. 정치적, 역사적, 지리적인 복잡한 사정이었다. 그러나 유럽공동체는 시간이 흐르면서 점점 야심찬 계획을 추진하기 시작했다.

1991년 냉전이 끝나고 유럽공동체 구상을 발전시키는 데, 특히 창설에 큰 영향을 미쳤던 미국이 더 이상 중요한 역할을 하지 않게 되면서 이 프로젝트 저변에 깔린 급진주의가 공식적으로 모습을 드러냈다. 이 해는 마스트리히트 조약이 입안되었고 현대의 유럽연합의 골격이 탄생한 해이다.

마스트리히트는 네덜란드 남쪽 끝 벨기에와 국경을 접한 곳에 있는 마을이다. 이곳은 아르덴 숲 언저리에 있고, 제1차 세계대전과 제2차 세계대전에서 서부전선 쪽 전쟁이 끝난 곳이다. 이 마을은 샤를마뉴의 권력의 중심지인 아헨과 매우 가깝고 콘스탄티누스 대제가 첫 수도로 정한 트리어에서 자동차로 한 시간 거리에 있다. 이 마을은 유럽 반도의 심장부로서 여러모로 유럽이라는 개념이 탄생한 곳이다.

이 마을은 또한 유럽연합의 다른 주요 기구들과 마찬가지로 프랑스와 독일 사이의 경계지역 한복판에 있었다. (유럽의회는 라인강 근처 프랑스 알자스 지방에 있는 스트라스부르가 공식적인 근거지이다. 유럽이사회는 브뤼셀에 있다.) 이 마을은 지금은 평화로워 보이지만 한 세기 넘게 들끓는 가마솥 같은 곳이었다. 그러나 유럽에서 평화와 번영이 실현된다면 여기서 시작되어야 했다. 아무도 이곳이 문제의 핵심이라는 사실을 의심하지 않았고 이곳이 유럽연합이 숨 쉬어야 할 곳이었다. 마스트리히트는 유럽연합의 설립 취지를 상징했다. 이 마을이 지리적으로 중심부에 있다는 게 우연이 아니었다.

흔히 유럽연합조약이라고도 불리는 마스트리히트 조약은 "점점 서로 가까워지는 사람들"이라는 개념의 논리적 연장선상에 있다. 이 조약이 의도한 바는 경제 부문—경제 부문도 급진적으로 확장되었다—을 넘어 사회적, 정치적 영역까지 확장되었다. 궁극적으로 이 조약의 도덕적 취

198

지가 가장 중요했다. 이 조약을 통해 유럽 국가들을 통일하는 데 그치지 않고 유럽인들을 하나로 통일하려고 했다. 한 사람이 지닌 국가적 정체성 못지않게 유럽인이라는 정체성을 중요하게 만들겠다는 의도였다. 유럽을 지리적 차원을 넘어 문화적 현실로 만들어 유럽인들을 결속시키겠다는 취지였다. 국가 시민권과 정체성과 병행해서 유럽 시민권과 정체성을 제공함으로써 국가적 정체성을 극복하는 동시에 보존하려고 했다.

이러한 시도는 성공할 뻔했다. 세계는 유럽을 주권국가들의 집합체로 보지 않고 정치적 정체성을 가진 존재로 간주하게 되었다. 그러나 무엇보다도 국가적 정체성을 제거하지 않으면서도 유럽 전체를 아우르는 범유럽 정서를 창출했고, 유럽인들이 공통된 운명을 지녔다고 생각할 계기를 마련했다는 사실이 중요하다. 국가적 정체성을 공통된 유럽 문화 내에 존재하는 민족적 차이로 만들려고 했다. 이는 엄청난 진전이었다.

흥미롭게도 이는 미국 남북전쟁에서도 일어났다. 미국인들은 전쟁이 시작될 때 자신을 자기가 속한 주와 동일시했지만 전쟁이 끝나면서 피로 만들어진 단일 국가가 되었다. 그러나 유럽에서는 이를 달성하기가 어려웠다. 첫째, 평화와 번영이라는 개념을 토대로 구축된 유럽의 통합에서는 어느 것도 피로 만들어질 수 없었다. 둘째, 미국의 주(州)들 사이의 이견은 언어나 문화처럼 바꾸기 어려운 문제들이 아니라, 노예제도 폐지나 경제 구조처럼 전쟁을 통해서라도 결정될 수 있는 사안들이었다.

처음부터 저항이 있었다. 당시 영국 총리 존 메이저는 마스트리히트 조약에 "연방이 목표"라는 문구가 들어가는 데 반대했다. 회의 의장이 이를 "연방이 사명"이라고 바꾸자 메이저는 노발대발했다. 영국인들은 연방이나 연방을 추구하는 것으로 비춰지는 어떤 기구에도 합류할 생각이 없었다. 그는 영국에 이익이 되는 조약기구에 가입할 생각이었지, 영국을 영국인이 아닌 유럽 의회가 권력을 쥐는 유럽 연방의 일개 주로 전락시킬 생각은 전혀 없었다. 각기 다른 민족국가들을 한데 모아서 다국적 국가를 만드는 일은 당시에 유럽의 역량을 넘어서는 일이었다.

그러나 직접적인 방법으로 달성할 수 없는 목표는 복잡하게 만들어서 달성하면 된다. 통치 체제가 복잡해질수록 이용하기 어려워지지만 이해하기도 어려워지고, 따라서 반대하기도 어려워진다. 타협안으로 나온 통치 방법은 엄청나게 복잡한 체제였는데, 의장을 회원국이 돌아가면서 맡았고, 의회에는 모호한 권력이 주어졌으며, 법원은 시간이 흐르면서 미국 대법원의 권력과 비슷한 권력을 지닌 기구로 부상하게 된다. 무엇보다도 유럽연합은 어떤 경우에는 만장일치로, 어떤 경우에는 다수결로 결정을 내리는 체제가 되었고, 의도적으로 고정되지 않고 계속 변하는 체제로 만들어졌다. 게다가 유럽 전역에 적용되는 해결책을 유럽인들의 동의도 없이 몰래 실행할 관료조직까지 생겼다. 통일성을 보장하는 동시에 회원국의 주권을 보존하는 체제를 구축하기 어렵게 되자 생각해낸 해법은 도저히 이해하기 힘들 만큼 복잡한 관리 체제였고, 그렇게 해서 순전히 관리자들만이 운영할 수 있는 체제가 되었다.

마스트리히트 조약은 국가의 주권과 상충하는 한 가지 분명한 요소가 있었다. 유로였다. 정체성 없는 화폐였다. 대부분의 나라들이 발행한 화폐를 보면 정치계나 문화계의 역사적인 인물들의 얼굴이 인쇄되어 있다. 유로에는 얼굴이 등장하지 않는다. 유럽인들이 화폐에 누구를 넣어야 할지 합의하지 못했기 때문이다. 미국은 워싱턴, 링컨, 잭슨, 프랭클린을 비롯해 유명한 미국인들이 미국 화폐에 등장해야 한다는 합의가 존재한다. 그러나 미국은 공유하는 역사가 있다. 유럽은 그렇지 않다. 남의 나라가 우러러보는 영웅들을 찬양하는 나라는 없다. 나폴레옹은 프랑스인들에게는 영웅일지 몰라도 스페인 사람들이 그를 찬양할 리는 없다.

유로는 분명히 국가의 주권을 찬탈했다. 국가는 자국 화폐 가치를 어

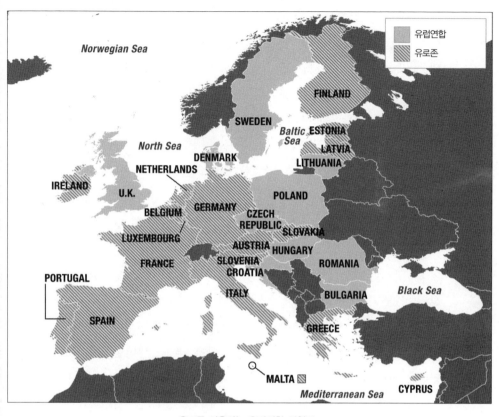

유로를 이용하는 유럽연합 회원국

느 정도 통제한다. 국가들이 공동 화폐를 사용하면 중요한 경제적 결정을 개별 국가가 아니라 또 다른 존재가 내린다는 뜻이다. 게다가 유럽중앙은행이 유럽 안팎에서 유로의 가치를 관리한다. 국가들은 세금 정책, 공공지출, 그 밖의 재정 정책들을 결정한다. 현재 유럽연합 회원국 가운데 유로를 사용하는 나라는 18개다.

유로를 이용하는 나라들은 유럽 반도의 서부에 집중되어 있다. 반도의 북쪽과 동쪽에 위치한 나라들은 대부분 제외되었다. 그러나 유로를 이용하는 나라들도 경제적 발전 수준과 사회적 여건이 천차만별이었다. 예컨대, 국제 시장에서 순 채권자인 경제적으로 성숙한 나라는 융자해준 돈의 가치를 보호하기 위해서 화폐의 가치가 안정적으로 유지되기를 바란다. 상대적으로 가난한 나라는 수출단가를 낮추기 위해 가치가 약세인 화폐를 바라거나 미지급 융자금의 가치를 낮추기 위해 인플레이션을 바란다. 화폐는 경제를 관리하는 중요한 도구로서 국가들이 이따금 자국에 유리한 정책을 펴는 데 사용한다. 그리고 대대적인 경제 위기가 발생하면 화폐가치를 떨어뜨려 수출을 증진하고 경제를 안정시킬 수 있다.

유럽연합이 유로를 남유럽과 동유럽에까지 확대 적용한 이유가 무엇이고, 그 나라들은 왜 이를 수용했는지를 제대로 파악하기는 어렵다. 무모한 낙관주의와 유럽의 몽상이라는 해석 말고는 어떤 설명도 불가능하다. 낙관주의는 유럽에서 경제 위기는 사라졌고, 누가 긴축의 부담을 질지와 같은 어려운 결정을 내려야 하는 상황에 다시는 직면할 일이 없으리라는 정서를 뜻한다. 유럽연합과 유로존에 속함으로써 유럽인이 된다는 믿음도 한몫했다. 즉, 서유럽적 가치와 부, 문화를 가진 서유럽인이 된다고 믿었다는 뜻이다. 그들 나름의 문화와 생활방식을 포기하지 않고도 말이다. 이러한 낙관주의 때문에 회원국이 되면 어떤 함정에 빠지게 되는지를 간과했다. 따라서 위기에서 생존하기 어려운 나라들이 앞다퉈 가입했고 그들은 회원으로 받아들여졌다.

이 모든 나라들이 동일한 화폐를 사용하면서 심각한 문제가 발생했다. 예컨대, 독일과 그리스는 서로 다른 통화정책이 필요했다. 경제발전 단계도 달랐고 해결해야 할 경제적인 문제도 달랐으며 세제도 달랐다. 독일은 유럽중앙은행에서 그리스보다 훨씬 막강한 영향력을 행사하고 있었다. 유럽중앙은행은 주로 물가상승을 억제하는 게 주 임무인 독일 분데스방크의 개념을 토대로 구축되었다. 독일의 경제 규모는 유럽 최대이고 독일의 경제적 건강이 유럽 전체의 건강에 필수적이었다. 그리스의 경제적 건강은 덜 중요했다. 유럽중앙은행은 필연적으로 독일에게 최적이지만 그리스에게는 그다지 적합하지 않은 통화정책을 시행할 수밖에 없었다. 여기다가 유럽에 존재하는 모든 차이들을 고려하면 핵심적인 문제가 뭔지 드러나기 시작한다.

제2차 세계대전 후 유럽은 그저 안전하고 풍족하기만을 바라게 되었다. 삶과 쾌락에 대한 열정의 개념에 기반한 계몽주의의 세속적인 미래상(vision)은 이성이 천국에 이르기를 바라면서 이러한 관심사들을 초월해왔다. 유럽인들은 초월적인 미래상에 넌더리가 났다. 그들은 계몽주의의 팔을 잘라버리고 다리만 남겨놓았다. 달리 어쩌겠는가?

베토벤의 교향곡 제9번에 수록된 유럽의 노래 〈환희의 송가〉 가사는 독일 시인 쉴러의 시에서 따왔다. 이렇게 시작된다.

환희여, 신들의 아름다운 불꽃
낙원의 딸이여,
우리는 불꽃에 취해서,
천상의 영역, 당신의 성전에 들어가노라.
그대의 마법이 다시 결속시키리라,
세상의 풍습이 엄격히 구분했던 것들을.
모든 사람들은 형제가 되리라,
그대의 부드러운 날개가 머무는 곳에서.

사람들이 한낱 풍습의 차이를 극복하고 하나의 형제애로 결속하는 기쁨을 노래한 시다. 그렇게 되면 환희를 맛보게 된다.

형제애는 운명을 공유한다는 뜻이다. 평화와 번영이 구성원들을 결속시키는 유일한 수단이라면, 평화와 번영은 절대로 사라지면 안 된다. 누군 가난해지고 누군 부자가 되고 누군 전쟁을 치르고 누군 그러지 않는다면 운명을 공유한다고 할 수 있을까? 따라서 운명이 나라들을 분열시키기보다는 결속시켜야 한다는 게 유럽이 추구하는 프로젝트의 핵심적인 요소였다. 국가 정체성이나 운명 같은 어려운 문제가 제기되지 않도록 하려면 평화와 번영이 계속되어야 했다.

유럽은 유럽인들에게 좋은 것만 약속했다. 미국은 평화는 그 자체로서 목적이 아니고 사회는 그 구성원들에게 번영을 약속할 수 없다는 사실을 알고 있었다. 미국은 "보다 완전한 연방"과 "양도할 수 없는 권리"라는 개념을 바탕으로 결속된 나라다. 미국은 각양각색인 사람들을 초월적인 원칙들을 중심으로 결속시킨 나라다. 미국은 평화나 번영을 약속한 적이 없다. 오직 그 가능성만을 약속했을 뿐이다.

유럽연합의 문제는 평화와 번영—환희의 송가—말고는 유럽인들에게 제시할 게 아무것도 없다는 사실이다. 그 환희가 무산되면, 평화나 번영이 증발하면 어떻게 될까? 그렇게 되면 무엇이 사람들을 형제애라는 이름으로 결속시킬까? 무엇이 유럽연합을 결속시킬까?

07

위기와 분열

Crisis and Division

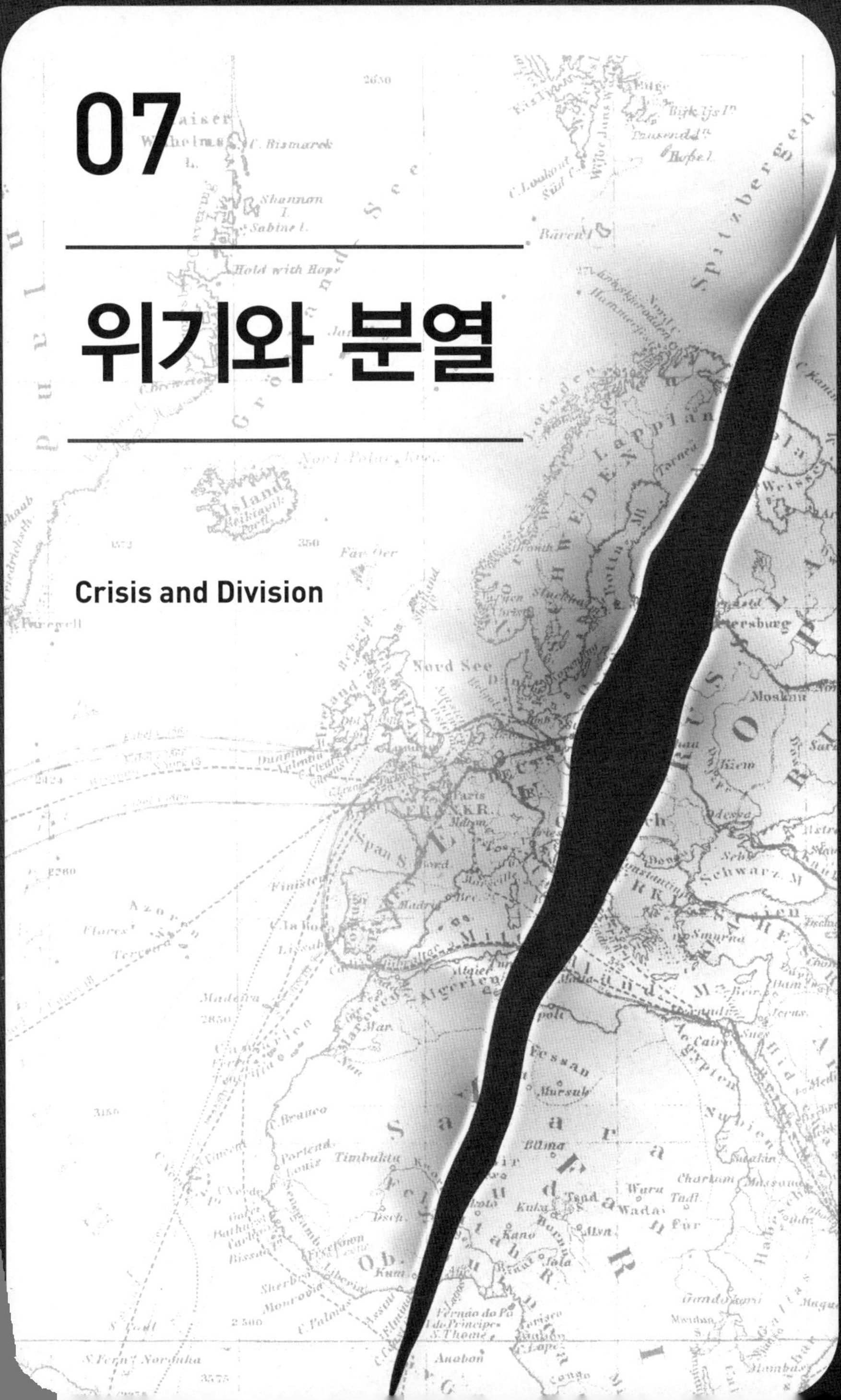

소련은 마스트리히트 조약안이 완성된 달에 붕괴되었다. 소비에트 공화국들은 모두 독립했다. 수세기 만에 처음으로 유럽 반도 국가들은 러시아 본토로부터 자유로워졌다. 언어마다 나라가 생겼다. 정확히 500년 만에 처음으로 세계적 강대국 중에 유럽 국가가 하나도 없는 시대가 되었다. 유럽은 자잘한 주권국가들이 아주 작은 공간에 밀집해 있는 곳이었다.

마스트리히트 조약이 체결된 후 유럽은 예상대로 나아갔다. 유럽은 새로운 정치 구조와 막강한 관료조직을 개발했으며, 새로운 화폐를 만들었다. 유럽의 경제는 점점 통합되었고 유럽연방이 거론되기 시작했다. 2000년대에 한동안은 이게 가능해 보였다.

낙관주의가 팽배했다. 소련은 붕괴되었고, 유럽연합 동쪽에 위치한 나라들은 소비에트의 지배에서 벗어나 유럽연합에 합류하려고 안달이 났다. 유럽은 번영의 시대를 구가하고 있었다. 유럽 국가들이 모두 똑같이 번영하지는 않았지만 그래도 모두가 번영했다. 유럽 국가들은 여전히 주권국가였다. 그들은 자국의 운명을 결정할 궁극적인 힘을 포기하지 않으려 했다. 통합된 방어 체제나 외교 정책은 없었고 진정한 통합은 경제 부문에서만 이루어졌다. 그러나 상관없었다. 방어 체제의 필요성은 구태의연해 보였고, 외교 정책과 무역 정책의 구분은 탁상공론처럼 보였다. 경제가 중요했으며, 유럽은 유럽연합이 약속한 대로 평화롭고 번영했다.

창설부터 2008년까지 유럽연합은 번성했다. 그러다가 6주 만에 자신만만했던 유럽의 확신이 무너지기 시작했다. 번영이 산산조각났고 유럽은 실존적 위기에 빠졌다. 유럽연합이 회원국으로서 누리는 기쁨과 더불어 고통과 희생을 요구한다면 어떻게 결속이 유지되겠는가?

먼저, 8월 7일 러시아가 조지아와 전쟁을 일으켰다. 그러더니 9월 15일 리먼브라더스가 파산했다. 이 두 사건은 전혀 무관해 보였고, 아무도 한 시대를 마감하는 사건으로 보지 않았다. 첫 번째 사건은 러시아와 유럽의 관계를 바꾸어놓았다. 러시아를 무시해도 좋은 시대는 끝났다. 국가들 간의 전쟁은 유럽에서 불가능하다는 환상도 깨졌다. 두 번째 사건은 유럽이 처음으로 겪게 된 금융 위기였고 결국 유럽 경제 체제를 훼손하면서 궁극적으로 유럽연합과 주권국가 사이의 미묘한 균형이 깨졌다. 이 두 사건이 복합적으로 작용해 해결책 없는 위기로 이어졌고 유럽의 평화와 번영을 위협했다. 우리는 여전히 이 두 가지 사건이 드리운 그림자에서 벗어나지 못하고 있다. 2014년 우크라이나에서의 충돌과 유럽의 부진한 경제성장은 이 두 사건과 밀접하게 연관되어 있다. 이 두 사건이 우리 세대를 규정한다.

이 모든 사건들의 핵심에는 모순이 자리하고 있었다. 유럽은 민족주의를 두려워했다. 소비에트 제국이 무너지면서 신생 국가들이 우후죽순 탄생했고 기존의 국가들이 해방되었다. 유럽연합은 민족주의를 두려워하면서도 동시에 아직 분명히 규정되지 않은 복잡한 국익을 지닌 신생 국가들을 찬양했다. 신생 국가들은 아직 NATO나 유럽연합에 합류하지 않았다. 대부분의 동유럽 국가들, 심지어 구소련까지도 NATO와 유럽연합에 합류하기를 원했다. 안보와 번영, 그리고 유럽의 가치에 기초한 자유민주적 정치체를 보장해주리라고 기대했기 때문이다. 물론 신생국들은 새로 얻은 주권을 유지하고 싶어 했다. 여러 가지 모순이 나타나고 있었지만 그런 모순들도 유럽인들을 막지는 못했다.

기존의 회원국들은 회원 자격을 동쪽까지 확장하면 유럽의 평화가 보장되리라고 생각했다. 러시아를 따돌리고 러시아가 다시 부상하지 못하게 할 막강한 장애물이 구축되며, 러시아를 제외한 유럽 전역에 번영과 자유주의를 확산시킬 수 있다고 믿었다. 결국은 유럽연합에 러시아를 합류시키겠다는 생각을 한 이들도 있었다. 유럽연합을 확대하려는 욕구와 합류하려는 욕구는 똑같은 전제를 깔고 있었다. 번영은 평화를 뜻했고 유럽연합은 번영을 보장했다. 주권의 정확한 의미는 규정되지 않았고, 분명한 해결책을 요구하지도 않았다.

유럽연합은 유럽 방어 정책을 만들지 않았다. NATO는 냉전이 끝났지만 존속되었다. 그러나 이 기구는 이제 역사 속으로 사라진 적에 대처하기 위해 존재하는 어정쩡한 입장에 처하게 되었다. 미국도 이 기구의 회원국이었고, 군사적으로 강했으며, 아프가니스탄과 이라크 전쟁에 개입했다. 미국의 존재는 NATO에 혼란을 초래했다. NATO는 미국에 협력하는 나라들과 협력하지 않으려는 나라들, 두 전쟁 중 어느 한 전쟁에만 참전하는 나라들로 나뉘었다. NATO가 기구로서 기능할 역량은 제한되었지만 여전히 대부분의 유럽을 아우르고 있었다.

2008년 무렵 NATO와 유럽연합은 동쪽으로 확장될 대로 확장되었다. 두 기구는 한 가지 사명을 공유했다. 동유럽의 신생독립국들, 구소련 공화국들을 서유럽에 통합시키는 일이었다. 단순히 방어 체제나 경제 통합을 뜻하는 게 아니었다. 도덕적, 문화적 통합을 뜻했다. 어느 쪽에든 가입하면, 새로운 회원국은 세속적이고 다국적적이고 평화로운 유럽에 진입하게 된다고 서유럽은 생각했다. 가입하는 회원국들에게 그것은 유럽의 경제적 번영을 공유하고 유럽의 평화와 문화를 누리게 됨을 뜻했다.

유럽연합은 놀라울 정도로 NATO와 닮아있다. 미국이 후자의 회원국이라는 사실만 빼고. 가장 큰 차이는 터키는 NATO의 회원국이지만 유럽연합의 회원국은 아니고, 스칸디나비아 반도의 스웨덴과 핀란드는 유럽연합의 회원국이지만 NATO 회원국은 아니라는 점이다. 그 외에는 두 기구가 놀라울 정도로 닮았다. 이 두 기구의 경계가 동쪽으로 이동하면서 러시아와 벨로루시, 우크라이나 같은 경계지역들은 제외되었다. 그리고 따돌림 당하고 무시당한 러시아는 뜻밖에 예전의 러시아로 돌아갔다.

조지아 위기

1990년대는 경제적으로, 지정학적으로 러시아에게 재앙이 닥친 시기였다. 공산주의가 무너지면서 경제는 거덜났고 러시아의 방대한 영향력은 사라졌다. 블라디미르 푸틴이 집권한 이유는 그가 러시아에서 제 기능을 하는 몇 안 되는 기구 가운데 하나를 대표했기 때문이다. 바로 비밀경찰이다. 비밀경찰은 차르 황제 체제와 공산주의 체제 모두의 토대가 되어왔다. 비밀경찰이 나라를 하나로 유지시켰고 비밀경찰 출신들이 1990년대에 러시아 경제를 마구잡이로 약탈하는 데 가담했지만, 이제는 그들과 그들에게 부역한 이들은 훔친 것을 지켜야 했다. 푸틴과 비밀경찰의 후신인 연방보안국이 권력을 잡았다. 푸틴이 창출한 이 정권은 여전히 러시아를 규정하고 손대는 모든 것에 영향을 미치고 있다.

푸틴과 연방보안국은 러시아의 국익을 지키는 데 전념했다. 러시아는 영토가 축소되었지만 앞으로 더 해체될까봐 두려워하고 있다. 푸틴은 경제와 사회를 안정시키는 목표를 세웠을 뿐만 아니라 지정학적인 이익을 지키기 위해 러시아의 힘을 재창조하려고 하고 있다. 그러기 위해 러시아는 국경을 수호했고 NATO와 유럽연합은 발트해 연안 국가들을 편입시킨 후 더 이상 동진(東進)하지 못했다.

2000년대 초 NATO와 유럽연합을 동쪽으로 확장하려는 시도는 계속되었다. 미국과 일부 유럽 국가들은 친서방 정권을 우크라이나에 수립할 길을 모색했다. 우크라이나가 NATO 회원국이 되고 군사력을 회복하면 러시아는 침략에 완전히 노출된다. 러시아는 이런 가능성을 일축할 수 없었다. 미국은 미국과 유럽인들이 보기에 친 민주주의적인 우크라이나의 정치집단들을 지원하기 시작했고, 러시아는 이를 키예프에 반러시아 정부를 앉히고 러시아 연방을 해체할 발판을 마련하려는 시도라고 해석했다. 2004년 오렌지 혁명으로 바로 그런 성향의 정부가 집권했다.

우크라이나의 오렌지 혁명은 러시아가 미국과 유럽을 보는 시각도 바꿔놓았다. 오렌지 혁명은 미국이 이라크와 아프가니스탄에 발이 묶여 있고 유럽은 군사적으로 약한 시기에 일어났다. 러시아인들은 본때를 보여줘야 했다. 미국이 아니라 우크라이나인들과 구소련 제국에 속했던 다른 나라들에게 말이다. 러시아인들은 일단 조지아에 본때를 보여주었다. 조지아는 캅카스 지역의 미국 동맹국이었다. 전쟁이 발발하게 된 여건은 매우 복잡했고, 러시아인들은 완벽하게 본때를 보여주지는 못했지만 그럴 필요도 없었다. 본때를 보여주기만 하면 되었다. 그들은 조지아를 패배시켰고 따라서 제대로 의사를 전달한 셈이었다.

우크라이나와 구소련 위성국가들은 러시아의 말귀를 알아들었다. 조지아는 NATO에 지원을 요청했지만 이 기구는 묵묵부답이었다. NATO는 이빨 없는 호랑이로 전락해 있었다. 아무도 이 기구를 건들지 않았기 때문에 그 나약함이 가려져 있었을 뿐이었다. 러시아는 이 기구를 건드렸고 아무도 조지아를 구하러 오지 않았다. 유럽 통합의 기본 전제—유럽연합이 경제를 책임지고 NATO는 안보를 책임진다는 전제—는 더욱 더 흔들렸다. 조지아는 NATO 회원국이 아닌 건 맞다. 그러나 미국과 영국 같은 핵심적인 NATO 회원국들은 오래전부터 우크라이나를 두고 러시아와 대결해왔고 조지아를 지지하고 있었다. 그러나 나약함은 나약함이고, 이 나약함은 드러났다. 이 모든 정황이 복합적으로 작용해 2014년 우크라이나 위기가 발생했다.

NATO에 새로 가입한 회원국들에게 조지아 사태는 충격이었다. 그들은 러시아가 NATO의 이익이나 그 기구의 주도적인 회원국들의 이익을 감히 침해하지 못하리라고 믿었기 때문이다. 프랑스가 정전을 협상하고 러시아가 버젓이 합의를 위반했는데도 이 기구가 아무 반응을 보이지 않자 충격은 더 깊어졌다. 러시아는 박살났고 위험을 감수할 의지도 없다는 정서가 유럽에 만연해 있었다. 2008년 8월, 그러한 전제는 NATO가 제구실을 하리라는 전제와 함께 무너졌다. 충격적이었지만 그보다 더한 충격이 다가오고 있었다.

러시아-조지아 전쟁은 NATO의 불능을 여실히 드러냈고, 구소련의 전략적 역학을 바꿔놓았으며, 서구 진영에 장기적인 난관을 던져주었다. 하지만 그 다음에 일어난 사건은 유럽인들이 사는 방식과 유럽 통합의 의미에 즉각적인 영향을 미쳤다. 이 두 가지 타격은 탈냉전 시대의 세계를 종결했고, 아직 규정되지 않은 새로운 국면을 조성했다. 9월 15일 리먼브라더스가 파산하고 빚을 갚지 못하게 되자, 세계 금융 체제는 혼란에 빠졌다.

금융 위기

금융 위기는 안전이 보장된 투자가 위험천만인 투자로 드러나자 시작되었다. 제2차 세계대전 이후로 주택가격은 계속 상승했다. 미국인들은 이러한 추세가 영원히 계속되리라고 믿었고 재산을 증식하는 방편으로 주택을 매입했다. 그들은 또한 주택 매입자들에게 돈을 빌려주는 게 전혀 위험하지 않은 투자라고 생각했다.

그러나 시간이 흐르면서 주택담보대출 방식이 극적으로 변했다. 은행은 돈을 대출해주고 나중에 돌려받았다. 은행은 채무자가 융자를 갚을 능력이 있는지 확인할 의무가 있었다. 그렇지 않으면 집을 떠안게 되었다. 그러나 이 체제가 점점 변질되더니 은행이 융자해주고 이자를 받아 돈을 버는 게 아니라 융자를 해주기만 하면 돈을 벌게 되었다. 은행들은 융자금을 다른 기관들에 팔았다. 돈을 빌려주는 주체, 주택담보대출 중개인, 그 밖에도 관련된 모두가 거래를 성사시키기만 해도 두둑한 현금을 손에 쥐었고, 아무도 상환 받지 못하리라는 걱정은 하지 않았다. 이러한 체제 하에서는 융자를 하면 할수록 돈을 더 벌었다. 되돌려 받을지 걱정도 하지 않고 있는 대로 융자를 남발하면서 신용등급, 조건 등은 안중에도 없었다. 융자를 제공하는 주체와 중개인들은 융자금보다 가치가 떨어지는 주택을 상대로 5년 동안 거의 무이자로 대출을 남발했다. 주택매입자들은 시장으로 끌려들어갔고 주택가격은 폭등했다.

융자금 자체는 거대한 묶음으로 보수적인 거대 투자자들에게 팔렸다. 그 묶음에 뭐가 들어 있는지 아무도 세심하게 살피지 않았다. 위험하지 않은 투자라고 생각했기 때문이다. 금융기관은 융자를 해줄 때마다 돈을 벌었기 때문에 주택담보대출을 이용할 새로운 방법을 짜냈는데, 이러한 방법은 너무 복잡해서 만들어낸 본인도 이해하지 못했다. 모두가 하나같이 주택가격은 계속 오른다고 믿었기 때문에 전혀 위험하지 않았다. 위험이 전무하므로 투자 은행가들과 연금기금들은 이러한 융자를 팔았을 뿐만 아니라 사기도 했다. 그러면서 주택을 살 여유가 되지 않는 사람들도 주택담보대출을 받았고, 어떤 위험이 있는지 전혀 알지 못했던 투자자들은 그저 투자금을 회수하기만 기다렸다.

2008년 9월 15일 무렵, 일어나고야 말 세 가지 현상이 발생했다. 첫째, 주택가격이 하락했다. 둘째, 무지막지하게 늘어난 융자금을 갚아야 하는 상황에 직면한 무자격 매입자들이 채무 불이행을 선언했다. 셋째, 채권자들은 자기가 보유한 주택담보대출 채권의 가치가 얼마인지 전혀 모르고 있다는 사실을 문득 깨달았다. 거대 투자은행인 리먼브라더스는 이러한 계약을 대대적으로 체결했고 단기거래를 위해 이를 담보로 돈을 더 이상 빌릴 수 없게 되었다. 정부는 리먼브라더스를 구제하지 않기로 했고 결국 리먼은 파산했다. 리먼브라더스는 빚을 하나도 갚지 않았고 그 여파는 이 투자은행 밖으로 확산되었으며 아무도 돈을 빌려주지 않았고 채무 불이행이 속출했다.

이는 새로운 이야기가 아니다. 1637년 튤립 구근의 값이 천정부지로 솟아서 천문학적인 가격에 튤립이 거래되었다. 사람들은 튤립 구근을 구하느라 광분했고, 가격이 오르면서 부자가 된 이가 많았다. 모두가 튤립 구근 가격은 상승일로를 걸으리라고 확신했다. 일확천금을 한 이들도 있지만, 가격이 폭락하자 패가망신한 사람들도 있었다. 서브프라임 시장에서 일어나는 일은 어제오늘 일이 아니다.

미국에서도 있었던 일이다. 미국에서 "손실 절대불가" 등급 자산의 가격이 폭락해 금융 위기가 닥친 게 이번이 제2차 세계대전 이후 네 번째였다. 1970년대에 도시들과 주들이 판매한 도시발행 주식은 채무 불이행의 위험이 있었다. 경기침체로 세수가 줄었기 때문이다. 정부는 절대로 채무 불이행을 선언하지 않는다는 가정이 있었다. 1980년대에는 제3세계 부채 위기가 있었다. 에너지와 광물 가격이 폭등하면서 투자자들은 제3세계로 몰려들었고 자원을 개발하는 정부와 업체에 돈을 쏟아부었다. 가격은 오르기만 할 것이므로 절대로 돈을 잃을 염려가 없다는 믿음이 있었기 때문이다. 그러나 가격은 폭락했고 제3세계는 채무 불이행을 선언했다. 1980년대에도 저축융자 위기가 있었다. 이러한 은행들이 안전한 투자처였던 상업용 부동산에 투자하도록 허용되었는데, 부동산 시장이 붕괴되면서 은행들도 파산했다.

연방정부도 이러한 사태에 같은 방식으로 대처했다. 연방정부는 돈을 찍어내 금융 체제에 자금을 지원했다. 고통스럽고 뒤죽박죽이고 비효율적이었지만 효과가 있었다. 2008년 위기가 닥쳤을 때, 이미 과거에 비슷한 일이 일어났기 때문에 이 사태를 다루는 방식은 이미 존재했고, 정부와 연방준비은행은 합심해 위기에 대처했다. 각 위기마다 그 속성이 다르고 세상이 종말을 맞은 듯이 보이지만 정치적, 기술적으로 대처할 방법은 마련되어 있었다. 리먼브라더스가 파산한 후에 바로 이러한 대처 방법이 사용되었다. 정부와 연방준비은행은 주요 은행 최고경영자들을 불러모아 해결책을 마련했다. 이 해결책의 장점은 연방준비은행이 금융 문제에 대처할 수 있고, 동시에 정치적 해결책이 금융적 해결책과 연계될 수 있다는 점이었다. 혼돈 상태에서 모두가 같은 방향으로 움직였다.

유럽인들도 그들 나름의 주택 위기를 맞았고 그들도 미국의 주택담보 대출 묶음을 사들였다. 그러나 그들에게는 대처 방안이 마련되어 있지 않았다. 유럽연합은 이 정도 규모의 금융 위기에 직면했던 적이 없었다. 유럽중앙은행은 설립된 지 10년이 채 되지 않았고 은행이 실행하는 정책은 여러 나라 정부들과 조율해야 했다. 의사결정 과정은 굼뜨고 복잡했고, 서로 매우 다른 이해관계가 얽혀 있는 주권국가들의 요구에 부응해야 한다는 게 정치적 현실이었다.

유럽연합은 유럽 전체를 아우르지 않았고 모든 회원국들이 유로를 사용하지도 않았다. 유로를 사용한 나라들은 그리스에서 독일에 이르기까지 천차만별이었다. 하나의 일관성 있는 해결책을 마련하기는 불가능했다. 유럽연합은 통치권이 없었기 때문이다. 바로 여기서 유럽연합이 지닌 모순이 드러났다. 궁극적인 권한은 회원국들에게 있었다. 하지만 유럽연합이 유럽중앙은행을 통제했거나, 또는 적어도 일부 국가들이 유럽중앙은행에 영향력을 행사했다. 회원국들이 유럽연합에게 주권을 양도하지 않으려 한다는 사실은 권한을 가진 이들은 모든 유럽을 대표할 수 없는 반면 유럽을 대표하는 이들은 실제적인 권한이 없음을 의미했다.

유럽연합의 중추이자 버팀목은 프랑스-독일 관계이다. 그러나 이 관계는 더 이상 동등한 협력관계가 아니었다. 독일은 유럽에서 경제적으로 가장 막강한 나라였고 유럽연합은 주로 경제 문제를 다루었기 때문에 독일은 유럽에서 가장 막강한 영향력을 발휘했다. 그러나 프랑스는 독일에 뒤처졌을 뿐만 아니라 국론이 분열되어 한 목소리를 내기가 어려웠다. 독일은 유럽에서 가장 목소리가 컸지만, 독일 총리는 유럽을 대변하지 않았으며, 독일의 이익은 나머지 유럽의 이익과 일치하지 않았다.

현재 독일은 수출이 GDP의 35-40퍼센트를 차지한다. 미국은 수출이 GDP에서 차지하는 비중이 10퍼센트 미만이다. 중국은 GDP의 약 30퍼센트가 수출이다. 수출이 GDP에서 차지하는 비중이 독일보다 높은 작은 나라들은 있지만 주요 국가들 가운데는 없다. 독일은 생산성이 매우 높고 경제수준을 유지하기 위해 독일 상품의 구매자들에게 크게 의존한다. 독일의 생산성은 소비 역량을 훨씬 능가한다. 독일이 수출을 못하게 되면, 독일의 고객들이 독일 상품을 살 수 없거나 사지 않으면, 독일은 경제 위기를 맞게 된다. 이 사실을 이해해야 유럽에서 일어난 모든 일들을 이해할 수 있다.

독일 수출품의 절반은 유럽연합 자유무역지대에서 팔린다. 독일은 자유무역지대 덕택에 번영을 누리게 되었다. 독일이 아무리 효율적으로 생산을 해도 관세로 보호되는 시장이 없으면 독일은 국내 경제를 유지할 수 없고 실업률이 증가하게 된다. 따라서 독일은 수출 의존도가 독일보다 낮은 다른 회원국들보다 훨씬 더 유럽연합이 필요하다. 독일은 경제 규모가 최대이고 최종 대부자 역할을 하므로 유럽연합 정책에 막강한 영향력을 행사한다. 독일은 유럽중앙은행에 영향력을 행사해 독일의 요구를 충족시키는 통화정책을 만들게 하고 유럽에서 규제를 만드는 데도 영향을 미친다.

금융 위기가 유럽을 강타한 후 독일은 금융 체제에 대한 보증을 과도하게 떠안지 않으려 했다. 독일은 나름대로 무난하게 대처하고 있었기 때문이다. 문제는 다른 나라들이었다. 다른 회원국들의 유권자들은 독일 총리를 선출하지 않았다. 독일 총리는 자국의 유권자들의 요구에 부응해야 했고, 독일 유권자들은 자신들의 복지와 일자리가 나머지 유럽이 독일 상품을 구매할 역량에 어느 정도 의존하고 있는지를 이해하지 못했다. 독일의 입장에서 보면 나머지 유럽이 안고 있는 문제들은 그들이 게으르고 흥청망청한 결과였다. 나머지 유럽의 일부 국가들의 입장에서 보면, 문제는 독일이 유럽연합의 경제 체제를 자국에게 유리하게 조작한 데서 비롯되었다. 현재 유럽이 안고 있는 문제는 바로 이런 틀 안에 있으며, 이는 독일과 나머지 유럽연합 회원국들을 점점 분열시키고 있다.

주택담보대출 문제는 주권국가의 부채 위기로 전환되었다. 은행을 안정화하기 위해 채택된 긴축정책은 유럽의 경제 성장을 부진하게 했다. 정부지출이 삭감되면서 정부 고용과 정부 구매도 줄었다. 이로 인해 경제는 더욱더 침체되었다. 세수도 줄었고 일부 유럽 국가 정부들은 부채를 상환하지 못하게 되었다. 이로 인해 새로운 금융 위기가 조성되었다. 유럽 은행들은 유럽 채권을 "절대로 손해 보지 않는" 투자로 생각하고 구매했기 때문이다. 그리스나 스페인 같은 나라들이 채무를 이행하지 않으면 은행들은 파산하고 금융 체제 전체가 붕괴하게 된다.

세 가지 전략이 제시되었다. 하나는 유럽에서 상대적으로 부유한 나라들, 특히 독일이 그리스와 남유럽 다른 채무자들의 빚을 해결해주는 방법이었다. 이와 정반대인 두 번째 해결책은 그리스가 정부지출을 대폭 삭감해 빚을 갚는 방법이었다. 세 번째는 은행들이 대출을 떠안고 부실 채권을 손실처리하는 방법이었다. 세 번째 안은 제외되었다. 유럽 은행들에게 실수한 대가를 치르게 하면 은행이 심각하게 타격을 받거나 파산할 게 뻔했다. 독일은 두 번째 안을 선호했다. 그리스는 첫 번째 안이 마음에 들었다. 예상대로 타협안이 나왔다. 은행은 그리스의 빚을 일부 탕

감해주고, 일부는 유럽연합, 유럽중앙은행, IMF가 갹출한 자금으로 해결하고, 그리스는 지출을 삭감하고 긴축적인 환경을 조성하기로 했다.

합리적인 해결책처럼 보였다. 그러나 그리스의 정부지출 삭감은 예상보다 훨씬 영향이 컸다. 많은 유럽 국가들과 마찬가지로 그리스도 의료와 다른 필수적인 서비스들 비롯해 많은 경제 활동을 나라가 운영했다. 의사나 다른 의료부문 전문가들은 공무원이었다. 공공부문의 지출과 고용이 삭감되자 전문직종과 중산층이 심각한 타격을 받았다.

수년에 걸쳐서 그리스의 실업률은 25퍼센트 이상으로 증가했다. 이는 미국의 대공황 때보다도 높은 실업률이었다. 그리스의 지하경제가 그 차이를 메우고 있고, 상황이 그 정도로 나쁘지는 않다고 주장하는 이들도 있었다. 어느 정도는 사실이지만 사람들이 생각하는 정도로 지하경제가 큰 비중을 차지하지는 않았고 지하경제도 나머지 경제의 연장선상일 뿐이며, 사업 환경은 어딜 보나 악화되었다. 상황은 사실 보기보다 훨씬 나빴다. 여전히 고용은 되어 있지만 임금이 대폭 삭감된 공무원들이 넘쳤다. 임금이 많게는 3분의 2가 삭감된 경우도 있었다.

그리스의 사례는 스페인에서도 되풀이되었고, 정도는 덜하지만 포르투갈, 프랑스 남부, 이탈리아 남부에서도 나타났다. 지중해 연안 국가들은 유럽연합에 합류하면서 회원국이 되면 생활수준이 북유럽 수준으로 향상되리라고 기대했다. 주권국가의 부채 위기는 특히 그들에게 큰 타격을 주었다. 자유무역지대 안에서 지중해 연안 지역은 자국 경제를 발전시키기가 무척 어려웠기 때문이다. 따라서 첫 경제 위기가 터지자 이 지역은 초토화되었다.

경제 위기는 유럽을 심하게 분열시켰다. 마스트리히트 조약을 체결한 후 몇 년 동안은 유럽 통합의 전망이 그토록 밝아 보였지만, 첫 금융 위기가 닥치자 가장 중요한 요소인 유럽의 통일성이 깨졌다.

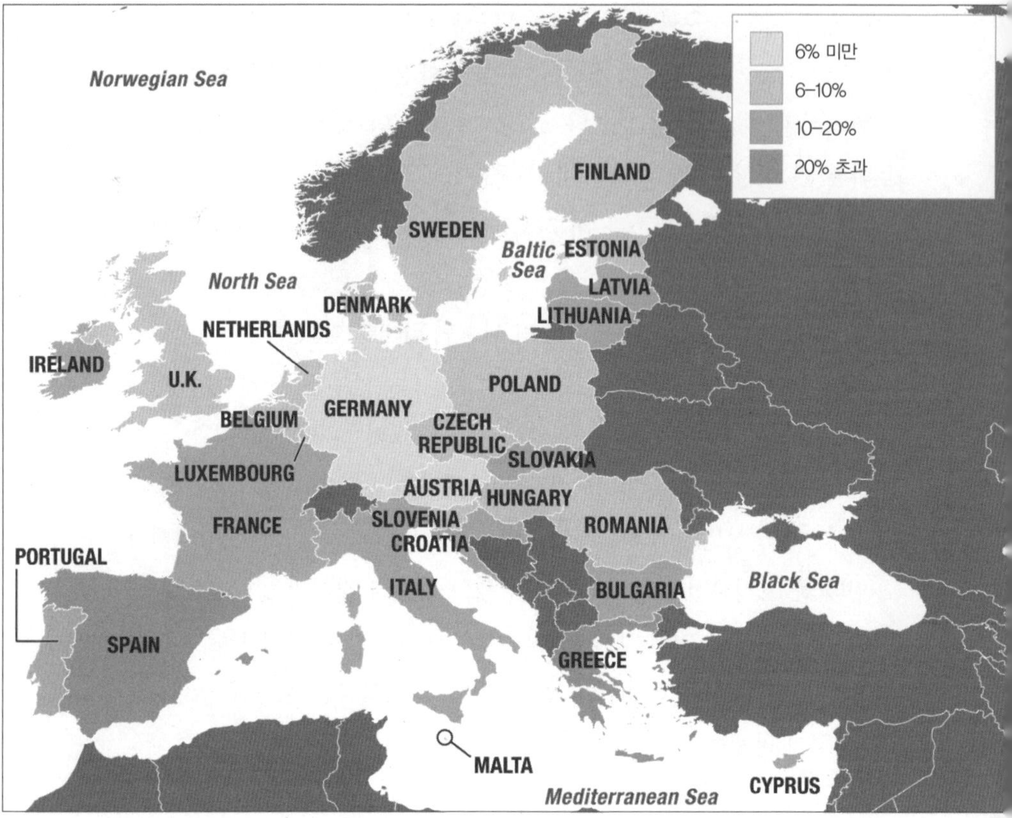
6% 미만
6–10%
10–20%
20% 초과
Norwegian Sea
FINLAND
SWEDEN
Baltic Sea
ESTONIA
LATVIA
LITHUANIA
North Sea
DENMARK
NETHERLANDS
IRELAND
U.K.
POLAND
GERMANY
BELGIUM
CZECH REPUBLIC
SLOVAKIA
LUXEMBOURG
AUSTRIA
HUNGARY
SLOVENIA
CROATIA
FRANCE
ROMANIA
PORTUGAL
ITALY
BULGARIA
Black Sea
SPAIN
GREECE
MALTA
Mediterranean Sea
CYPRUS

2013년 유럽의 실업률

독일의 이익에 부합하는 것은 스페인의 이익에 부합하지 않았고, 그 반대도 성립되었다. 금융 위기는 독일 문제가 되었다. 독일이 유럽에서 가장 경제규모가 크고 최대 수출국이며 유럽의 문제를 해결할 유일한 길은 긴축 정책뿐이라고 가장 강력하게 주장했기 때문이다. 그러나 긴축 정책의 고통을 감내할 사람은 독일인들이 아니었다. 정도는 다르지만 지중해 연안 국가들이 감당해야 했다.

이는 금융 위기보다 훨씬 심각한 의미가 있었다. 유럽연합의 기본적인 사회계약을 파기한다는 뜻이었다. 첫째, 번영이라는 약속, 유럽의 일부가 되면 풍요로운 삶을 누리게 된다는 핵심 기대가 무너졌다. 둘째, 운명을 공유한다는 정서도 깨졌다. 서로 양 극단에 있는 그리스와 오스트리아에서 일어난 일들은 천양지차였다. 유럽연합이 암묵적으로, 또는 구체적으로 한 약속들은 미시적인 차원에서 깨졌고 이를 집집마다 겪었다.

40대 가장이 부양하는 가족을 예로 들어 보자. 전문 직종에 종사하는 그는 집과 자동차를 소유하고 있고 아담한 여름 별장도 있다. 휴가 때 여행도 가고 중상류층 삶을 누린다. 갑자기 가장이 실직하고 주택담보대출과 자동차 할부금을 갚지 못하게 되면서 비좁은 아파트로 이사 가 씀씀이를 줄이고 그동안 저축한 돈을 까먹으며 근근이 버틴다. 자녀들에게 훌륭한 교육을 시키고 앞날을 준비해줄 계획도 무산되었다. 사람들이 감지는 했지만 아직 분명히 인식하지 못한 것은 이 문제가 쉽게 풀리지 않으리라는 점이었다. 1920년대와 1930년대의 세계 경기침체는 파시즘과 전쟁으로 해결되었다. 극복하는 데 10년에서 15년이 걸렸다. 마흔다섯 살인 남성은 여생을 궁핍 속에서 살게 된다는 사실을 아직 깨닫지 못하고 있을지 모른다.

가난한 사람은 가난에 익숙하고, 가난한 사람을 더 가난하게 만들기는 어렵다. 설사 그런 일이 일어난다고 해도 급격한 변화는 아니며 종종 그들은 삶이란 그러려니 한다. 그러나 40대나 50대인 전문직 종사자가 전혀 예상치 못했거나 자신이 야기하지 않은 위기에 직면하면 자기 자신에 대한 감각이 급격히 변한다. 노동으로 벌어들인 부만 잃는 데 그치지 않고 자아까지 상실하게 된다. 변호사, 의사, 가게주인이 아니면 도대체 누구란 말인가? 중산층이 실직해 빈곤층 대열에 합류하면, 그리고 그러한 추락이 불가피하고 회생할 가능성이 거의 없다면 그 사회는 정치적으로 불안정해지기 시작한다.

불가해한 세계에서 자신에게 무슨 일이 벌어졌는지 이해하고 싶을 때 사람들은 스스로 해명을 지어내거나, 해답을 알 뿐만 아니라 상황을 바로잡을 방법까지도 안다고 주장하는 사람들의 말에 귀를 기울이게 된다. 1920년대와 1930년대 대공황 때, 루즈벨트 대통령이 우리는 두려움 자체 말고는 두려워할 게 없다고 말했는데 이는 한낱 수사(修辭)가 아니었다. 그는 명백히 설명되거나 정당화될 수 없는 실제적인 재앙, 끝이 보이지 않는 재앙은 공포를 조장하고 사람들은 왜 그런 재앙이 일어났는지 이해하기를 갈망한다는 사실을 간파했다. 유럽중앙은행의 해명은 이해할 수도 설득력도 없었다. 1920년대와 1930년대에는 자본주의자들이 탐욕 때문에 그런 상황을 야기했다거나 유대인들이 그런 상황을 야기했고, 그들은 천성이 그렇다는 게 해명이었다. 그런데 유럽의 경우에는 왜 그런 일이 일어났는지 분명한 해명이 없었다. 틀린 해명조차 없었다. 이해할 수 없게 된 세상에서는 설사 황당하더라도 이해가 가는 해명에 사람들이 매달리게 된다.

그리스와 스페인은 둘 다 25세 이하의 실업률이 50에서 60퍼센트를 오간다. 젊은이들 절반 이상이 실업자이고 일자리를 얻을 가능성이 거의 없다. 프랑스에서는 상황이 훨씬 나았다. 25세 이하 청년들 가운데 25퍼센트만 실직 상태였다. 청년 실업은 위험하다. 그들은 도둑이 되거나 극단적인 조직에 끌리게 된다. 그러나 그들만으로는 비중있는 정치적 위협이 되지 못한다. 그러나 이들이 이들보다 연령이 높은 파산한 중산층과 결합하면 현재 상태를 위협하기에 충분한 유인력과 에너지를 얻게 된다.

현재 위기에서는 두 가지 요인이 이러한 상황이 발생하는 사태를 막았다. 첫째, 이 모두가 일시적인 현상이고 기술적인 오작동일 뿐, 체제가 제대로 작동하지 않은 대실패가 아니며, 참고 버티면 이 악몽은 곧 사라지리라는 믿음이 여전히 팽배해 있다. 엘리트 계층에 대한 깊은 신뢰가 있다. 권위 있는 당국이 해결 방법을 알고 있다는 정서가 유럽에 팽배해 있었다. 가끔은 여기에 불신도 섞여 있지만, 전체적으로 볼 때 여전히 엘리트 계층에 대한 신뢰는 존재했고, 사람들은 참을성 있게 기다렸다.

둘째, 유럽연합을 운영하는 기술 관료들 사이에서는 상황을 곧 수습하게 된다는 정서가 만연했을 뿐만 아니라 2010년 무렵 상황이 이미 수습되었다는 정서가 확산되었다. 기술 관료들 관점에서 보면 문제는 해결되었다. 은행들은 지급능력이 있고 안정적이었으며, 금융 체제는 제대로 작동했다. 과거의 유럽 귀족 계층이 그랬듯이 전혀 상황에 대한 이해가 없는 기술 관료들은 실업의 의미를 전혀 파악하지 못했고 금융 체제의 건전성에만 매달렸다. 묘하게도 그 덕분에 금융 체제에 대한 정치적 반응을 안정시키는 데 도움이 되었다. 엘리트 계층이 자신감을 보이면서 그들이 제대로 문제를 해결하고 있다는 정서를 더욱 강화했다.

긴축 정책으로 경제 회생이 불가능해졌다. 경제가 기능하려면 사회기간시설과 조직화가 필요하다. 정부가 다리를 건설하는 프로젝트에 재정적 지원을 하려 한다고 치자. 기술과 인력이 필요하고, 공영이든 민영이든 건설회사를 운영할 경영진이 필요하다. 가장 타격을 크게 입은 나라들에서 건설회사는 파산했다. 건설 역량은 쪼그라들었다. 예산 삭감 때문에 회사가 문을 닫았든 파산했든 아무런 차이가 없다. 경기가 침체되면 보통 돈을 풀어 프로젝트를 진행하든지, 보조금을 주든지, 세금을 인하하든지 해서 새로운 수요를 창출해 경제를 활성화한다. 그러나 경제가 심각하게 손상되어 생산 체제가, 최소한 일부 핵심 부문에라도, 더 이상 존재하지 않으면 아무리 돈을 풀어 경제를 진작시켜도 소용이 없다.

유럽에서는 독일이 유럽 반도에 대해 누리는 우월한 입지를 되찾는 변화만 일어났을 뿐이다. 독일은 위기 해결사가 되었다. 최종 대부자 역할을 하게 되었기 때문이다. 독일은 경기부양책에 반대했다. 설사 효과가 있다고 해도 말이다. 독일 나름의 실업 문제가 발생할 경우에 대비해서 재원을 보유하고 싶어 했다. 오스트리아와 더불어 통일된 독일은 유럽에서 실업률이 최저였고 그런 상태를 계속 유지할 생각이었다.

프랑스-독일 관계도 틀어졌다. 상대적으로 실업률이 더 높은 프랑스는 경기진작 정책을 원했고 독일은 이에 반대했다. 1947년에 일어난 최악의 상황이 재현되었다. 독일은 유럽의 강대국으로 다시 부상하고 있었고 프랑스와 독일의 결속력이 와해되고 있었다. 물론 그렇다고 해서 전쟁이 일어난다는 뜻은 아니었다. 독일은 전쟁을 일으키거나 심지어 지배할 생각도 전혀 없었다. 그러나 독일이 원하든 원하지 않든 관계 없이 독일은 사실상 유럽을 지배하고 있었고, 여기서 오는 마찰이 극심했다. 유럽은 네 개 지역으로 나뉘었다. 독일-오스트리아, 북유럽, 남유럽, 동유럽 네 지역으로 말이다. 이 네 지역은 서로 이해관계가 달랐고, 각 지역 내에 속한 나라들끼리도 마찰이 있었다.

유럽연합은 여전히 존재했지만 아무도 유럽연합을 대표하지 않았다. 각 나라마다 자기 손익을 계산하고 유럽연합과 독립적으로 연합세력을 구성했다. 중앙 관료집단은 더 이상 중요한 결정을 내리지 않았다. 국가 지도자들이 자기 나라의 이익에 부합하는 결정을 내렸다. 유럽은 다시 주권 국가 체제로 되돌아갔다. 사실 1992년 이후, 그 이전보다 더 많은 주권 국가들이 생겼고, 훨씬 더 주권을 소중히 여기게 되었다. 금융 위기가 발생하면서 나라마다 정도의 차이는 있지만 불신과 공포가 되살아났다. 그러나 그들은 하나같이 뭔가가 잘못되어도 한참 잘못되었다는 사실을 알고 있었다. 그리고 시간이 가면서, 유럽연합이 어떻게 달라지든 자국의 문제를 해결해주지 못하리라는 의구심이 싹텄다.

여기서 우리는 다음과 같은 질문들을 제기해야 한다. 유럽이 본래 상태로 돌아갈 수 있을까? 유럽연합이 더 이상 존재하지 않거나 유엔처럼 갈등의 온상이 되어 제 기능을 못하고 마비되면 어떻게 될까? 동유럽 국가들이 NATO에 대한 신뢰를 잃고 각자가 부상하고 있는 러시아와 평화 협정을 맺어야 한다고 생각하게 되면 무슨 일이 일어날까? 2008년 전이라면 이런 질문을 하면 황당하다는 소리를 들었을지도 모른다.

유럽은 1945년에 민족주의가 유럽을 파괴했다는 사실을 깨달았으므로 절대로 다시 그런 일이 일어나게 내버려두지 않으리라고 말하는 사람들이 있다. 유럽은 너무 지쳤고 그 어떤 믿음도 사라졌으며 갈등은 일어나게 되어 있다고 말하는 이들도 있다. 그럴지도 모른다. 그러나 독일은 유럽 반도에서 주도적인 강대국으로 부상했고 그런 독일을 경계하는 국가들이 생겼다. 러시아는 예전의 본토를 되찾기 위해 지도를 다시 그리고 있다. 이런 사실만 감안해봐도 아주 짧은 시간에 우리가 얼마나 멀리까지 왔는지 감이 잡힌다.

민족주의적 정서의 강도는 시간이 지나면서 잦아들었다. 그러나 완전히 사라지지는 않았고 다시 불붙을 가능성도 있다. 이념과 종교적 갈등에서는 벗어났지만, 민족적 공포심과 악의가 여전히 존재한다. 폴란드 사람과 마주앉아서 그의 가족이 독일과 러시아로부터 겪은 일에 대해 물어보라. 스코틀랜드 독립주의자에게 말을 걸어보라. 영국이 어떤 짓을 저질렀는지 줄줄이 쏟아낼 것이다. 보스니아인에게 세르비아인에 대해 물어보라. 민족 간의 원한은 더 이상 존재하지 않는다는 생각이 말끔히 사라질 것이다. 유럽에서 과거에 대한 기억은 시간 밖에 존재한다. 오래전에 일어난 일들은 지금 여기서 일어나는 일보다 훨씬 더 생생하다. 그런 기억들이 다시 떠오르고 있다. 이전만큼 맹렬하지는 않지만 위력을 발휘하게 될지도 모른다.

유럽의 정서는 미국의 정서와 다르다. 미국인들은 미래에 집착한다.

과거는 사소해 보인다. 남북전쟁이 시작된 전투지는 버지니아 주 매너서스에 있다. 지금 그곳에는 쇼핑몰이 서 있다. 미국에서도 과거는 기억되지만 유럽에서처럼 자부심과 고통이 혼재된 기억이 아니다. 1945년 이후로 유럽인들은 집단 기억상실증에 빠지려고 애썼다. 한동안은 먹히는 듯했지만 과거의 기억이 되살아나고 있다.

이러한 정서가 가장 분명하게 포착되는 곳이 경계지역이다. 경계선이 아니라 지역이다. 여러 나라들이 만나고 섞이는 지역이다. 유럽에는 경계지역이 많이 있다. 유럽연합은 이런 경계지역을 구시대의 유물로 만들려고 애썼다. 마치 국가들을 구분하는 경계가 사라진 듯했다. 그러나 과거의 국경을 통과하는 도로 위에는 아직도 예전의 세관창고가 서 있다. 놓치고 지나치기 쉽다. 다시 열기는 어렵지 않다. 독일의 세력이 막강해지는 대륙에서, 이번에는 수출의 형태로 몸집을 불리고 있는 독일이 있는 대륙에서 세관창고가 다시 문을 열기까지 얼마나 걸릴까? 슬로바키아와 우크라이나 사이의 경계 같이 유럽연합 안팎에 있는 국가들 간의 경계는 어떻게 될까?

나는 2011년 9월 어느 날 그곳 국경을 건넜다. 우크라이나 쪽에서 슬로바키아로 들어가는 데 몇 시간이 걸렸다. 슬로바키아 보초는 유럽연합으로 진입하는 우크라이나인들을 특히 경계했다. 국경 보초들은 냉전 시대 보초들 못지않게 거칠었다. 월경(越境) 지역에는 화장실도 없었다. 그러나 생리현상은 해결해야 한다. 나는 조니워커 블랙을 파는 건물에 들어갔지만 화장실이 없었다. 정부에서 운영하는 상점이었다. 나는 생리현상을 해결하기 위해 건물 뒤로 갔다. 여성 보초가 달려와서 우크라이나의 존엄성을 훼손하는 행위를 막으려고 했다. 나는 미국 여권을 흔들어댔다. 그러자 그녀는 입을 다물고 자리를 떴다. 나는 다시 1975년으로 돌아간 기분이 들었다. 미국 여권이 체포될지 극진한 대접을 받을지를 결정했던 때 말이다.

국경을 넘으려고 기다리던 사람들은 모두 제각각의 언어로 떠들었다. 헝가리인들은 무리지어서 차 옆에 서서 땅콩을 먹고 있었다. 그들은 땅콩 껍질을 땅바닥에 버렸다. 보초들이 소리를 지르며 달려와 땅콩 껍질을 주우라고 했다. 분명히 과거의 앙금이 남아있었지만 나는 알고 싶지 않았다. 헝가리인들은 우크라이나어를 할 줄 알았고 우크라이나인들은 헝가리어를 할 줄 알았다. 루마니아인들도 끼어들었고 그들도 말이 통했다. 나는 헝가리인들에게 헝가리어로 말했다. 그들은 자동차 트렁크에 물건을 싣고 유럽연합에서 우크라이나로 실어 날랐다. 그들은 "거래들을 주선해왔고" 보초는 그들이 어떤 일을 하고 돌아다니는지 알고 있는 듯했다. 그래서 애꿎은 땅콩을 핑계 삼아 화를 낸 것이다.

서로서로 다 알았다. 그들은 모두 서로의 언어를 알아들었다. 그들은 모두 공모해서 국경을 무시했다. 그리고 과거가 있었다. 땅콩을 둘러싼 사소한 감정뿐만이 아니었다. 슬로바키아인, 헝가리인, 루마니아인, 우크라이나인들이 한데 뒤섞여 있으면, 상황과 필요에 따라 폭발할 수도 있었다. 과거에 그랬던 적이 있었다. 역사는 사적인 감정보다 훨씬 골이 깊었다. 수세기 동안 존재해온 감정이었고, 사라지지 않은 감정이었다.

경계지역이 사라지려면 오랜 세월이 걸린다. 이게 바로 유럽연합의 저변에 깔린 문제다. 문제가 있다는 사실을 잊으려고 애쓸 수는 있다. 용서할 수도 있고 잊은 척할 수도 있지만, 기억과 두려움, 원한은 절대로 가시지 않는다. 그리고 상황이 험악해지면, 어떤 지역이든 어느 시점에 가서는 반드시 그런 때가 온다. 공포심과 원한과 더불어 과거의 기억이 떠오른다. 유럽인들은 이런 일은 다시 일어나지 않으리라고 생각했다. 그들은 유고슬라비아와 캅카스에서 벌어진 일을 잊으려고 애쓴다. 그들은 우크라이나 사태를 일축한다. 그러나 고질적인 버릇은 고치기 힘들다.

FLASHPOINTS

3부

유럽의
화약고

유럽연합은 유럽의 핵심적인 문제, 민족주의와 권력—특히 독일의 권력—을 일시적으로 완화했다. 이제 그 일시적인 완화가 무너지는 시대에 들어섰다. 유럽 전역에서, 국가 내부에서, 국가들 간에 긴장이 고조되고 있다. 어느 지역이 가장 위험한 화약고가 될 것인가?

08

마스트리히트
전쟁

The War of Maastricht

마 스트리히트 조약을 입안하고 서명하고 실행한 취지는 유럽에 평
화의 시대가 도래하도록 하기 위해서였다. 공교롭게도 유럽연합
의 창설은 발칸 반도와 캅카스 지역에서 동시에 중요한 유럽 전쟁이 시
작되던 때와 맞물렸다. 발칸 반도에서 1990년대에 25만여 명의 희생자
가 나왔다. 캅카스에서는 아르메니아–아제르바이잔 전쟁으로 11만 5,000
명 정도가 사망했고 수십만 명이 삶의 터전을 잃었다. 마스트리히트가
이 전쟁들을 야기하지는 않았고, 전쟁 당사국들은 유럽연합 회원이 아니
었다. 그렇다고 해도 유럽연합이 창설된 때는 전쟁 시기이기도 했다는
것은 사실이다. 실제로 1945년부터 1992년까지의 기간보다 유럽연합이
창설된 이후로 전쟁이 더 많이 일어났다.

많은 유럽인들은 이 사실을 외면한다. 그들은 유고슬라비아 사태는 특
이한 사례이지 현대 유럽을 반영하는 사건이 아니고, 캅카스 전쟁들은
유럽의 전쟁이 아니라고 생각한다. 역사 때문에 유럽은 자부심을 갈망하
게 되었다. 제국주의와 집단학살 말고 뭔가 유럽의 탁월함을 과시하고
싶었다. 유럽인들은 전쟁은 아무 이득도 없다는 사실을 깨닫고 전쟁을
없앤 사회를 건설했다는 믿음이 확산되었다. 그들은 자신들이 세계에 중
요한 교훈을 줄 입장에 있다고 생각했다. 유럽이 다시 번영하면서 평화
의 지속은 그들이 부활하는 신화의 핵심적인 일부분이 되었다. 유럽인들
은 이러한 전쟁들이 유럽의 전쟁이 아니라고 부정해야 했다. 그러나 그
전쟁들은 유럽의 전쟁이었고 평화가 얼마나 깨지기 쉬운지를 웅변했다.

또 다른 현실부정도 있었다. NATO가 코소보를 둘러싼 전쟁에서 세르
비아를 공격하자 미국은 NATO 일부 동맹국들과 함께 궂은일을 도맡아
했다. 유럽인들이 보기에 이 전쟁은 심리적으로 미국의 전쟁으로 신속히
바뀌었다. 현실부정은 집단 안보를 강조하는 형태를 띠기도 하지만 실제
전쟁 행위는 다른 누군가가 할 일이라고 여겼다. 여기서 다른 누군가는

미국이었다.

발칸 반도와 캅카스는 경계지역이고 이 지역들 안에는 더 많은 경계지역들이 둥지를 틀고 있다. 마치 인형 속에 더 작은 인형이 겹겹이 들어 있는 러시아의 마트료시카 인형처럼 말이다. 경계지역은 안으로 들어갈수록 점점 작아지다가 마침내 작은 마을 규모까지 축소되는데, 이 마을의 가족들마저도 과거의 원한과 갈등으로 감정이 응어리가 져서 나뉘어 있는 광경을 목격하게 된다.

두 전쟁 모두 산악지대에서 일어났다는 사실은 놀랍지 않다. 작은 나라들은 전쟁이 발발하고 정복을 당해도 산속에서 생존한다. 산은 그들을 보호해주고 피난처가 되어준다. 그러나 산악지대는 국가가 탄생하기 어렵게 만들기도 한다. 산은 보호해주기도 하지만 통합에 장애물이 되기도 한다. 산악지대에서는 국가보다 가족친지가 훨씬 피부에 와닿는다. 산악지대는 공통의 언어를 쓰고 같은 종교를 믿는 씨족들을 결속시켜주는 전근대적인 집합체, 원시적 형태의 국가라고 불릴 만한 집단들이 숨어사는 경우가 많다.

산악지대는 무법지대인 경우도 흔하다. 정복자들이 이 자잘하고 분열되어 있는 원시적 나라들을 뿌리 뽑지 못하면 법을 집행할 기대는 접는 게 좋다. 법을 집행하는 이들은 독립을 유지하는 이들이고, 산악지대에서는 관습이 법에 해당하며 관습을 집행하는 이는 가족친지들이다. 어려움에 처하면 이웃 계곡에 사는 동맹들 외에 달리 도움을 요청할 곳이 없다. 이처럼 고립된 환경에서 사는 사람들은 강인해지고 고통을 감내하고 싸울 수 있게 된다. 제국의 부침에 따른 보다 폭넓은 지정학적 힘이 이런 지역에도 영향을 미칠 수 있지만 이러한 작은 집단들을 절대로 완전히 제거하지는 못한다. 따라서 산악지대는 불같은 투쟁력을 지닌 소규모 민족 집단들이 곳곳에 흩어져 살고 있고 이들 사이에 갈등이 일어나지 못하도록 억누르던 힘이 약화되면 갈등이 폭발하게 된다.

　소련이 붕괴되고 마스트리히트 조약이 체결된 후 발생한 이러한 전쟁들이 보인 또 다른 특징이 있다. 그리스도교와 이슬람이 뒤섞여 있는 유럽 경계지역에서 일어났다는 점이다. 보스니아, 알바니아, 코소보는 이슬람이고 세르비아와 크로아티아는 그리스도교다. 아제르바이잔은 이슬람이고 아르메니아와 조지아는 그리스도교다. 공산주의가 무너진 후 처음 일어난 이 전쟁들은 그리스도교-이슬람 전쟁이었다. 과거의 문제가 부활했다는 첫 신호탄이었다. 바로 유럽 안의 이슬람이다. 이 전쟁들은 종교라기보다 민족 간의 갈등이었지만, 그렇다고 해도 새로운 전쟁이라기보다는 과거의 전쟁이 재발했다고 보는 게 맞다. 과거의 화약고가 되살아났다.

　발칸 반도의 전쟁이 훨씬 처참했고 세계가 훨씬 주목했다. 제1차 세계대전 후 발칸 반도의 서부 지역은 유고슬라비아로 명명되었다. 나머지 유럽 지역이 그래왔듯이, 민족, 종교, 적대적인 역사로 분열된 나라들을 합쳐놓은 나라였다. 이 문제를 해결하기 위해 전승국들은 이 나라들을 한자리에 불러 모아 하나의 연방을 구성했다. 갈등은 극복될 수 있다는 논리 하에 말이다. 그런 구상은 마스트리히트 조약이 조인된 1991년에 무산되었다. 그리고 그 구상이 무산되면서 유럽인들이 사라졌다고 믿고 싶었던 바로 그 유럽의 모습이 드러났다. 많은 이들이 발칸 반도는 사실상 유럽에 속한 지역이 아니고, 그곳에서 일어난 일은 유럽을 대표하지 않는다고 생각했다. 그러나 발칸 반도를 유럽에서 빼면 위안은 될지 모르지만 사실이 아니다. 발칸 반도는 유럽의 일부일 뿐만 아니라 유럽 역사에서 매우 중요한 자리를 차지한다. 1888년에 비스마르크가 한 다음과 같은 발언을 기억해야 한다. "유럽에서 또다시 전쟁이 일어난다면 발칸 반도에서 얼토당토않은 아주 사소한 문제 때문에 일어날 것이다."

발칸 전쟁

나의 부친은 내게 발칸 반도 근처에도 가지 말라고 말하곤 했다. 주머니 속의 동전 몇 닢 때문에, 또는 무심코 힐끗 쳐다보았다가 목숨을 잃게될지도 모르는 무서운 곳이라고 말했다. 제2차 세계대전이 일어나기 전 프랑스에서는 '발칸'이라는 단어에서 폭력과 미개함을 떠올렸다—건달을 "발칸"이라고 하듯이 말이다. 나는 상황이 호전되었다고 생각했다. 냉전 동안 유고슬라비아는 다른 공산주의 국가들에 비해 계몽된 나라로 간주되었다. 그러더니 1990년대가 되자 발칸 반도, 적어도 유고슬라비아 지역은 과거의 명성에 부합하는 행동을 보이기 시작했다.

발칸 반도는 막강한 3개국 사이에 끼어 있는 분열된 지역이다. 동남쪽으로는 터키, 동쪽과 북동쪽으로는 러시아, 북서쪽으로는 게르만계 국가들이 있다. 유럽의 대제국들이 이곳에서 만나 자웅을 겨뤘다. 역사적으로 이 가운데 발칸 반도에 머무른 강대국은 하나도 없다. 다른 곳, 훨씬 중요한 지역으로 가는 길에 거쳤을 뿐이다. 발칸 반도는 목적지라기보다 방어적인 보루나 발판이었다. 14세기에 오스만은 북쪽에 있는 더 큰 전리품을 차지하기 위해 가는 길에 이곳을 거쳤다. 합스부르크도 이곳을 관통해 오스만에게 반격을 가했다. 20세기에 소비에트는 아드리아해에 있는 항구들을 접수하려고 했지만 소련에 등을 돌린 유고슬라비아 공산주의자들에게 저지당했다. 소비에트인들은 루마니아와 불가리아를 얻는 데 만족해야 했다.

발칸 반도를 경유한 이들은 모두 자취를 남겼다. 여기 무슬림, 저기 가톨릭, 또 다른 지역에는 동방정교 등 온갖 종교와 민족이 한데 뒤섞이게 되었다. 새 정복자는 자기 자취를 남기기만 했지 협곡마다 숨어 있는 과거의 자취를 말소할 힘도, 관심도 없었다. 따라서 정복자들이 차례로 이

발칸 반도

곳을 거쳐 가면서 수없이 많은 자잘하고 분노에 가득 찬 민족 집단들 간의 지정학적 관계는 건드리지 않고 그대로 남겨두었다. 이 집단들은 세월이 흐르면서 점점 강인해지고 거칠어졌다.

발칸 반도인들은 정복을 당하는 횟수가 거듭될수록 더욱더 강인해졌고 결국 그들을 뿌리 뽑기는 너무 어려워졌고, 뿌리 뽑으려고 했다가는 본전도 건지지 못하게 되었다.

드물긴 하나 발칸 반도를 억누르고 있던 압력이 제거되자 폭발이 일어났다. 소련은 붕괴했고 미국은 그다지 신경을 쓰지 않았으며, 독일은 동쪽과 서쪽을 통일하느라 분주했고, 터키는 여전히 내부로 시선을 향하고 있었다. 발칸 반도는 아무런 압력을 받지 않았고 유고슬라비아는 건국 이래로 그 어떤 때보다 자유를 누리고 있었다. 외부의 압력이 없으면 내부의 갈등이 폭발하게 된다. 냉전 중에 NATO와 바르샤바조약기구는 유고슬라비아를 서로 자기 진영으로 간주했다. 유고슬라비아는 소비에트의 지배를 두려워했다. NATO가 소비에트의 힘을 상쇄했지만, 유고슬라비아는 내부를 다잡고 철권통치를 해야 했다. 소련이 붕괴되자 NATO는 유고슬라비아에 대한 관심을 잃었고, 티토는 사망한 지 10년이 되었다. 억눌렸던 반감이 다시 끓어올랐고 유고슬라비아는 폭발했다.

유고슬라비아는 내부가 수많은 경계지역으로 갈라져 있고 거의 모든 것이 보는 사람에 따라서 다른 의미를 지니는 곳이다. 작은 다리조차도 경계지역이 될 수 있다. 보스니아인 이보 안드리치는 『드리나 강의 다리』로 노벨문학상을 수상했다. 그는 이 다리를 통해 보스니아에서 무슬림과 그리스도교도의 삶을 다음과 같이 포착한다.

> 그 다리 위 그리고 카피아(다리를 반쯤 건너면 사람들이 모일 수 있는 넓은 공간이 있다), 카피아 주위나 카피아와 연결되는 곳에서 마을 사람들의 삶이 시작되고 전개되었다 … 드리나 강 왼쪽 둑에서 태어난 그리스도교 아이들은 태어난 지 며칠 만에 다리를 건넜다. 태어나고 첫 주에 세례를 받기 위해서였다. 그러나 다른 모든 아이들, 오른쪽 둑에서 태어난 아이들과 세례를 받지 않는 무슬림 아이

들은 한때 그들의 아버지와 할아버지들이 그랬듯이 어린 시절을 대부분 그 다리 위나 주변에서 보냈다.

안드리치는 질서 있고 평화로운 느낌을 의도적으로 그리고 모순되게 전달하고 있다. 그는 두 집단 간의 차이, 그리고 그들이 공유하는 분노와 피를 이해했다. 경계지역은 두려운 곳이다. 경계지역 안에 있는 경계지역은 훨씬 더 무서운 곳이다. 갈등을 피해 달아나려다가 또 다른 위험한 지역으로 들어서게 되기 때문이다. 사람들은 자기가 알고 사랑하는 것을 잃을까봐 두려워서 똘똘 뭉친다. 그리고 그 두려움 때문에 그들은 다리 저쪽 편에 있는 이들을 공격한다. 다른 두려움은 있지만 이런 두려움은 없는, 머나먼 곳에 사는 사람들, 또는 안전하고 힘이 있어서 아무것도 두려워하지 않는 이들에게만 이런 정서가 비이성적인 두려움으로 보인다.

여러 번 목격했다시피, 이러한 증오와 공포의 결과는 유럽 전역에 확산될 수 있다. 1912년 세르비아와 몬테네그로가 그리스와 연합해 아직 발칸 반도 일부 지역에서 버티고 있던 오스만을 공격했다. 이 전쟁은 오스만이 한 세기 동안 이어온 후퇴를 계속하면서 곧 끝났다. 1913년에 또 전쟁이 일어났다. 이번에는 앞서 벌어진 전쟁에서 전리품을 제대로 챙기지 못해 불만을 품은 불가리아가 마케도니아를 공격했다. 그리스는 불가리아와 손을 잡고 마케도니아를 공격했다. 루마니아와 오스만은 전쟁에 뛰어들어 불가리아에 맞섰다. 작은 나라들과 이 나라들 안에 분열되어 있는 세력들은 합종연횡을 하면서 수시로 손잡는 세력을 바꿨다. 서로가 서로를 불신했고 의도를 의심하고 두려워했다. 세르비아 집단인 "통일 아니면 죽음을" 소속의 가브릴로 프린치프가 1914년 사라예보에서 오스트리아-헝가리 제국의 황태자 페르디난트 대공 부처를 암살하자 유럽 전쟁에 시동이 걸렸다. 서로가 서로를 두려워했고 최악의 경우에 대비했다. 이는 비이성적인 두려움이 아니다.

제1차 세계대전이 끝난 후 승전국들은 발칸 반도 서부에 있는 여러 나라를 합해 하나의 국가로 만들어야겠다는 결론을 내렸다. 가톨릭인 슬로베니아와 크로아티아, 동방정교인 세르비아와 마케도니아, 그리고 보스니아-헤르체고비나(무슬림 국가로 간주되었지만 세르비아 동방정교 인구규모가 상당히 컸다)가 병합되어 하나의 나라가 탄생했지만, 이 나라를 결집시키는 통일된 정서는 서로에 대한 반감밖에 없었다. 이 가운데 단일민족인 나라는 하나도 없었다. 각 나라마다 국적과 종교가 다른 집단들이 가득했다. 그리고 이러한 집단도 내부적으로 분열되어 있었다.

발칸 반도 문제에 대한 유럽의 해법은 연방을 구성해 비스마르크의 예언이 실현되지 않기만을 바라는 일이었다. 1918년에 창설된 이 나라는 본래 세르비아-크로아티아-슬로베니아 왕국으로 불렸다. 얼마나 분열이 심했는지 여실히 보여주는 명칭이다. (게다가 왕들이 힘을 잃고 있던 시기에, 세르비아 왕을 옹립해 분열된 이 나라들 모두 위에 군림하게 만들다니 참으로 묘했다.) 알렉산더 왕은 1941년 독일이 침공할 때까지 독재통치로 연방을 하나로 유지했다. 그러더니 압박을 받은 연방이 쪼개졌고, 억눌렸던 증오심이 드러나면서 일부는 독일 편을 들고, 일부는 독일과 싸우고, 일부는 독일을 제쳐놓고 서로 싸웠다.

제2차 세계대전 후 분열되었던 지역들이 다시 봉합되었고 갈등은 또 다른 독재정권 하에서 수면 밑으로 가라앉았다. 요시프 브로즈 티토 장군이 이끄는 공산주의 국가는 철권통치와 연방을 구성하는 다른 공화국들에게 신중하게 계산된 양보를 함으로써 내부 갈등을 억눌렀다. 그는 또한 유고슬라비아를 소비에트의 지배로부터 지켜냈다. 다른 공산주의 국가들보다는 다소 자유주의적 경제 정책을 추구하면서 유고슬라비아의 경제는 1960년대에 공산 진영에서 가장 활기를 띠었다. 어쩌면 이는 그다지 큰 의미가 없었을지도 모른다.

그러나, 나는 1974년 베오그라드, 자그레브, 류블랴나를 방문했는데 바르샤바나 프라하와 대조적인 모습에 놀랐다. 소비에트의 도시들과 비교하면 더욱 놀라웠다. 지리적인 제약과 이념적 한계에도 불구하고 이 도시들은 선전하고 있었다. 나는 유고슬라비아 북서부와 이탈리아 북동부에 위치한 율리안 알프스(Julian Alps) 지역에 있는 작고 아름다운 마을 블레드를 방문한 기억이 난다. 동유럽 나머지 지역에서는 없는 호의가 느껴졌다. 호수 주변을 거닐면서 그 호수가 내려다보이는 식당을 보았는데, 내 주머니 사정으로는 갈 수 없었던 그 식당에서 식사를 하는 이들은 아마 유고슬라비아 엘리트 계층이었을 것이다. 그들에게 말을 걸어봤는데 그들은 중간급 관료와 소상공인들이었다. 나는 작은 싸구려 펜션에 묵었다. 깃털을 채운 푹신한 침대와 아름다운 창문이 있는 방이었다. 펜션 주인들은 다른 곳에 살았다. 그들은 건물을 몇 채 소유하고 있었다. 오스트리아는 바로 산 맞은편에 있었다. 지도에는 표시되어 있지 않지만 그곳까지 이어지는 오솔길들이 수없이 많았다. 유고슬라비아인들은 누가 떠나든 상관하지 않았다. 오스트리아인들은 자국으로 들어오는 이들에 대해 우려했다. 1974년 온 사방에 붉은 별이 보이는 공산주의 국가에서 이런 광경은 놀라웠다.

1980년 티토가 사망하자 유고슬라비아는 허물어지기 시작했다. 연방에 속한 공화국들은 티토를 대체할 인물을 찾는 대신 여덟 명이 돌아가면서 대통령을 하는 체제를 구축했다. 모두가 합의할 수 있는 유일한 타협안이었고, 이 타협안은 건국 때부터 유고슬라비아를 하나로 결속시켜 왔던 왕정과 독재 체제를 제거했다. 기존 다양한 민족들이 제도적으로 그 다름을 인정받게 되었다.

동유럽을 장악했던 소련이 1989년에 무너지자 유고슬라비아를 꼼짝 못하게 묶어놓았던 압력이 제거되면서 갈등이 분출했다. 공산주의가 붕괴하면서 정권의 도덕적 권위를 앗아갔다. 남은 것은 연방을 구성하는 개별적인 나라들, 나라들 안에 있는 서로 적대적인 공동체들, 집집마다 소지하고 있던 무기들이었다. 1970년대에 나는 크로아티아의 수도 자그레브에 있는 한 기차역에 서 있었다. 휴가 나온 병사들이 무기를 휴대한 채 집으로 돌아가는 모습이 보였다. 전쟁 후 유고슬라비아는 게릴라가 창건한 빨치산 국가였고 군대 내에서 민족 간의 갈등은 여전했다. 이런 상황이 불에 기름을 끼얹었다. 지역 명물인 속이 뒤집힐 정도로 독한 자두 브랜디 슬리보비츠를 마시다가 다투게 되면 벽장 속에 넣어둔 기관총을 꺼내 들고 갈등이 순식간에 폭력 사태로 돌변하기가 십상이었다.

1991년 숙적인 크로아티아와 세르비아 사이에 전쟁이 발발했고 그럭저럭 평화롭게 지낸 연방은 소규모 집단학살의 장소로 변했다. 두 나라 사이의 반목은 오래전으로 거슬러 올라간다. 제2차 세계대전 동안 크로아티아는 나치에게 비교적 우호적이었던 반면 세르비아는 저항세력의 중심지였다. 가톨릭 크로아티아는 오래전부터 유럽 반도—이탈리아, 오스트리아, 헝가리, 독일—와 친밀했다. 문화적인 동질성도 있고 자국보다 훨씬 큰 세르비아를 두려워했으므로 동맹이 필요하기 때문이기도 했다. 세르비아인들은 동방정교를 믿었고, 공산주의자들조차도 자신들과 러시아 동방정교 사이에 어떤 관련성이 있다고 보았다. 공산주의자들은 민족주의를 초월하려고 애썼다. 크로아티아 비정규군 우스타시는 전부는 아니지만 많은 이들이 세르비아인이었던 공산주의자 빨치산을 색출했고 나치를 도왔다. 세르비아인들과 크로아티아인들 사이에서 서로 용서하지 못할 많은 일들이 일어났다. 이러한 원한은 조금도 해소되지 않았고 조금도 가시지 않았다.

1970년대 초에 나는 자그레브에 있는 대학 근처에서 마르크스주의자들과 저녁 시간을 함께 보낸 적이 있다. 그들은 스탈린주의자가 아니라 신좌익이었다―무슨 이유인지는 몰라도 프락시스 그룹이라고 불린 이들이었다. 철학에 정통한 고학력자인 이 남녀들은 자기들을 계몽주의의 후계자로 여겼다. 그들은 유고슬라비아에 새로운 형태의 사회주의를 도입하는 게 자신들의 사명이라고 생각했다. 현재의 사회주의보다 훨씬 인도주의적인 사회주의 말이다. 당시 유고슬라비아의 사회주의는 루마니아, 체코슬로바키아, 소련의 사회주의와 비교해볼 때 훨씬 자유로웠는데도 말이다.

슬리보비츠가 흥건히 돌면서 나는 대화의 주제를 내가 베오그라드에서 만난 사람들로 돌렸다. 분위기가 급격히 변하지는 않았지만 분명히 변했다. 그날 저녁은 상당히 명성 있는 철학자가 땅바닥에 침을 뱉으면서 그 도시와 그 나라, 그 동물들을 저주하는 말로 마감되었다―그는 세르비아의 동물들이라고 굳이 우겼다. 미국의 어느 대학에 데려다 놓아도 손색이 없을 만한 사람이었지만 브랜디에 취하고 밤이 깊어지자 그는 취중진담을 쏟아냈다. 그는 세르비아인들이 자기 나라에 저지른 일을 용서하지도 못하고 잊지도 못하는 한낱 크로아티아인일 뿐이었다. 자정을 넘기자 계몽주의는 온데간데 없었다.

그가 품고 있는 증오의 원인을 아무리 깊게 파고든다고 해도 결국 그의 팔은 안으로 굽었고 그게 그 사람의 정체성이었다. 그의 할아버지의 기억은 그의 기억이기도 했다. 무엇이든 갉아먹는 계몽주의의 위력도 구원(舊怨)만은 갉아먹을 수 없었던 모양이다. 그리고 유럽 대부분 지역에서와 마찬가지로 발칸 반도에서도 과거의 기억은 안 좋은 기억으로서 분노와 원한을 불러냈다. 독재가 억누르고 풍요로 달래고 계몽해서 그런 감정을 용납할 수 없는 감정으로 만들어 왔지만 이러한 힘들이 시들해지면서 과거의 기억은 되살아났다.

이 전쟁은 여러 나라가 가담한 끊임없는 전투로 변질되었고, 계략은 너무나도 복잡해서 유고슬라비아 전 국민이 즐기는 체스 게임 전문가도 풀기가 어려웠다. 이 전쟁은 전투에서 끝나지 않고 집단수용소로 이어졌다. 산업화된 효율성에서는 독일 나치 수용소를 따라가지 못했지만 굶주림과 폭력이 만연하기는 마찬가지였다. 보스니아에서는 무슬림 공동체, 크로아티아인 공동체, 세르비아인 공동체가 서로에게 총부리를 겨눴다. 그러나 세르비아인이 대다수인 보스니아의 북부 지역이 가장 전투가 치열했다. 세르비아인들은 남쪽 사라예보로 진격해 무슬림 수도를 포위 공격하면서 무기의 화력만 빼면 중세를 방불케 하는 상황을 연출했다.

포위공격 상황이 종료되고 14년 후에 나는 바냐루카를 방문했다. 스릅스카 공화국 수도인 이 도시는 평화롭고 풍요로워 보였다. 일요일 오후 도심을 거닐어보면 사람들이 제법 품위 있는 삶을 누리는 모습이 보인다. 공원에서는 두 사람이 커다란 체스 말을 들어서 움직이고 있고, 여럿이 둘러서서 체스 두는 광경을 몰입해 지켜보고 있다. 아이스크림은 달콤했고 호텔 카페에는 말끔하게 차려입은 젊은이들이 북적거렸다. 나는 나무가 무성한 한 거리에 들어섰는데 KPMG 표지판이 걸린 건물이 보였다. 보스니아 깃발이 아니라 자기들만의 깃발을 여전히 휘날리는 비합법적인 공화국 수도에서 현대 문명의 궁극적인 표지판이 보였다. 미국 굴지의 회계컨설팅 기업의 이름 말이다.

나는 대부분의 표지판이 영어이거나 영어 단어가 들어있는 모습을 보고 전혀 놀라지 않는 나 자신에 놀랐다. 내가 어렸을 때 보스니아의 제2 언어는 독일어였다. 미국이 참전해 진압한 반란의 온상에서 겉으로 드러난 정서는 시민들이 지난 일은 잊기를 열렬히 바란다는 징표 천지였다.

바냐루카에서 남쪽으로 가는 도로는 겨우 2차선이지만 잘 포장되어 있었고 경사진 길을 따라 건설 작업이 한창이었다. 바냐루카와 사라예보 사이에 난 도로 상에서 사업을 하면 수입이 쏠쏠하리라고 생각하는 사람이 있는 게 분명했다. 사라예보에 가까워질수록 고속도로를 깔고 사무용 건물을 짓는 공사현장이 훨씬 많이 눈에 띄었다. 시내로 들어가는 주요 도로는 한낮에도 교통이 혼잡했고 구시가지로 흐르는 강을 따라 차들의 행렬이 줄을 이었다. 이곳 건물들은 낡고 예스럽고, 도로는 구불구불했고, 사람들이 사는 언덕 아래쪽에서는 음식과 음악으로 여름밤을 즐기는 사람들로 활기를 띠었다.

십여 년 전만 해도 바냐루카는 스릅스카 공화국 지도자 라트코 믈라디치의 권력기반이었다. 당시에 남쪽으로 난 도로에는 군용차량과 무기들이 줄을 이었고 이들은 사라예보에 다다르자 무차별적으로 총을 난사했다. 유럽이 겪은 최악의 악몽과는 거리가 멀었지만 1945년부터 오늘날까지의 기간 동안 일어난 일 가운데는 최악이었다.

보스니아가 훌륭하게 재건한 모습을 보고 나는 경탄했다. 전쟁의 파편을 말끔히 청소하는 데 그치지 않고 국민들도 재활시켰다. 전쟁이 일어난 장소를 묘사할 때 전쟁으로 만신창이가 되었다는 표현을 너무 남발하는데, 이 표현은 사실 사람들에게 쓰는 게 가장 적합하다. 막 전쟁을 겪고 난 사람들은 전쟁으로 만신창이가 된 모습이다. 바냐루카와 사라예보 시민들은 그렇게 보이지 않는다. 군용 차량들이 오간 도로는 그저 도로일 뿐이었다. 도로는 말끔히 보수되었지만, 사라예보에 있는 모스크에서 저녁에 기도를 하는 사람들, 무슬림이라는 점 외에는 다른 유럽인들과 구분할 수 없는 이들, 그리고 바냐루카에서 체스를 두는 사람들은 과거를 잊지도 않았고 용서하지도 않았다. 그들에게는 500년 전 일어난 일이든 1995년에 일어난 일이든 마치 어제 일어난 일처럼 생생했다. 잊으려고 애쓰는 듯이 보이기는 했지만 진정으로 잊지는 않았다.

유럽은 유고슬라비아를 바라볼 때 유럽과는 아무 상관없는 선사시대

유물인 양 생각한다. 유럽은 더 이상 여러 나라들 간에 잔혹한 전쟁을 벌이지 않았다. 유럽은 더 이상 특정한 민족이라는 이유로 사람들을 집단 수용소에 보내지 않았다. 유럽은 더 이상 세계가 보기에 혐오스러운 존재가 아니었다. 따라서 유고슬라비아인들이 1995년에 저지른 온갖 행위들로 미루어볼 때 그들은 진정한 유럽인이 아니었다. 그들이 누군지는 분명하지 않으나 유럽의 정신에 정면으로 배치되는 이들임에는 틀림없었다. 그러나 1912년 발칸 반도에서 전쟁이 일어났을 때도 똑같은 주장을 할 수 있었을지 모르지만, 뒤이어 나머지 유럽에서 벌어진 일들은 발칸 반도에서 일어난 일은 저리가라 할 정도로 참혹했다.

우리는 사라예보에서 나이 지긋하고 교양 있는 땅딸막한 여성이 소유한 작은 호텔에 묵었는데, 우리를 편안하게 해주려고 부산을 떠는 모습을 보면서 내 숙모가 떠올랐다. 그녀는 내가 꼬치꼬치 캐물으니 처음에는 주저하다가 바냐루카에서 온 사람들이 폭격을 가하던 나날들에 대한 사연을 차분히 털어놓았다. 나는 바냐루카의 그곳에는 지금 KPMG 사무실이 들어서 있다고 말해주었다. 다시는 그런 참혹한 일이 일어나지 않는다는 징표라면서. 그녀는 슬픈 표정으로 미소를 짓더니 내게 이런 곳에서는 전쟁이냐 평화냐는 돈이 결정하지 않는다고 단호히 말했다. 그녀는 전쟁은 다시 일어날 수 있지만 "당장은 호텔이 있으니 다행"이라고 말했다. 평화가 정착되었다는 뜻이 아니라 당장은 호텔 경영을 즐길 만큼은 평화롭다는 사실에 감사한다는 뜻이었다. 그녀는 그런 소박한 바람을 지니게 되었지만, 이는 엄연한 현실에 대한 경고이기도 했다.

이 발칸 전쟁의 세세한 사항은 중요하지 않다. 그 후폭풍을 이해하는 게 훨씬 중요하다. 후유증이 있었고 남성과 여성들이 목숨을 잃었고 끔찍하게 죽은 이들이 있었으며, 미국이 개입하고서야 상황이 종료되었다. 미국은 평화협상에 들어갔고 최종적으로 코소보에서 알바니아인과 무슬림이 압도적으로 많은 지역을 두고 세르비아와 전쟁을 했다. 세르비아인들은 이 지역을 자신의 국가 정체성을 유지하는 데 필수적인 지역으로 보았다. 1389년에 일어난 코소보 전투는 결국 잊히지 않았다. 600년 전과 마찬가지로 지금도 잊히지 않고 있다.

유럽인들은 전쟁을 예방하지도 끝내지도 못했다. 전쟁이 끝난 후 순찰만 했다. 무엇보다도 모든 당사자들이 육체적, 정신적으로 지쳤기 때문에 전쟁이 끝났다. 그러나 과거와 마찬가지로 아무것도 해결되지 않았다. 유고슬라비아가 1912년과 1913년에 일어난 유혈사태를 잊으리라는 생각은 망상이었다. 국적이 바뀌었다고 해도 적은 여전히 적이었다. 자신들이 유럽연합에 가입하게만 된다면 이 모두가 종지부를 찍을 수 있다고 믿는 이들이 많았다. 그들이 왜 그렇게 믿었는지 모르겠지만, 열렬하게 그런 믿음을 지닌 이들이 있었다. 또 한 차례 전쟁이 다가오리라고 생각하는 이들도 있었다. 유럽연합 가입을 옹호하는 이들이 훨씬 열성적이었다. 전쟁이 일어나리라고 예상한 이들과 얘기해보니 그들은 훨씬 비관적이고 결연했다. 그리고 나는 이들의 말을 더 진지하게 받아들였다.

캅카스 전쟁

발칸 반도 서부 지역은 그 나름의 화약고이다. 그 이유는 터키가 다시 부상하고 있고 러시아가 지역 맹주로 재등장했기 때문이고, 유럽은 약하고 불안정한 데다 독일이 다국적적인 유럽으로부터 분리될 위험이 있기 때문이다. 구 유고슬라비아에서는 아무것도 해결되지 않았고 평화를 유지하려는 의지는 시들해지고 있다. 우리는 이 지역을 상거래로 가는 길, 그리고 나중에는 어쩌면 전쟁으로 가는 길로 여기는 잊힌 강대국들이 재

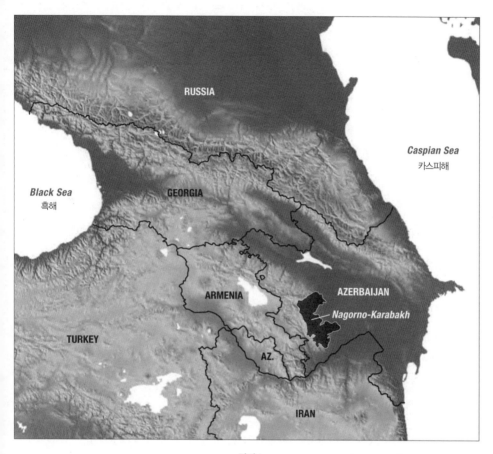

칸카스

등장할 가능성을 깊이 유념해야 한다. 그리고 미국이 보스니아와 코소보에 파병했고 미군은 그곳에 수년 동안 머물렀다는 사실도 기억하라.

칸카스 산맥은 흑해와 카스피해를 연결하는 육로다. 유럽 본토를 아나톨리아 반도 그리고 페르시아와 연결하는 다리다.

칸카스는 양대 산맥으로 이루어져 있다. 북쪽으로는 유럽에서 가장 높고 가장 험난한 산악지대인 대칸카스가 있고, 이곳의 엘브루스산은 최고

1만 8,510피트에 달한다. 남쪽으로는 발칸 반도의 산맥과 비슷한, 비교적 낮은 소캅카스가 있는데 산세가 험하고 접근이 불가능하다. 이 두 산맥 사이에는 평원이 있는데, 경사진 서쪽에서 시작해 동쪽으로 갈수록 평평해진다. 이 평원에는 쿠라강이 흐르고 있으며 이 강은 터키 동쪽의 산맥에서 발원해 카스피해로 흘러 들어간다. 이 평원은 서쪽으로 흑해까지 펼쳐져 있고 흑해에서 연안 평원이 서쪽까지 연장된다. 캅카스에 있는 두 나라, 조지아와 아제르바이잔이 이 평원에 자리 잡고 있다. 세 번째 나라 아르메니아는 대부분 남쪽 산맥에 걸쳐 있다.

캅카스는 세 강대국으로 둘러싸여 있는데, 이 가운데 두 나라는 발칸 반도 변방에 위치하고 있다. 남서쪽으로는 터키, 남동쪽으로는 이란, 북쪽으로는 러시아와 접하고 있다. 이 세 나라는 과거에 시기는 다르지만 하나같이 캅카스를 장악하려고 시도했고 대개의 경우 이 세 나라가 이 지역을 분할했다. 산맥이 세 나라를 서로로부터 보호했다. 각자가 발판이 있는 한, 경계선이 어디에 그어지느냐는 중요하지 않았다. 캅카스는 소캅카스조차도 너무 험난해서 군대가 통과하기 불가능했다. 러시아인들은 대캅카스를 반드시 장악해야 했다. 대캅카스 북쪽은 평원이라 방어하기가 어려웠다. 이 평원이 유럽대평원이 끝나는 곳이다. 거기까지 침투하게 되면 러시아 심장부로 가는 관문이 열리는 셈이다. 소련이 붕괴된 후에도 러시아인들이 절대로 물러서지 않으려 한 지역이 바로 여기였다. 체첸과 다게스탄에서 무슬림의 저항에 부딪혔는데도 러시아인들은 물러서지 않았다.

러시아인들은 그 어떤 공격이라도 저지하기 위해서 최대한 남쪽으로 진출할 필요가 있었다. 19세기에 오스만과 페르시아인들이 힘이 약했을 때 러시아인들은 쿠라 계곡을 관통해 소캅카스까지 밀어붙일 수 있었고 그 과정에서 조지아, 아르메니아, 아제르바이잔을 흡수했다. 러시아 혁명 후에 이 나라들은 잠시 독립을 했지만 소비에트인들은 다시 옛 경계선으로 돌아가 이 나라들을 소련에 편입시켰다. 터키는 약했고, 이란도 마찬가지였다. 따라서 러시아인들을 막을 이는 아무도 없었다.

여기서 소비에트인들은 세 가지를 얻었다. 첫째, 대캅카스에 대한 장악력을 잃을 염려가 없게 되었다. 둘째, 소캅카스를 관통하는 경계선을 구축했다. 이 경계는 냉전 초기에 특히 중요했다. 당시에 소비에트인들은 미국이 터키와 이란을 통해 공격할까봐 두려워했다. 마지막으로 소비에트인들은 유럽에서 가장 석유가 풍부한 유전을 확보했다. 바로 아제르바이잔의 수도 바쿠다. 아마 이 세 번째 소득이 가장 중요하다고 본다. 이 덕분에 소비에트는 산업화를 추진할 수 있게 되었다. 바쿠의 석유가 없었다면 아마 소비에트인들은 제2차 세계대전에서 살아남지 못했을지도 모른다. 히틀러도 자신이 바쿠를 차지하면 전쟁에서 이기리라고 생각했다. 스탈린그라드에서 치열하게 싸운 이유는 오로지 바쿠로 가는 길을 트기 위해서였다. 독일인들은 소비에트인들과 산맥에 저지당했고 전쟁에 졌다. 대캅카스가 그들을 패배시키는 데 큰 역할을 했다.

소련의 붕괴는 사실상 캅카스에서 시작되었다. 헤이다르 알리예프는 소비에트정치국 소속으로 이전에 아제르바이잔에서 KGB 수장을 맡았었다. 미하일 고르바초프에게 퇴출당한 그는 아제르바이잔으로 돌아갔다. 고르바초프 하에서 소련은 살아남지 못하리라고 확신하면서. 그는 아제르바이잔으로 돌아가 기회를 엿보면서 정치 기반을 다졌다. 아제르바이잔을 소련에서 탈퇴시켜 온전하게 보존할 정치 기반 말이다.

거의 같은 시기에 거의 아무도 눈치채지 못한 극적인 사건이 일어났다. 아제르바이잔에 속한 한 지역의 지방의회가 아제르바이잔을 이탈해 아르메니아에 합류하도록 허락해달라고 모스크바에 요청했다. 고르바초프는 이에 반대했다. 이를 허락하면 다른 지역에서도 비슷한 요구들이 쏟아질 게 뻔했다. 스탈린이 역사적으로 형성된 국경들을 아무렇지도 않게 마음대로 바꾼데다가, 국경이 불분명한 지역이 수없이 많았기 때문에 고르바초프는 소련 전체가 불안정해지는 계기가 될까봐 우려했다.

문제의 근원은 소비에트의 정책이었다. 소비에트인들은 연방에 속한 공화국들의 국경을 멋대로 바꾸고 인구를 여기저기로 이동시켰으며 정치적, 전략적 필요에 따라 이따금 대규모 인구를 추방하기도 했다. 아제리인들(아제르바이잔, 아르메니아, 이란 북부에 사는 터키계 민족—옮긴이)은 제2차 세계대전 동안 중앙아시아로 축출되었고 캅카스 내에서 인구들은 이리저리 옮겨 다녔다. 아르메니아인들은 나고르노-카라바흐라고 알려진 아제르바이잔 지역으로 대거 이주하도록 허락받았다. 수년에 걸쳐 아제르바이잔인들이 주로 사는 지역에 아르메니아인들이 정착했다.

고르바초프는 아제르바이잔이 장악한 나고르노-카라바흐를 넘겨달라는 아르메니아의 요구를 거절해왔지만 소련이 약화되고 붕괴하면서 더 이상 막을 힘이 없어졌다. 아르메니아와 아제르바이잔이 주권 공화국이 되면서 두 나라 사이에 긴장이 고조되었다. 아제리인들은 아르메니아에서 죽었고 아르메니아인들은 아제르바이잔에서 죽었다. 1992년 겨울 무렵, 발칸 반도에서 전쟁이 터진 시기와 거의 같은 시기에 아르메니아는 나고르노-카라바흐를 공격했고 양측은 소비에트 군사 장비를 이용해 전쟁에 돌입했다. 80만 명의 아제리인과 25만 명의 아르메니아인들이 난민이 되었다. 3만 명의 아제리인과 6천 명의 아르메니아인들이 살해되었다. 1994년 전쟁이 중단되었지만 아무것도 해결되지 않았고 갈등은 계속되고 있다. 국경을 따라 저격수들이 여전히 활발하게 활동하고 있고 유엔 결의안은 무시된다.

전쟁이 끝나고 10여 년 후에 나는 처음으로 아제르바이잔을 방문했는데, 나를 마중 나온 정부관리가 곧장 나를 기념관으로 데려갔다. 아제르바이잔 독립을 위해 싸우다 목숨을 잃은 이들을 기리는 기념관이었다. 나는 그곳에 헌화했다. TV 기자들이 카메라를 들고 나를 인터뷰하려고 기다리고 있었다. 첫 질문은 나고르노-카라바흐 문제에 대한 내 입장이 무엇인지였다. 그때가 내 첫 방문이었고 그 문제에 대해 알고는 있었지만 그토록 격렬한 감정을 불러일으키는 문제인지는 몰랐다. 직접 현지에 가보지 않는 한 이런 문제들을 이해하기는 불가능하다. 나는 그 어느 쪽 편도 들지 않는 대답을 했지만 유엔 결의안은 존중되어야 한다는 점에는 동의했다. 솔직히 내가 그 문제에 대해 어떻게 생각하는지 관심을 보이는 이유가 뭔지 궁금했다.

그 인터뷰와 내가 한 다른 인터뷰들 내용도 인터넷에 게재되었다. 나는 곧 아르메니아인들로부터 공격을 받았다. 아제르바이잔인들에게 매수당했다고 말이다. 내가 아제르바이잔에 먼저 들렀고, 바쿠에 대해 우호적인 발언을 했다는 이유였다. 바쿠는 실제로 매우 매력적인 도시다. 그런 발언을 했다는 이유로 아제리인들에게 매수당했다는 뜻으로 해석되었다. 양측은 미국에게 문제를 해결해달라고 요구하지만 결국 이는 당사자들이 직접 해결해야 할 문제다.

정치적인 사안들을 두고 흥분하는 이들을 보면 당사자가 아닌 이들은 이를 비이성적이고 오도된 태도라고 일축하기 쉽다. 그러나 우리는 우리가 지닌 애증은 완전히 이해하고 그래서 진지하게 받아들이지만, 다른 이들의 격렬한 감정은 하찮게 보고 심지어 병적이라고 여기기까지 한다. 우리 모두 과거에 대한 기억이 있고, 가장 막강한 나라들을 빼면 모두가 누군가의 잘못으로 희생당했다고 느끼고 그러한 잘못은 바로잡히지 않으리라고 생각한다. 이는 발칸 반도에서도 그렇고 캅카스에서도 분명히 그렇다. 다른 이들의 격정을 이해하지 못하면 엄청난 정치적 오류를 범하게 된다. 다른 사람이 중요하게 여기는 것은 좀처럼 이해하기 어렵다.

칶카스에서 나는 기억과 격정이 어떤 의미를 지니는지 깨달았다. 그리고 분명히 말하지만, 나는 아제리인들에게서 돈을 받지 않았다.

결론

발칸 반도와 칶카스는 유럽이 내세우는 새로운 유럽이라는 구상을 여지없이 무너뜨린다. 전쟁은 현재 진행형이다. 유럽연합이 기구로서 면모를 갖추어가고 있던 2008년에도 러시아는 조지아와 전쟁을 했다. 1945년 이전에 유럽을 규정한 그런 종류의 격정들은 여전히 생생하게 살아있었다. 유럽연합 내에서는 몰라도 유럽 내에서는, 발칸 반도의 경우처럼 유럽 반도에서는 여전히 살아있었다.

이러한 갈등을 유럽의 미개한 지역(발칸 반도)에서나 일어나는 일이라거나 사실상 유럽이라고 할 수 없는 지역(칶카스)에서나 일어나는 일이라고 일축하는 유럽인들이 있다. 그러나 미개하든 아니든 우리는 발칸 반도에서 제1차 세계대전이 시작되었고, 대칶카스, 체첸, 다게스탄이 현재 러시아가 이슬람주의자들에 맞서 대게릴라전을 수행하고 있는 지역이라는 사실을 명심해야 한다. 이러한 갈등들을 일축하려면 유럽의 정의(定義)를 계속 바꿔야 한다. 결국 유럽의 전쟁은 소련이 붕괴했어도, 유럽연합이 출현했어도 끝나지 않았다고 인정해야 한다.

유럽연합에 속한 유럽 지역에서는 전쟁이 일어나지 않았다고 할 수는 있다. 유럽연합이 갈등에 취약한 유럽의 성향을 성공적으로 완화시켰다는 주장을 뒷받침하는 강력한 증거다. 그러나 그런 주장은 또 다른 문제를 제기한다. 유럽연합이 실패하고 분열하거나, 그저 더 이상 효과적으로 기능하지 못하게만 되어도 유럽은 어떻게 될까? 유럽의 평화를 유지하는 게 유럽연합의 구조라면 그 구조가 헐거워지거나 와해되면 무엇이 유럽을 제지할까?

나는 유럽이 위기에 직면해 있고 이는 쉽게 해결될 문제가 아니라고 주장해왔다. 유럽연합은 무너지고 있으며, 과연 다시 균형을 되찾을지는 의문이다. 나는 불가능하다고 주장한다. 문제는 구조적이고, 구조적 문제는 실패로 이어지기 때문이다. 유럽 통합이 갈등을 퇴치해왔고, 유럽연합이 없으면 발칸 반도와 캅카스에서처럼 갈등이 재현될 거라는 주장이 맞다면, 유럽의 미래는 대부분의 사람들이 기대하는 모습과는 매우 다르다.

이게 내가 주장하는 바이고, 이제부터는 잠재적인 여러 화약고를 분석해보겠다. 유럽에는 오랜 전통이 여러 가지 있는데 특정한 지역에서 갈등이 재발한다는 사실도 그 가운데 하나다.

09

또다시
부상하는
독일 문제

The German Question
One More

유 럽의 문제는 이제 또다시 독일의 문제다. 독일이 무엇을 원하고, 무엇을 두려워하고, 무엇을 하고, 무엇을 하지 않으려 할지가 문제다. 이는 유럽의 해묵은 문제다. 유럽에서 가장 오래된 문제와 궤를 같이한다. 바로 다음 전쟁은 언제 시작되고, 어디서 치러질 것인가 하는 문제다. 독일 통일은 31년 전쟁으로 이어졌다. 그 후 45년 동안 독일은 분단되어 있었고 그동안에는 평화로웠다. 이제 독일이 다시 통일되었고 유럽의 맹주임에는 의심의 여지가 없다. 유럽연합이 실패하고 협력 구조가 와해되면 유럽이 스스로를 사분오열시킨 예전의 구조로 돌아갈지 여부가 문제다.

1945년에는 독일이 강대국으로서의 수명이 끝났다는 게 기정사실이었다. 그러나 독일은 유럽 반도에서 지배적인 세력은 아니더라도 유럽을 주도하는 세력으로 다시 부상했다. 문제는 이게 유럽에, 그리고 세계에 어떤 의미를 지니는가 하는 점이다. 오늘날의 독일은 분명히 아돌프 히틀러의 독일은 아니다. 군사력은 제한되어 있고 내부적인 신념과 원칙의 체계는 입헌적이고 민주적이다. 그러나 그렇다고 해서 독일이 오늘날 유럽에서 가장 막강한 나라라는 사실이 변하지는 않는다. 그리고 독일이 내리는 결정과 독일이 취하는 행동은 다른 나라들의 결정이나 행동보다 유럽 반도에 훨씬 큰 영향을 미친다.

독일이 이런 입장에 놓인 게 이번이 처음은 아니다. 1871년 독일 통일은 유럽이 작동하는 방식을 바꿔놓았고 유럽대평원 한가운데 거대하고 창의적이고 불안해하는 세력이 탄생했다. 유럽의 기원으로 거슬러 올라가면 라인강 동쪽에 있는 게르만족은 로마 제국의 확장을 제약했다. 이 부족은 무시해서는 안 될 부족이었다. 그들은 알프스 북쪽, 라인강 동쪽에 위치해 있었고, 그들의 동쪽 경계는 가늠하기 어려웠다.

1871년 프로이센을 중심으로, 독일은 단순히 여러 개의 주로 구성된 나라가 아니라 근대 민족국가가 되었다. 그 이후로 독일은 세 차례 경제적, 정치적으로 아주 막강한 통일체로 부상했다. 1871년 독일이 통일하고 전쟁에서 프랑스를 물리치면서 유럽을 재규정했다. 1918년 제1차 세계대전에서 패배한 독일은 다시 부상하는 절차에 착수했고 나치 독일에서 정점을 찍었다. 1945년 독일은 또다시 부상하기 시작했고 1990년 동서독이 통일하면서 절정에 이르렀다. 독일은 사분오열된 지역들에서 비롯되었고 끊임없이 짓밟히고 영토가 바뀌었지만 계속해서 재기했다. 단순한 나라로서가 아니라 유럽을 선도하는 나라로서 말이다.

이는 부분적으로는 지리적 여건과 관련이 있다. 유럽 북부의 평원 한가운데 위치한 나라는 어떤 나라든 중요할 수밖에 없다. 신성 로마 제국 당시처럼, 분열된 상태든 통일된 상태든 상관없이 말이다. 그러나 독일이 유럽에서 맹주로 끊임없이 재기한 이유는 훨씬 복잡하다. 1945년에, 21세기의 독일이 어떤 모습일지 예상한 사람은 거의 없었을지 모른다. 제대로 예상했다면 아마 공포에 질렸을지 모른다.

어쨌든 우리는 다시 독일에 대해 논하고 있다. 유럽의 핵심적인 나라로서 독일이 야기하는 문제, 해결하는 문제, 독일의 지도력과 그 지도력에 대한 반감에 대해서 말이다. 이게 어떤 의미인지 논하기 전에 왜 그런지, 특히 독일은 수많은 재앙을 겪었음에도 불구하고 1871년 이후로 왜 이렇게 끊임없이 재기해왔는지 살펴보아야 한다.

러시아를 중심으로 독일의 반대편에 있는 일본을 살펴보면 흥미로운 시사점이 있다. 독일이 통일하고 급부상하기 시작할 즈음, 일본도 통일하고 부상하고 있었다. 일본은 천연자원도 부족하고 근대 전쟁기술도 뒤처져 있었다. 영국의 힘을 빌려 함대를 건조했고 독일의 힘을 빌려 군대를 창설했다. 놀랍게도 1905년 무렵 일본은 러시아 해군을 물리쳤고, 제2차 세계대전 무렵에는 동아시아에서 경제적, 군사적으로 앞서가는 나라가 되었다. 독일과 마찬가지로 일본도 압박을 받으면서 이례적으로 급속히 발전했다—물론 독일보다는 압박을 덜 받았지만 말이다. 독일과 마찬가지로 일본도 불균형을 시정하기 위해 전쟁을 일으켰고, 독일과 마찬가지로 일본도 전쟁에서 참패했으며 다시 회복한다는 기약도 없었다. 그러나 일본도 독일과 마찬가지로 재기했고, 오늘날 독일을 제치고 세계 3위의 경제규모를 자랑하고 있다. 러시아, 영국, 프랑스는 제2차 세계대전 중에 피해를 훨씬 덜 입었고 결국 승리했지만, 그 이후로 일본만큼 선전하지는 못했다.

따라서 "왜 하필 독일인가?"라고 묻는 대신, "왜 독일과 일본인가?"라고 질문을 확대해보자. 독일만 독특한 나라가 아니다. 독일은 상대적으로 통일을 늦게 달성한 부류의 나라들에 속한다. 산업화도 다른 나라들보다 늦었다. 19세기 말 일본과 독일 두 나라 모두 통일을 이루었고, 경제적으로 급성장했다. 두 나라 모두 막 시작된 산업화를 본격적으로 추진하려면 원자재가 필요했다. 그러나 두 나라는 먼저 통일하고 산업화한 훨씬 막강한 나라들에게 가로막혔다. 두 나라는 원자재와 시장에 접근할 수단을 확보하기 위해 전쟁을 선택했다. 두 나라 모두 결국 처참하게 패했지만 한 세대 만에 경제를 재건했다. 그러나 군사적으로는 취약했다. 흥미롭게도 비슷한 시기에 통일한 이탈리아는 덜 집중적인 산업화 과정을 거쳤고, 전쟁에서 고통을 덜 겪었으며, 일본과 독일처럼 중요한 지위에 도달하지 못했다.

독일과 일본은 산업혁명을 권장했고 나라에서 강제하기까지 했다. 둘다 바깥으로 시선을 돌리는 나라였다. 프로이센은 영국과 프랑스와 겨루기 위해서 통일을 원했다. 급속한 산업화는 필수적이었다. 일본인들이 미국인들과 마주치고, 중국에서 영국인들을 목격했을 때 통일과 산업화를 이루지 않고는 중국의 운명을 맞게 되리라는 사실을 깨달았다. 1868

년 메이지 유신으로 수세기 동안 일본에서 결여되어온 통일된 정부가 다시 수립되었다. 이 통일된 정부는 경제적, 군사적 이유 때문에 산업화를 밀어붙였다.

이러한 행동은 산업의 국유화가 아니라 산업 정책을 수립하는 국가 정책으로 이어졌다. 두 나라 모두 귀족 계층이 있었는데, 이들은 자신들이 자국의 운명을 책임지고 있다는 인식 하에 국가 정책의 실행을 도왔고, 자신들의 이익을 위해 산업화를 주도할 태세를 갖추고 있었다. 절박한 지정학적 위협에 직면하지도 않았고 귀족 계층이 집단행동을 할 만큼 자기절제력이 뛰어나지도 않았던 이탈리아인들과는 달리, 독일인들과 일본인들은 행동할 역량이 있었다.

산업화, 통일, 군사력은 서로 얽히고설켜서 상승작용을 일으켰다. 셋은 상호 보완하는 관계였다. 그 결과 독일과 일본은 군국주의적인 이념을 개발했다. 군대를 국가의 화신으로 간주하고 귀족 계층을 군대를 이끄는 당연한 지도자로 보고 일반 국민은 열렬한 참여자로 간주하는 이념 말이다. 이탈리아인들은 무솔리니 하에서 군국주의적 이념을 창안하려고 애썼지만 파시스트 정당은 사상누각이었다.

제2차 세계대전 후 일본과 독일은 반군사적 이념을 개발했다. 일본은 평화주의적 입헌국가가 되었다. 독일은 NATO에 가입해 자신의 군사적 전통을 재개했지만 군국주의 이념에 대한 열정을 되찾지는 못했다. 그럼에도 불구하고 두 나라는 경제적으로 급성장했다. 전후 복구에 반드시 필요했던 이러한 경제 발전은 군국주의의 대안적인 이념을 창출했다. 이를 "경제주의"라고 불러도 좋을 듯하다—주로 경제 개발에 집중해 국익을 추구하는 이념 말이다. 경제 개발은 군국주의를 그들의 마음속에서 시대착오적인 이념으로 만들었다.

일본과 독일은 또 다른 특징을 공유했다. 둘 다 냉전 시대에 미국에게 반드시 필요했다. 미국 경제는 전후 시대에 세계 GDP의 절반을 생산하고 있었다. 미국과 긴밀한 경제적 관계를 유지하면 엄청난 이득을 보았다. 두 나라 모두 세계 최대 시장에 접근할 수 있었기 때문이다. 미국은 소련에 대한 봉쇄 전략의 일환으로 독일과 일본 둘 다 필요했다. 그러나 전략에 쓸모가 있으려면 두 나라가 풍요로워져야 했다. 따라서 미국은 전쟁을 일으킨 책임을 물어 두 나라를 빈곤하게 만들겠다는 생각을 곧바로 포기해야 했다. 전후의 지정학적 상황 때문에 두 나라의 경제를 회생시켜야 했다. 해외 원조와 미국 시장에 대한 접근—그리고 두 나라가 자국 시장을 관세로 보호하도록 허락했다—덕분에 두 나라는 회복할 동력을 얻었다.

독일이 처한 지정학적 상황이 조성한 사회적 현실로 인해 전쟁 중에 명령만 받으면 이루 말할 수 없는 사악한 짓을 저지르는 국민이 탄생했다. 그러나 이 국민은 전쟁이 끝나고 이루 말할 수 없이 열심히 일했다. 경제적 궁핍에 직면해 자기절제력을 발휘하는 게 독일인들에게는 낯선 일이 아니었다. 독일인들은 다른 국민은 감당할 수도 없고 감당하지도 않은 방식으로 이러한 상황에 직면했다. 이탈리아와 비교해보면 분명히 드러나지만, 한 세기 동안 두 번씩이나 빈손에서 시작해 영국과 프랑스를 능가하게 되었다는 사실도 이를 증명해준다.

일본은 세계에서 세 번째로 큰 경제규모를 자랑한다. 독일은 네 번째이다. 두 나라 모두 지금까지는 군사적으로 막강해지지 않고도 경제적인 강대국이 되려고 애썼다. 두 나라 모두 지니고 있는 국력에 비해 국제사회에서는 힘을 덜 행사했다. 둘 다 미국의 힘이 지배하는 맥락 속에서 전후 세계에 존재했다. 그러나 둘 다 안정적인 환경에 놓여 있지는 않다. 미국은 주의를 다른 데로 돌리고 있고 지역적인 문제들은 불확실해졌다. 둘 다 어떤 선택을 할지 고민하고 있고 스스로 힘을 행사하거나 위험을 감수해야 하는 상황에 직면하지 않게 되기를 바라고 있다.

독일을 일본의 맥락에서 보는 게 중요하다. 그래야 독일을 동떨어진 국가로 간주하는 함정에 빠지지 않고 보다 일반적인 맥락에서 보게 되기 때문이다. 독일의 통일과 발전 과정은 일본이 걸어온 길과 동일하지는 않지만 놀라울 정도로 유사하고 시사하는 바가 있다. 늦게 통일하고 산업화하게 되면 이탈리아 같은 나라들은 제대로 대처하지 못할 상황이 조성된다. 그리고 독일과 일본 같은 나라조차도 극복하기 힘든 국가적인 재앙으로 이어지지만, 두 나라는 이를 극복했다.

두 나라가 통일한 후 국민을 단결시킨 기본적 사회 결속력은 여전히 존재한다. 패배를 극복하는 데 도움이 된 결속력 말이다. 이러한 사회적인 절제력은 지금도 독일에 존재한다. 문화적으로 주변부는 약화되고 있는 듯 보이지만 그렇다고 해도 결정적이지는 않다. 독일의 경제적 성과와 나머지 유럽이 이룩한 경제적 성과 사이의 격차는 바로 이러한 지구력의 차이다. 1950년대와 1960년대에 독일을 재건한 세대는 세상을 떠나고 있지만, 그 다음 세대, 1960년대와 1970년대의 급진적 이념에 깊이 빠진 세대도 크게 달라 보이지 않는다.

다른 점은 물론 군국주의에 대한 접근방식이다. 냉전 세대는 마지못해서든 아니든 아주 현실적인 위협에 맞서 자신의 나라를 방어해야 했다. 냉전 후 세대는 군사력에는 거의 관심이 없다. 바이마르 공화국 때와 마찬가지로 지금은 독일이 군사적인 위험에 직면하지 않고 있으니 이해할 만도 하다.

독일인들은 성공과 재앙이 밀접하게 연관되어 있다고 본다. 그래서 그들은 그들이 이룩한 성과에 대해 매우 자부심을 느끼는 동시에 매우 두려워한다. 그들은 성공했기 때문에 그들이 더 이상 하고 싶지 않은 역할을 떠맡게 되고, 다시 공포에 압도당하게 될까봐 두려워한다. 그들은 새로운 유럽을 이끄는 역할을 원하지 않는다. 그런데 그런 역할에서 벗어날 수 없다고 걱정한다. 나머지 유럽은 독일이 겉으로만 두려워할 뿐 겸손을 위장하고 있으며, 결국 예전의 독일은 죽은 적이 없고 다만 잠들어 있었을 뿐이라며 의구심을 품고 있다. 독일에 대해 나쁜 기억이 없는 나라는 유럽에 없다. 독일인들조차도 자신들에 대해 나쁜 기억을 지니고 있다.

독일인들은 그들을 몸서리치게 만드는 역사는 이제 옛일이라고 믿고 싶어 한다. 마치 누군가가 끔찍한 일을 저지르고 나서 꿈이었을 뿐 그런 일은 일어나지 않았다고, 아니면 다른 생에서 일어났다고 확신하는 듯한 모양새다. 시간이 지나면서 그 꿈이 희미해지면 그는 그 꿈이 완전히 사라진 척할 수 있다. 그러나 그는 절대로 진실을 잊지 못한다. 그 꿈은 꿈이 아니다. 정말로 일어난 일이다. 그는 그 일이 다시 일어날까봐 두렵다. 그의 주변 사람들, 그게 꿈이 아니었다는 사실을 아는 사람들도 그와 똑같은 두려움을 느낀다. 어찌 보면 독일의 정서는 유럽 전체의 정서이기도 하다.

독일이 성공할 때마다 그 이웃나라들을 장악하거나 관리하려는 행동을 할 때마다, 사소하게나마 어떤 식으로든 이웃나라의 운명을 결정할 행동을 할 때마다, 두려움이 조성된다. 이번에 독일에게 다른 점은 성공과 힘도 아니고, 행동해야 할 필요도 아니고, 독일에 결부된 공포심이다. 공포를 느끼면 온건해진다는 주장이 있다. 또 한편으로는 당신 안에 광기가 잠재되어 있다는 사실을 인식하고 있다고 해서 그 광기가 당신의 정신을 사로잡지 말라는 보장은 없다. 당신이 독일인들이 저지른 그런 종류의 짓을 저지르고 나면 당신 자신에 대해 절대로 안심할 수가 없고, 아무도 당신에 대해 안심하지 않는다.

독일에게 유일한 해결책은 자신이 지난 일을 더할 나위 없이 심각하게 받아들이고 있다는 사실을 세계에 보여주기 위해 공개적으로 참회하는 등 독일이 전혀 해를 끼치지 않으리라는 점을 철저하게 입증해 보이는 방법이었다. 이는 아주 평범한 삶과 더불어 진행되었다. 어찌 보면 독일인의 삶은 피해자의 삶과 비슷하다—그저 살고자 하는 욕망과 더불어 끊임없이 자기 성찰하는 태도를 보인다. 물론 삶의 방식이 유사하다고 해서 누가 피해자이고 누가 가해자인지를 숨길 수는 없다.

이러한 정서가 먹혀들어가지 않는 한 장소를 지켜보면 흥미롭다. 바로 젊은이들이 모이는 장소다. 베를린의 토요일 밤은 인간이 살아가는 가장 해괴한 삶의 방식으로 당신을 안내한다. 엉망진창인 베르톨트 브레히트의 연극을 연상케 한다. 인간의 삶이 취할 수 있는 낯선 형태들을 고찰하는 기분이 든다. 이 해괴함에서 비롯되는 속죄의 가능성을 심오한 철학으로 윤색한 정서와 더불어. 방랑주의는 오래전부터 독일 청년들의 전통이었고 지금도 그 전통은 유지되고 있다. 그러나 1970년대에 젊은 혁명가였으나 이제는 지멘스나 도이치방크에서 요직을 맡고 있는 이들을 만나보면, 그런 정서마저도 단순히 그들 자신이 스무 살일 때 그토록 증오한다고 주장했던 권위와 진부한 삶을 준비하는 과정에서 경험하는 의례적인 탐닉이었을 뿐이라는 사실을 깨닫게 된다.

청년 시절에 반항하고 관행을 타파하다가 삶에 굴복하게 되는 과정은 독일 청년들만 거치는 건 아니다. 그러나 베를린의 토요일 밤은 그 보편적인 현상이 매우 강렬한 형태를 띤다는 느낌을 준다. 1970년대에 유럽의 신좌익은 대학을 기반으로 널리 확산된 운동이었다. 이 운동을 통해 직접적인 행동—폭파, 총격, 납치 등—에 가담하는 집단들이 탄생했다. 독일에는 바더-마인호프 그룹이라는 집단이 있는데, 이들은 훗날 독일적군파가 되었다. 그 구성원들은 수많은 테러행위를 저질러 기소되었다. 울리크 마인호프는 1976년 재판 중에 자살했다. 바더를 비롯한 다른 회원들은 1977년 "죽음의 밤"이라고 스스로 명명한 날 자살했다.

청년기의 감성은 어디든 존재한다. 젊은 시절 이념에 심취하는 성향도 흔하다. 1970년대에 청년들이 테러를 일으킨 나라들은 많다. 그러나 독일 테러리스트들의 죽음의 밤은 그 어느 지역보다도 훨씬 음험한 정서를 반영했다. 죽음을 숭배한다고까지 말하지는 않겠다. 그들의 의도를 알지 못하기 때문이다. 그러나 독일의 한 철학자의 말마따나, 더 깊이 들어가고 더 오래 머물면 그 누구보다도 더러워진 채로 솟아오르게 된다. 이게 독일 철학에도 적용되는지 확신하지는 못하겠지만 독일적군파에게는 적용해도 무방하다고 생각된다. 내가 얘기를 나눠본 다른 모든 급진주의자들은 나이를 먹으면서 평범한 삶을 살게 되었다. 하지만 이 극소수는 그렇지 않았고 그들은 놀라울 정도로 어둡다. 좌우의 문제가 아니다. 젊고, 열정적인 믿음이 있고, 생각하기도 어려운 일이 다른 사람들과 자기 자신에게 일어나게 만든다. 집단 죄의식은 없지만, 문화는 그 속성상 집단적이다. 이들이 자살했다는 소식을 들었을 때, 나는 하이네와 독일의 천둥이 떠올랐다. 천둥이 울린 지 한참 지났지만 여전히 그 소리가 분명히 들린다는 구절 말이다.

이런 일들은 다른 나라에서도 일어나지만 독일에서 일어나면 옳건 그르건 훨씬 깊은 의미를 띠게 된다. 독일인들은 그저 과거를 뒤로하고 과거에 자신들을 보호해준 것을 유지하면서 살아가고 싶어 한다. 그러나 동시에 그들은 변함없이 그대로일 수 없다는 사실을 알고 있다.

독일인들은 평범과 비범 사이에서 옴짝달싹못하고 있다. 비범에 대한 두려움은 실제적이고 깊다. 그리고 평범하다는 데서 안식처를 찾을 뿐만 아니라 거의 눈에 띄지 않는 데서 위안을 얻는다. 그러나 세계 4위의 경제대국, 유럽 최대의 경제대국은 눈에 띄지 않을 수가 없다. 그들은 자신들을 보호해온 것이 비범해지지 않도록 하려고 애쓰면서도 변화를 바란다. 그들은 NATO에 잔류하기를 바라지만 아프가니스탄 파병은 독일이 회원국으로서 할 수 있는 마지막이자, 상당히 제한된 시도라고 그들은 생각한다. 그들은 유럽연합에 잔류하고 싶지만 유럽연합이 독일의 이익에 부합하는 식으로 운영되기를 바란다. 그러나 그러면서도 그들이 자기 이익을 추구하는 듯이 비춰지기 않기를 바란다—국익 때문에 광기를 부렸던 나라에게 이익은 두려운 존재다. 그러나 독일이 스스로를 가둔 고치(cocoon)에서 탈피하라고 강요하는 사건이 끊임없이 일어나고 있다.

독일은 여전히 매우 비군사적인 방식으로 외교를 수행하는 데 집착하고 있다. 독일의 수출은 GDP의 40퍼센트에 달한다. 산업 생산력은 국내 소비 역량을 훌쩍 뛰어넘는다. 따라서 수출이 조금이라도 줄면 국내에 미치는 파장이 상당히 크다. 독일은 단순히 수익률이 높은 상품을 수출함으로써 완전고용을 유지할 수 없다. 전방위로 수출을 해야 한다. 이 세대가 수출에 집착하게 된 기원은 미국이다. 미국이 독일의 유례없이 급속한 성장을 권장하면서 산업시설은 국내 수요를 앞지르게 되었고 미국과 다른 나라들이 잉여 생산품을 사들였다. 그러나 이는 오래전 일이다. 1950년대의 일이다. 세월이 흐르면서 이러한 수출에 대한 집착을 하향조정할 수도 있었지만, 오히려 수출에 대한 독일의 집착은 확대일로를 걸었다.

독일은 정치적 파장, 특히 군사적 파장이 없는 경제 정책을 원했다. 독일은 다른 어떤 이에게도 자국의 의지를 강요하지 않고 유럽의 지배적인 국가가 되려고 한다. 국력을 구성하는 여러 가지 요소 가운데 단 한 가지 요소만 행사하겠다는 의도다. 바로 경제력이다. 경제력이 자국의 이익을 무자비하게 추구하지 않고도 행사할 수 있는 힘이라고 생각한다. 독일은 국가의 주권을 유지하고 싶어 하지만 오직 모든 주권을 존중하는 초국가적 기구의 맥락에서 주권을 유지하고 싶어 한다. 이는 이해할 만한 욕구이나 실현가능한지는 분명치 않다.

유럽은 경제 위기에 놓여 있다. 독일은 유럽에서 가장 부유한 나라이고 유럽에서 가장 큰 이득을 챙긴다. 그러나 독일 국민은 그리스가 부패하고 게을러서 지금 저런 처지가 됐고, 그들을 구제하는 데 독일이 비용을 대서는 안 된다고 생각한다. 따라서 예전의 정서가 독일에서 다시 등장하고 있다. 과거보다 온건한 형태이긴 하지만. 죽어라 일하는 자기절제력이 강한 독일인들과 변덕스럽고 무책임한 남부 유럽인들을 병치시키는 정서다. 이 정서에는 어느 정도 진실도 담겨있지만 내가 지적한 바와 같이 그게 전부는 아니다. 그러나 설득력 있고 막강한 위력을 떨치는 정서라는 게 중요하다.

이러한 시각의 요점은 독일이 남부 유럽의 부채를 떠안아서는 안 된다는 견해다. 그러나 그보다 훨씬 깊은 뜻도 있다. 북부 유럽인들, 그리고 특히 독일은 최소한 남부 유럽인들보다 문화적으로 우월하다는 주장이다. 혈통의 문제는 아닐지 모르지만 가치관의 문제이긴 하다. 남부 유럽인들은 제 앞가림도 제대로 못한다는 이들이라는 시각이다. 따라서 보다 책임감 있는 북부 유럽인들이 그들을 정신 차리게 하려면 자기절제와 근면을 강요해야 한다.

결국 이 정서가 바로 긴축정책을 주장하는 이들의 논리다. 유럽연합의 위기를 해결하기 위해서 부담은 누가 져야 할까? 독일인들은 자신들이 이 위기의 희생자라고 생각한다. 근면성실하게 노력해서 얻은 것을 잃을 위험에 처했다고 생각한다. 남부 유럽인들은 빚을 갚아야 한다. 다는 아니더라도 대부분은 갚아야 한다. 그들이 단지 빚을 졌기 때문이 아니라 남부 유럽인들에게 무책임하면 어떤 결과를 낳는지 깨닫게 해주고 긴축정책을 통해 생활방식을 바꾸게 만들어야 하기 때문이다.

독일의 정책과 독일의 여론은 이 문제와 관련해 분열되어 있다. 이 문제가 복잡해지는 시점은 순전히 경제적인 징계가 더 이상 먹혀들지 않을 때다. 남부 유럽인들은 경제적인 징계에 저항하게 된다. 채무자로서 행사할 수 있는 위력을 행사하면 된다―채무 불이행이다. 빚을 갚음으로써 치러야 하는 대가가 빚을 갚지 않겠다고 함으로써 치러야 하는 비용보다 더 높은 순간이 온다. 빚을 안 갚으려고 하면 가까운 장래에 아무도 당신에게 돈을 빌려주지 않을 가능성이 높지만 빚을 갚는 것보다 덜 고통스럽다. 대기업의 경우에서 알 수 있듯이 파산했다고 대출이 끊기지는 않는다. 국가도 마찬가지다.

독일의 경제 전략은 모든 가담자들이 오직 경제적 게임만 할 의향이 있어야만 제대로 작동한다. 그러나 일단 채무 불이행이 발생하면 게임은 바뀐다. 독일이 순수하게 경제적인 수단만 써서 강제로 빚을 갚게 하려면 어떻게 해야 할까? 이 논리를 따라가다 보면 경제적으로 항복하든가, 독일인들에게는 어려운 선택이지만 모종의 정치적 선택을 하는 쪽으로 기울게 된다. 독일은 유럽연합 틀 안에서 오직 경제적 관점에서 행동하고자 하는 욕구가 더 이상 실현불가능해지면 빚 게임에서 패배한 데 따른 결과를 받아들이든가 아니면 경제논리를 벗어나 다른 조치를 취해야 하는, 독일이 원하지 않는 선택지로 점점 기울게 된다. 이게 독일이 처한 현실이다.

전후에 활동한 철학자 해나 아렌트가 이런 말을 한 적이 있다. 세상에서 가장 위험한 처지가 부유하고 나약한 처지라고. 부는 오로지 힘으로만 지킬 수 있다. 빈곤층과는 달리 부유층은 질투의 대상이고 다른 사람들이 갖고 싶어 하는 것을 갖고 있다. 강한 이들과는 달리 부유한 사람들은 권력에 복종해야 한다. 내 부친은 세상에서 가장 부유한 사람이 가장 싸구려 총알에도 목숨을 잃는다고 말하곤 했다. 나라도 마찬가지다. 힘없는 부는 재앙을 초래한다. 피해자도 아니고 가해자도 아니면 좋지만,

유감스럽게도 그건 불가능하다.

경기침체에 빠져서 노동력의 4분의 1 이상이 실업자가 되고 엄청난 빚을 갚아야 하는 유럽 지역에서 어떤 일이 일어날까? 정치운동이 등장하게 된다. 첫째, 빚을 갚지 말아야 하고, 둘째, 빚더미에 앉게 만든 불한당들을 처벌하고, 셋째, 부는 나눠야 한다고 주장하는 운동 말이다. 여기에는 인종적인 요소도 들어 있다. 그들은 이민과 유럽연합 소속 인구들이 국경을 넘나드는 자유로운 이동에 반대하게 된다. 이러한 문제들은 서로 연결되어 있다.

그들은 유럽연합이 엘리트 계층에게 주로 이익이 되고, 나머지는 일자리를 두고 이민자들과 경쟁해야 하는 처지에 내몰린다고 생각한다. 몰락한 중산층은 특히 재앙을 맞아 삶이 불안정해지고 자기 나라에서 이방인 같은 기분이 든다. 이민자들이 이런 나라들의 국가적 특성을 바꾸고 유럽은 이러한 이민자들을 문화적으로 흡수하지 못하고, 이민자들은 흡수되기를 거부하면서 국가를 결속시키는 요소들이 변하고 있다. 마르크스가 주장한 바와 같이 자본은 국적이 없을지 모르지만, 저소득 계층들은 국적이 있을 뿐만 아니라 국적에 매달린다. 경제적 사안과 문화적 사안이 한데 섞이고, 외부인에 대한 두려움이 상승하고, 우익 쪽에서 정치적 압력을 가하게 된다. 이는 실패하는 나라들에만 국한된 현상이 아니다. 북부 유럽 국가들에서도, 심지어 독일에서도 나타나는 현상이다. 미국에도 있다. 단지 훨씬 온건한 형태를 띨 뿐이다.

이미 이런 현상은 존재하고 있다. 놀랄 일도 아니다. 그리스의 황금의 새벽, 이탈리아의 다섯 개의 별, 프랑스의 국민전선, 헝가리의 조비크 등을 보라. 거의 모든 유럽 국가에서 우익 정당이 부상하고 있고 상당한 힘을 얻은 정당도 있다. 현재 시점에서는 이들이 그저 부상할 뿐이지만 앞으로 발전하고 바뀌게 된다. 그들은 좌익 슬로건이나 우익 슬로건을(우익

슬로건일 가능성이 훨씬 높다) 외치겠지만 그건 중요하지 않다. 그들은 독일이 빚을 떠안아야 하고 독일과 자국 내에서 독일과 협력한 이들에게 책임이 있다고 주장하면서 그들의 자산을 몰수하거나 재분배하자고 주장하게 된다.

절박한 처지에 놓인 국가는 절박한 행동을 취한다. 부유하고 나약한 나라를 대상으로 조치를 취해도 위험은 없다. 독일에 대한 반감, 긴축정책에 대한 반감이 강해지고, 지켜야 할 이익과 투자, 시장이 있는 독일은 공격 대상이 되고, 독일의 이익에 대한 공격은 점점 심해진다. 독일은 처벌을 받아들이든가 막대한 재원을 이용해 부를 힘으로 전환하든가 양자택일을 해야 한다. 국가는 강해지고 싶다고 해서 강해지지 않는다. 강해져야 하기 때문에 강해진다. 독일은 매우 상반된 선택지들에 직면하게 되고 모든 차원에서 힘을 증강하는 게 다른 대안들보다 훨씬 감내할 만하다고 판단하게 된다.

따라서 독일은 명실상부한 강대국이 되고, 우선 정치적 힘을 행사한 후 곧 압박이 가중되면서 군사적 힘을 행사하게 된다. 군사적 고려사항이 아니라 경제적 고려사항이 독일을 이런 지경으로 내몰게 된다. 그렇게 될 날이 머지않았다. 독일은 근본적인 문제를 처리하게 된다. 과도한 수출의존도, 독일 내수를 진작할 역량의 부재, 수출기반 경제의 안정적 틀을 유지할 필요 등의 문제 말이다. 유럽연합이 계속 불안정해지거나 보호무역주의가 강해지면 독일은 또 다른 고객들을 물색해야 하고, 이미 그렇게 하고 있다.

유럽연합에 무슨 일이 일어나든, 독일은 여전히 유럽의 통합 시도에 깊이 관여하게 된다. 그러나 유럽연합이 점점 민족주의적인 성향을 띠게 되고, 독일 자신이 러시아, 또는 라틴아메리카나 아프리카의 신흥 경제들과 더 긴밀한 경제 관계를 모색하면서, 독일은 어려운 현실과 맞닥뜨리게 된다. 독일은 주로 경제에 관심이 있지만, 독일의 새로운 경제 협력자들은 경제를 국가안보와 연계시킨다. 예컨대, 독일이 러시아와의 관계를 심화시키면 독일은 경제 사안과 국가안보 사안이 밀접하게 연관된 한 나라를 상대하지 않을 수 없게 된다. 따라서 러시아는 독일에게 우크라이나와 벨로루시에서의 러시아의 우위를 받아들이라는 조건을 내걸게 된다. 미국은 그런 상황을 원하지 않는다. 폴란드도 마찬가지다. 미국과 폴란드가 보다 긴밀한 군사적 관계를 맺게 될지 모른다. 이는 러시아의 불안을 촉발하고 독일로 하여금 결단을 내리도록 강요하게 된다.

국가는 적극적으로 외교정책을 추진하지 않는다. 상황이 국가를 그렇게 하도록 만든다. 독일인들에게 이는 NATO의 틀 안에서 협조하든가 다른 나라들과 양자적인 관계를 추진한다는 뜻일지도 모른다. 독일은 냉전 중에 재무장했고 여전히 재무장한 상태다. 최대 역량에 준하는 재무장은 아닐지 모르지만. 일본과 달리 독일은 재무장하는 데 심리적 장애물 말고는 아무 장애물도 없다. 그러나 어떤 나라도 무기가 없으면 완전한 주권국가가 아니다. 그리고 독일의 기억과 악몽이 무엇이든 항구적인 평화라는 개념은 꿈이다. 경제적으로 풍요로운 삶은 그 삶을 지킬 수단이 없다면 지탱하기 불가능하다.

세계 4위의 경제대국은 정치를 외면할 수 있는 선택지가 없다. 세상에서 일어나는 일은 무엇이든 그 나라의 이익에 영향을 미치고, 유럽에서 일어나는 일은 무엇이든 분명히 독일에 영향을 미친다. 가만히 앉아서 잘 해결되기만을 바라는 선택지도 있다. 그러나 여느 나라와 마찬가지로 국내 정치가 이를 허락하지 않는다. 독일의 이익을 보호하기 위한 아무런 행동도 취하지 않고 경제가 쇠락하게 되면 정치권을 압도하는 정치적 반응이 나타난다. 그렇다면 어떻게 해야 할까?

첫 번째로 독일이 보일 가장 뻔한 행동은 유럽연합과 자유무역지대를 그대로 유지하려는 시도다. 불가능하지는 않지만 그러려면 상당히 심혈을 기울여야 하는데 그런 노력은 성공하지 못할지도 모른다. 남부 유럽에서 실업 위기를 해결하고 동유럽이 유럽연합에 잔류하도록 하려면 비용이 많이 든다. 독일은 유럽연합에 운을 걸어야 한다. 유럽연합의 문제에 대한 해결책을 찾는 데 혼신을 다하는 동시에 새로운 선택지들을 모색해야 한다.

독일은 다음 두 가지 결정을 내려야 한다. 늘 그래왔듯이. 첫째는 프랑스를 어떻게 할지이고, 둘째는 러시아를 어떻게 다룰지이다. 북유럽평원에 위치한 독일은 늘 이런 계산을 하고 있다. 1871년 이후로 독일 역사에서 가장 중요한 문제였고, 이 문제는 끊임없이 제기된다. 제2차 세계대전 이후 프랑스와의 긴밀한 관계는 독일에게 본질적인 문제였고, 러시아는 위협이었다. 독일의 절반을 점령했고 나머지 절반도 차지하겠다고 위협하고 있었으니 말이다.

독일은 여전히 프랑스와의 긴밀한 관계를 중요하게 여기지만 두 나라의 이익은 서로 갈라졌다. 프랑스는 실업률이 높고 물가상승이 발생하더라도 경기를 활성화시키고 싶어 한다. 독일은 긴축정책을 고수하고 있다. 러시아는 독일에게 전혀 적합한 협력자가 아니지만 여러모로 가장 필요에 맞아떨어지는 나라다. 여느 나라와 마찬가지로 독일도 원하는 것을 모두 갖고 싶어 한다. 독일이 유럽연합을 안정화시키고, 프랑스와의 협력관계를 유지하고, 러시아와의 절충안을 찾기가 가능할지도 모른다. 그러나 이를 달성하는 동시에 독일의 욕구와 국민의 욕구를 충족시키는 정책을 생각해내기는 어렵다.

훨씬 개연성 있는 시나리오는 독일과 프랑스 간에 경제적 긴장이 높아지고, 프랑스는 점점 더 아프리카와 지중해 쪽으로 눈을 돌리게 되며, 독일은 러시아와 손을 잡으려는 시도를 하게 된다. 이렇게 되면 강대국들은 평화적으로 서로를 대상으로 책략을 만들어내겠지만 독일과 러시아 사이에 놓인 경계지역에 위치한 작은 나라들 사이에 심각한 갈등이 조성되고, 어쩌면 프랑스와 독일 사이에 있는 경계지역에서도 긴장이 조성될지 모른다.

10

유럽 본토와 반도

Mainland and Peninsula

나의 외조부는 프레스부르크에서 태어났다. 그의 자녀들은 포조니에서 태어났다. 제1차 세계대전 후 그의 가족은 브라티슬라바를 떠났다. 이름만 다르지 다 똑같은 도시다. 그 도시를 장악한 사람이 오스트리아인이냐, 헝가리인이냐, 슬로바키아인이냐에 따라서 이름이 바뀌었다. 경계지역에 있는 도시는 한 사람의 일생 동안 이름이 세 번 바뀌기도 한다. 그 사람은 그 도시를 일컬을 때 한 가지 이름으로 부르겠지만. 그것도 현재 이름이 아닌 다른 이름으로. 그래도 슬로바키아인과 대화할 때는 포즈니라고 부르면 안 된다. 특히 술집에서 자정이 넘었을 때는. 러시아와 유럽 반도 사이의 경계지역에서는 명칭이 매우 중요하기 때문에 명칭을 두고 유혈극이 벌어진다. 모든 경계지역이 그렇다. 이곳이 특히 그렇다.

유럽 반도는 남쪽으로 지중해와 흑해, 북쪽으로 북해와 발트해와 접하고 있다. 발트해의 가장 동쪽 지점에는 상트페테르부르크라는 도시가 있다. 흑해의 가장 동쪽에는 로스토프라는 도시가 있다. 상트페테르부르크에서 로스토프까지 선을 그으면 유럽 반도의 맨 아랫부분을 규정하는 셈이다. 이 선의 서쪽은 전부 유럽 반도에 속한다. 이 선의 동쪽은 유라시아 대륙 본토에 속한다.

이 선은 러시아의 서쪽 국경을 얼추 규정하기도 한다. 발트해 연안 국가들, 벨로루시, 우크라이나 등 구 러시아 제국과 소련의 일부였던 곳들은 사실상 유럽 반도의 동쪽 지역 국가들로서 반도이기도 하고 본토이기도 하며, 가톨릭이기도 하고 동방정교이기도 하다. 러시아 제국의 국경은 수세기에 걸쳐 후퇴와 전진을 오갔으며, 이 나라들을 아울렀다가 풀어주기를 반복했다. 때로—러시아가 냉전 시대에 독일의 중심으로 파고들었듯이—러시아는 반도 깊숙이 들어왔다. 그러나 유럽 반도에 위치한 그 어떤 나라도 러시아 내에서 영토를 항구적으로 점령한 적은 없다.

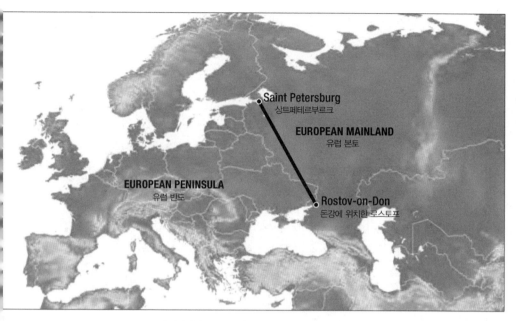

러시아와 유럽 반도 사이에 위치한 경계지역들

    나폴레옹이나 히틀러가 한 그런 시도를 한 나라들은 파멸당했다. 발트해 연안 국가들에서 우크라이나까지, 그리고 폴란드에서 불가리아까지 두 겹을 형성하는 나라들은 분열되어 있는 유럽 반도와 통일된 러시아 사이에 놓인 경계지역이다.

    반도와 본토는 근본적으로 다르다. 반도는 작다. 가장 넓은 지역이 덴마크 북쪽에서 이탈리아 남쪽 끝까지인데 1,500마일밖에 안 된다. 동쪽에서 서쪽으로 갈수록 좁아져서 피레네 산맥에 있는 가장 좁은 지점은 넓이가 300마일밖에 안 된다. 유럽 반도는 유럽에서 가장 인구밀도도 높고 나라의 수도 많다.

    한편 러시아는 광대하다. 북쪽에서 남쪽까지 2,000마일이고 벨로루시와의 경계선에서부터 우랄산맥까지 1,100마일 정도다. 러시아는 동쪽으로는 시베리아를 거쳐 수천 마일에 달한다. 그러나 시베리아는 러시아 핵심부라기보다 러시아에 부속된 영토이고, 유럽 쪽 러시아의 일부는 분명히 아니다.

유럽 쪽 러시아는 대부분 평원으로서 강 말고는 장애물이 없다. 언어적, 종교적, 민족적으로 러시아는 유럽 반도보다 훨씬 더 동질성이 높다. 반도는 극복하기 어려운 다양성이 있는 반면 러시아는 파괴되지 않는 동질성이 있다. 러시아는 약 100여 개의 민족 집단이 있는데, 인구의 80퍼센트 이상이 러시아 민족이고 타타르족이 39퍼센트로 그 다음으로 큰 민족 집단이다. 수많은 소수민족들이 있지만 어느 한 민족도 크게 중요하지 않다는 뜻이다. 체첸의 무슬림은 폭력적일지는 모르지만 모스크바를 전복할 힘은 없다. 종교도 중요하지만 민족이 훨씬 중요하다. 특히 언어가 소수민족들을 갈라놓을 경우 더더욱 그러하다. 무슬림은 규모가 큰 집단이지만 무슬림들을 하나의 집단으로 간주하면 안 된다. 러시아에서 그들은 공간과 언어에 따라 나뉘어 있고 이슬람을 믿는 강도와 종파도 다르다.

러시아는 기본적으로 내륙국가로서 인구 대부분이 바다에서 멀리 떨어진 곳에 거주한다. 유럽 반도를 에워싼 바다와 경제, 문화는 해상교역을 중심으로 구축되었다. 투키디데스는 스파르타는 내륙이고 가난하지만 아테네는 바다와 접해 있고 부유하다고 지적했다. 아테네는 세계와 교역했다. 스파르타는 스스로 경작한 것을 먹고 살아야 했다. 물론 투키디데스는 이런 말도 했다. 바다 근처에 사는 사람들은 사치를 누리기 때문에 나약해지지만 바다에서 멀리 떨어진 곳에 사는 사람들은 큰 시련을 견뎌낼 수 있다. 러시아 군인의 강인함을 생각해보면 투키디데스가 한 말이 무슨 뜻인지 이해가 간다.

지리적 여건 때문에 러시아와 유럽 반도 사이에는 경제적으로 큰 차이가 있다. 오늘날 반도에는 5억 이상의 인구가 있는 데 비해 러시아 본토에 사는 인구는 1억 4천만 남짓하다. 반도의 GDP는 14조 달러, 1인당 GDP는 28,000달러에 달한다. 러시아의 GDP는 대략 2조 달러이고 1인당 GDP는 14,246달러다. 본토 거주자가 러시아인보다 두 배 이상 부유하다. 러시아의 경제적 불평등은 반도보다 훨씬 높다.

러시아는 고립되어 있다. 중간 크기의 러시아 마을에서의 삶은 반도에서 이에 상응하는 크기의 마을에서의 삶과 완전히 다르다. 러시아에는 기회에서부터 기대수명에 이르기까지 뭐든 반도보다 뒤처지고, 상대적으로 높은 동질성이 특별히 행복한 삶으로 연결되지도 않는다. 솔제니친은 러시아인들은 가난하지만 개인으로서는 반도에 거주하는 이들보다 영적으로 우월하다고 주장했다. 그의 주장이 사실일지도 모르지만, 분명한 사실은 러시아에서의 삶은 혹독하다는 점이다.

바다 외에 유럽 반도의 강들도 이 지역이 부유해지는 데 한몫했다. 유럽에서 가장 긴 다뉴브강은 알프스 동부에서 흑해까지 저렴한 비용으로 운송이 가능케 해준다. 라인강은 북해로 흘러 들어가고 론강(Rhone)은 지중해로, 드네스트르강은 흑해로 흘러 들어간다. 항구도시들뿐만 아니라 반도의 내륙지역도 세계 교역에 참여할 수 있다는 뜻이다. 러시아에도 강들이 있고 중요한 기능을 하지만 러시아의 대부분 지역으로부터 멀리 떨어져 있다. 교역은 대부분 육상 운송 수단에 의존한다.

이 경계지역의 중심에는 폴란드, 슬로바키아, 헝가리, 루마니아의 동쪽 국경이 우크라이나의 서쪽 국경과 만나는 지역이 있다. 폴란드에서 루마니아까지 약 60마일인데, 이 60마일에서 다섯 개 나라가 만나고 다섯 개 언어가 쓰이고 다섯 가지의 역사가 얽히고설킨다. 이곳이 내 아버지의 가족이 고향이라고 부르는 곳이다. 따라서 여기에는 여섯 번째 역사가 있다. 역사의 망령, 유대인의 역사다.

이곳은 또 다른 의미에서 매우 중요하다. 이곳은 이 경계지역의 북쪽과 남쪽을 분리한다. 북쪽은 유럽평원이다. 남쪽은 경사진 산악지대로 가로지르기가 어렵다. 평원의 유럽과 산악지대의 유럽은 사실상 두 개의 서로 다른 유럽이다. 가장 중요한 지점인 카르파티아 산맥의 북쪽 끝은 유럽 반도를 이와 같이 두 부분으로 나눈다.

한때 헝가리의 도시로 문카치로 불렸고 지금은 우크라이나 도시로서 무카체보라고 불리는 도시는 바로 이 중심지 한가운데인 카르파티아 산맥의 기슭에 위치한다. 이 마을 사람들은 한 개 이상의 언어를 쓴다. 유창하지는 않지만 서로 알아들을 정도는 된다. 그리고 누구든지 지도에 표시되지 않은 샛길들을 알고 있고, 어떤 상품이 국경 저편에서 더 비싼지 잘 안다. 농부가 날씨를 가늠하듯이 모두가 전쟁의 징후를 감지하는 데 귀신이다. 압력 밥솥 같은 곳이다. 이곳 출신은 그런 압력을 견뎌내는 방법을 잘 알고 있다.

이는 다행스럽다. 유럽 반도의 압력과 유럽 본토의 압력이 만나 견디기 힘든 힘을 발휘하는 곳이 바로 이곳이기 때문이다. 서쪽으로는 오스트리아-헝가리 제국이 남긴 지역들이 있는데, 유럽연합에서 이들은 재결합했다. 북서쪽으로는 독일인데, 독일 또한 유럽연합에 가입하고 있지만 그 자체로서 막강한 세력이다. 남서쪽으로는 발칸 반도가 있다. 우크라이나 너머에는 러시아가 있다. 약화되었지만 늘 하나로 뭉쳐있고 늘 고려해야 할 요인이다. 이곳에 사는 사람들은 경계선이 수시로 바뀐다는 사실을 잘 알고 있다.

이곳은 지금 미국의 외교정책이 집중하고 있는 지역이기도 하다. 냉전시대에 화약고는 독일의 동과 서를 구분하는 선이었다. 이 선이 이제는 동쪽으로 이동해 우크라이나 안쪽에 위치한다. 여기서 러시아와 서구 진

276

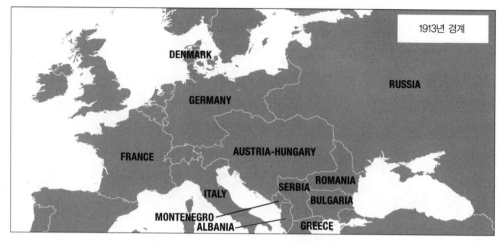

유럽 본토-반도 경계지역: 제1차 세계대전 이전

영은 우위와 우크라이나 완충지대의 안전을 확보하기 위해 다투고 있다. 서구 진영이 이기면, 주요 경계지역은 우크라이나-러시아 경계선을 따라 형성된다. 러시아가 이기면, 경계선은 러시아와 유럽 반도가 수세기에 걸쳐 서로 차지하려고 투쟁해온 경계지역을 따라서 그어진다. 우크라이나 갈등의 결과가 다음 세대에 미군이 어디에 주둔할지를 결정하게 된다. 이곳에서 지도는 순식간에 바뀐다.

겨우 3세대 만에 지도가 어떻게 바뀌는지 살펴보자. 위 지도는 나의 부친이 태어났을 때의 지도다.

폴란드, 체코공화국, 슬로바키아, 헝가리, 발트해 연안국가들, 벨로루시, 우크라이나는 독립국가로 존재하지 않았다. 경계지역은 오스트리아-헝가리, 러시아, 독일, 이 3개 강대국들이 나누어 가졌다. 독일은 이 경계지역의 북쪽 일부를 장악했다.

내가 자란 시대인 냉전 시대의 경계지역은 매우 달라 보인다. 오스트

유럽 본토-반도 경계지역: 냉전 시대

리아-헝가리는 사라졌고, 독일은 분단되었으며, 많은 신생국가들이 탄생
했고, 러시아 제국은 훨씬 서쪽으로 진출해 있다.

경계선이 과거 그 어느 때보다도 서쪽 깊숙이 진출해 있다. 그러나 이
는 성격이 다른 종류의 경계였다. 더 이상 내 부친 때처럼 넘나들기 쉬운
국경이 아니었다. 아버지에게 그 경계는 해석하기 나름인 애매모호한 곳
이었다. 내게 그 경계는 유럽을 정확히 두 동강 내는 칼과 같았다. 엉뚱한
쪽에 발을 들여놓으면 죽을지도 모르는 일이었다. 내 영혼 어딘가에 바
르샤바는 늘 적진으로 남아있을 것이다.

내 아이들 눈에 보이는 유럽은 전혀 딴판이다.

러시아는 표트르 대제가 러시아 제국을 확장하기 전의 경계로 후퇴했
다. 수세기 동안 독립적으로 존재하지 못했던 나라들은 이제 주권국가가
되었다. 겨우 50여 년 만에 러시아 세력의 경계선은 독일 중심부에서 한
때 러시아 제국 깊숙이 위치했던 스몰렌스크 근처 어디로 이동했다. 우

유럽 본토–반도 경계지역: 탈냉전 시대

리 아이들에게 유럽은 그저 한번 가볼 만한 흥미로운 곳이 되었다. 내게
는 생사를 가르는 실존적인 경계선이었는데 말이다.

그처럼 넓은 지역을 묘사하기는 어렵지만, 그 지역 특유의 복잡하고
모호하고 위험한 특징들을 모두 아우르는 작은 땅 조각에서부터 시작해
볼 수 있다. 몰도바는 아주 극단적인 사례지만, 경계지역의 속성과 그 속
성이 어떻게 작동하며 그것이 사실상 대부분의 경계지역이 작동하는 방
식임을 이해하는 데 도움이 된다.

1800년 이후로 서로 다른 여러 시기에 몰도바는 오스만 제국, 러시아
제국, 소련, 루마니아의 일부였고 독립을 누리기도 했다. 몰도바는 자국
이 처한 입장이 마음에 들지 않으면 몇 년만 기다리면 바뀐다. 크기로 보
면 크게 중요하지는 않다. 그러나 전략적 이점이 있다. 지리적 위치다. 주
언어는 루마니아어의 독특한 사투리를 쓴다. 그러나 러시아어도 그 못지
않게 널리 쓰인다.

루마니아인, 러시아인, 우크라이나인들이 이곳에 뒤섞여 있다. 제2차 세계대전 때 독일인들이 올 때까지만 해도 유대인이 정착하는 중심지였다. 유대인의 역사에서 1903년에 학살이 일어난 유명한 지역이기도 하다. 몰도바의 수도에 있는 유대인 병원에서 그리스도교도 여성이 사망했다. 그 수도는 당시에 키시네프라고 불렸지만 지금은 키시나우다. 러시아어 신문은 유대인 의사들이 그녀를 독살했다고 주장하는 기사를 실었다. 이에 대한 보복으로 50명 이상이 살해되었고 전 세계 신문들은 학살에 대한 기사를 썼다. 〈뉴욕타임스〉는 이 기사를 1면에 실었다. 나는 키시나우를 방문할 때 이 점을 유념했지만 이 사건을 사뭇 다른 각도에서 해석했다. 1903년에 잘 알지도 못하는 곳에서 50명의 유대인이 사망한 사건이 여전히 주목할 만한 사건이었다. 그로부터 40년 후 그곳에서 얼마나 많은 사람들이 살해되었는지 감안한다면 키시네프 학살은 순수한 느낌마저 있다. 공간적으로 뿐만 아니라 시간적으로도 경계지역이 존재한다.

몰도바는 세계적으로는 잘 알려져 있지 않을지 모르지만, 그럼에도 불구하고 중요한 지역이다. 몰도바는 두 강 사이에 놓여 있다. 프룻강은 현재 루마니아와의 국경이고, 드네스트르강은 우크라이나와의 국경과 대체로 일치한다. 우크라이나의 최대 항구는 오데사이고, 이는 러시아가 흑해와 지중해에 접근하는 데 이용하는 도시이기도 하다. 오데사가 나치 독일 같은 적의 손에 들어가면 러시아인들은 세계로 나가는 관문을 잃는 셈이다. 러시아인들은 지금 그곳에서 영향력을 키우려고 애쓰고 있고, 루마니아는 미국의 지원을 받으며 러시아인들을 저지하려고 애쓰고 있다. 전쟁이 발발한다는 의미에서 화약고는 아니지만, 내전이 발발할 가능성이 있다는 측면에서는 화약고가 맞다.

러시아와 우크라이나 둘 다 우크라이나의 국경이 프룻이기를 바란다.

드네스트르강이 국경이 되면 오데사까지의 거리가 겨우 50마일 남짓해지기 때문이다. 외세가 드네스트르강 서안을 장악하면 도시를 방어하기가 힘들어진다. 드네프르강이 지나는 우크라이나의 수도 키예프 또한 바다에 접근할 경로를 잃게 된다. 누가 몰도바를 장악하는지는 매우 중요하다. 러시아와 우크라이나에게 몰도바는 카르파티아 산맥으로 가는 경로이고 안보를 보장해준다. 서구 진영에게 몰도바는 동쪽으로 진출하는 출발점이다. 당연히 히틀러-스탈린 평화협정이 조인되었을 때 소비에트인들에게 몰도바의 일부인 베사라비아를 장악할 권리를 주는 비밀 조항이 추가되었다. 2014년 소규모의 미국 해병대가 몰도바에서 군사훈련을 실시했다. 아무도 전쟁이 임박했다고 생각하지 않았지만 모두가 몰도바를 예의 주시했다. 훈련 자체가 중요해서가 아니라 중요한 사항들을 푸는 열쇠이기 때문이다.

공식적인 통계에 따르면 몰도바는 유럽에서 가장 가난한 나라다. 나는 내 아내와 여성 직원을 동반하고 그곳을 방문한 적이 있다. 둘 다 점잖고 진지한 사람들이다. 그런데 키시나우 거리를 걸으면서 두 사람은 젊은 여성들이 신고 있는 부츠의 가격을 맞히느라 시간 가는 줄 몰랐다. 그 부츠는 싸구려가 아니었다. 유럽에서 가장 가난한 나라에서 여성들이 상당히 비싼 부츠를 신고 있었다. 나는 내 아내와 여직원에 대해서뿐만 아니라 몰도바에 대해서도 몰랐던 사실을 알게 되었다. 몰도바는 내가 생각했던 만큼 가난하지 않고, 내 아내와 직원은 여성부츠에 대해 그토록 해박한 지식을 지니고 있다는 사실 말이다.

한층 더 흥미로운 점은 키시나우 외곽에 있는, 우리가 방문한 오레이라는 작은 마을이었다. 이 마을은 우크라이나와 루마니아 사이의 경계지역에 있는데, 이는 러시아의 영향권과 유럽연합의 영향권 사이에 있다는 뜻이다. 루마니아 은행들은 유럽 은행이다. 이 은행들에 돈을 예치하면 세탁이 되어서 유럽 투자 자본으로 전환되고, 이 자본은 세계를 돌아다니면서 가치가 올라간다. 러시아인과 우크라이나인들은 자기 돈을 유럽으로 유입시키려고 한다. 드네스트르강 동쪽으로 들어가는 돈의 운명은 어떻게 될지 알 수 없기 때문이다.

드네스트르강 동쪽 지역인 트란스-드네스트르는 법적으로 몰도바 영토지만 사실상 독립지역이다. 이를 마피아 국가라고 부르는 이들도 있다. 마약에서 돈세탁까지 불법 활동의 중심지로서 조직범죄단이 장악한 지역이라는 뜻이다. 몰도바 땅이 아니면 우크라이나 땅이어야 하는데 러시아 올리가르히가 장악하고 있다. 트란스-드네스트르에서 나오는 돈은 어디로 가는지 아무도 모른다. 서쪽인 유럽연합으로 흘러들어가 사라졌다가 세탁되어서 다시 나타난다. 존 르 카레는 소설 『지명수배자』에서 이를 리피짜너 돈이라고 일컫는다. 리피짜너는 태어날 때는 털이 검지만 자라면서 눈처럼 하얗게 변하는 말이다. 검은색에서 흰색으로 바꾸는 연금술이 이곳의 주요 산업이다. 앞날이 어떻게 될지 알 수 없으므로 미래는 적이다. 돈은 빨리 세탁되어야 한다.

몰도바인들은 이제 루마니아 여권을 취득할 권리가 있다. 루마니아가 허락했고 우크라이나와 러시아가 항의했지만 그다지 강력하게 이의를 제기하지는 않았다. 당신이 몰도바로 돈을 가지도 들어가서 당신이 믿을 만한—당신을 두려워하는 사람이면 더욱 좋다—루마니아 여권 소지자의 손에 맡기면 돈을 유럽연합으로 반입시킬 수 있고, 눈부시게 세탁된 돈을 투자할 기회를 얻게 된다. 과정은 복잡하지만 몰도바에 왜 그렇게 은행이 많고 젊은 여성들은 비싼 부츠를 신고 있고 BMW가 흔히 눈에 띄는지를 설명해준다.

모든 경계지역에서와 마찬가지로 이 지역에서도 밀수는 필수적인 서비스고, 여기서 밀수 품목은 돈이다. 1990년대의 밀수 품목과는 매우 다르다. 당시에 밀수품은 여성이었다. 유럽의 합법적인 사창가에서 몸을 파는 여성 대다수가 몰도바 출신이라는 이야기가 있었다. 그녀들은 몰락한 세계에서 살아남으려고 절박하게 애쓴 이들이다. 이제 이 거래는 잦아든 듯하다. 더 수입이 쏠쏠한 거래 품목이 돈으로 바뀌었기 때문이다.

유럽연합과 NATO의 힘은 이렇게 멀리까지는 미치지 못했다. 몰도바를 루마니아에 편입시키자는 논의가 있다. 유럽인들은 몰도바가 공식적으로 유럽연합에 합류하기를 바라지 않는다. 당장은 분명히 아니다. 게다가 최소한 일부 몰도바인들은 러시아와 유럽 간의 환적지로서 몰도바가 차지하는 위치 덕분에 돈을 긁어모으고 있기 때문에 유럽연합의 규제를 받아들이고 준수하고 싶지 않을 것이다. 루마니아가 셴겐 협정에 가입하지 못하는 데는 이런 이유도 있다. 셴겐 협정은 유럽연합 회원국 여권을 소지한 이들은 (세관의 수색을 당하지 않고) 어떤 유럽연합 회원국의 국경이든 자유롭게 넘나들 수 있게 한다. 루마니아는 점점 더 밀수 활동을 막고 싶어 하지만, 아무리 효과적으로 막는다고 해도 밀수는 경계지역에서는 삶의 방식이다. 몰도바는 경계지역의 속성과 루마니아가 바라는 자국의 모습 간의 긴장을 반영한다. 루마니아가 원하는 바는 진정성 있고 타당하지만, 그런 바람은 경계지역에 난관을 제시한다.

기억해야 할 점은 여러 가지 다양한 명칭으로 불린 이 지역은 수세기 동안 상이한 제품들을 취급하면서 그 역할을 해왔다는 점이다. 예전의 모스크가 지금은 교회로 바뀌어 있고, 여러 가지 언어가 뒤섞여 있으며, 선술집에선 잘 차려입은 눈빛이 강렬한 거구의 남성들이 은밀히 서로에게 말을 건네는 광경이 이를 보여준다. 이곳에서 치러진 전쟁에 대한 기억도 마찬가지다. 특히 이 지역이 소비에트 군대와 나치 군대에 의해 짓밟혔고 루마니아인들이 양쪽으로 나뉘어 싸웠던 31년에 대한 기억이 그런 점을 시사한다. 어떤 면에서는 유럽연합의 단정한 모양새와는 달리

지저분하고 엉망진창인 유럽의 사연이기도 하다.

이 경계지역은 제1차 세계대전 이전보다 훨씬 더 점점 넘나들기 쉬워지고 있고 불법적, 합법적 교역과 투자가 활발히 이루어지고 있다. 예전과 마찬가지로 반도에서 비롯된 거대하고 막강한 세력이 동쪽으로 세를 넓혀왔다. 유럽연합이 러시아의 퇴각을 이용해왔다. 유럽이 정말로 강력한 세력인지, 착시현상인지가 관건이다.

물론 지금 유럽이 얼마나 잘 나가고 있는지는 분명치 않다. 특히 동쪽지역, 구 동유럽에서 상황은 훨씬 불분명하다. 유럽의 주요 세력인 독일이 다시 등장했고, 유럽의 역학관계가 변해왔으며, 미국은 멀리 떨어져서 생각에 잠겨 있다. 무슨 일이 일어나도 미국이 수수방관만 할지 모른다고 모두가 걱정한다는 뜻이다. 그렇다면 우리에게 남은 의문은 이 경계지역, 끔찍한 갈등의 온상인 이 지역이 잠잠해질지, 아니면 예전에 유고슬라비아에서 일어난 일이 이 지역에서 일어나게 될지 여부다.

11

러시아와
그 경계지역들

Russia and Its Borderlands

소련이 붕괴되면서 그 규모가 축소된 러시아는 극도로 취약해졌다. 경제적으로 러시아는 혼돈에 빠졌고 그 혼돈은 민영화 때문만은 아니었다. 러시아 산업은 서구 진영보다 한두 세대 뒤처져 있었다. 러시아 산업은 비슷한 수준으로 낙후된 교역상대인 공화국들로 구성된 폐쇄적인 제국이 없었다면 경쟁할 수 없었다. 소련은 그런 제국이 되어주었는데, 이제 소련은 사라졌다.

러시아의 산업은 경쟁력이 없지만 러시아의 원자재, 특히 석유와 천연가스를 확보하려는 나라는 많다. 유럽 반도는 둘 다 절실히 필요하고 러시아는 기존의 파이프와 신설된 파이프를 이용해 이를 운송한다.

러시아 경제는 러시아 원유를 구매하는 유럽 반도에 의존한다. 러시아에게는 다행스럽게도 유럽 반도는 러시아 석유를 사려고 안달이었다. 그런데 문제가 있었다. 첫째, 러시아는 에너지 가격을 올려야 했다. 둘째, 유럽 반도에게 적당한 대안이 없어야 했다. 마지막으로 에너지가 고객에게 도달하도록 해야 했다. 기존의 송유관과 매설하기로 한 송유관들은 모조리 독립 국가들을 관통했다. 벨로루시나 우크라이나를 가로질러 폴란드, 슬로바키아, 또는 헝가리를 거쳐서 오스트리아나 독일 시장에까지 도달해야 했다.

러시아는 독일에 접근할 수 있어야 하는데, 중간에 위치한 다른 나라들이 운송료를 추가해서 가격이 너무 높아져 독일이 에너지를 다른 곳에서 구하게 되거나 에너지 가격을 안정적으로 유지하기 위해서 러시아가 추가 운임을 떠안게 되는 상황을 피해야 한다. 이는 경제적 문제가 아니라 정치적 문제다. 순전히 경제적인 관점에서 보면 추가 운송료는 당연하다. 러시아는 이러한 나라들이 운송료를 부과하지 않도록 설득할 방안을 찾아야 한다. 그러나 또 다른 문제가 있다.

이 나라들은 에너지 운송을 막을 수 있다. 그렇게 할 만한 분명한 이유

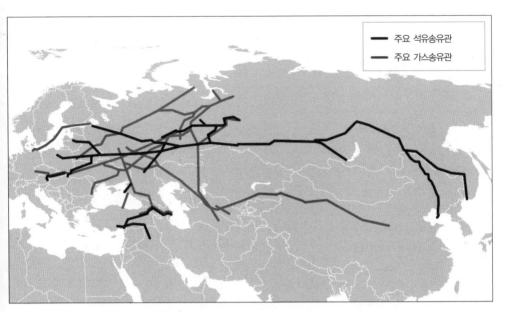

유라시아 주요 송유관

는 없지만 러시아인들은 그저 운이 좋기만을 바랄 수는 없다. 그런 정책은 과거에 먹혀들지 않은 적이 종종 있었다.

따라서 러시아는 벨로루시와 우크라이나에 대해 어느 정도 통제력을 행사해야 하고, 지금 이런 갈등이 진행되고 있다. 러시아는 그 다음 폴란드, 슬로바키아, 헝가리, 그리고 루마니아까지 그 장악력을 어느 정도 확장해야 한다. 러시아의 탈냉전 시대 경제 전략의 논리를 따르면 서쪽으로 진출해야 한다. 과거에 그랬듯이 말이다. 러시아는 현재 전쟁을 할 의도는 없지만, 이 경계지역의 미래를 그냥 방치할 수는 없다. 러시아는 우선 벨로루시와 우크라이나에 집중하는 전략을 실행해야 한다. 당장은 벨로루시는 문제가 아니다. 벨로루시는 힘이 약한 데다 러시아의 투자가 필요하고, 러시아인들의 의지를 거르스지 않을 지도자가 통치하고 있다.

그러나 벨로루시는 만만히 봐서는 안 되는 나라다. 일단 현재 지도자인 루카셴코가 정계에서 사라지면 이 나라가 정치적으로 어떻게 흘러갈지는 아무도 예측할 수 없다. 따라서 러시아인들은 자국의 경제적 영향력을 제도화해야 하는데, 이는 벨로루시 정보국과의 관계를 통해서 달성해야 한다.

보다 다급한 문제는 우크라이나다. 이는 1990년대에 미국과 유럽 반도가 내린 전략적 결정으로 거슬러 올라가는 이야기다. 그들이 추구할 수 있는 두 가지 전략이 있었다. 하나는 구소련이 지배했던 나라들이 중립적인 완충지대로 존재하도록 허락하는 전략이었다. 다른 하나는 이런 나라들을 가능한 한 많이 NATO와 유럽연합에 편입시키는 방법이었다. 러시아인들은 이와 같이 미국과 유럽이 동진하는 전략을 막을 입장이 아니었다. 그들은 NATO가 구소련 지역으로 절대로 진출하지 않겠다고 약속했다고 주장했다. 실제로 그런 약속을 했는지는 모른다. 발트해 연안 국가들이 NATO에 가입하자 실제로 그런 약속을 했든 안 했든 상관없이 그 약속은 깨졌다. NATO는 500마일 이상 모스크바를 향해 동쪽으로 진출했고 이제 상트페테르부르크에서 100마일 떨어진 지점까지 와 있다.

러시아에게 핵심적인 지역인 우크라이나를 두고 첫 대결이 벌어졌다. 에너지 송유관만 문제가 아니라 러시아의 장기적인 물리적 안보의 문제이기도 했다. 우크라이나와 러시아의 국경은 길이가 700마일이 넘는다. 탁 트인 평원을 사이에 두고 모스크바로부터 500마일 거리에 있다. 우크라이나에 있는 오데사와 세바스토폴은 러시아가 흑해와 지중해에 상업적으로 군사적으로 접근할 수 있는 관문이다. 우크라이나가 NATO와 유럽연합에 통합되면 러시아는 발트해에서 위협에 직면할 뿐만 아니라 우크라이나로부터도 위협에 직면하게 된다. 우크라이나 영토에 접근하지 못하게 되면 러시아 경제 전략이 타격을 입게 된다. 우크라이나가 NATO

와 동맹을 맺으면 러시아의 국가안보에 위협이 될 게 뻔했다. 바로 그러한 위협이 다시 표면화되었다. 우크라이나의 상황은 단순히 종결되지 않는다. 상황이 정리되었다 해도 언제든 재개된다. 우크라이나가 러시아에게 중요한 지역임을 고려하면 이해가 가는 일이다.

우크라이나라는 단어는 "가장자리에 위치한"이라는 뜻이다. 유럽 본토를 반도와 연결하는 광활한 경계지역이다. 동쪽은 러시아인들이 집중적으로 거주하고 있고 언어는 러시아어를 사용한다. 서쪽은 유럽 반도 쪽에 더 가까운 우크라이나인들이 주로 거주한다. 서쪽으로 갈수록 서구적인 성향이 강해진다.

나는 최근 집안 선조들의 고향인 무카체보를 방문했다. 일요일 아침이어서 많은 사람들이 자동차를 몰고 또는 걸어서 교회로 향하고 있었다. 주차가 골칫거리였다. 그래서 우리가 탄 차를 몰던 운전사는 우리를 내려주고 시내 중심가에서 멀리 떨어진 적당한 곳을 찾아 주차하고 기다리겠다고 했다. 그는 차에서 떨어져 있지 않으려 했다(폴란드 자동차 번호판을 달고 있었고 꽤 새 차였다). 사람이 없으면 누군가 바퀴를 훔쳐갈까봐 걱정된다고 했다. 아니면 자동차가 사라지든지.

거리를 거닐던 우리 일행은 상당한 크기의 두 교회가 서 있는 거리로 들어섰다. 하나는 로마가톨릭 교회이고 하나는 동방정교 교회였다. 길을 사이에 두고 서로 마주보고 있었다. 화창한 가을날이었고 두 교회 모두 입추의 여지가 없어서 바깥에 서서 예배를 보는 가족들로 인산인해를 이루고 있었다. 군중이 거리로 쏟아져 나왔다. 예배에 귀를 기울이는 사람들이 점점 늘어나면서 나는 두 교회가 경쟁적으로 점점 더 큰 소리로 기도하고 있다는 사실을 깨달았다. 기도소리는 점점 강렬해졌고 서로 상대방 교회의 기도소리가 묻히게 하려고 애쓰고 있었다. 갑자기 가톨릭 교회가 확성기를 틀어 기도소리를 거리로 쏟아냈다. 동방정교 교회는 확성기가 없었지만 신도들이 교회에서 거리로 쏟아져 나와서 육성으로 확성기에 맞섰다. 우리는 가톨릭 국가인 슬로바키아에서 겨우 몇 마일 떨어져 있지만 1920년 이후로 우크라이나 영토인 곳에 있었다. 분명히 이 문제는 여기서도 해결되지 않았다.

우크라이나는 취약하다. 동쪽은 러시아의 영향을 크게 받는다. 서쪽은 폴란드와 루마니아의 영향을 크게 받는다. 그리고 우크라이나인들은 정치적으로 유럽연합에 합류하려는 이들과 러시아와 가까이 지내려는 이들, 그리고 완전히 독립적인 우크라이나를 원하는 이들로 나뉜다. 이러한 상황은 러시아인들을 훨씬 더 불안하게 만든다. 이러한 정치적 분열 때문에 우크라이나에 관심이 있는 어떤 세력이라도 이를 이용하고 싶은 유혹을 느낀다. 러시아인들은 이러한 취약성을 잘 알고 있다. 자기들이 오랜 세월 동안 우크라이나를 그런 식으로 조종해왔기 때문이다. 이 때문에 러시아인들은 외부 세력이 우크라이나에 관여하면 이를 우크라이나를 조종하려는 시도로 해석하고 우크라이나에서 러시아가 추구하는 이익에 대한 잠재적인 위협으로 간주한다.

미국과 유럽의 구소련에 대한 정책은 구소련 공화국들을 입헌적 민주주의 국가로 변모시키는 시도로 구성되어 있다. 그렇게 되면 이 나라들이 안정화되고 서구의 경제적 정치적 체제에 통합된다는 논리다. 그래서 이 나라들과 미국은 친 민주주의적인 비정부단체에 자금을 지원해왔다. 러시아인들은 이러한 단체에 대한 자금 지원을 친서방적인 정책이자 러시아의 이익에 적대적인 세력에 대한 지원으로 보았다. 똑같은 일이 우크라이나에서도 일어났다. 미국인들은 러시아인들이 이러한 개입을 어떻게 생각하는지는 안중에도 없다. 하지만 러시아인들은 서구인들이 그렇게 순진하다고 생각하지 않는다.

1990년대에 러시아인들은 대응할 수가 없었다. 너무 약했고 자기들끼리도 분열되어 있었다. 미국과 유럽은 러시아가 대응을 하지 않은 이유는 NATO가 분명히 러시아에 위협이 아니었기 때문이라고 생각했고, 러시아인들이 유럽연합과 긴밀한 관계를 맺으면 이득을 얻게 될 거라고 생각했다. 미국과 유럽은 긴장이 완전히 해소됐다고 생각하고 러시아에서 사업할 기회를 모색했다. 비정부단체들도 따라 들어갔다. 좋은 의도와 정의감으로 가득한 단체들이었다. 그들은 자신들을 불신하는 이들을 구태의연하거나 부패했다고 여겼다. 자신들은 좋은 의도를 지니고 있으므로 선의를 지닌 이라면 누구든 자기들을 선한 사람들로 간주하리라고 생각했다.

2001년 무렵 미국은 이슬람 세계에 온 정신이 팔렸고 유럽의 군사력은 빈껍데기였으며, NATO는 가까스로 기능을 하고 있었다. 서구 진영이 민주적인 비정부단체들을 지원한다고 러시아인들이 위협을 느끼리라는 우려는 너무나도 황당한 주장으로 일축되었고, 따라서 러시아인들이 그럴 리가 없다는 정서가 팽배했다. 그리고 솔직히 말하자면 유럽과 미국인들은 러시아를 얕보았다. 러시아는 약하고 가난했고, 서구 진영은 자기들이 원하는 대로 해도 된다고 생각했다.

바로 서구 진영의 이러한 태도가 블라디미르 푸틴을 탄생시키는 데 일조했다. 그의 권력은 상트페테르부르크에서 비롯되었고 이곳에서 그의 영향력은 엄청나지만 권력이 공고해진 곳은 세르비아 지역인 코소보였다. 세르비아인들은 구 유고슬라비아에서 전쟁과 전쟁 범죄에 가담했다. 1999년 압도적으로 알바니아인들이 많은 지역들과 세르비아 정부 사이에 갈등이 터졌을 때 서구 진영은 이 갈등에 개입해 두 달 동안 세르비아에 폭격을 퍼부었다.

러시아인들은 이런 일이 일어나지 않기를 바랐지만 그들이 바라든 말든 그런 일은 일어났다. 러시아인들은 휴전을 중재했고 코소보에서 평화

유지 활동에 참여하게 되리라고 기대했지만 그런 일은 일어나지 않았다. 러시아인들은 서구 진영이 자신들을 얕본다고 생각했다. 서구 진영은 단지 무관심했을 뿐이었는데 말이다. 그 무관심을 러시아인들은 용납할 수 없었고 1991년 이후로 계속되어온 이런 역학 관계를 바꾸겠다고 결심한 블라디미르 푸틴은 권력을 잡아 옐친을 대체했다.

푸틴은 KGB 출신이었다. 그의 세계관은 무자비한 현실주의가 기반이며 이념은 거의 끼어들 자리가 없다. 소련의 붕괴에 그는 놀라지 않았다고 나는 생각한다. KGB는 소련에서 유일하게 의도적으로 당국에 거짓말을 하지 않는 유일한 기구였다. 1980년대 초 궁극적인 현실주의자인 유리 안드로포프 서기장 시절에 소련이 심각한 곤경에 처했다는 사실을 KGB는 이미 알고 있었다. 소련은 개혁을 하고 서구 자본에 경제를 개방할 필요가 있었고, 그러기 위해 지정학적 이점을 포기해야 한다면 그렇게 해야 했다. 페레스트로이카(개혁)와 글라스노스트(개방)는 안드로포프가 나라를 구하기 위해 세운 전략을 실행하기 위한 고르바초프의 계획의 일환이었다. 그 전략은 실패했다.

최고의 현실주의자 푸틴은 실패가 무엇을 뜻하는지 즉각 알아차렸다. 러시아에서 민영화는 공공자산을 사유재산으로 전환한다는 뜻이었다. 사유재산을 보호하는 법이 없는 나라에서 재산은 가장 강한 자에게 돌아갔고, 소련에서 가장 뛰어나고, 가장 똑똑하고, 가장 강한 자들은 보안 기구에 포진해 있었다. 그들은 조직화했고 뒤이어 올리가르히가 탄생했다. 러시아의 올리가르히, 러시아의 마피아, 전직 KGB는 때로는 겹치기도 하고 항상 연결되어 있다. 푸틴은 이를 바탕으로 상트페테르부르크에 권력 기반을 구축했다.

그러나 KGB 요원으로서 그는 국가에 대한 충성심이 깊었고 나라에 헌신적이었다. 정보요원들은 속성상 그리고 직업상 냉소적이고, 충성 서약을 불신한다. 그들은 말은 쉽다는 사실을 잘 알고 있다. 그러나 그들이 별 볼일 없는 봉급에 개인적으로 위험까지 감수해가면서 공직을 택한 이유는 이 직업을 부를 축적하거나 영광을 누리는 길로 생각해서가 아니다. 이 직업에 부는 따라오지 않으며, 영광은 세상의 눈에 띄지 않는 삶에서는 얻기 힘들다. 모든 것의 저변에는 깊은 직업적 자부심을 동반한 애국심이 깔려 있으므로 진다는 것은 용납되지가 않는다.

푸틴은 지는 쪽에 있어 왔고 매우 뼈아팠다. 그의 조국이 빈곤해지고 무시당하고 얕잡아 보이는 게 참기 힘들었다. 그는 부와 권력을 축적하면서 품은 믿음이 있는데 훗날 정치연설에서 이를 다음과 같이 공개적으로 표명했다. "무엇보다도 우리는 소련의 붕괴가 20세기에 일어난 중요한 지정학적 재앙임을 인정해야 한다." 이제 그는 이에 대해 뭔가 조치를 취할 힘이 생겼다. 그가 하는 모든 행동에서 러시아의 힘을 회복시키는 것에 대한 그의 개인적인 자부심이 느껴진다. 그러나 정보요원에게 반드시 필요한 냉소주의의 저변 깊숙이 깔려 있는 조국에 대한 사랑 또한 느껴진다. 자신이 한 맹세와 조국에 대한 사랑이 그의 안에서 불타오른다.

푸틴은 미국이 러시아보다 훨씬 막강하다는 사실을 인식했다. 그는 또한 장기적으로 보면 미국이 유럽 반도에, 특히 경계지역에 있는 나라들에 영향력을 행사할 수 있다는 점을 알고 있었다. 그러나 미국은 중동에 발이 묶여 있었다. 러시아는 자국의 군사역량을 재확인하고 경계지역, 특히 우크라이나를 러시아를 보호해줄 무언가로 재구성할 기회를 포착했다. 기다렸다가는 그 기회를 놓치게 될지도 몰랐다. 그가 너무 서둘러 행동하면 군부가 아직 준비가 되어 있지 않을 수도 있었다. 그러나 유럽 반도가 러시아의 에너지에 의존하고 있고 상황이 맞아떨어지므로 지금이 기회라고 생각했다.

러시아가 조지아와의 전쟁을 일으킨 이유는 경계지역에서 미국의 입지를 훼손하고 친미 세력과 친유럽 세력을 약화시키기 위해서였고, 성공했다. 미국은 개입하지 않으려는 게 분명했고 유럽은 개입할 수 없었다. 러시아-조지아 전쟁은 이 지역의 역학 관계를 바꿔놓았다.

러시아는 한 방향에서 타격을 가하고, 캅카스에서 입지를 강화한 다음 이를 지렛대 삼아 우크라이나에서의 입지를 개선했다. 조지아에서 러시아의 접근방식은 직접적인 군사행동이었다. 우크라이나에서 러시아는 발칸 반도에서의 군사행동의 영향으로 우크라이나 내부정세가 불안정해지자 은밀하고 공공연한 정치적 압박을 가했다. 평화로운 시기인데도 경계지역에서는 긴장이 고조되고 있었다. 경제도 매우 중요했지만, 기존의 전략적 현실도 그에 못지않게 중요해지고 있었다.

러시아는 지금 군사적 위협에 직면하고 있지는 않지만, 유럽 반도로부터 군사적 위협이 갑자기 뜻밖에 부상한다는 사실을 잘 알고 있다. 우크라이나의 불확실한 미래를 고려해볼 때 그런 위협은 빨리 찾아올지도 모른다. 러시아는 자국의 이익을 수호하기 위해서 갑작스럽게 군사력을 동원할 필요도 없고 동원할 군사력도 없다. 그러나 러시아가 아무런 조치도 취하지 않는다면 무모한 것이다. 오늘날의 유럽에서 이런 사고방식은 구태의연해 보이지만, 블라디미르 푸틴은 지정학적 현실은 변하지 않는다는 사실을 몸에 익혔을 뿐만 아니라 최악의 경우를 상정하고 계획을 세운다. 소련의 붕괴는 지정학적 재앙이라는 그의 발언이 바로 여기서 실현되고 있다.

러시아에게는 두 가지 전략이 있다. 하나는 최대한 유럽평원의 서쪽으로 이동해 전략적 깊이를 조성하는 동시에 산업적, 기술적 수단을 확보하는 일이다. 다른 하나는 카르파티아 산맥까지 도달해 이를 장애물로 삼는 일이다. 현재로서는 어느 전략도 가능하지 않다. 벨로루시가 러시아의 궤도에 남아있다고 전제할 때 발트해 국가들과 폴란드는 팽창을 가로막는 골치 아픈 장애물이 된다. 벨로루시에서 무슨 일이 일어나면 경계선은 동쪽으로 이동하게 된다. 남쪽으로 카르파티아 산맥에 발판을 마련하려면 루마니아뿐만 아니라 우크라이나도 문제가 된다. 따라서 근본적으로 러시아인들은 심각한 전략적 문제에 직면하고 있다. 그리고 전체적으로 볼 때 러시아인들은 극복할 수 없는 경제적, 전략적 문제에 직면하고 있다.

그러나 그런 문제들은 모두 러시아가 직면하고 있는 대상들의 역량과 관련이 있다. 러시아는 본질적으로 발트해-벨로루시-우크라이나 선을 형성하는 나라들보다 훨씬 막강하다. 제3자가 개입하지 않으면 러시아인들은 무력으로 서쪽까지 진출할 수 있다. 러시아인들은 또한 그 다음 층을 형성하는 나라들, 폴란드-루마니아 선에 막강한 힘을 단호히 과시할 수 있다. 지금까지 이런 사태가 일어나지 않은 이유는 유럽연합과 NATO가 그에 대항할 수 있는 잠재력을 지니고 있고, 러시아가 점령 못지않게 진정으로 중립적인 완충지대로부터도 이득을 얻는다는 사실 때문이다. 러시아는 팽창하려는 게 아니라 자국을 보호할 방법을 모색하고 있다.

구 소비에트 위성국가들은 NATO와 유럽연합에 합류하면서 세 가지를 기정사실처럼 받아들였다. 첫째, NATO가 미래에 러시아로부터 자국을 보호할 군사적 역량을 제공해줄 것이다. 둘째, 유럽연합이 국내의 정치적 욕구들을 달래주고 동시에 그들을 유럽의 보편적인 번영에 합류시킬 정도의 풍요를 제공해줄 것이다. 셋째, 이러한 기구들에 가입하면 자국에서 입헌적 자유주의가 항구적으로 보장될 것이다. 다시 말해서, 자신들이 독재와 부패 모두를 일소하면서 서유럽인이 되리라고 생각했다.

세 번째 바람이 이루어지려면 앞의 두 가지가 선행되어야 했다. 그러나 NATO는 이제 예전의 NATO가 아니라 껍데기만 남았다. 미국이 빠지고 영국과 프랑스의 비중마저 축소되면서, NATO의 군사적 역량은 보잘것없는 상태에 있다. 실제로 NATO의 역량은 비유럽 국가인 미국의 참여가 결정한다. NATO는 또한 만장일치로 운영되므로 한 나라만 반대해도 군사행동을 저지할 수 있다. 유럽연합은 파탄지경에 놓였고 과거의 번영을 되찾으리라는 기약이 없다. 따라서 동유럽은 자신의 전략적 위치를 재검토해야 한다.

동유럽에서의 삶은 예전과 비교해볼 때 나쁘지 않지만, 공산주의가 붕괴했을 때 동유럽이 기대했던 삶과는 전혀 다르다. 실업률이 높고 경제성장은 부진하다. 그리고 동유럽은 나머지 유럽보다 못한 수준에서 출발했으므로 경제성장이 부진하면 다른 유럽인들보다 훨씬 큰 어려움을 겪는다.

헝가리는 러시아에 대한 증오의 골이 깊다. 헝가리인들은 아직도 1956년 혁명과 소비에트 탱크를 기억한다. 러시아인들에 대한 공포가 헝가리 정치 문화의 구심점이다. 또 다른 구심점은 유럽연합 회원국이 되면 입헌적 민주주의와 번영이라는 바람직한 삶을 누리게 된다는 생각이다. 그러나 으레 그러하듯이 삶이란 훨씬 복잡하다.

부다페스트의 5번가 바치 우트카는 초라하다. 10년 전만 해도 없었던 거리다. 세계 최고의 브랜드들이 대부분 떠났고 그보다 못한 브랜드들이 들어섰다. 나는 2005년에 꽤 비싼 보석을 파는 보석상에 들렀다. 지금 그 보석상은 없어졌다. 군델은 부다페스트에서 가장 유명한 최고급 레스토랑이지만 예약하는 데 아무런 문제가 없었다. 고객의 절반은 미국계 유대인 관광객이고, 대부분이 편안한 운동복 차림이며, 집시 노래가 아니라 유대인 노래를 바이올린으로 연주한 곡을 튼다. 그보다 가격이 싼 식당들은 헝가리인들로 북적인다.

다뉴브 강변에서, 그리고 부다 언덕에서 바라보면 부다페스트는 여전히 아름답다. 단지 분위기가 가라앉았을 뿐이다. 2008년 전만 해도 부다페스트는 서유럽 도시 같은 활기가 느껴졌다. 사람들이 돈을 벌려고 부산하게 오가면서 거리가 북적거렸다. 2011년 그런 활기는 식어버렸다. 거리가 북적거리는 경우는 가뭄에 콩 나듯 하고 차가 별로 없어서 길을 건너는 데도 문제가 없다.

유럽 경제 위기 때 헝가리 정부가 어떻게 대처했는지 이해하는 게 매우 중요하다. 헝가리 총리 빅토르 오르반이 이끄는 중도우익 피데즈 정당은 다수당이다. 이 지역의 대부분 다른 나라 총리들과는 달리 그는 결단을 내릴 수 있다. 공산주의가 몰락하자 오스트리아와 이탈리아의 은행들은 헝가리를 비롯해 이 지역의 나라들에 진출해 주택담보대출을 제공하기 시작했다. 헝가리인들은 유로가 통용되는 유로존에 가입하지 않았고 자국의 화폐인 포린트를 사용했다. 포린트로 거래되는 주택담보대출은 이자율이 더 높았다. 포린트의 가치하락 가능성을 상쇄하기 위한 조치였다. 그래서 이 은행들은 헝가리인들에게 유로, 스위스 프랑, 심지어 엔화로도 대출을 해주었다. 이 화폐들은 가치하락의 위험이 더 낮기 때문에 이자율도 더 낮았다.

헝가리인들도 미국인들처럼 낮은 이자율을 제공하는 대출로 몰렸다. 그러나 포린트의 가치는 하락했고 매달 헝가리인들은 주택담보대출금을 갚기 위해서 포린트로 더 많은 액수를 지불해야 했다. 결국 헝가리인들은 채무 불이행을 선언하기 시작했다. 은행들은 저당권을 포기하고 상환 불능 대출임을 인정하지 않고 버텼지만, 채무자들은 빚을 갚을 길이 없었다. 오르반이 개입해 대출금은 채무자가 빌린 화폐가 아니라 포린트로 상환해도 되고 융자금의 일정 비율 정도만 상환해도 좋다고 발표했다.

이러한 결단은 헝가리인들을 보호하기는 했지만, 유럽연합이 부채를 다루는 근본적인 원칙을 위반했다. 다른 나라의 은행들에 대한 부채상환에 대해 주권국가의 정부가 일방적으로 결정을 내리는 것은 금융계의 원칙에 어긋났다. 그럼에도 불구하고 은행들과 유럽연합은 이를 받아들였다는 사실이 중요하다. 유럽연합은 제재를 가하겠다고 오르반을 위협했다. 오르반이 헝가리의 헌법재판소를 약화시켰고, 이는 언론에 영향을 미치고 오르반이 정권을 유지할 가능성을 높였다는 이유에서다. 오르반이 약간 입장을 바꾸자 유럽연합은 이러한 위협에서 한 발 물러났다. 유럽연합은 융자와 관련해서는 훨씬 단호하지 못했다. 은행들은 사실상 굴복했고 유럽연합은 침묵을 지켰다.

여기서 일어난 일은 두 가지다. 첫째, 유럽연합은 헝가리와 나머지 동유럽 국가들을 유럽연합의 틀 안에 묶어두려고 안간힘을 쓰고 있었다. 유로존의 위기 때문에 브뤼셀, 베를린, 파리의 정책 입안자들은 화폐 연합의 문제에 집중해야 했고, 따라서 동유럽에서 벌어지는 일들을 수수방관했다. 헝가리가 유럽연합에 가입하면서 기대했던 혜택이 현실화되지 않자 오르반은 민족주의 입장을 추구하고 있다. 그의 관심사는 유럽연합이 아니라 헝가리와 헝가리에서의 자신의 입지였다. 그리고 헝가리 채무자들을 보호하겠다는 그의 정책은 헝가리에서 인기가 있었다. 놀랍게도 유럽연합은 이러한 조치를 반박하지 않았다.

기구로서의 유럽연합은 영향력이 거의 없다. 경제적인 매력도 잃었다. 모든 회원국들이 따르는 단일한 외교정책도 없고 방어 정책도 없다. 유럽 방어 정책은 여전히 NATO를 통해서 실행되는데, NATO는 군사력 측면에서 볼 때 유럽보다는 미국이 입김이 세다. 1991년에 유럽 반도의 동쪽 지역에서 러시아는 약하고 유럽은 강했다. 이제 상황이 역전되었다. 폴란드에서 루마니아에 이르기까지 NATO와 유럽연합에 대한 실망이 만연해 있고, 무엇보다도 앞으로 어떻게 될지가 매우 불확실하다. 이러한 상황으로 인해 러시아인들이 자신들의 전략적 이익을 추구할 기회가 열렸다.

러시아는 대놓고 이 지역을 지배하고 싶어 하지는 않는다. 그러나 분명히 유럽 반도 동쪽에서 NATO의 힘을 억제하고 싶어 한다. 유럽의 통합을 제한하고 싶어 하기도 한다. 유럽연합이 동유럽에 경제적 대안을 제공함으로써 러시아에 전략적 위협이 될 가능성이 있기 때문이다. 미국인들이 관심을 보이지 않고 유럽인들이 경제적으로 깊이 관여하지 못하게 되자 러시아는 빠듯한 재원만으로도 영향력을 팽창할 기회를 얻었다. 이는 특히 카르파티아 지역 국가들—슬로바키아, 헝가리, 루마니아—에서 두드러졌다.

러시아인들이 쓸 수 있는 수단은 두 가지였다. 그중 하나를 나는 상업적 지정학이라고 부르겠다. 러시아가 이러한 나라들을 지배하지 않고도 이 나라들이 러시아가 원치 않는 방향으로 움직이지 못하게 한 비결이 무엇일까? 유인책으로 러시아는 이들에게 에너지, 광물, 그 밖의 여러 사업 등에 대한 투자를 제공했다. 러시아인들은 경제를 장악하거나 대부분의 사업을 장악하려는 시도는 하지 않았지만, 사업적 결정들에 영향을 미치기에 충분한 정도의 장악력을 확보하려 했다. 러시아인들은 돈을 버는 데 관심이 있었고 이 지역에는 돈을 벌 기회가 있었다.

돈은 다른 지역에서 더 많이 벌 수 있었을지 모르지만 목표는 지정학적이었다. 러시아인들은 다양한 산업들에서 의존적인 연결구조를 만들었고, 이는 정치적 결정에 어느 정도의 영향력을 발휘했다. 러시아의 적대감을 야기하는 위험을 감수하기 어려운 이 나라들로서는 러시아인들을 소외시키는 일은 현명하지 못한 행동이었다. 더군다나 자신들이 위험에 노출되어 있고, 예전과 달리 유럽의 돈줄이 말랐으며, 미국의 투자는 정치적 보호가 수반되지 않는 상황에서 말이다. 그래서 이 나라들은 어떤 산업에 대한 투자든 무조건 환영했고, 이로 인해 정치적으로 치러야 하는 대가는 미미했다. 유럽연합과의 통합이 깊어지지도 않고 있었고

NATO와의 협력은 유령과 협력하는 셈이나 마찬가지였다.

둘째도 첫 번째 못지않게 중요한 사실이다. 러시아인들은 정보조직을 이용해서 점령 기간 동안뿐만 아니라 그 후에도 이 모든 나라들 내에 막강한 인맥과 정보원들을 구축해놓았다. 그들은 모든 사람에 대한 신상을 꿰고 있었고 사람들이 감추고 싶어할 만한 신상정보를 모조리 알고 있었다. 러시아인들은 대놓고 협박할 필요가 없었다. 넌지시 암시만 하면 되었다. 사람들은 자기가 무슨 짓을 했는지 알고 있고 러시아 정보조직도 알고 있으며, 그 정보조직이 자기가 한 짓에 대한 기록도 갖고 있다는 사실을 알고 있었다. 어쩔 수 없이 몸조심하게 되었다는 뜻이다. 2008년 전만 해도 그렇지 않았고 2001년 전에는 물론 그렇지 않았다. 이 모두가 과거에 지나간 일이라는 정서가 만연했었다. 그러나 유럽이 더 이상 믿음이 가지 않게 되자 러시아가 약간만 손을 써도 협조하는 게 상책이라고 생각하게 되었다. 이러한 상황이 보통 사람에게는 영향을 미치지 않았지만 정치, 노동계, 사업에 몸담은 사람이라면 누구라도 이 상황을 알고 있었고, 따라서 그들이 내리는 결정에 영향을 미쳤다.

러시아인들은 오래전부터 카르파티아 지역과 다뉴브강을 낀 헝가리 평원을 이상적인 완충지대로 여겨왔다. 그러나 이 지역들을 점령할 필요까지는 없었다. 사실 러시아인들은 점령을 하면 책임이 동반되고 이런 책임을 다하기 위해 값비싼 비용을 치르다가 소련과 그 전의 러시아 제국이 붕괴되었다는 사실을 깨달았다. 푸틴은 완전히 새로운 방식으로 이 문제에 접근했다—러시아의 가장 중요한 이익을 보호하기 위해 그 지역들을 장악하되 가능한 한 점잖은 방식으로 장악했다.

푸틴의 방식은 매우 실용적이었다. 러시아의 정치적 이익과 기업의 상업적 이익 모두에 부합했기 때문이다. 구소련에 속했던 이러한 나라들은 독자적이고 아무도 그들을 장악하지 않고 있다는 정서가 확산되면서 헝가리 같은 일부 국가들은 자기 운명을 자기 손으로 개척하겠다고 나섰다. 균형을 되찾아야 할 경우에 대비해서 유럽연합이라는 선택지를 열어둔 채로 러시아를 만족시킬 필요가 있었다는 뜻이다.

러시아는 약하고 유럽연합은 불확실한 상황에서 경계지역에서는 뭐든 잠정적이었고 입장은 끊임없이 변했다. 두 대전 사이의 기간 동안 바람이 프랑스에서 불다가, 그 다음 소련에서, 그러다가 독일에서 부는 등 풍향이 바뀔 때 이 나라들은 비슷한 경험을 했다. 그러나 그 당시에 이 나라들이 감당해야 했던 요구사항은 훨씬 혹독하고 부담스러웠다. 당시에는 만만한 상황이 아니었고 이 나라들이 협조하지 않으면 무력이 동원될 가능성도 있었다. 이제는 달가워하지 않는 상대를 꼬드기는 데 물리력이 아니라 유인책만 동원되었다—당장은 그렇다.

카르파티아 산맥 북쪽의 상황은 훨씬 단순하기도 하고 훨씬 복잡하기도 하다. 지형이 훨씬 단순하다. 평평하다. 이 때문에 역사적으로 북쪽에 훨씬 큰 이익이 걸려 있었다. 러시아는 냉전 시대에 카르파티아 국가들을 장악했지만 역사적으로 흔히 일어난 일은 아니었다. 북쪽에서는 한 세기에 걸쳐 러시아와 독일이 서로 영향력을 행사하려고 경쟁했기 때문에 평원을 따라서 경계선이 전진과 후퇴를 반복하면서 폴란드와 발트해 연안 국가들이 지각변동으로 사라지곤 했다.

이제 그 지역에 걸린 이익은 더 높아졌다. 독일은 세계 4위의 경제대국이다. 독일의 서쪽 평원에는 세계 5위의 경제대국인 프랑스가 있다. 이 두 나라를 합하면 경제규모가 세계 3위로 일본보다 크고 중국과 미국에 조금 못 미친다. 폴란드, 러시아, 그리고 자잘한 나라들(벨기에, 네덜란드, 룩셈부르크, 발트해 연안 국가들)을 더하면 이 지역의 경제규모는 중국보다 크다. 북유럽평원에 있는 나라들을 모두 합하면 지구상에서 가장 부유한 지역으로 손꼽힌다.

이 지역이 차지하는 중요성 때문에 정치적으로 조금이라도 분열되면 그 중요성은 훨씬 상당하고 복잡해진다. 독일과 프랑스는 한때 친밀했지만 이제는 다소 멀어졌다. 독일과 폴란드는 지리적으로 서로 가깝지만 폴란드에게는 독일에 대한 끔찍한 기억이 있고, 러시아와도 마찬가지이며 발트해 연안 국가들과도 비슷한 과거가 있다. 이곳은 제1차 세계대전이 시작되고부터 제2차 세계대전이 끝날 때까지 31년 동안 영혼이 갈기갈기 찢긴 곳이다. 따라서 화약고로 치자면 이곳만큼 폭발력이 강한 화약고는 없다.

독일은 유럽의 주요 경제국가로서의 지위를 회복했다. 군사적으로는 상당한 힘을 지닌 나라가 되려는 시도조차 하지 않았다. 그러나 상황이 변하면 이런 것은 아무 의미가 없다. 유럽이 나아갈 방향을 결정하는 나라는 독일이다. 유럽연합이 긴축정책 전략을 채택하게 된 이유는 독일이 압력을 가했기 때문이다. 부채를 줄이는 조건들을 협상할 때 독일이 결정적인 역할을 했다. 유럽중앙은행의 관리 하에 유로의 가치를 결정하는데는 독일이 가장 입김이 세다.

또다시 독일은 다른 나라들이 높이 우러러보는 동시에 매우 분개하는 대상이 되었다. 남부 유럽과 동부 유럽에서 독일은 작은 나라들의 욕구는 아랑곳하지 않는 공격적인 수출국으로 비춰진다. 유럽에서 독일은 필연적으로 막강한 나라가 될 수밖에 없다는 인식이 확산되면서 또다시 두려움의 대상이 되었다. 1945년 이후 독일은 눈부시게 재기했다. 독일이 유럽을 지배하는 나라가 되리라는 프랑스의 우려가 현실화되었다. 지금까지 보아왔듯이, 미국은 독일이 초창기에 회복하는 데 큰 기여를 했고, 장기적으로 회생하는 발판을 제공했다. 미국 시장으로의 수출을 통해서 말이다. 그러나 독일이 미국에 경제적, 군사적으로 의존하던 시대는 이미 지난 지 오래다. 독일은 독자적으로 매우 분열된 유럽을 이끌고 있다.

독일도 유럽을 바라보면 겁이 덜컥 난다. 독일 상품을 수출하는 주요 시장이 경기침체로 쪼그라들고 있고 분열될 위험에 처해 있기 때문이다. 유럽에서 부상하는 민족주의도 걱정거리다. 민족주의는 독일에 대한 적대감을 조장하고 독일 내에서도 민족주의를 조장할 위험이 있다. 독일 내부에서는 그리스가 지금 상황에 처한 이유는 그리스의 무책임한 행동 때문이라는 정서가 팽배해 있고 독일이 그리스와 다른 유럽 국가들을 구제하라는 요청에 분개하고 있다. 독일의 경제가 활황이라는 만족감도 있고 독일이 곤경에 처한 나라들한테 희생당한다는 정서도 있었다. 독일이 어느 정도 다른 나라들에게 손해를 끼친 대가로 번영하게 되었다는 사실은 고려되지 않았다. 그러나 여기서 지금 우리가 논하는 대상은 민족주의다.

독일 지도자들은 독일이 절대 넘어서는 안 될 선이 있다는 사실을 잘 알고 있다. 독일이 과거로 되돌아가게 만드는 선 말이다. 이 선은 독일이 군사적 위협을 받고 있고 이와 더불어 부당하게 희생당하고 있다는 정서다. 독일에서 희생자 정서는 부상하고 있지만 외부로부터 제기되는 군사적 위협은 없다. 현재 유일하게 군사적 위협이 될 만한 러시아는 당장은 위협이 아니다. 따라서 독일은 이 선을 넘을 위험에 처해 있지 않다.

그런데 러시아인들이 두려움 때문에 서쪽으로 진출하려 하고 있다는 게 문제다. 북쪽에서는 러시아를 방어하기가 어렵고 벨로루시는 완충지대로서 반드시 필요하다. 그러나 러시아인들은 작고 힘없는 세 나라를 상당히 두려워한다. 리투아니아, 에스토니아, 라트비아 세 나라다. 이 나라들 자체가 문제가 아니라 이 나라들의 지리적 위치가 문제라는 뜻이다. 발트해 연안 국가들은 상트페테르부르크를 겨누는 칼이다. 다른 주요 국가가 이 나라들을 발판 삼아 러시아를 공격할 수 있다. 여러모로 이 발트해 연안 국가들은 유럽 평원보다 스칸디나비아에 가깝다. 이 나라들이 평지에 있다는 게 역사적인 비극이다.

러시아에 위협이 될 만한 나라는 독일뿐인데, 독일은 러시아를 공격하기는커녕 상당한 수준으로 재무장할 생각은 조금도 없다. 그러나 앞서 말했듯이, 생각은 상황에 따라 바뀐다. 장기적으로 볼 때 러시아인들은 독일의 다음 세대가 현 세대처럼 생각한다고 장담할 수 없다. 유럽의 미래를 둘러싸고 불확실성이 만연해 있고, 따라서 독일이 유럽대륙에 대해 어떤 입장을 취할지도 불확실한 상황에서 더더욱 그러하다. 러시아는 완충지대가 필요하고, 역사적으로 그 완충지대는 폴란드였다. 폴란드는 제1차 세계대전과 제2차 세계대전 사이의 약 20년 동안 독립 국가였다. 그러다가 점령당했고 1989년 이후로 명실상부한 독립국으로 존재해왔다. 그 이후로 급속히 성장해 유럽에서 상당히 비중 있는 국가가 되었다. 그러나 폴란드는 여전히 러시아와 독일 사이에 끼어 있고, 두 나라를 모두 두려워하고 있으며, 두 나라 모두와 더불어 살아가야 한다.

근본적인 문제는 독일과 러시아의 관계이고, 이는 유럽 전체를 앞으로 규정하게 될 문제이다. 두 나라의 관계는 유럽 본토와 유럽 반도의 관계다. 독일은 유럽 반도의 지배적인 경제대국이고, 러시아는 대륙을 지배한다. 두 나라가 경계지역의 운명을 결정하지는 않더라도 운명에 막대한 영향을 미치게 된다.

독일은 앞서 논한 이유들 때문에 유럽연합을 유지하는 데 전념하고 있다. 그러나 독일은 심각한 문제가 있다. 무슨 이유에서든 유럽연합이 쇠퇴하고 무역장벽이 다시 등장한다면 수출에 크게 의존하는 독일은 심각한 경제적 난관에 봉착하게 된다. 독일은 유럽연합이 와해되길 바라지 않지만, 이를 마음대로 막을 방법은 없다. 그리고 유럽연합이 실패하거나 장기적으로 어려움에 처하게 되면 독일은 이를 대체할 경제관계를 물색해야 한다. 유럽 반도에는 대안이 별로 없다. 중국은 독일만큼이나 수출에 의존하는 독일의 경쟁국이다. 수입국인 미국은 끊임없이 이런저런 갈등에 관여하고 독일도 관여해주기를 바란다. 그리고 무역 같은 지렛대를 이용해 이러한 모험에 동참하고 협력하라고 동맹국들을 압박하기를 서슴지 않는다.

러시아가 유일하게 독일에게 상당한 교역 파트너가 될 만한 나라이고 이미 에너지 공급원으로서 독일에 반드시 필요한 교역국이다. 문제는 러시아 경제가 독일 경제와 완벽한 보완관계에 있지는 않는다는 점이다. 러시아는 독일의 수출품을 흡수할 만큼 크지도 부유하지도 않다. 독일은 러시아에 대한 에너지 의존도를 줄이려고 대안을 찾고 있다. 그리고 물론 두 나라 사이에는 역사적인 앙금도 남아있다.

상호보완적인 측면도 있다. 독일 인구는 급속히 줄고 있고 러시아도 마찬가지다. 그러나 러시아는 아직 잉여 노동력이 있고 실업률이 높으며 빈곤하다. 인구가 줄면 오히려 경제 문제가 일부는 해결된다. 독일은 그렇지 않다. 독일 인구 감소는 경제적 쇠락을 뜻한다. 생산성을 높여주는 기적적인 장치가 등장하지 않는 한 말이다. 독일은 더 이상 이민을 받아들이고 싶어 하지 않는다. 독일에 무슬림 이민이 엄청나게 유입되었고 많은 독일인들이 이 때문에 독일이 이미 불안정해졌다고 여긴다. 어느 모로 보나 인구 감소를 상쇄하기 위해 이민을 증가시키면 감당 못할 결과를 낳게 된다.

독일은 전형적인 곤경에 빠져 있다. 경제를 유지하려면 더 많은 근로자가 필요한데 이민은 더 이상 받아들일 수 없다. 공장을 잉여 노동력이 있는 러시아 같은 나라로 이전해 사회적 비용을 치르지 않고도 더 많은 노동력을 이용하는 게 한 가지 해결책이다. 이는 어느 정도 이미 진행되고 있다. 관건은 두 나라가 서로에게 어느 정도나 의존하기를 원하는지다. 내가 서로 의존하면 마찰을 빚게 된다고 한 말을 기억하는가. 독일도 러시아도 마찰이 빚어지기를 바라지 않지만, 전체적으로 볼 때 유럽연합이 실패하는 경우(또는 실패라는 정서가 팽배해지는 경우), 독일은 국제관계를 재편성해야 하고 그 재편성에는 러시아를 포함하게 된다.

독일과 러시아가 손을 잡게 되는 상황이 처음은 아니다. 19세기 중엽 러시아는 프랑스로부터 또다시 공격받을까봐 완충지대로 삼기 위해 독일 통일을 지지했다. 제1차 세계대전과 제2차 세계대전 사이에 독일과 소련은 두 나라 간의 협력을 증진하는 라팔로 협정을 맺었다. 이 협정은 히틀러가 등장하면서 폐기되었고 1939년에 두 나라 사이에 새로운 협정이 맺어졌다. 두 나라가 협력해 폴란드를 나눠 먹기로 한 협정이다. 과거에 두 나라 사이에 체결된 이런 협정들은 잠정적이고 금방 폐기되었고 갈등으로 점철되었다.

독일과 러시아가 손을 잡으면 이 관계가 폴란드, 발트해 연안 국가들, 벨로루시의 운명을 결정하게 된다. 이 나라들이 군사적으로 점령당하게 된다는 얘기가 아니다. 그러나 유럽대륙의 이 두 강대국이 서로 협력하면 이 나라들은 협력할 수밖에 없다. 경제적으로도, 정치적으로도 이 나라들은 선택의 여지가 별로 없다. 군사적 요인까지 더해지면 어디에 경계선이 그어질지가 관건이 된다.

벨로루시는 러시아에 흡수되는 상황에 만족하거나 크게 저항하지 않을 가능성이 높다. 어쩌면 환영하는 이들도 있을지 모른다. 그러나 이렇게 되면 발트해 연안 국가들과 폴란드는 악몽 같은 상황에 놓이게 된다. 운신의 폭이 줄어들면서 숱한 세월 끝에 되찾은 주권이 증발해버릴지 모른다. 비중 있는 나라인 폴란드는 러시아와 독일이 서로 우호적이고 협조적인 경우보다 적대적인 게 훨씬 견뎌낼 만한 상황이다. 늘 아슬아슬하게 줄타기를 하며 균형을 유지해야 하는 폴란드에게 독일과 러시아가 친밀해지는 상황은 악몽의 재현이다.

폴란드는 독일에 이어 소련에 점령당한 긴 악몽에서 깨어난 지 20여 년밖에 되지 않는다. 그런데 폴란드는 놀라울 정도로 회복했다. 냉전 시대 동안 바르샤바는 울적한 도시였다. 낮에도 어둡고 침울했다. 뭔가 나은 것을 염원하면서도 그런 상황은 오지 않으리라고 체념한 듯한 도시였다. 그런데 놀랍게 변모했다. 도심은 그저 사랑스럽다고밖에 달리 표현할 길이 없다. 살짝 눈 덮인 쇼팽 궁전을 보노라면 매력이 넘친다는 말밖에 나오지 않는다. 자동차를 몰고 남쪽으로 가다가 크라쿠프를 지나쳐 카르파티아 산맥의 북쪽 지역으로 들어서면 온 사방에 샬레가 눈에 띄는데 마치 새로운 스위스에 온 듯하다. 바르샤바는 독일이 파괴하고 소련이 약탈했으며, 크라쿠프는 아우슈비츠 터와 매우 가깝다는 사실을 떠올려보면 20년 만에 이룬 변화는 아찔할 정도다.

폴란드는 여전히 어느 모로 보나 안심할 상황은 아니고 아직 입지를 다져야 한다. 크라쿠프를 찾는 관광객은 아우슈비츠를 둘러볼 수 있다. 지붕을 파란색 소재로 덮은 소형 버스들이 관광객을 실으려고 대기하고 있고 많은 이들이 실제로 아우슈비츠를 찾는다. 나는 차마 그러지 못했다. 소형 버스와 아우슈비츠의 현실이 너무나도 대조적이기 때문이다. 마치 폴란드인들은 전혀 그런 생각이 들지 않는 듯하다. 유대인뿐만 아니라 폴란드 가톨릭교도들도 그곳에서 살해당했다. 그러나 그래도 그곳은 관광지이고 유럽의 현실을 일깨워주는 성지이다. 사람들은 그곳에 갈 방법이 있어야 하고 소형 버스로 그들을 실어 나르는 사람들은 먹고 살아야 한다. 뭔가 부적절하다는 느낌이 들지만 뭔들 적절하겠는가. 어쩌다 보니 아우슈비츠는 폴란드에 있지만 폴란드인들이 저지른 짓은 아니다. 독일인들이 저지른 짓이고 그런 짓은 기억되어야 한다.

폴란드가 회복하는 데 실패한 가장 분명한 장소는 벨로루시 국경에 있는, 바르샤바와 브레스트 사이의 도로들이다. 도시 외곽으로 20마일 정도 나가면 마치 유럽 반도를 벗어난 느낌이 든다. 건물들은 소비에트 시대를 떠올리게 하고 일부는 제2차 세계대전 이후로 수리하지 않은 듯 손상된 채로 남아있다. 도로는 놀라울 정도로 울퉁불퉁하고 운전자들은 거칠게 운전한다. 유럽의 어느 지역보다 이곳에서 고속도로 사망자가 많이 나온다고 한다. 사실인지는 모르지만 그런 사실을 자랑스럽게 말하는 걸 보면 사실인지도 모르겠다. 폴란드 동부에 흔한 순환교차로는 구획도 없이 표시만 되어 있어서 운전자들은 무작정 직행해 관통하는 이들도 있고 돌아가는 이들도 있다. 사고라도 나면 어떻게 될지 상상하기도 어렵다.

땅은 평평하고 낡은 공장들이 농장과 뒤섞여 있다. 이곳은 폴란드 유대인들의 셰익스피어라고 불리는 숄렘 알레이켐(뮤지컬 〈지붕 위의 바이올린〉은 그의 작품을 토대로 만들었다.)의 고향이다. 헤움 마을은 이곳 바로 남쪽에 있다. 이곳에는 유대인은 한 명도 남지 않았다. 땅은 척박하고 사람들의 차림새는 누추하다. 러시아인들이 위협을 느낀다면 바로 이곳에서 국경을 넘어 바르샤바로 진군하게 된다.

그러나 앞서도 말했지만, 러시아는 폴란드를 침략할 생각이 없다. 독일도 마찬가지다. 러시아와 독일은 딱히 서로 거래하고 싶어 하지도 않지만, 유럽연합이 점점 더 지지부진해지고 미국이 점점 더 까다롭게 굴면, 서로 협력하는 선택지가 훨씬 매력적으로 느껴지게 된다. 러시아와 독일 간의 경제 관계가 깊어진다고 해도 폴란드가 참여해서 이득을 챙길 수도 있다. 위험은 협력이 아니라 공포에서 비롯된다. 그리고 러시아인들의 공포는 유럽 반도에 의존하는 데서, 반도를 과소평가하고 그 의도를 잘못 읽는 데서 비롯된다.

이는 스탈린이 범한 실수였다. 러시아가 독일에 의존해서라기보다 독일이 러시아의 밀과 원자재에 의존했기 때문이었다. 스탈린은 히틀러가 이 물자들이 얼마나 절실히 필요한지, 히틀러가 스탈린의 선의에 의지해야 하는 상황을 얼마나 질색했는지를 과소평가했다. 스탈린은 히틀러가 자신과 이심전심이라고 여기고 히틀러의 속내를 충분히 파악하지 못했고 러시아를 그냥 내버려두기에는 히틀러에게 러시아가 너무나도 절실히 필요하다는 사실을 간과했다. 희망사항에 매몰된 스탈린 때문에 소련은 2,000만 명이 죽었고 독립적으로 존속하지 못하게 될 뻔했다.

미국은 진주만 사태를 겪고 심리적으로 완전히 회복하지 못했다. 미국이 아무런 준비도 되어 있지 않은 때에 생각지도 못했던 장소를 공격당했다. 미국은 그 이후로 수십 년에 걸쳐 다시는 기습적으로 공격을 당하지 않도록 만전을 기했다. 그런데 9·11이 닥쳤고, 미국은 다시 한 번 경악했으며, 나라는 혼란에 빠졌다. 이와 마찬가지로 러시아 국민의 정서는 1941년 6월 22일에 못박혀 있다. 독일이 소련을 침략한 날이다. 러시아인들에게 안전은 환상이다. 따라서 러시아는 벨로루시를 장악해야 한다. 그리고 폴란드 국경 지대에 자신이 보유한 고립 영토인 칼리닌그라드와 발트해 연안 국가들에서 강하게 대처해야 한다. 그리고 러시아는 발트해 연안 국가들을 오로지 잠재적인 위협으로만 간주해야 한다.

앞서 나는 발트해 연안 국가들이 지닌 지리적 그리고 잠재적인 군사적 중요성을 지적했다. 오랜 세월 동안 소비에트가 점령했던 이 세 나라들은 두 가지 현실이 있다. 하나는 이 나라들은 실제로 슬라브족 국가들이 아니라는 사실이다. 이들은 스칸디나비아, 특히 핀란드와 훨씬 공통점이 많고 그들의 역사는 튜턴 기사단(오스트리아의 빈에 본부가 있는 로마가톨릭교회 소속 종교기사단—옮긴이)과 관련이 깊다. 소비에트 건축양식이 이 나라들 도시를 뒤덮고 있지만, 국민들은 북유럽계다.

그러나 이 나라들은 하나같이 러시아가 언제 터뜨릴지 모르는 시한폭탄을 안고 있다. 세 나라는 모두 인구 중에 상당수의 러시아 소수민족이 있고, 러시아는 러시아인들이 어디에 살든 그들을 보호하겠다고 분명히 밝혔다. 다른 지역이라면 별 의미가 없겠지만 이 나라들에서는 큰 의미가 있다. 러시아는 발트해 연안국들이 NATO 회원국이라는 데 대해, 그리고 그러한 사실이 미래에 어떤 의미를 지니는지에 대해 깊이 염려하고 있으며, 발트해 3국에 거주하는 러시아인들은 미움받고 있고 차별받는다고 느낀다.

간단한 시나리오가 펼쳐진다. 우발적이든 조작했든 어떤 사건이 일어나서 발트해 연안국 수도에 거주하는 러시아인들이 시위를 시작하고, 경찰이 최루가스를 쏘자 어디선가에서 폭력사태가 일어나고 러시아인들이 죽음을 당한다. 러시아 정부는 자국 시민들을 보호할 권리를 행사하겠다고 요구하고, 발트해 국가는 그 요구를 거부한다. 폭력사태가 심각해지고 러시아는 NATO에게 사태를 수습해달라고 요구한다. 발트해 연안 국가는 이는 국내 문제라는 입장을 고수하고, 러시아 정보조직이 폭력사태를 야기했다고 주장하면서 러시아 정보기관이 개입을 중단하라고 요구한다. 일련의 폭발이 벌어지면서 많은 러시아인들이 목숨을 잃고 러시아는 이 나라를 점령한다.

당장은 러시아가 신경써야 할 다른 문제들이 있지만, 조금만 삐끗해도 발트해 연안 국가들은 러시아에 중대한 위협이 된다. 그리고 러시아인들은 늘 뭔가 삐끗할 가능성이 있다고 생각한다. 이러한 두려움 때문에 발트해 연안 국가들은 러시아인들이 절대로 안심할 수 없는 지역이다. 경계지역 전역에 오래전부터 화약고들이 존재하고 있지만, 이곳은 유럽 반도와 본토 사이 경계지역에 있는 언제 불붙을지 모르는 화약고다.

12

프랑스, 독일 그리고 두 나라의 오래된 경계지역들

France, Germany, and
Their Ancient Borderlands

룩 셈부르크를 방문한 나와 내 아내는 도시를 구석구석 돌아보려고 안내원을 구했다. 소박하지만 잘 관리된 건물들 사이를 걷던 우리는 아주 품위 있어 보이는 어르신 하나가 차 트렁크에서 가방을 꺼내는 모습이 눈에 들어왔다. 우리 안내원은 그에게 따뜻하게 인사를 건넨 다음 그 어르신이 총리라고 말했다. 장-클로드 융커였다. 내 아내는 그에게 다가가서 말을 걸었다. 그는 자동차에서 짐을 내리다가 말고 기꺼이 내 아내와 얘기를 나누었다. 나도 다가갔고, 그는 그 다음날 시카고에서 열리는 NATO와 G8 회의에 참석한다고 말했다. 내가 푸틴은 참석하지 않을 가능성이 높다고 말했더니—그날 아침에는 중요한 사안이라고 생각되었다—그는 몇 시간 전에 자기가 푸틴과 통화를 했는데 올 것 같다고 말했다.

안 그래도 현실 같지 않은 순간인데 우리 안내원이 한 말을 듣고 더욱 현실이라는 게 믿기지가 않았다. 조상이 수세기 전으로 거슬러 올라가는 룩셈부르크인인 안내원은 총리와 학교를 같이 다녔는데 융커가 암살당하지 않기를 바란다고 말했다. 그런 일이 일어나면 룩셈부르크도 다른 나라처럼 경호원이 정치 지도자들을 에워싸서 피신시키는 그런 나라가 된다면서 말이다. 룩셈부르크는 개방적이고 경호가 필요하지 않다는 점에서 매우 독특했다.

시대와 동떨어진 놀라운 뭔가가 놀라울 정도로 현시대적인 대화에 끼어든 그런 순간이었다. 룩셈부르크를 한 마디로 요약하는 순간이었다. 1973년에 처음 이곳을 방문한 이후로 나는 계속 다시 이곳을 찾았다. 청결하고 매력적인 나라이지만, 성채와 요새들이 이 나라에 뿌리 깊은 전쟁의 역사를 시사해주고 있었다. 거닐면서 구경하기에 좋은 도시였고, 시를 관통하는 골짜기에는 전쟁용으로 건축된 건물들의 잔재가 남아있는 멋진 공원이 있다.

룩셈부르크의 매력은 외곽을 가득 채우는 마을과 성채들이다. 스위스에서 자동차를 타고 A35번 도로를 따라 북쪽으로 향하다 보면 라인 계곡과 알자스를 통과할 때 주위에 풍성하고 아름다운 농장들이 보인다. 이 땅을 두고 프랑스와 독일이 전투를 했다는 사실을 떠올리기가 어렵다. 프랑스어가 들리다가 독일어가 들린다. 두 언어 모두 쓰이고 두 언어로 소통이 된다. 룩셈부르크를 통과해 북쪽으로 향하면 지형이 가팔라지고 숲이 무성해진다. 시골 길을 따라 걸으면 나무가 빽빽이 들어찬 기슭이 보이고 전투는커녕 지나가기도 어렵겠다는 생각이 든다.

그럼에도 불구하고 이곳은 1944년 벌지 전투의 현장인 아르덴이다. 룩셈부르크를 발판으로 조지 패튼 장군이 반격을 지휘해 제101공수사단을 구조했다. 그보다 4년 앞서 히틀러가 바로 이 가파른 숲을 관통해 프랑스를 공격했었다. 그가 이곳을 공격한 이유는 프랑스인들도 나처럼 이곳 지형은 관통하기가 불가능하다고 생각했기 때문이다. 제1차 세계대전 때 독일이 가장 처음 취한 행동은 룩셈부르크를 공격해 열차 선로를 장악하는 일이었다. 서쪽으로 50마일 거리에는 베르됭과 세덩이 있는데, 제1차 세계대전에서 가장 처절한 전투가 벌어졌던 장소로 손꼽힌다.

이곳에서 현대 전쟁만 치러진 게 아니다. 룩셈부르크에서 북쪽으로 80마일 정도 떨어진 곳에 아헨이라는 도시가 있다. 이 도시는 샤를마뉴가 제국을 구축하기 위해 싸운 근거지다. 동쪽으로 자동차로 20마일 정도 가면 트리어라는 도시가 나오는데 이곳은 카를 마르크스가 태어난 곳이기도 하고 콘스탄티누스 대제가 전쟁을 한 곳이기도 하다. 콘스탄티누스 대제는 그리스도교를 로마에 도입한 황제다. 4-5층짜리 아파트 건물처럼 보이는 포르타 니그라라는 빌딩이 여전히 마을 한가운데 서 있는데, 로마인들이 이곳을 정복했었다는 사실을 상기시켜준다. 이 건물은 우리 집처럼 눈에 익으면서도 동시에 화성인 집처럼 낯설다.

전쟁이 만연했던 까닭을 로마군이 토텐베르크 숲 전투에서 게르만인들을 패배시키지 못했던 탓으로 돌릴 수도 있다. 로마의 전술은 나무가 빽빽이 들어찬 숲에서 싸우는 데 적합하지 않았고, 그래서 로마인들은 골―오늘날의 프랑스―을 정복하고 라인강을 건너자마자 게르만인들에게 패배했다. 로마인들은 다시는 라인강을 건너지 않았고 로마문명은 더이상 팽창하지 않고 거기서 멈췄다. 라인강 서쪽에서는 (네덜란드어를 포함해) 게르만어족에 속하는 언어를 쓰는 지역과 프랑스어를 쓰는 지역이 뒤섞였다. 이는 갈등을 야기하기에 안성맞춤인 구조로서, 이 두 문명은 서로를 정복하기 위해 싸우거나 둘을 합치려는 시도가 이루어져왔다.

지중해 연안은 라틴계로 남아있다. 그러나 론 계곡을 따라 올라가면서 율리우스 카이사르가 골을 정복했을 때 택했던 경로, 미국 제5군이 제2차 세계대전 때 택한 경로를 따라가면 알프스를 지나 동쪽으로 감에 따라 완전히 다른 세계로 들어서게 된다. 바로 그곳 스위스에는 프랑스어, 독일어, 이탈리아어가 혼재되어 있다. 거기서 북해까지 프랑스인과 게르만인들의 복잡한 역사가 펼쳐진다. 바젤에서 E25를 따라 자동차를 타고 북쪽으로 가면 스트라스부르, 룩셈부르크, 리에주를 지나 암스테르담에 다다르게 되는데 이 경로를 지나면서 로마와 현대 유럽을 규정했던 고대의 경계지역을 직접 경험하게 된다. 그리고 이는 룩셈부르크에서 가장 쉽게 볼 수 있다.

오늘날 룩셈부르크에는 유럽 기구들, 특히 금융 관련 기관들이 많다. 룩셈부르크 북쪽으로 자동차를 몰고 가면 곧 마스트리히트에 다다른다. 오늘날의 유럽연합을 창설한 조약이 체결된 곳이다. 거기서 북서쪽으로 가면 국제사법재판소가 있는 헤이그에 다다른다. 거기서 다시 스트라스부르로 가면 프랑스와 독일의 경계지역을 죽 훑으면서 천 년 전으로 거슬러 올라가는 전쟁의 자취를 더듬게 되고, 미래의 모든 전쟁을 예방하

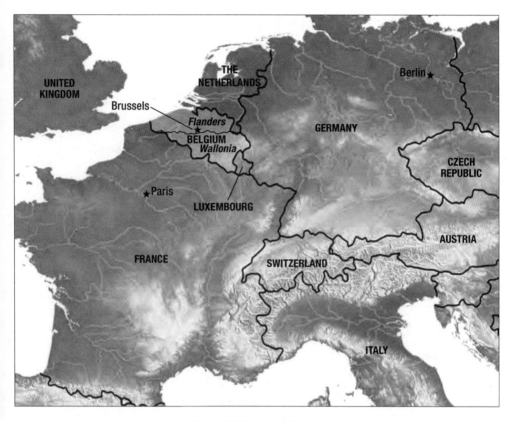

벨기에, 룩셈부르크, 네덜란드

도록 설계된 유럽연합의 기구들을 보게 된다. 이 경로를 따라 그토록 수많은 중요한 기구들이 들어서 있는 게 우연이 아니었다. 유럽연합이 창설되었을 때 모두가 주목한 것은 프랑스와 독일의 경계였다. 기구의 위치는 상징성을 띤다. 유럽연합의 기구들이 이 두 나라의 경계지역에 들어서면서 그 경계지역은 전쟁이 아니라 평화의 지대로 변했다.

유럽 본토-반도 경계지역이 유럽을 크게 구분한다면, 프랑스-독일 경계지역은 유럽 반도를 크게 구분한다. 전쟁은 유럽 반도 어디서도 일어날 수 있지만, 이 경계지역이 평화로운 한 유럽에서 전면전이 일어난다는 것은 상상하기 어렵다. 유럽 반도의 지리적 여건이 전쟁을 봉쇄하고 억제하며, 프랑스와 독일 말고는 모두를 전쟁에 휘말리게 만들 만큼 막강한 또 다른 두 나라는 없다. 알프스 산맥은 남북을 나누기 때문에 유럽 내의 여러 반도들은 어느 정도는 자체적으로 봉쇄된다. 그러나 프랑스와 독일이 관여하면 전쟁은 남쪽과 동쪽으로 확산되고 유럽 전체가 전쟁에 휘말리게 된다. 나폴레옹이 등장하기 전부터 이 지역에 평화를 유지하는 일은 매우 중요했다.

룩셈부르크를 에워싼 요새는 프랑스와 독일의 일부 주 사이에 외교적 협상이 타결된 후 1860년대에 제거되었다. 룩셈부르크 사람들 몇 명이 내게 말하기를, 요새가 제거된 이유는 협정을 체결하면서 불필요해졌기 때문이란다. 더 이상 전쟁이 일어나지 않는다는 결론을 내렸다. 그 시점부터 룩셈부르크는 오직 상업과 무역에만 집중하는 평화로운 도시가 되기로 했다. 그들의 이야기를 들으면서 룩셈부르크인들이 진정으로 평화와 마스트리히트 조약을 지키는 데 전념한다는 인상을 받았어야 하는데 그렇지 않았다. 그 조약이 얼마나 무용지물인지 깨닫지 못한다는 사실이 참 묘했다. 외교협정을 체결한 후 80년 동안 룩셈부르크 내부와 주변에서 숱한 전쟁이 발발했다. 19세기에 룩셈부르크인들이 요새가 더 이상 필요하지 않다고 생각했다면 그 생각은 명백히 틀린 셈이다. 현재 그들이 지닌 평화에 대한 확신도 잘못된 생각인지가 관건이다. 유럽이 제기하는 가장 큰 문제는 1945년 후, 그리고 유럽연합이 창설된 후에 어떤 전쟁이라도, 특히 전면전이 일어날 가능성이 있는지 여부다.

벨기에는 이 문제를 제기하는 나라인데, 룩셈부르크는 자국이 이 문제에 대한 해답을 찾았다고 생각한다. 역사적으로 이 지역은 "유럽의 전장"으로 불렸다. (네덜란드인을 포함해) 게르만 세계와 프랑스 세계가 충돌한 핵심지역이었기 때문이다. 이 지역은 1830년에 독립 국가를 형성하고 영국과 프랑스 사이의 중립적인 경계지역 역할을 하게 되었다. 영국은 벨기에의 주요 항구들, 특히 안트베르펜이 프랑스 손에 들어가서 영국을 공격하는 전초기지로 사용되지 않도록 하고 싶었다. 프랑스령도 네덜란드령도 아닌, 영국과 유럽 반도 사이에 놓인 중립적인 경계지역이 되도록 할 생각이었다.

벨기에는 네덜란드의 일부와 프랑스의 일부가 합쳐져서 탄생했다. 벨기에의 일부는 네덜란드인들이고 플람스어를 구사한다. 다른 일부인 왈롱인들은 왈롱이라는 지역에 살고 프랑스어를 쓴다. 이 두 지역 간의 반목이 매우 심하고 이따금 폭동으로 이어지기도 한다. 한때 왈롱인들이 플람스인들보다 잘살았다. 지금은 전세가 역전되었다. 게르만계 지역이 프랑스계 지역보다 훨씬 잘산다. 그런 의미에서 벨기에는 경계지역의 축소판이며, 이곳에서 발생하는 마찰은 앞으로 프랑스와 독일의 관계를 가늠해보는 척도가 될지도 모른다. 통일된 지 거의 2세기가 지났는데도 불구하고 네덜란드인들은 여전히 네덜란드인들이고, 프랑스인들은 여전히 프랑스인들이며, 그들도 여전히 그 사실을 알고 있다는 점을 지적해둘 필요가 있다.

최근 몇 년 동안 두 지역을 분리해서 각각 프랑스와 네덜란드와 재결합하는 방안이 진지하게 논의되었다. 영국은 더 이상 결정적인 변수가 아니고 동쪽에서 영국 해협으로 나가는 길목에 위치한 지역에 대해 중립을 요구할 처지도 아니다. 따라서 벨기에의 해체는 불가능한 얘기가 아니다. 폭동도 일어나고 선동적인 연설도 있었지만 아직 분리되지는 않았다. 그러나 그런 일이 벌어지리라고 상상하기가 불가능하지도 않다. 이 경계지역이 얼마나 안정적인지를 평가하는 시험대가 될지 모른다. 벨기에가 유지되지 못한다면 평화로운 유럽의 미래를 자신할 이유가 없다.

벨기에에서 프랑스-네덜란드 긴장관계는 지금 이 시점에서 경계지역의 보편적인 정서는 아니다. 벨기에는 평화로운 지역이지만 이번이 처음은 아니다. 문제는 앞으로도 계속 평화로울지 여부인데, 이는 독일과 프랑스 하기에 달렸고 현재 두 나라의 우호적인 관계가 얼마나 지속될지에 달렸다. 독일에 대해서는 자세히 다루었으니 이제 프랑스를 살펴보자.

프랑스는 유럽 계몽주의의 눈부신 중심지였다. 18세기에 프랑스는 지적 세계의 중심지였고 20세기 초까지만 해도 프랑스어는 고상한 담론을 할 때 쓰는 언어, 교양 있는 사람이라면 하나같이 구사하는 언어였다. 어찌 보면 계몽주의가 그리스도교 옆으로 비집고 들어온 방식과 마찬가지로 프랑스어도 지적인 삶의 언어로서 라틴어를 대체했다.

나는 정치철학을 공부하는 대학원생으로서 데카르트와 파스칼과 씨름하면서 처음 프랑스를 접하게 됐다. 둘 다 위대한 수학자이자 철학자였지만 서로 천양지차였다. 데카르트는 체계적인 사상가였다. 모든 게 맞아떨어져야 한다. 파스칼은 아주 작은 프리즘, 짧은 경구를 제시하고 이를 통해 세상을 바라보았다. 데카르트의 경우에는 그의 사상 전체를 이해하지 않고는 부분을 이해할 수 없다. 파스칼의 경우 총체적인 사상이 없기 때문에 당신이 그의 주장에 총체적인 사상을 입히면 된다. 비록 천양지차이긴 하지만 두 사람은 공통점이 두 가지 있었다. 하나는 가톨릭교인데, 그들은 가톨릭교를 포용하면서도 논리적으로는 가차 없이 비판했다. 또 하나는 재기 넘쳐 보이기 위해 스스로 자기 생각을 비판하는 인상을 준다는 점이다. 당시에 나는 이게 그들의 약점이라고 생각했다.

나이가 들면서 나는 루소의 다음과 같은 발언이 내가 그의 오류라고 생각하는 비일관성을 설명해준다는 사실을 깨달았다. "나는 이러한 모순들이 보였지만 그런 모순들이 나를 좌절시키지는 못했다." 젊었을 때는 어떻게 이게 가능할까 의아해한다. 나이가 들면서 가장 우아한 해법은 틀린 해법일 가능성이 높다는 사실을 깨닫게 된다. 자연도 인간도 모순에 의거하지 않고 질서정연하게 설명할 수 있는 존재가 아니다. 데카르트와 파스칼은 자신의 과거에 충실하기 위해 가톨릭교도여야 했다. 그들은 자신의 미래에 충실하기 위해 교회를 훼손해야 했고, 둘 다 과거와 미래 사이의 모순을 안고 살아야 한다는 사실을 알고 있었다.

생제르맹 대로에 있는 카페들이 아직 학생의 주머니 사정으로도 부담할 만한 가격에 차를 팔던 시절, 그곳의 한 카페에 앉아서 나는 이 주제에서 저 주제로 옮겨가며 벌어지던 격렬한 논쟁에 가담했다. 논쟁의 대상인 주제들을 아우르는 저변에 깔린 주제가 무엇인지는 아무도 기억하지 못했다. 한 줄짜리 촌철살인을 내뱉으면서 의기양양한 표정을 짓는 프랑스인 친구의 자신감에 짓눌린 채 나는 미국인으로서 여전히 그 주제에 대한 논리적인 반박을 하려고 애쓰는 사이에 다른 이들은 이미 한참 전에 이와는 전혀 관련이 없어 보이는 주제로 넘어갔다.

나는 이게 너무 부당하게 느껴졌다. 그런데 문득 깨달았다. 인간의 담론에서 데카르트주의자라도, 순수한 논리는 인간의 전부가 아니라는 사실을 깨달았다. 논리는 인간의 일부일 뿐이었다. 내 프랑스인 친구들은 논쟁에서 이기기보다 논리보다 심오한 화법과 지혜로써 사람 냄새가 나게 논쟁하는 게 중요하다는 사실을 알고 있었고, 색다르고 보다 중요한 인간으로서의 면모를 보여주었다. 삶이 모순으로 가득하다면, 프랑스인들이 보기에 그러한 모순은 해결해야 할 대상이 아니라 극복해야 할 대상이었다. 자신감, 화법, 날카로운 눈빛과 독설은 이성이 할 수 없는 일을 해냈다. 나는 지고는 못 배기는 성미였다. 더군다나 내 주장이 내가 보기에는 훨씬 논리적인데 말이다. 하지만 나는 논쟁을 하는 족족 지고 말았다. 아내와 논쟁할 때와 마찬가지로, 승리는 곧 패배로 바뀌었다. 그리고 프랑스인들에게 있어 패배는 승리로 바뀌었다.

내가 파리에 있었던 1970년대와 1980년대에 파리는 아랍과 유럽의 온 갖 테러집단이 모여드는 온상이었다. 그러한 테러집단들의 적들—미국 인, 이스라엘인, 영국인을 비롯해 여럿—이 모여드는 곳이기도 했다. 미 국인들은 테러리스트들을 색출해 파멸시켜야 한다고 생각했다. 프랑스 인들은 자기 나라 거리에서 전쟁이 일어나기를 바라지 않았지만, 이를 보기보다 훨씬 복잡한 문제로 여기고 있었다. 모든 것에는 때와 장소가 있기 마련이다. 파괴해야 하는 대상도 있고 보존해야 하는 대상도 있다. 그들의 목표는 끊임없이 변하고 있었다. 각 집단은 각각 그 나름대로 평 가하되, 그 집단들이 여러모로 서로 비슷하다는 점을 염두에 두어야 했 다. 프랑스인들은 가능한 한 일을 벌이지 않는 기술을 완벽하게 터득했 고, 때로는 테러리스트들을 보호하는 것처럼 비춰졌다. 프랑스인들이 반 테러 연합세력에 속해 있다는 데는 의문의 여지가 없었지만, 그들이 테 러리스트를 바라보는 시각은 동맹국들의 시각과 달랐다는 데도 의심의 여지가 없다.

루소의 말을 빌리자면, 모순은 프랑스인들을 좌절시키지 못했다. 그들 은 때로 이를 장엄하게 유럽의 전투라고 일컬었는데, 이 전투는 그저 이 기면 끝이 아닌 너무나도 중요한 전투였고, 해결책이 아닌, 받아들일 만 한 결과에 도달하도록 교묘하게 관리해야 했다. 수용 가능한 결과는 단 순하게 규정할 수 없었고 세월이 흐르면서 자연스럽게 나타나야 했다. 테러리스트라고 생각되는 사람을 모조리 죽인다면 이미 테러리스트라고 알려진 사람들만 죽일 뿐 확인되지 않은 이들은 여전히 살아있는 셈이 다. 테러리스트들을 감시하고 색출하는 일은 우표수집과 같다고 누군가 내게 말했다. 천천히 조심스럽게 서로 다른 유형들에 집중해야 한다. 서 둘러 사거나 팔면 안 된다. 차분하고 깊이 생각해가면서 하는 활동이다. 프랑스인들이 추구하는 목적은 프랑스에서 전투를 하지 않는 것이었다.

더더군다나 파리에서 전투는 일어나면 안 됐다. 그러면 다른 이들이 모여들기 때문이다. 나는 이런 말도 들었다. "우리는 너무 작아서 세계를 위해 싸울 수 없다. 우리는 파리를 위해 싸운다. 파리의 평화를 유지하기 위해서. 당신네 미국인들은 세계를 위해 싸울 수 있다. 하지만 파리에서 싸우지는 마라."

나는 젊었고 프랑스인들의 배신에 분노했다. 모순되고 어처구니없는 어불성설이었다. 그러나 프랑스 철학도 마찬가지라고 생각했다. 그러다가 그들이 한 말의 진의를 깨닫게 되었다. 바로 다음과 같은 뜻이었다. 우리도 테러리스트들을 모조리 제거하고 싶지만 그 방법을 모르겠다. 파리로 진입하는 열차들을 타고 더 많은 테러리스트들이 오게 된다. 우리는 세계에서 테러리즘을 제거할 방법을 모르겠다. 그러나 테러리스트들이 파리에서 너무 많은 사람들을 죽이지 못하게 할 수 있다면 그래도 뭔가를 한 셈이 된다. 이런 일을 하는 과정에서 우리가 우리 동맹국들을 곤혹스럽게 만드는 조치를 취한다면 그건 우리 프랑스인들이 감당해야 할 일이고, 우리는 감당할 작정이다. 우리는 프랑스인이니까. 프랑스인들에게 삶은 계획이 아니라 사건이 만들어 간다. 삶은 우연한 만남, 뜻하지 않은 자기 성찰, 가벼운 만남 등으로 만들어진다. 이러한 사건 하나하나는 뜻밖의 기회를 창출하고 성찰할 대상이 되고 삶에 대한 애착을 지니게 해준다. 아니면 말고.

한편 사람에게는 가족이 있고 혈통이 있고 태생적인 여건들이 있다. 무슨 일이 일어나든 가족은 나를 감싸준다. 고향이 없는 코스모폴리탄적인 지식인과 여름이면 늘 보주 산 지역에 사는 가족을 찾아가는 프랑스인, 이 둘 사이의 모순은 극명하지만, 나는 그런 모순에 좌절하지 말아야 한다는 사실을 배웠다. 나와 친해진 한 여성이 있다. 재색을 겸비한 여성이었다. 그녀는 완전히 자유분방하게 살지만 날마다 자기 부모와 함께 사는 집으로 귀가했다.

프랑스인들은 너무 미묘해서(subtle) 자기들도 헷갈려 한다. 세상의 불화는 그저 저절로 해결되길 기다리면 된다. 그들은 다음에 닥칠 일을 기다린다. 프랑스인들과 유럽연합을 이해하려면 그들이 모순 또는 패배나 쇠락에도 좌절하지 않는다는 사실을 명심해야 한다.

프랑스의 쇠락은 나폴레옹이 패배하면서 19세기 초에 시작되었지만, 19세기 말에 독일이 경제적으로 프랑스를 앞서면서 기정사실화되었다. 프랑스는 눈부시게 성공한 두 산업국가 사이에 놓이게 되었다. 서쪽으로는 좁은 해협 건너편에 영국이 있었고, 동쪽으로는 라인강 건너 독일이 있었다. 19세기 말 무렵 이 두 나라는 프랑스를 굽어보았다.

그 이유는 뜨거운 논쟁의 대상이다. 막스 베버는 『프로테스탄트 윤리와 자본주의 정신』에서 프로테스탄티즘이 가톨릭보다 훨씬 막강한 경제발전의 토대가 된다고 주장했다. 설득력 있는 주장이지만 바이에른과 라인란트는 독실한 가톨릭 지역이고 독일의 일부이며, 라인란트는 독일 산업의 중심지라는 사실을 간과하고 있다. 프랑스 농부들이 산업화에 저항했다는 주장을 하는 이들도 있다. 그 밖에도 수많은 이유들이 있고 나름대로 사실이라는 점에는 의심의 여지가 없지만 어떤 이유도 만족스러운 해석을 제시하지는 않는다.

내가 선호하는 해석은 다음과 같다. 나폴레옹 이후 영국인들은 세계 해양을 지배했고 인도를 중심으로 찬란한 제국을 구축했다. 그들은 자신들이 구축한 거대한 제국에서 다른 나라들을 배제하고 교역상의 엄청난 이점을 누렸다. 프랑스인들도 제국이 있었지만 여러모로 찌꺼기를 긁어모아 만든 제국이었고 영국의 제국보다 훨씬 열등했다. 프랑스의 제국은 영국이 이용한 그런 종류의 자족적인 무역 체계가 아니었다.

또 다른 차이점은 영국과 미국의 관계였다. 영국은 미국 독립전쟁에서 패했지만 미국과 긴밀한 무역 관계를 유지했다. 특히 미시시피강 유역에서 대량으로 생산되는 각종 식량을 사들였다. 영국인들은 이를 이용해 식량 가격을 인하했고 농부들을 도시 공장으로 내몰았다. 농부들을 지원하는 프랑스는 미국에서 식량을 덜 수입했다. 이 때문에 프랑스 산업화에 쓸 수 있는 인력은 제한적이었고 도시에서 식량 가격이 인상되었다. 영국인들은 자국의 농민들에게 훨씬 무자비했고 따라서 산업화에 훨씬 성공했다.

한편 독일인들은 제국 없이 유럽에서 엄청난 이점을 누리면서 산업화했다. 라인강, 엘베강, 특히 유럽의 주요 운송 경로인 다뉴브강과 가깝기 때문에 오스트리아-헝가리 제국과 러시아 제국 내에서 지배적인 경제적 입지를 구축했다. 이유가 무엇이든 프랑스인들은 뒤처졌다—유럽에서 가장 발달한 나라들 틈에 끼지 못했지만 완전히 배제되지도 않았고, 상당한 산업기반이 없지도 않았지만 1인자가 되지는 못했다. 그 자리는 영국과 독일이 점유했다.

프랑스인들은 수세기 동안 영국과 다투어왔다. 프랑스 북서부—브리타니와 노르망디—는 영국이 지배했거나 프랑스와 영국이 서로 차지하려고 다퉜다. 프랑스는 나폴레옹이 패배한 이유를 영국 탓으로 돌렸는데, 그 이유는 영국이 트라팔가 해전에서 프랑스 함대를 격퇴시켰고, 무엇보다도 영국의 봉쇄 작전으로 프랑스군이 보급품이 떨어져 굶주렸기 때문이라고 생각한다. 프랑스가 보기에 영국은 프랑스의 적들을 지원했고, 스스로 심각한 위험에 노출되지 않고도 프랑스가 해양으로 진출하는 길을 막았다. "배신자 영국"이라는 표현은 프랑스가 오래전부터 영국을 어떻게 보아왔는지를 시사한다. 17세기 프랑스 성직자인 부세 주교는 다음과 같이 말했다.

영국, 오, 배신자 영국이여.

바다를 성벽처럼 두르고 로마인의 접근을 막은 곳이여,

그럼에도 그리스도의 믿음이 상륙한 곳이여.

프랑스와 영국의 역사는 순탄치 않았다. 영국이 프랑스를 배신했다는 정서는 제2차 세계대전 중에 더 강해졌다. 프랑스인들은 자국이 곤궁에 처했을 때 영국이 군대를 철수시켜 프랑스를 버렸다고 생각한다. 프랑스와 영국의 역사적 관계는 악연으로 얼룩져 있다. 영국은 워털루 해전에서 나폴레옹을 참패시키는 데 큰 역할을 했다.

프랑스는 독일과의 과거도 우호적이지 않다. 프로이센 군대도 워털루에서 나폴레옹을 패배시키는 데 중요한 역할을 했다. 독일이 통일되자마자 프랑스와 독일은 전쟁에 돌입했고, 독일이 이겼다. 독일은 프랑스 영토—알자스와 로렌—였던 경계지역 일부를 빼앗았을 뿐만 아니라 파리에서 가두행렬을 하겠다고 고집했다. 프랑스인들에게 모욕을 주고 싶었고 그럴 힘도 있었기 때문이다. 두 차례 세계대전까지 포함하면 역사적으로 프랑스와 독일의 관계는 프랑스와 영국의 역사적인 관계보다 훨씬 안 좋다.

프랑스는 역사적으로 숙적인 두 나라 사이에 끼어서 끊임없이 시달렸다. 독일이 힘을 얻으면서 프랑스와 영국은 동맹을 맺었고 결국 이 동맹에 러시아도 가담했다. 유럽에서 가장 막강한 나라를 봉쇄하려는 시도였다. 그러나 프랑스와 영국의 관계 저변에는 긴장이 깔려 있고 이는 오랜 역사이며 그럴 만한 이유도 있다. 영국은 독일이 함대를 건조해 영국을 침략하지 못하도록 하는 데 프랑스를 이용했다. 프랑스는 그 역할을 하는 수밖에 선택의 여지가 없었다. 독일을 너무나도 두려워했기 때문이다. 영국이 지원을 했지만, 프랑스는 영국과 지리적 여건에 떠밀려 그 역할을 하면서 옴짝달싹할 수 없었다.

제2차 세계대전 후 유럽 통합이 논의될 때 드골이 유럽 통합에 관심을 보인 이유는 영국을 무척 증오하고 불신했기 때문이다. 역사적으로 오래 전으로 거슬러 올라가는 정서이지만 드골의 경우는 제2차 세계대전 동안 직접 체험을 통해 벼려진 아주 날선 정서였다. 드골은 영국이 유럽공동체에 합류하기를 원하지 않았다. 당시에는 유럽연합이 아니라 유럽공동체로 불렸다. 그는 개과천선한 독일을 프랑스가 쥐고 흔드는 게 영국을 상대하는 상황보다 낫다고 생각했다. 게다가 그는 이제 쇠락의 길에 들어선 영국이 미국의 도구가 되어 프랑스의 주권을 박탈하려 한다고 생각했다.

따라서 프랑스가 생각하는 독일과의 관계는 유럽의 맥락에서는 영국과의 관계가 영향을 미치고, 보다 넓은 맥락에서는 또 다른 주요 국가인 미국과의 관계가 영향을 미친다는 점을 명심해야 한다. 프랑스가 독일에 맞서고 싶다고 가정해보자. 프랑스가 독일에 맞서려면 영국과 미국이 프랑스를 지원할 태세가 되어 있을 때만이 가능하다. 전쟁 얘기가 아니라 경제적, 정치적 관계를 재규정하려고 해도 그렇다는 얘기다. 프랑스가 혼자라면 독일에 동조해야 한다. 프랑스가 다른 나라의 지원을 확보하면 다른 대안들을 고려할 수 있다. 결국 프랑스의 문제는 다른 나라들—지금은 독일과 미국이다—을 따라잡지 못하는 특이한 무능력이다. 그렇기 때문에 프랑스는 지원이 필요하다. 프랑스는 혼자 힘으로는 해낼 수 없는 일이다.

영국은 유럽연합에서 발을 빼고 있다. 유럽연합을 버리지는 않고 있지만, 유로존에 가입하지 않고 있고, 다른 여러 유럽 프로젝트에도 참여하지 않고 있다. 영국은 수세기 동안 그래왔듯이 유럽 반도에 이해관계가 걸려 있다. 따라서 필요할 때는 깊이 관여하지만, 반드시 그래야만 할 때만 관여한다. 그렇지 않는 한 다른 관심사들을 관리하는 선에서 관여할 뿐이다. 과거에 영국의 관심사는 자신의 제국을 유지하는 일이었다. 이제는 유럽과의 관계를 균형 잡아주는 미국과의 관계가 주요 관심사이다.

현재 미국은 이슬람 세계에서 발을 빼고 해외 상황에 관여하기를 꺼리는 입장이다. 미국은 유럽을 미국의 재원을 이용해 해결할 수 없는 대상으로 보고 있으며, 교역관계를 넘어 유럽의 경제 문제에 관여하는 일은 위험하다고 생각한다. 미국은 프랑스의 군사적 모험에 두 차례 관여했다. 첫 번째는 2011년 리비아 폭격이다. 당시 미국은 프랑스의 요청을 받아들여 지원에 나섰다. 처음에는 주저했지만 결국 엄청난 부담을 떠안고 말았다. 이와 유사하게 프랑스는 2013년 말리를 안정화시키려고 군대를 파병했고 미국은 병참지원을 하면서 프랑스를 뒷받침했다.

이 두 사건에 독일은 관여하지 않았다는 점은 주목할 필요가 있다. 프랑스-독일 관계의 저변에 깔린 근본적인 역학관계를 시사하기 때문이다. 이 두 사례에서 프랑스는 근본적인 국익이 걸려있다고 느꼈고, 독일은 군사적 지원을 거부했지만 미국은 프랑스를 지원했다. 마침 프랑스의 경제적 이익이 독일의 이익과 갈라지는 시기에 이런 일이 일어났다. 프랑스의 실업률은 약 12퍼센트였다. 독일의 실업률은 6퍼센트에 못 미쳤다. 프랑스는 실업을 해소하는 유럽연합 정책을 원했지만, 독일은 책임 있는 재정 정책을 강화하는 유럽연합 정책을 원했다.

이러한 갈등은 프랑스와 독일을 완전히 갈라놓지는 않았다. 프랑스는 독일이 군사적 개입을 하는 데는 역사적, 정치적 제약이 있다는 점을 이해했다. 두 나라는 경제적 문제에 대한 이견을 좁히고 싶어 했다. 독일은 정말로 프랑스와 긴밀한 관계를 유지하기를 바랐다. 문제는, 국가 지도자가 아무리 그러기를 바란다고 해도 국익과 국내정치 사정이 허락하지 않으면 불가능하다는 사실이다.

326

해결 불가능한 사안은 경제적 사안이었다. 독일과 프랑스 공히 보기보다 훨씬 취약하다. 독일은 수출에 크게 의존하므로 고객의 입맛에 볼모로 잡혀있다. 프랑스의 경제적 약점은 2008년 후로 다 드러났다. 그 이후로 프랑스에서 드러난 경제적 취약점이 계속되면, 지난 2세기에 걸쳐 그러했듯이, 프랑스는 점점 유럽에서 경쟁력이 떨어지게 된다. 특히 독일에 비해서 말이다. 그러면 프랑스는 독일의 경제정책과는 다른 경제정책을 추구할 수밖에 없게 되는데 현재 유럽연합의 틀 안에서는 그러기가 어렵다.

프랑스는 독일과 결별할 생각이 없지만 독일이 정책적 입장을 완화하기를 바란다. 독일 또한 프랑스와 갈라설 생각이 없지만 프랑스가 정책적 입장을 완화하기를 바란다. 마셜 플랜을 통해 다져진 친밀한 관계가 적대적인 관계로 변하는 모습은 상상하기 어렵다. 하지만 완전한 통합과 전쟁이라는 양 극단 사이에는 두 나라가 존재할 수 있는 수많은 경우의 수가 존재한다. 두 나라는 계속 우호적인 관계를 유지하되 서로 다른 길을 갈 수도 있다.

독일의 전략적 정책은 수출을 활성화하기 위해 가능한 한 규모가 가장 큰 그룹의 나라들과의 경제 관계에 초점을 맞춘다. 이런 의미에서 독일은 세계적인 시각을 지니고 있다. 해외에 고객들이 있기 때문이다. 그러나 독일은 경제적 수단 말고는 이들을 고객으로 묶어둘 방법이 없다. 그들은 독일에게 의존하지 않으며, 반드시 독일과 거래를 해야만 하는 처지도 아니다. 독일로서는 유럽연합이 구축한 수단들이 독일 수출의 절반을 차지하는 유럽연합 회원국들을 통제할 수 있는 유일한 수단이다.

그러나 공교롭게도 독일이 이러한 유럽연합 지렛대—자유무역, 규제, 유로 가치, 금융 체제—를 사용할수록 유럽연합 체제는 독일의 욕구를 충족시키는 데 이용되고 필연적으로 나머지 유럽의 저항에 부딪히게 된다. 프랑스 같은 나라는 자기 나름의 길을 찾아가기에 충분한 힘이 있다. 독일은 유럽중앙은행이 물가상승 문제에 관심을 집중하기를 바랐다. 프랑스는 고용 문제에 집중하기를 바랐다. 물가상승은 독일이 고심하는 문제이고, 고용은 프랑스의 골칫거리다.

이 싸움은 독일이 이겼지만 프랑스는 포기하지 않았다. 독일은 긴축정책을 통해 자국이 직면한 문제와 제약을 해결하면서 그 부담을 떠안게 된 나라들을 멀어지게 만들었다. 따라서 프랑스는 독일이 받아들일 수 없는 정책들을 요구하게 되고 유럽연합은 창설할 때 꿈꿨던 평화와 번영의 전당이 아니라 갈등과 긴장의 전당으로 변하게 된다.

프랑스는 유럽연합을 탈퇴하지 않겠지만 무조건 그대로 잔류할 수도 없다. 프랑스는 나름의 세금 정책을 만들고 적자를 감수해야 하며, 지도자들은 장기적으로는 효과가 없을지 몰라도 재선될 때까지는 효과를 발휘할 정책을 통해 실업을 억누르려 할 것이다. 그 어떤 대안적 전략도 뭔가 다른 정책을 포함해야 한다. 문제는 그 대안이라는 게 무엇이고 이를 프랑스가 독일과의 관계, 유럽연합과의 관계와 양립시킬 수 있는지 여부다. 게다가 프랑스에서는 보호무역주의의 압력이 강하다. 농부들에서부터 우익정당 국민전선에 이르기까지 다양한 집단들이 외부 세계에 대한 프랑스의 의존도를 줄여야 한다고 요구하고 있다. 이런 요구가 아무리 비현실적이라고 해도 이는 프랑스 정부가 무시할 수 없는 심각한 정치적 정서다.

프랑스는 세 가지 방향을 염두에 두고 있다. 유럽평원과 독일, 영국 해협과 영국, 지중해와 아프리카 세 방향이다. 지중해연합 구상은 2008년 7월에 나왔는데 프랑스의 지리적 여건에 뿌리를 두고 있다. 프랑스는 유럽 북부에 위치한 나라이면서 지중해 연안 국가이기도 하다. 지중해 연안 나라들을 조직화해서 대안적 경제연합을 구성한다는 구상이다. 지브롤터 해협에서 보스포루스 해협에 이르기까지 유럽 국가, 북아프리카 국가, 이스라엘을 아우르는 자유무역지대를 만들어서 프랑스가 그 안에서 경쟁하고 지배하겠다는 구상이다.

프랑스의 전략은 자국의 경제적 약점을 아프리카에 있는 예전 식민지 국가들과의 긴밀한 관계로 보완하고, 중동과 지중해에서 자국의 입지를 강화하는 것이었다. 프랑스는 유럽연합과는 별도로, 그러나 유럽연합과 연관되어 있는, 지중해 국가들로 구성된 연합체를 제안했지만 아무런 진전도 없었다. 그러나 이보다 앞서 결성된 지중해연합이 존재한다. 이 연합의 43개 회원국 가운데 28개국이 유럽연합 회원국이기도 하다. 지중해연합의 회장은 2년마다 유럽연합 회원국과 유럽연합 비회원국이 번갈아가면서 맡고, 의사결정은 외교장관 연례회의와 격년으로 열리는 정상회담에서 내려진다. 개념으로만 존재하고 현실성은 전혀 없는 기구다. 도대체 이 기구가 어떻게 작동하는지 분명치가 않다. 시리아와 이스라엘 둘 다 회원국이 될 수 있을까? 이 기구의 규정은 유럽연합의 규정과 양립할 수 있는가? 기발한 개념이긴 하지만 그 안에 심각한 모순들이 내재되어 있다. 그러나 프랑스는 이러한 모순들이 눈에 보이는데도 좌절하지 않았다.

이 연합에서 아무것도 명백히 규정되지 않았다. 일종의 무역지대라는 점만 빼면 말이다. 그리고 이 기구를 열렬히 지지하는 프랑스인들은 이 기구에 생명을 불어넣으려 하고 있다. 이는 프랑스의 경제적, 정치적 지형에 대해 시사하는 바가 있다. 프랑스는 자국의 이익과 독일의 이익을 양립시키느라 애를 먹고 있지만, 1945년 이후 유럽의 질서를 유지할 토대를 찾기를 절실히 원한다. 프랑스는 영국이 자신의 문제나 해결책에 크게 관련 있다고 보지 않고 "앵글로-색슨" 국가들(생각해보면 매우 구태의연한 개념이다)을 한데 뭉뚱그려 취급한다. 그러나 프랑스는 단순히 유

럽 북쪽에 위치한 나라가 아니다. 남유럽 국가이자 지중해 연안 국가이
기도 하다. 그리고 이 지역에서는 주요 국가이다. 이 지역은 분열된 지역
이기도 하다. 그러나 프랑스는 이 지역을 대안의 하나로 탐색해야 한다.

프랑스는 영국과는 달리 자국의 예전 아프리카 식민지들과 훨씬 긴밀
한 관계를 유지해왔다. 프랑스는 지속적으로 자주 결정적인 순간에 군사
적으로 개입했다. 프랑스의 식민지들은 영국 식민지보다 독립할 여건을
훨씬 덜 갖춘 채 독립했고, 프랑스는 식민지들이 독립하고 나서도 이들
을 반 식민지처럼 취급했다.

중동에서 프랑스는 레바논과 시리아 두 나라 모두와 관계를 맺었고,
시리아에 개입하지 않은 이유는 단지 미국이 그 모험에 동참하기를 거부
했기 때문이었다. 레바논과 시리아는 제1차 세계대전 후에 프랑스의 보
호국이 되었고, 북아프리카에서의 프랑스의 이해관계는 여전히 강력하
고 지속적이다. 지중해연합이라는 구상은 어느 정도는 타당한 구석도 있
다. 이미 지중해 상거래는 프랑스에 집중되어 있기 때문이다.

이스라엘이 그런 공동체에 합류한다는 구상은, 물론 무슬림 국가들이
허락한다는 전제 하에, 프랑스인들에게 솔깃한 구상이다. 유럽연합에게
서 퇴짜를 맞은 터키도 합류할지 모른다. 야릇하게도 처음에는 어처구니
없어 보이는 구상이 이해가 가기 시작하고, 이는 유럽인들이 그 기구에
대해 논의하는 이유를 설명한다. 지중해는 유럽 북부에서 산업혁명이 일
어나기 전에 세계에서 가장 부유한 지역으로 손꼽혔다. 무슬림이 다수인
북아프리카와 그리스도교도가 다수인 남유럽의 갈등은 억제되었다. 늘
평화로운 방법으로 해결되지는 않았지만 말이다.

프랑스가 유럽 국가들과의 관계를 보완할 기구를 창설할 수만 있다면
잃을 것은 거의 없고 얻을 것은 매우 많다. 얼마나 얻게 되는지는 프랑스
를 중심으로 한 이 기구가 얼마나 부를 창출할 수 있는지에 달렸다. 이는

분명치가 않다. 그러나 프랑스가 터키, 이탈리아 같은 발전한 나라들을 끌어들여 에너지가 풍부한 알제리와 리비아 같은 나라와 한데 묶으면, 상당한 가능성이 있다. 그리고 이 기구는 프랑스가 유럽연합에서 독일에게 빼앗긴 지역 맹주의 자리를 얻을 시도를 할 기회를 제공해준다.

이 기구가 유럽연합과 같이 명실상부한 회원국들로 구성될 확률은 희박하다. 그런 기구에 흥미를 보일 나라들이 있을지 의문이다. 그 기구가 어떻게 유지되고 회원국들에게, 특히 프랑스에게 어떤 이득이 되는지도 불분명하다. 또한 그런 기구가 갈등 없이 존속될 수 있는지 여부도 불투명하다. 많은 회원국들이 서로에게 적대적이어서 말이다.

이런 기구가 결성될 확률은 희박하지만, 이는 프랑스에 열려 있는 유일한 길이다 프랑스가 생산성과 수익률을 개선해 독일과 경쟁할 여건을 개선하지 않는 한 말이다. 그러나 프랑스 정부는 실업률에 짓눌린 유권자들이 원하는 정책을 추구할 수밖에 없다는 현실을 고려해볼 때, 프랑스가 독일과 맞먹을 정도로 입지를 개선하기가 가능할지 의문스럽다. 산업혁명 초기부터 프랑스에 존재해온 구조적인 비효율성은 여전히 사라지지 않고 있다. 유럽연합 내에서 프랑스는 계속 입지가 약해지기만 할 것이다. 탈퇴하고 홀로 서면 선택의 여지가 없는 고립된 나라가 될 뿐이다. 지중해연합 전략은 명백히 현실성 있는 대안은 아니지만, 그래도 대안인 것만은 분명하다.

그렇다면 프랑스와 독일 사이의 경계지역은 계속 평화로운 지역으로 남아있을 가능성이 크다는 뜻이다. 두 나라의 관계는 흡족하지 않을지 모르지만 말이다. 좋은 사례가 벨기에다. 영국의 우려를 불식시키기 위해서 프랑스인들과 네덜란드인들을 합해 만든 인위적인 나라 말이다. 벨기에의 네덜란드인들은 훨씬 부유해졌고 프랑스인들은 더 가난해졌다. 플람스인들과 왈롱인들 간의 갈등은 골이 깊고 벨기에가 살아남을 수 있을지는 정말로 불투명하다. 가능할지도 모른다. 그러나 생존 여부가 불투명하다는 사실은 그런 위기를 끔찍이도 싫어하는 유럽에서 중요한 문제다.

벨기에는 프랑스와 독일 관계에 대한 비유가 될 수 있다. 하지만 완벽한 비유는 아니다. 프랑스도 독일도 갈라서기를 바라지는 않는 반면 벨기에 사람들은 상당수가 서로 갈라서고 싶어 한다. 독일은 점점 부유해지고 프랑스는 점점 가난해진다. 독일은 프랑스 때문에 부담을 지고 싶지 않지만 프랑스가 주는 심리적, 정치적 안정감을 포기하고 싶지도 않다. 프랑스는 유럽에서 자국의 위상을 포기하고 싶지 않지만 이와 동시에 자국의 경제적 쇠퇴를 무한정 견딜 수만도 없다.

독일은 동쪽으로 눈을 돌려 러시아와 다른 나라들이 자국의 상품을 사기를 바란다. 프랑스는 남쪽인 지중해로 눈을 돌리게 된다. 서서히 식어가는 부부 관계처럼, 결별을 생각하지는 않지만 둘을 결속시켰던 열정은 이제 존재하지 않는다. 독일은 속죄할 길을 모색하지 않는다. 프랑스는 통합된 유럽을 지배할 방법을 모색하지 않는다. 그러나 두 나라의 주변에는 추파를 던지는 매력적인 이웃들이 있다. 사이좋게 결별할 수도 있다. E25 도로는 그 어느 때보다도 평화로울 것이다. 그러나 프랑스 남쪽에서 벌어질 일은 전혀 별개의 문제다.

13

이슬람과 독일 사이에 위치한 지중해 유럽

Mediterranean Europe
Between Islam and Germany

지 중해는 유럽 반도의 남쪽 경계다. 육지로 둘러싸인 이 바다에서 대양으로 나가는 길은 두 가지밖에 없다. 하나는 지브롤터 해협을 통해 서쪽으로부터 나가는 방법이다. 다른 하나는 동쪽에서 사람이 만든 수에즈 운하를 통해 나가는 방법이다. 세계에는 육지로 둘러싸인 다른 바다들도 있지만 대양으로 나가는 길이 이처럼 제한되어 있는 곳은 거의 없다. 이보다 큰 내해도 거의 없다. 지중해만큼 세계 역사에 큰 자리를 차지하는 내해는 없다. 지중해 연안에서 유대교와 그리스도교가 탄생했고 이슬람의 중심지이기도 하다. 알렉산드리아, 로마, 이집트 역사의 중심지였다. 지중해 연안은 유럽을 아프리카와 연결해주고 이 두 대륙을 아시아와 연결해준다. 콜럼버스의 1492년 항해는 지중해에서 비롯되었고 지중해 연안의 정치적 역학관계의 영향을 받았다. 유럽의 남쪽 경계가 지중해이기 때문에 부침이 심하기도 하고 엄청난 영향력을 발휘하기도 한다.

지중해의 북쪽은 역사적으로, 대체로 오늘날 그리스도교 지역이다. 터키와 발칸 반도를 제외하고 말이다. 남쪽으로 북아프리카는 역사적으로, 압도적으로 무슬림 지역이다. 지중해 동쪽으로 레반트 지역은 여러 종교와 종파들이 혼재되어 있다. 그리스도교도, 무슬림, 유대교도, 그리고 각 종교의 다양한 종파들이 뒤섞여 있다. 이는 역사적인 전쟁의 잔재이고 오늘날 이주가 계속되는 이유다.

지중해는 단일한 정치적 실체(polity)를 형성한다. 지중해의 길이는 2,000마일 남짓하고, 가장 폭이 좁은 지점은 100마일에 못 미치며, 가장 넓은 지점은 500마일 남짓하다. 마주보는 두 해안은 지브롤터에서 가장 근접하고, 레반트 지역에서 만난다. 지중해 연안을 따라서 어느 곳에서 일어나는 무슨 일이든 그 연안에서 일어나는 다른 사건들에 영향을 미칠 가능성이 있다.

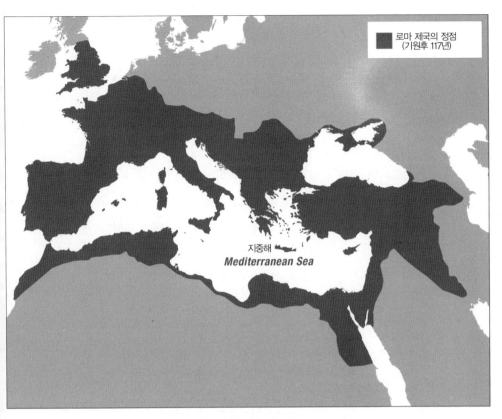

기원후 117년 로마 제국

　이는 로마인들에게 실제로 일어났다. 그들은 지중해를 가운데 바다, 또는 마레 노스트룸("우리 바다")이라고 명명했다. 지중해는 로마 제국 체제의 중심이었다. 이집트에서 로마까지 곡물을 운송하는 일 같은 효율적인 교역을 하려면 배가 필요했고, 배를 해적으로부터 보호할 해군이 필요했다. 로마 제국을 하나로 묶어준 주인공은 육군보다는 무역과 해군이었다. 로마인들은 지중해의 양안을 하나로 묶었고, 이 결속은 여전히 존재한다. 로마와 이집트, 로마와 레반트 지역 사이의 교류는 단일한 사고

체계뿐만 아니라 서로 연결된 문화와 경제 체제를 창출해 로마가 제국 체제를 유지하도록 해주었다.

지중해는 숨 막힐 정도로 경관이 빼어나다. 유라시아 지각판의 가장자리에 있는 화산섬 산토리니를 굽어보는 깎아지른 절벽 위에 서 있으면 잔잔하고 새파란 바다 저 멀리, 크레타 섬을 감춘 지평선이 눈에 들어온다. 그러나 가까이 다가가면, 불완전하나마 여전히 짙푸른 원을 이루고 있는, 2,500년 전에 폭발한 화산의 칼데라가 있다. 그 화산 폭발은 크레타 섬을 동강내고 미노아 문명을 파괴하면서 물에 잠긴 문명 아틀란티스 신화를 탄생시켰고, 오랜 세월 동안 세계 기후를 바꾸어놓았다. 산토리니(본래 이름은 '테라'다)보다 경관이 수려한 곳은 상상하기 어렵다. 이보다 폭력적인 곳을 상상하기 또한 불가능하다.

셰익스피어가 지은 마지막 희곡 〈템페스트〉는 조난을 당해 주술과 마법이 가득한, 지중해의 한 섬에 다다른 사람들에 관한 이야기다. 등장인물들은 대부분 그 섬에서 아름다움을 본다. 서배스천은 타락을 감지한다. 빈센트 반 고흐는 다음과 같이 말했다. "지중해는 꽁치 색이다. 빛이 반사됨에 따라 색이 변한다. 녹색인지 보라색인지 알 수 없다. 파란색이라고도 할 수 없다. 빛이 반사되면 바로 장밋빛이나 회색으로 돌변하기 때문이다." 호메로스는 짙은 포도주 색 바다를 얘기했는데, 고흐가 지중해의 색을 묘사한 글을 읽고서야 그 의미를 이해했다. 호메로스는 말로 형언할 수 없는, 시시각각으로 변하는 바다의 색을 묘사하려고 안간힘을 쓰고 있었던 것이다.

지중해 기후가 어떤지 모르는 사람은 없다. 온화한 기온에 해가 내리쬐는 여름, 그리고 따뜻하고 비가 많이 내리는 겨울. 지중해 연안 사람들은 잠깐 다녀가는 사람에게는 표면적으로 온순해 보인다. 그곳에 사는 사람들은 그곳의 역사를 알고 있고, 감각적이고 유혹적인 곳이라는 사실을 알고 있다. 그러나 그곳은 겉보기와는 달리 폭력이 난무한 곳이다. 베네치아와 영국 같은 유럽 문명, 북아프리카 문명, 흑해 연안의 세력들, 바빌론과 페르시아 같이 동쪽에서 발호한 세력, 이 모든 세력들이 지중해에서 만난다. 폭력적인 전쟁들이 지중해 연안을 따라 치러졌다—제2차 세계대전 이후에만도 유고슬라비아, 레바논, 이스라엘, 이집트, 리비아, 알제리에서 전쟁이 일어났고, 지난 몇 년 동안에 수없이 많은 전쟁이 발발했다. 지중해 하면 유유자적을 떠올리지만, 전쟁도 그 못지않게 지중해를 묘사하는 데 적합하다.

완전히 상반된 모습과 모순이 가득한 곳이기도 하다. 이러한 상반된 모습을 보려면 서로 겨우 몇 백 마일 떨어져 있는 지중해 북쪽 연안과 남쪽 연안을 떠올리면 된다. 한쪽은 그리스도교, 다른 한쪽은 이슬람이다. 표면적으로 두 종교는 유사한 점이 매우 많다. 그러나 누구의 관점에서 보느냐, 어느 방향을 향하고 있느냐, 얼마나 시간을 할애하느냐에 따라 달리 보인다. 반 고흐가 묘사한 색깔과 마찬가지로 계속 변한다. 그런 점에서 두 종교가 비슷하다. 서로를 바라보는 시각이 비슷하다. 두 종교는 적이면서도 불가분의 관계이다. 사하라 사막의 모래와 남유럽의 수풀 우거진 언덕을 생각해보라. 그들은 단일한 실체를 구성하는 부분이고 500마일 이상 떨어져 있지 않으며, 역사를 공유하지만 천양지차다.

지금까지 경계지역에 대해, 그런 지역들이 어떻게 연결되는 동시에 구분되는지에 대해 논했다. 지중해는 바다의 경계지역이다. 여러모로 뭍의 경계지역과 다르면서도 기본적인 특징을 공유한다. 근접성은 분열을 조장하는 만큼이나 단절을 조장하기도 한다. 교역을 촉진하지만 전쟁도 촉진한다. 유럽에게 지중해는 친숙한 동시에 매우 낯선 또 다른 변경이기도 하다.

이슬람은 두 번 유럽을 침략했다. 지중해를 통해 처음에는 이베리아 반도를, 두 번째 침략에서는 유럽 남동부 지역을 침략했고 시칠리아를 비롯해 여러 지역을 야금야금 먹어치웠다. 그리스도교는 이슬람을 여러 번 침략했는데, 처음에는 십자군전쟁에서, 그리고 이베리아 반도에서 무슬림들을 축출하기 위한 전쟁에서 침략했다. 그런 다음 투르크 세력을 다시 중부 유럽으로 되돌아가게 만들었다. 그리스도교도들은 마침내 19세기에 지중해를 가로질러 북아프리카 상당 부분을 장악했다. 두 종교는 서로 상대방을 지배하려고 했다. 둘 다 목표에 가까이 간 듯싶었지만 아무도 성공하지 못했다. 이슬람과 그리스도교는 처음 맞부딪혔을 때부터 서로에게 집착했다. 로마와 이집트처럼 두 종교는 서로 교역도 하고 서로 전쟁도 했다.

유럽인들은 세계 지배의 일환으로 18세기 말 북아프리카를 정복했다. 나폴레옹은 이집트에서 프랑스군을 지휘하면서 처음 명성을 얻었다. 세계에서 가장 거대하고 가장 신비로운 조각상인 스핑크스는 코가 없다. 프랑스 포병장교가 아무런 이유 없이 그저 자기 능력을 과시하기 위해서 코에 총을 쏴 부쉈기 때문이다. 북아프리카를 점령한 유럽인들은 지중해를 지배하게 되었다. 프랑스와 영국은 서로 지중해를 차지하려고 경쟁했다. 영국이 이겼고 프랑스가 착공한 수에즈 운하를 완성했다. 수에즈 운하를 통해 영국은 홍해와 인도양으로 접근할 바닷길을 확보했고, 인도에 접근했다. 수에즈 운하는 영국의 세계 제국을 하나로 묶었다. 또한 북아프리카를 독일과 영국 간의 전쟁터로 만들었고, 승자가 수에즈 운하를 차지했다. 영국이 이겼지만, 영국 해군력이 약화되면서 미국 해군 제6함대에 의해 대체되었고, 미국 해군 6함대는 바다는 지배했지만 해안지역은 지배한 적이 없다.

유럽이 북아프리카를 정복하면서 북아프리카는 유럽에 반기를 들었다. 이집트에서 영국이 간택한 파루크 왕이 축출되었고, 수에즈 운하는 새 정부가 차지했다. 영국, 프랑스, 이스라엘은 운하를 되찾기 위해서 이집트를 침공했고 신 정권을 축출하려고 했지만 실패했다. 알제리에서는 1950년대에 유혈봉기가 일어났다. 프랑스가 알제리를 계속 장악하려고 하자 알제리 무슬림들이 프랑스인들과 프랑스 정착민들을 축출했다. 유럽인들은 다시 지중해 북쪽 연안으로 쫓겨났고, 대부분은 떠나게 되어서 홀가분해했으며, 제2차 세계대전 후 재건에 집중했다.

재건을 하는 과정에서 다시 북아프리카, 일반적으로 말하면 이슬람 세계와 또 한 번 부딪혔다. 유럽의 경제가 성장하면서 노동력이 추가로 필요했다. 가장 가까운 노동력 공급지는 무슬림 세계였다. 수백만 명의 무슬림들이 돈을 벌기 위해 유럽으로 왔다. 이 때문에 유럽이 변모되지는 않았지만 유럽을 바꿔놓았다. 예컨대, 벨기에는 현재 인구의 10퍼센트가 무슬림이다. 영국은 5퍼센트를 밑돈다. 독일은 5퍼센트가 무슬림이다. 도시의 무슬림 인구 비율은 훨씬 높다. 파리는 10퍼센트에서 15퍼센트 사이이고, 브뤼셀은 3분의 1이 무슬림이다.

지중해 북쪽 연안지역에는 늘 무슬림이 거주해왔다. 터키와 보스니아가 명백한 사례들이고, 불가리아에도 상당한 규모의 무슬림 소수집단이 있다. 이러한 이주에는 여느 이주 현상과는 다른 세 가지 점이 있다. 첫째, 이주자의 수다. 둘째, 정착 범위다. 마르세유나 바르셀로나 같은 도시에는 오래전부터 무슬림이 정착해왔다. 그러나 이번에 다른 점은 무슬림들이(결코 모두가 지중해 지역에서 온 사람들이 아니다) 예전과 달리 런던, 브뤼셀, 프랑크푸르트, 그리고 북부 유럽 도시들로 이주했다는 점이다. 셋째, 이주의 속도다. 이주는 실제로 1960년대에 시작되었다.

이와 마찬가지로 중요한 점은 대규모 이민을 흡수할 역량이 별로 없는 지역으로 이주가 이루어졌다는 점이다. 특정 유럽 국가들이 대량 이민을 감당하지 못하는 사태는 그 나라들의 정권의 속성으로 거슬러 올라간다.

앞서 말했듯이, 유럽 민족국가의 토대는 공동의 역사, 언어, 문화에서 파생된, 운명을 공유한다는 정서였다. 헝가리인이나 스페인인으로 태어나야 헝가리인이나 스페인인이 되었다. 시민권을 획득할 수는 있어도 귀화는 가능하지 않았다. 법적인 절차를 통해 명실상부한 헝가리인이나 스페인인이 된다는 것은 피를 공유하거나 적어도 출생지가 같아야 한다는 국가 개념에 어긋났다.

유럽인들은 다문화주의를 통해 이 문제를 해결하려고 했다. 새로운 시민을 독일인이나 스웨덴인으로 바꿀 수 없고 인종차별주의로 되돌아가는 일은 절대로 할 수 없었던 유럽은 이민자들을 시민으로 받아들이되, 이민자들이 문화를 공유하기 어렵다는 사실을 인정했다. 그러나 다문화주의 교리 하에서 이민자들은 다름을 유지하는 데 그치지 않고, 그들의 다른 문화가 그들이 거주하는 나라의 문화와 동등하다고 공식적으로 선언하게 되었다. 물론 선언하는 행위와 대다수가 이를 실천하는 행위를 구분하기란 매우 어렵고 복잡한 문제다.

다문화주의와 이주정책은 또 다른 난관에 부딪혔다. 유럽은 인구밀도가 너무 높았다. 미국과 달리 수백만 명의 이주자들을 수용할 공간이 없었다. 그것도 영구히 말이다. 인구수가 서서히 줄어들고 있는데도 말이다. 특히 보다 부유한 나라에서는 인구증가를 감당하기가 어려웠다. 다문화주의 이념은 당연히 어느 정도 집단을 분리시키게 된다. 문화는 자기가 속한 문화권 사람들과 더불어 살고 싶은 욕망이다. 세계적으로 이민자들의 경제적 지위는 그리 높지 않으므로, 의도한 바는 아니지만 필연적으로 다문화주의에는 배타성이 수용될 수밖에 없다. 그리고 비슷한 사람들끼리 어울리고 싶어 하는 유유상종의 욕구도 포용해야 한다. 그러면서 무슬림들은 인구밀도가 높은 누추한 여건에서 살게 되었다. 파리 외곽은 고층아파트 건물들이 즐비한데, 이런 건물에 무슬림들이 모여 살고 프랑스인들은 따로 다른 곳에 거주한다.

　이는 미국과 완전히 다르지는 않다. 딱 한 가지만 빼고. 미국에서도 이민자는 자유롭게 독특한 문화를 고수하지만 미국의 언어와 문화규범을 어느 정도 받아들이지 않으면 소외된다. 이러한 규범들을 받아들이면 자기 문화를 포기하는 대가로 미국적인 삶에 진입할 수 있다. 명절에 고유 음식은 그대로 즐기면서도 말이다. 큰 대가를 치르는 셈이지만 미국인으로 사는 길이 막혀 있지는 않다. 유럽에서는 훨씬 복잡하다. 유럽 문화는 미국 문화보다 훨씬 풍요롭고 훨씬 복잡하고 훨씬 오래되었다. 이 때문에 프랑스인이 되기가 훨씬 어렵다.

　나의 부모님은 전쟁이 일어나기 전에 헝가리를 사랑했지만, 결국 당신들이 헝가리인이라고 분명히 느껴본 적은 없었다. 그들은 결국 유대인이었고, 아무리 헝가리인이 되고 싶어도 구분이 되었다. 우리가 미국으로 이주한 후 나는 미국인이 되겠다고 결심했다. 내가 미국인이 되는 길을 가로막는 장애물은, 운동장에서 아이들이 하는 말을 빌리자면, 내가 야구공을 계집애처럼 던진다는 점이었다. 나는 손놀림을 유연하게 만들려고 열심히 연습했다. 원하는 목표를 달성하고 나는 미국인으로 받아들여졌다. 코넬 대학원에 진학하자 내 앞에 놓인 장애물은 유대인이라는 사실이 아니었다. 코넬에는 유대인이 많았다. 나의 강한 브롱스 사투리와 브롱스 학교 운동장에서나 적합한 나의 행동이 장애물이었다. 이런 장애물은 극복할 수 있는 장애물이었다. 그 무렵에는 이미 나보다 훨씬 얕잡아볼 만한 신참내기 이민자들이 많았다. 미국에도 반유대인 정서가 있었지만 심하지 않았고 유럽의 반유대인 정서와는 근본적으로 달랐다. 유럽에서는 이방인은 예의범절이 달라서가 아니라 출생지가 다르기 때문에 이방인으로 남았다.

　나치의 반유대인 정서는 유럽에서 더할 나위 없는 부조리한 현상이었다. 출생이 혈통으로, 혈통이 질병으로 변질되었다. 유럽은 외부인을 자국인으로 환영한 적이 없다. 무슬림들은 이제 유대인들이 겪었던 일을 겪고 있다. 유럽은 외부인이 소수일 때는 감당할 수 있다. 그러나 19세기에 유럽으로 대거 몰려든 동부의 유대인들을 감당할 수 없었다. 보다 최근에 몰려든 무슬림들도 감당할 수 없다. 이는 상대적으로 부유한 유럽인들의 문제가 아니다. 그들은 유럽의 저소득 계층과는 동떨어진 생활공간을 영유하기 때문이다. 대량 이민은 중하류층과 빈곤층에게 문제다. 그들은 외국인의 존재를 무시할 수 없고 외국인들이 자신들의 삶에 가하는 압박에 분개한다. 바로 여기서 갈등이 생긴다. 다문화주의는 이민자와 원주민 간의 차이를 제도화한다. 과격한 문화적 구분은 가장 형편이 어려운 유럽인들이 피부로 느낀다. 그런데 정체성을 유지할 자유와 다양성을 주창하는 이들은 이러한 구분을 가까이서 체험할 가능성이 가장 희박한 이들이다.

유럽의 구상을 보다 정직하게 대표하는 것은 독일 트리어에 있는 시립박물관에서 발견된다. 이 박물관에는 이 도시가 표방하는 세계주의에 할애한 공간이 있는데, 이 도시에 사는 이들의 서로 다른 국적들을 전부 보여준다. 유대인과 무슬림 문화유물이 나란히 전시된 진열대도 있다. 트리어에 러시아인이나 이탈리아인이 산다는 문제는 그렇다고 치고, 박물관측은 이들을 구분해놓았다. 큐레이터는, 악의에서 나온 발상이 아니라고 확신하지만, 트리어에 사는 유대인과 무슬림은 공통점이 있다고 생각하는 듯하다. 트리어는 가톨릭 도시이고 독실하다. 독일의 다른 지역보다 훨씬 그런 성향이 강하다. 벽이나 창에 붙은 포스터에는 종교행사와 축제를 알리거나 축복하는 내용이 들어 있다. 트리어는 유대인과 무슬림이 그리스도교도가 아니라는 공통점이 있고, 세계적인 도시 트리어에서는 그들이 그리스도교도가 아니라는 사실이 그들을 나머지 트리어인들과 구분해준다는 사실을 알고 있다. 그들이 서로 다른 시대에 그곳에 살면서 서로 다른 운명을 견뎌냈다는 사실은 중요한 차이점이 아니다.

현대 유럽은 점점 세속화되었다. 종파와 종교를 막론하고 예배 참석은 대부분의 유럽 국가에서 줄어들었고, 여론조사를 보면 유럽인들은 종교에 적대적이지는 않더라도 무관심한 경향이 강하게 나타난다. 유대인은 제2차 세계대전에 앞서 세속주의 성향을 보였다. 최소한 그 점은 논란의 여지가 없었다. 한편 무슬림은 종교적이다. 보편적으로 그렇다고는 할 수 없을지 모르지만, 유럽의 세속주의와 어울리지 않을 정도로 종교적이다. 예컨대, 프랑스는 무슬림 여성이 공공장소에서 얼굴을 가리는 베일을 쓰지 못하게 금지했다. 안전 문제 때문이라고 했지만 이는 무슬림을 통제하기보다 그들이 공공장소에서 종교를 내세우는 행위를 통제하려는 시도로 간주되었다.

유럽인들은 지중해를 건너 북쪽으로 이주하는 무슬림들 때문에 상당한 문제가 있다. 파키스탄에서 영국으로 이주하는 이들, 인도네시아에서 네덜란드로 이주하는 이들도 마찬가지다. 유럽의 예전 식민지 거주자들은 독립하면서 이주할 권리가 주어졌다. 과거에 제국을 거느렸던 나라들에서는 독일이 권장하는 경제이민에 더해 독특한 성격의 이민까지 일어나고 있다는 뜻이다.

모두 종합해보면, 유럽 사회의 인구구성에 상당한 변화가 일어났다. 문화와 종교의 차이는 옷차림과 예의범절에서도 나타나고, 일부 나라나 도시들을 불안정하게 만들었다. 이민자들은 전후 경제팽창 시대에 절실히 필요한 존재였다. 하지만 그들은 사회와 통합하는 데 실패했다. 첫째, 이 사회들은 대거 몰려든 이민자들에게 시민권을 줄 만한 처지가 아니었다. 둘째, 대부분의 무슬림들은 자신들의 독특한 문화를 보존하기 위해 분리되어 살기를 바랐다. 그들이 이주한 이유는 생계 때문이지 삶의 방식을 포기할 생각이 없었다. 그들은 일자리가 필요했지 유럽 사회를 건설할 생각은 없었다.

두 가지 요인이 상황을 악화시켰다. 첫째는 테러리즘이다. 유럽은 9·11 규모의 공격을 겪어보지 못했지만, 스페인과 영국은 테러 공격을 당했다. 2006년 덴마크의 만평가가 그린 선지자 무함마드의 얼굴이 모욕적이라는 이유로 테러가 발생한 경우도 있다. 그를 살해하려는 시도가 여러 차례 있었고 수천 명이 시위를 했다. 무슬림들을 수용하려면 이들을 받아들이는 국가는 표현의 자유 정책마저 바꿔야 한다는 정서가 생기기도 했다. 덴마크 총리 라스무센은 이 사건을 제2차 세계대전 이후 덴마크를 가장 위험에 처하게 한 사건으로 규정했는데, 사실이 아닐지 모르지만 당시에 불안감이 어느 정도였는지 시사하는 발언이다.

두 번째 요인은 세계 금융 위기였다. 2008년 전까지만 해도 유럽은 인력이 필요했고 외국인 인력의 독특한 점을 용인할 태세가 되어 있었다. 실업률이 낮았기 때문에 국민들이 이민자들 때문에 문화적으로 위협을 느낄지는 몰라도 경제적 위협은 없다고 생각했다. 금융 위기가 일어난 후, 특히 실업률이 치솟자, 무슬림들은 문화적 위협일 뿐만 아니라 경제적 위협으로 간주되었다. 이 때문에 무슬림 이민을 받아들인 나라에서는 무슬림이 집중적으로 모여 사는 지역에서 특히 반 무슬림 정서가 높아졌다. 특히 경제적 압박을 훨씬 크게 받고 있는 나라들에서 이러한 정서가 높아졌다. 늘 인종차별 문제로 변질되지는 않았지만 갈등의 요인임은 분명했다.

반 무슬림 정서가 유럽 전체에 존재한다면 무슬림 지역사회에서 반 유럽 정서도 높아졌다. 예컨대, 파리에서는 처우에 항의하는 무슬림들의 시위와 폭동이 끊이지 않았다. 그러나 주로 사회적인 문제였다. 유럽 국가들에서 외국인들이 조성한 긴장이었다. 그러나 반 이민, 반 무슬림 정서가 사회적 위기와 맞물려 유럽을 더 깊은 위기에 빠뜨린 지역은 남유럽이었다. 마르세유와 바르셀로나 인구의 약 3분의 1이 무슬림이다. 무슬림 인구비율이 대단히 높은 극단적인 사례이긴 하지만 경제 침체로 가장 큰 타격을 받은 지역이기도 하다. 일자리가 사라지면서 사람들은 외국인으로 보이는 이들과 일자리를 두고 경쟁하게 되고, 긴장은 필연적으로 높아진다. 같은 무슬림 인구라도 실업률이 6퍼센트에 못 미치는 독일에서 이들이 야기하는 문제는 실업률이 20퍼센트 이상인 바르셀로나에서 야기하는 문제와 다르다.

세계 경제 위기는 유럽을 심각하게 분열시켰다. 남부 유럽은 북부 유럽보다 훨씬 경제 위기를 심하게 겪었다. 그러나 남부 유럽은 과거에 이미 북부 유럽과는 다른 삶을 겪었다. 지중해 연안에서 얻은 경험이 남부 유럽의 삶에 영향을 미쳤다. 그러나 남부 유럽은 다른 면에서도 북부 유럽과 달랐다. 남부 유럽은 북부 유럽보다 언덕이 많고 훨씬 험준하기 때문에, 이동하기가 어렵고 시골에서는 군대가 적을 색출해내기가 훨씬 힘들다. 씨족들은 침략자들을 피해 살아남을 수 있고, (확장된 형태로서) 가족이 국가라는 추상적인 개념보다 훨씬 현실적이다. 로마는 시칠리아에서 멀고 마케도니아는 아테네에서 멀지만 당신이 사랑하는 이들은 가까이 있다. 북유럽평원에는 숨을 곳이 없지만, 남부 유럽은 숨을 곳이 구석구석에 천지다. 남부 유럽은 민족국가이고 민족주의에 깊은 애착을 보이지만, 어떤 면에서는 북부 유럽보다 훨씬 온건하고 유연하다. 파시스트 이탈리아와 나치 독일의 차이를 보면 감이 잡힐 것이다. 파시스트들은 나치보다 과장이 심하지만 훨씬 유연하기도 했다.

남부 유럽과 북부 유럽의 이러한 차이점들을 포착한 사람이 내가 처음이 아니지만, 그럼에도 불구하고 이런 차이점들은 사실이고 매우 중요하다. 산업혁명은 북부에서 일어났고, 지중해 교역로에 위치해 있어서 그

전까지만 해도 유럽에서 훨씬 부유했던 남부는 가난해졌다. 남부 유럽은 계속 북부 유럽보다 뒤처져왔다. 다른 많은 이들과 더불어 나도 남부 유럽은 삶에 대해 다른 시각을 지니고 있고 천성이 훨씬 덜 각박하다고 생각한다. 남부 유럽인들이 근면하지 않다는 소리가 아니다—그리스 어부나 스페인 농부가 일하는 모습을 지켜본 적이 있는 사람이라면 그런 소리는 하지 않는다. 그러나 그들의 삶은 북부 유럽 사람들처럼 절박함으로 점철되어 있지 않다. 겨울 준비를 안 했어도 얼어 죽지 않는다. 산업화에서 필요한 규율이 덜 중요하다. 이를 확대 해석하고 낭만적으로 바라볼 수도 있겠지만, 남부 유럽은 북부 유럽과 다른 행동을 보인다는 사실만은 분명하다.

어쩌면 남부 유럽인들의 행동과 삶의 방식이 다른 이유는 기후 때문에 낙천적이어서인지도 모르겠다. 독일인들은 그렇게 생각한 듯하다. 아니면 지형 때문이거나 남부 유럽 국가들은 자기들만의 제국을 거느리지 못했기 때문인지도 모른다. 이유야 수없이 많겠지만, 2008년 남부 유럽은 북부 유럽과는 다른 경험을 했다. 유럽 전체가 남북으로 갈렸을 뿐만 아니라 개별적인 나라들이 금융 위기에 보인 반응도 남북으로 갈렸다. 프랑스 대통령 프랑수아 올랑드 말마따나, "프랑스는 북부 유럽의 수출 강국인가, 아니면 빚더미에 앉은 의존적인 경제를 가진 지중해 국가인가? 둘 다이다."

프랑스의 어정쩡한 태도가 바로 남부 유럽의 현실이다. 어쩌면 지중해 지역과 유럽연합의 위기가 초래할 효과에 대해 논하면서 거론할 만한 가장 좋은 사례가 키프로스다. 레바논과 이스라엘 연안에서 그리 멀지 않은 섬인 키프로스는 오늘날 남부 유럽이 처한 위기를 잘 보여주는 축소판이다. 극단적인 사례를 들면 사태를 분명히 파악하기가 훨씬 쉬울 때가 있다.

키프로스는 지중해 동부에 위치한 섬으로서, 남부 유럽이 금융 위기로 인해 어떤 타격을 받았는지를 가장 잘 보여주는 극단적인 사례다. 키프로스는 영국 식민지였다가 1960년에 독립했다. 키프로스 인구의 약 4분의 1이 터키인이자 무슬림이다. 나머지 인구는 그리스인이자 동방정교 그리스도교도들이다. 1960년부터 1974년 사이에 이 섬은 터키인과 그리스인이 함께 통치했다. 1974년 그리스 민족주의자들이 그리스와 합병하려고 쿠데타를 일으켰다. 터키는 이에 대응하기 위해 터키인들이 압도적으로 많이 거주하는 북부지역을 침략했고 사실상 섬을 두 동강냈다.

대부분의 나라들은 이러한 분단을 인정하지 않았지만 현실이었다. 남부에 수립된 키프로스 공화국은 유일한 공식적 합법정부로서 2004년 유럽연합에 가입했다. 키프로스 공화국이 유럽연합에 가입할 수 있었던 까닭은 그리스 정부가 강력히 요청했고, 유럽연합에 가입하면 어떤 나라든 혜택을 얻고 성장할 수 있다고 믿는 유럽연합 확장론이 팽배해 있었기 때문이었다. 그리고 마지막으로 터키 문제도 있었다. 터키는 유럽연합에 가입하고 싶어 했지만, 만장일치로 결정을 내리는 기구인 유럽연합에서 그리스가 반대하면 끝이다. 게다가 유럽인들은 거대한 무슬림 국가를 유럽연합에 받아들이는 데 적극적이지 않았다. 터키인들이 유럽 반도로 무차별적으로 이주할 가능성이 있었기 때문이다. 유럽인들은 이를 이유로 내세우지는 않았지만, 터키가 북부 키프로스를 점령하자 터키에게 유럽연합 회원국 자격을 거부할 그럴듯한 이유가 생겼고, 따라서 키프로스 섬에서 그리스가 장악한 지역을 공식적인 정부로 인정하고 유럽연합에 가입시킴으로써 터키인들에게 언질을 준 셈이다. 유럽과 이슬람 간의 치고받기와 마찬가지로 유럽과 터키 간의 이러한 치고받기는 여러 가지 차원의 문제들이 결부되어 있고, 이러한 양상은 키프로스에서 가장 극단적인 형태로 표출되었다.

역사적으로 키프로스의 터키 지역은 그리스 지역보다 가난했다. 지금은 역전되었다. 지중해 유럽의 경제 위기는 그리스 쪽 키프로스를 강타했다. 터키 쪽 키프로스는 보다 건전한 터키 경제와 연결되어 있어서 상당히 선전했다. 이 두 지역 간의 차이는 매우 생생하다. 한쪽에서 다른 쪽으로 쉽게 건너갈 수 있는데, 렌터카로 건너기는 쉽지 않지만, 건너가면서 보면 차이가 확연하다. 두 구역은 오래전부터 존재해왔다. 키프로스는 터키와 그리스 사이에 놓인 경계지역이고 두 나라는 오래전부터 적대적인 관계였다. 그 적대감은 지금은 다소 누그러졌지만 과거에는 때때로 격렬해지곤 했다.

키프로스에 도착해 자동차로 남부해안을 따라 가다보면 남부 유럽 여느 지역과 다를 바 없다는 느낌을 준다. 분단에 따른 긴장감도 없고 빈곤하다는 징후도 보이지 않는다. 그러나 갑자기 이상한 광경이 눈에 띈다.

일정상 우리는 리마솔에 있는 포시즌스 호텔에 숙소를 예약했다. 유명한 호텔이니 불상사가 없으려니 하고 말이다. 그런데 가장 먼저 깨달은 점은 고급호텔이긴 하지만 내가 생각한 그 포시즌스 호텔 체인이 아니었다. 유명호텔 이름을 쓰면 더 높은 가격을 매길 수 있고 관광객이 몰려든다. 그런데 등록상표가 중요한 지역들이 있지만, 키프로스는 등록상표를 그다지 엄격하게 존중하지 않았다. 두 번째로 눈에 띈 점은 투숙객들의 압도적인 다수가 그리스어도 영어도 아닌 러시아어를 쓰고 있었다. 야외에 있는 바에서 옆자리의 대화를 엿들어보니, 두 러시아인이 7,500만 달러짜리 거래에 대해 얘기하고 있었다. 주위를 둘러보니 온 사방에 서로 머리를 맞대고 뭔가를 논의하는 사람들 천지였다.

우리는 배를 빌려 바다로 나갔다. 리마솔 서쪽에 있는 거대한 영국 공군기지를 지나 섬의 일부를 돌아보고 라치로 향했다. 이때가 2013년 9월, 미국과 영국이 시리아에 개입하겠다고 위협하던 때였기 때문에 나는 기지에서 어떤 움직임이 있는지 궁금했다. 돌아오는 길에 리마솔에 가까워질 무렵 배의 엔진 두 개 중 한 개가 망가졌다. 흔히 있는 일이라 우리는 불안해하지 않았지만, 바람이 제법 세게 불었는지라 엔진 하나로 배를 조종하기가 어려웠고, 따라서 선장은 리마솔 항구관제소와 해안경비대를 접촉하려고 했다. 계속 긴급사태용 채널로 신호를 보냈지만 아무도 대답하지 않았다. 우리 배 선장은 흔히 있는 일이라면서 "아마 커피 마시러 나갔을 겁니다."라고 말했다. 그때 나는 깨달았다. 근본적으로 이곳은 제3세계라는 사실을. 많은 배들이 오가는 섬의 해안경비대가 언제 구조 요청이 올지 모르는데 대기하지 않고 쉬러 가다니. 여기는 유럽이 아니었다.

이는 키프로스가 왜 유럽연합에 가입했는지에 대해 중요한 의문을 제기해준다. 2008년 이전에는 유럽인들이 거의 아무나 유럽연합에 받아들였다는 게 한 가지 이유다―당시에 유럽에서 가장 빠르게 성장하고 있던 터키는 제외하고 말이다. 또 다른 이유는 그리스가 키프로스를 회원으로 받아들이고 싶어 했다는 사실이다. 키프로스는 한때 제2의 스위스가 되고 싶어 했고 유럽인들은 이러한 키프로스의 바람을 진지하게 받아들였다는 사실을 잊으면 안 된다.

키프로스는 그러한 목적에 안성맞춤인 위치에 있다. 이스라엘, 레바논, 시리아 해안에서 엎어지면 코 닿을 곳에 있고 북아프리카, 터키, 발칸 반도, 이탈리아와도 가깝다. 돈만 있으면 누구든 이곳에 올 수 있고, 수년에 걸쳐 정보요원들이 서로를 감시하는 악명 높은 지역이 되었다. 돈이 거래되는 교차로이기도 했다. 아랍인, 러시아인, 이란인, 이스라엘인이 이곳에 몰려들었다. 첩보원과 돈은 천생연분이다.

키프로스는 스위스와 리히텐슈타인을 본떠 금융과 기업 체제를 구축하려고 했다. 상당한 자금을 예치할 수 있는 비밀은행계좌가 있었고 소유주가 누군지 추적할 수 없는 기업들도 있었다. 러시아인들이 많은 이유가 바로 이 때문이다. 그들은 돈 때문에 이곳을 방문하고 있었다. 그 덕에 관광산업이 발전하기는 했다. 시리아 내전이 발발하기 전에는 시리아 같은 지역으로 석유를 실어 나르는 산업도 발달했다.

키프로스인들이 유럽연합에 가입하기로 결정한 이유가 나는 늘 궁금했다. 유럽연합이 비밀금융거래나 기업을 폐쇄할 게 뻔했는데 말이다. 스위스가 유럽연합에 가입하지 않은 이유가 바로 이 때문이었다. 키프로스는 그러한 거래를 급격히 줄이기는 했지만 여전히 브뤼셀의 뜻대로 하려고 하지는 않았다. 키프로스인들과 얘기를 해보면 그들은 그저 유럽연합의 화려한 위상을 믿었다. 2004년에 유럽연합에 가입해 2008년에 유로를 채택한 키프로스는 금융 체제에 대한 통제력을 포기해도 회원국으로서 더 많은 경제적 혜택을 누리게 된다고 생각했던 게 분명하다. 스위스는 유럽연합에 가입하면 더 이상 스위스일 수가 없다. 키프로스는 유럽연합에 가입하면 바라는 대로 또 다른 스위스가 될 수 없었다. 그러나 회원이 된다는 데 흥분한 나머지 논리적인 판단은 완전히 물 건너갔다.

비밀 기업과 금융을 해체하기는 어려웠다. 금융가들과 변호사들은 이 사업을 좋아했고 예금주들은 돈을 예치할 대안을 찾지 못했다. 따라서 2008년에도 여전히 키프로스에서 음성적인 거래들이 이뤄지고 있었다. 그러나 발전 중인 경제 제체가 점점 금융업을 규정하게 되었다. 그러더니 유럽의 다른 나라들과 더불어 키프로스도 금융 위기를 맞았고 해외부채를 갚지 못하게 되었다. 이런 상황에서 늘 그렇듯이 두 가지 선택지가 있었다. 하나는 키프로스가 빚을 갚도록 돕는 방법이고, 다른 하나는 강제로 빚을 갚게 만드는 방법이다.

독일은 두 번째 방법을 택했지만, 그리스를 비롯한 다른 나라들과는 달리 키프로스의 경우에는 반드시 빚을 갚게 만들겠다는 게 독일의 진심이었다. 키프로스 정부는 돈이 없었다. 유럽연합은 키프로스 정부로 하여금 모든 은행계좌를 동결하고 개인 계좌에서 10만 유로 이상인 자산을 압류하게 만들었다. 압류된 돈의 절반 가까운 돈은 주인에게 되돌아가지 않고 거의 지급불능 상태인 은행에 대한 출자로 전환되었다.

여느 국가와 마찬가지로 키프로스에도 범죄인들이 있고, 유럽연합은 키프로스의 금융 체제가 범죄인들의 도피처라는 사실을 익히 알고 있다. 독일은 러시아 마피아의 예금을 압류하는 데 찬성한다는 언질을 키프로스 측에 주었다. 한 추산치에 따르면, 불법 자금은 압류된 돈의 3분의 1 정도였다. 그러나 압류된 예금의 3분의 2는 키프로스 기업과 개인의 돈이었다. 10만 유로는 큰 액수이지만 민간인이 은퇴자금으로 못 모을 정도거나 집을 팔아도 예금하지 못할 정도로 큰 액수는 아니었다. 사실 유럽연합은 보통시민들의 돈을 압류한 셈이고, 이들은 대부분 키프로스 국민이나 그리스 사업가들이었으며, 대부분이 합법적인 외국인 돈도 있었다. 키프로스 정부는 압류한 돈으로 키프로스 국채를 보유하고 있는 유럽은행들에게 진 빚을 갚았다.

이러한 조치로 키프로스는 혼돈에 빠졌다. 기업들은 임금을 주지 못했고, 국민들의 노후 계획이 박살났으며, 기업들은 추가 손실을 막기 위해 키프로스에서 돈을 빼냈다. 키프로스가 크게 의지하고 있는 관광산업은 호텔과 식당들이 자본을 잃으면서 직격탄을 맞았다. 600만 유로 손실을 보고 회복하지 못한 호텔도 있다고 들었다. 몇 주 동안 계좌가 동결되어 직원들은 임금을 받지 못했고, 결국 받게 되었을 때도 겨우 75퍼센트밖에 받지 못했다. 유럽은행들은 자금을 상환받았지만, 그 대가로 키프로스 경제는 심각하게 훼손되었고 평범한 키프로스 국민들의 삶은 풍비박산 났다. 지금까지도 압류된 자금의 상당 부분이 압류 상태에 있다.

독일은 압류를 밀어붙였다. 채무를 이행하지 않으면 어떤 위험이 있는

지 본때를 보여줄 필요가 있었기 때문이다. 그 과정에서 실제로 주요 유럽 국가에 피해를 입히지는 않고 말이다. 스페인이나 그리스나 헝가리에게는 그런 짓을 할 수 없었다. 이 나라들이 협조하지 않겠다고 하면 자유무역지대가 위험해지는데 독일은 그런 위협을 감당할 여유가 없었기 때문이다. 키프로스는 유럽연합에 하찮은 존재였을 뿐만 아니라 터키와의 분리를 둘러싸고 복잡한 정치적 문제에 휘말려 있었으며, 러시아인들이 많은 데다가 부패와 비효율의 수준도 상당했다. 나머지 남부 유럽 국가들과 마찬가지로 키프로스의 실업률은 금융 위기 당시 15퍼센트에 근접했고 나중에는 20퍼센트까지 올랐다. 세수를 창출하지 않는 지하경제가 활발하게 작동했고 검은 돈이 유통되고 있었다. 키프로스는 남부 유럽의 가장 극단적인 유형이었다. 약해서 저항할 힘이 없었다. 키프로스를 통해서 유럽연합은 본때를 보여주었다. 유럽연합은 개별 국가로 하여금 명백한 국익에 반하는 행동을 하도록 강제할 능력이 있다는 사실을 과시함으로써 말이다.

이 사례에서 흥미로운 측면은 키프로스의 정치지도부가 채무 불이행을 선언하는 대신 뼈를 깎는 긴축정책을 강요하는 유럽연합의 요구를 기꺼이 따르기로 했다는 사실이다. 키프로스 지도자들은 유럽연합에 계속 남기를 너무나도 바랐기 때문에 은행계좌를 압류하고 유럽연합의 결정을 실행하기까지 했다. 이러한 협력은 사회적으로, 정치적으로 가장 중요한 결정이었다. 유럽연합에 잔류하겠다는 정치적, 경제적 엘리트 계층의 바람이 최우선순위를 차지했다.

사실 엘리트 계층은 대부분 저축계좌에 자산을 많이 넣어놓지 않았다. 그들이 내린 결정은 자산의 상당 부분을 은행에 예치해둔 중산층과 중소기업에게 훨씬 큰 타격을 주었다. 유럽연합의 전략은 키프로스 당국이 아니라 중산층이 빚을 갚게 만드는 것이었다. 키프로스 정부가 유럽연합의 결정에 따른 이유는 전체적으로 볼 때 유럽연합에 잔류하는 게 더 나았기 때문이다. 그러나 키프로스 전체로 볼 때 맞는 결정일지 모르지만 중산층에게는 절대로 그렇지 않았다. 그들의 이익은 뒷전으로 밀려났다.

키프로스는 지중해 지역 전반에서 작동하는 역학관계를 보여주었다. 독일은 채무국이 스스로 채무 문제를 해결해야 한다고 주장했고, 채무국의 유일한 선택지는 자산을 북부 유럽의 은행에 넘겨주는 방법뿐이었다. 키프로스의 정치적, 경제적 엘리트 계층은 유럽연합에 잔류하고 싶어 했기 때문에 이 합의안을 강행했고, 그 결과 결국 엘리트 계층과 대중 사이에 긴장이 조성되었으며 유럽연합과 자국 정부에 대한 신뢰가 무참히 무너졌다. 그리고 그 이면에서는 그리스계 키프로스인들과 무슬림 사이에도 긴장이 조성되었다. 대부분의 키프로스 기업들, 특히 서비스 산업의 기업들은 오직 키프로스 근로자만을 고용하는 정책을 채택했고, 따라서 키프로스에 거주하면서 일을 하려는 외국인들(대부분이 유럽연합 회원국이 아닌 나라에서 온 무슬림들)은 빈곤에 내몰리거나 범죄에 가담하거나 섬을 떠나야 했다.

이와 똑같은 현상이 스페인에서 그리스에 이르기까지 지중해 유럽 전역에서 반복되었다. 천차만별인 나라들이 똑같은 문제에 직면했다. 채무 위기, 외부에서 강요하고 자국 정부가 집행한 긴축정책, 자국 정부를 문제로 간주하면서 반유럽연합과 반이민 정서를 내세운 정당의 출현. 이러한 사태는 무슬림 문제에 그치지 않았다. 스페인에서는 카탈루냐가 분리 독립 운동을 전개했다. 이탈리아, 프랑스, 그리스에서는 우익 정당이 부상했다. 이 나라들에서는 하나같이 이민자들—이번에는 무슬림—이 국가 정체성에 대한 위협이자 모자라는 일자리를 가져가는 위협적 존재로 비춰졌다. 집시들도 증오의 대상이 되었다. 일자리를 빼앗아가서가 아니라 통제 불가능한 범죄자로 비춰졌기 때문이다.

유럽에서 남부와 북부 사이에 긴장이 조성된 현상은 새로울 게 없다. 두 지역 사이에는 근본적인 차이가 있고, 두 지역 간의 긴장은 금융 위기 때 그대로 드러났다. 그러나 남북 간에 전쟁으로 치달을 사안은 아니었다. 전쟁이 일어날 만한 지리적 여건이 존재하지 않고 지중해 연안은 전쟁에서 북부와 맞붙을 역량이 부족하다. 그럼에도 불구하고 남부는 내부적으로 상당히 불안정해질 수밖에 없다. 봉급은 깎였지만 아직 일자리가 있는 이들을 포함하지 않고도 실업률이 25퍼센트를 웃돌면, 공공부문에서 일해온 의사나 엔지니어 같은 중산층 전문직 종사자들의 삶은 파탄나게 된다. 그리고 그 여파로 다음과 같은 현상이 나타나게 된다.

　첫째, 유럽연합 내에서 남북 간에 점점 격차가 벌어진다. 둘째, 친유럽연합 엘리트 계층과 유럽연합을 의심하는 이들에서부터 대놓고 적대적인 이들까지 폭넓은 대중 사이에 긴장이 고조된다. 유럽 북부는 남부와 두 가지 관계를 맺고 있다. 하나는 정치적, 경제적 엘리트 계층과의 관계이고 다른 하나는 대중과의 관계다. 그러나 결국 엘리트 계층이 원하는 게 무엇이든 상관없이, 그들이 운신할 수 있는 폭은 줄어들게 된다.

　경제적 상황 때문에, 남부 유럽에서 예측 불가능한 변수는 무슬림 이민자들이다. 민족국가라는 유럽의 개념 저변에 깔린 긴장은 실업 때문에 엄청나게 악화된다. 급진적인 정당과 주류 정당 간의 긴장도 고조된다. 이러한 급진적인 정당들은 일부 좌익 성향인 정당도 있지만, 가장 막강한 정당들은 우익 쪽에서 나오게 된다. 그들이 반이민 정서를 이용하기 때문이다. 유럽에서 계층과 인종 갈등이 동시에 발생하면 불안정이 초래된다.

　남부 유럽이 북부 유럽보다 이민자들에 대해 훨씬 민감한 반응을 보이는 것은 아니다. 오히려 덜 민감할지도 모른다. 덴마크는 아마 지중해 연안 그 어느 나라보다도 훨씬 이민자와 무슬림에 대해 불편해할 것이다.

사실 지중해 연안 국가들은 유럽과 이슬람 세계 사이에 위치한 경계지역이고, 여러모로 현재의 이민에 대해 그다지 개의치 않는다. 그러나 그들의 경제적 여건이 아주 나빠지면, 이민에 대한 보다 온건한 시각은 잠식되게 된다.

그 결과 남부 유럽에서 야기되는 불안정은 경제 문제가 확산되면 북부 유럽으로 확산되게 된다. 이 때문에 국가들 간에 전쟁이 일어나지는 않겠지만 국가 내에서, 대중과 엘리트 계층 사이에, 그리고 서로 다른 민족 집단 사이에 충돌이 벌어지게 된다. 지중해 정치는 이러한 갈등에 온건하게 대처해왔다. 북부 유럽에서는 용납되지 않을 것들을 기꺼이 용인하는 정서가 있다. 키프로스 해안경비대에게 구조요청을 하고 나서 우리 배 선장이 보인 미온적인 반응을 한번 보라. 내가 그에게 절차위반을 신고할 생각인지 물어봤더니 그는 어깨를 으쓱했다. 어쩔 수 없어서가 아니라 그럴 수도 있다는 듯이. 커피가 마시고 싶은데 어쩌겠나. 그는 이해했다.

이러한 정서는 유럽의 변방에 위치한 데서 비롯되기도 한다. 남부에 거주하는 이들은 유럽인이기는 하나, 그들은 어떤 면에서는 주변인이다. 북부 유럽인들의 광적인 효율성, 직업을 삶으로 여기는 문화는 아랍 국가들의 문화와 맞지 않다. 남부 유럽인들은 지중해 건너 이웃인 아랍 국가들과 천 년 동안 싸우면서 교역을 해왔다. 남부 유럽의 문화는 산업 문화가 아니라 교역 문화이고, 교역 문화는 산업 문화와 속도가 매우 다르다. 남부 유럽에서 흥정은 흥정을 하는 두 당사자가 그 경험을 즐기는, 하루 종일 걸리는 사회적 행사다. 북부 유럽에서는 정가가 표시되어 있고 흥정의 여지가 없다.

그러나 16세기 베네치아처럼, 교역 문화는 엄청나게 부유해질 수 있다. 그런데 현재 지중해 유럽은 그와 같은 경우가 아니다. 유럽 그 어느 지역보다도 이곳에서 평화와 번영이라는 개념은 위험에 처해 있다. 평화가 유지되려면 번영해야 하는데, 번영이 기울고 있다. 한편 유럽연합 외부에서는 또 다른 세력이 부상하면서 동시에 불확실한 시대를 맞고 있다. 바로 터키다.

14

유럽의 가장자리에 있는 터키

Turkey on the Edge

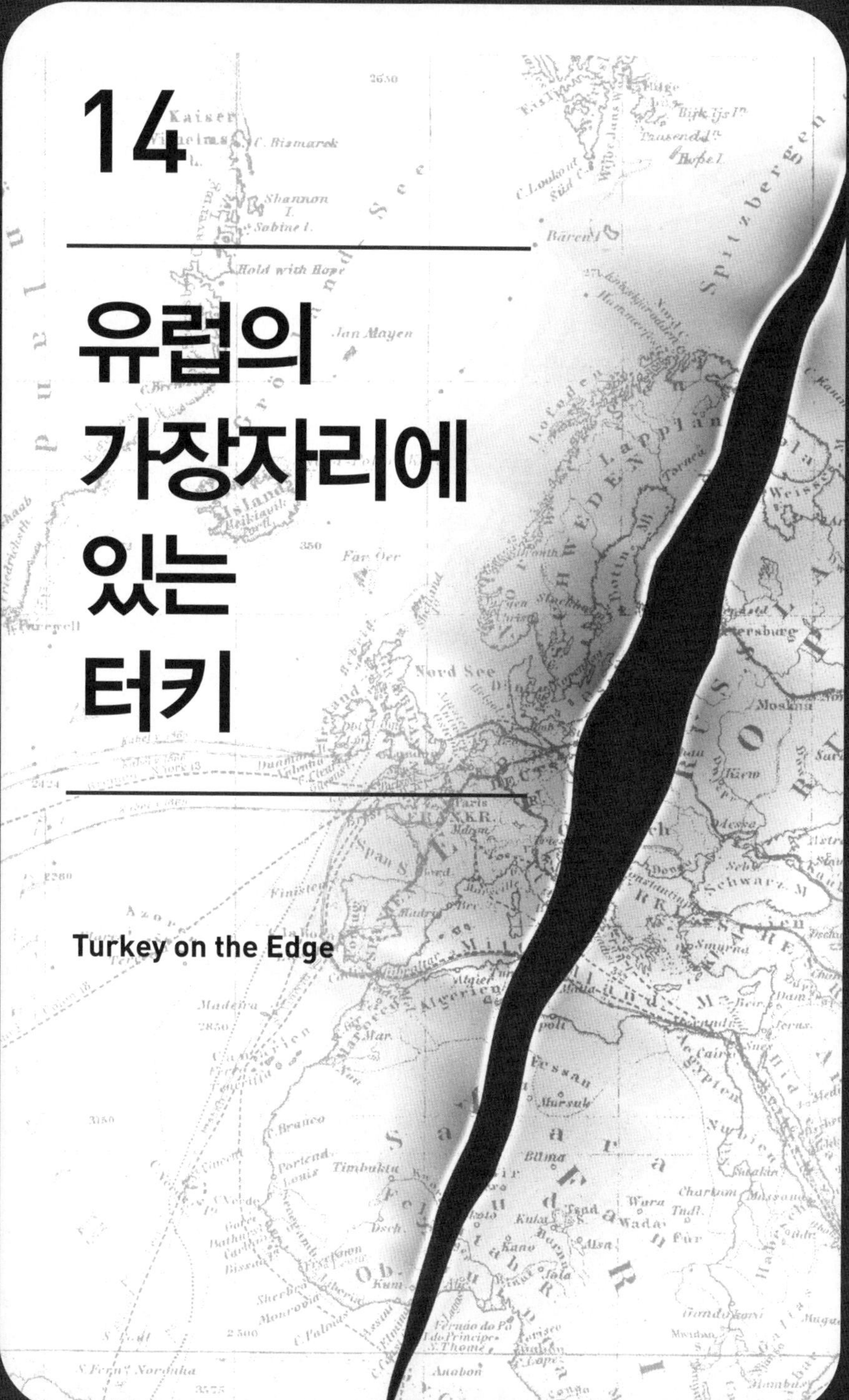

사람들은 대부분 터키를 유럽으로 보지 않고 서쪽으로 확장된 아시아로 본다. 이는 잘못이다. 지질학적인 유사성—터키는 유럽 지각(地殻)에 위치해 있다—외에도 터키나 그 전신인 오스만 제국은 수세기 동안 유럽에 깊숙이 관여해왔다. 오스만 제국은 유럽 반도 깊숙이까지 확장되었고 유럽의 여느 강대국 못지않게 유럽 역사를 형성했다. 유럽 일부 국가들에게는 적이고 또 다른 유럽 국가들에게는 동맹이었다. 터키의 역사는 그 어느 나라 못지않게 유럽의 역사다.

유럽인들이 터키인들을 유럽인으로 보지 않는 이유는 두 가지다. 첫째, 그들은 대부분 그리스도교도가 아니라 무슬림이고, 따라서 온전히 유럽인이 아니다. 둘째, 콘스탄티누스 황제가 건국한 동로마 제국을 계승한 비잔티움을 파괴한 장본인이 오스만 제국이다. 투르크인들이 1453년 콘스탄티노플을 점령하자, 그들은 유럽인들에게 유럽 문명을 위협하는 존재로 비춰졌다. 야만족들이 로마 제국을 위협하고 파멸시켰듯이 말이다. 그들은 유럽에게 위험한 외지인이었다. 무슬림이자 유럽의 역사에 돌진한 그들은 오늘날까지 유럽인들이 보기에 이방인이다.

그러나 1453년에조차도 유럽 전체가 그들을 환영받지 못할 침입자로 간주하지는 않았다. 유럽의 그리스도교는 서쪽의 가톨릭 교회와 동쪽의 동방정교 교회로 분열되어 있었다. 갈등은 극심했고 매우 정치적이었다. 오스만은 전통적으로 타종교에 관용을 베풀었는데, 이는 도덕적 원칙이라기보다는 정치적 이유에서였다. 제국을 구축하려면 적군을 패배시키는 것만으로는 부족하다. 정복당한 이들을 통치해야 했고, 오스만은 동맹을 통치하는 게 적을 통치하는 일보다 훨씬 쉽다는 사실을 깨달았다. 그들은 콘스탄티노플을 함락한 후 동방정교 교회에 종교의 자유를 허락했고, 따라서 교회들은 존속했다. 강제 개종은 없었다. 가톨릭교도들은 야만적인 오스만이 유럽을 휩쓸자 경악했고 오스만의 지원을 받은 동방

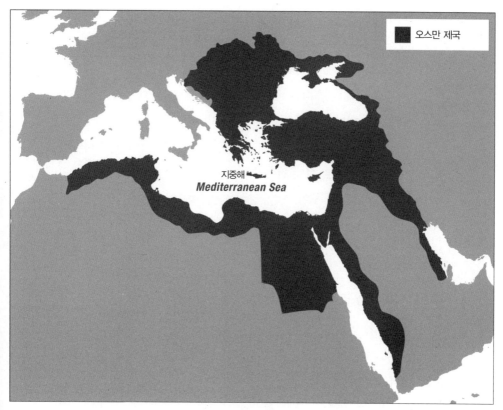

지중해
Mediterranean Sea

오스만 제국

오스만 제국

정교의 영향력이 커질 가능성에 대해 염려했다. 동방정교는 현실에 적응했고 가톨릭교는 위축되었다. 동방정교와 무슬림은 신학적인 차이는 있었지만 훨씬 현실적인 방식으로 서로를 대했다. 오스만이 유럽에 침투하면서 이슬람이라는 종교를 총체적으로 이해하고 존중할 필요가 생겼다.

오스만 제국 절정기에 오스만은 북아프리카, 나일강 유역, 홍해, 페르시아 서쪽 영토를 장악했다. 그들은 유럽 깊숙이 침투해 부다페스트를 지나 거의 비엔나와 크라쿠프까지 진출했다. 정복을 통해서기도 했지만 지역에 동맹세력을 만들어 지역 정치에 관여하는 방법을 통해서도 확장했다. 한 세기 동안 부다페스트는 오스만의 도시였다.

부다페스트에서 내가 태어난 곳에서 거리 두 개쯤 떨어진 곳에 도하니 우트카 템플롬—토바코 스트리트 시너고그—이라 불리는 유대교 예배당이 있다. 유럽 최대의 유대교 예배당이다. 도하니는 터키어로 토바코(담배)라는 뜻이다. 헝가리는 이 단어뿐만 아니라 예배당 건축기법 대부분을 터키로부터 빌려왔다. 이 예배당 건축기법은 헝가리를 점령했던 다양한 정복자들의 기법들이 뒤섞인 건축양식이다. (뻔한 이유이긴 하지만, 비잔티움이라고 불리는) 터키, 무어, 고딕 양식을 비롯해 여러 가지 건축양식이 섞여 있지만, 그 어떤 양식보다도 터키 양식이 두드러지게 눈에 띈다. 이 예배당은 19세기에 지어졌지만 부다페스트가 1541년 오스만에게 정복당했고 한 세기 넘게 그들의 통치를 받았다는 사실을 반영한다. 오스만은 유대인에게 종교적 관용을 베풀었고 예배당의 건축이 바로 이러한 사실을 반영한다.

15세기의 기도문이 있다. 우리를 악마, 투르크, 혜성으로부터 구해주소서. 악마는 이해가 가고, 거대한 혜성이 15세기에 유럽을 공포에 몰아넣었으니 그것도 이해가 간다. 그런데 투르크인들이 그들을 가장 공포에 몰아넣었다. 투르크인들은 과거보다 훨씬 자주 정복하겠다고 협박했다. 가톨릭교도들은 공포에 떨었고 위의 기도문은 가톨릭 기도문이다. 그러나 사연은 그렇게 단순하지 않다. 투르크인들은 지중해를 지배하기 위해서 당시 막강한 해상세력인 베네치아와 동맹을 맺었다. 베네치아는 가톨릭이고 오스만 제국은 이슬람이었지만 전략은 전략이고, 사업은 사업이었다. 손을 잡은 두 세력은 서로에 대한 종교적인 거부감을 감내했다. 그리고 기억하겠지만 이베리아 반도 사람들이 유럽의 정복을 시작한 이유는 오스만이 비단길을 장악했기 때문이었다. 유럽에는 오스만의 영향을 받지 않은 게 거의 없었다.

터키는 또 다른 의미에서 유럽이다. 터키가 유럽 문화에 영향을 준 만큼이나 유럽도 터키에 깊은 영향을 미쳤다. 제2차 세계대전 후 오스만 제국이 몰락하자 아나톨리아 반도와 이스탄불과 동부 산악지대만 남았다. 케말 아타튀르크는 상호보완적인 두 노선을 택했다. 하나는 유럽 계몽주의가 만들어낸 모델을 좇아, 다국적 제국을 대체할 민족국가를 건설하는 일이었다. 둘째, 그는 세속국가를 건설해 공과 사의 구분을 엄격하게 하고 종교는 사적인 삶의 일부로 만들겠다고 다짐했다. 그는 터키를 당대 유럽 가치관을 반영하는 무슬림 국가로 탈바꿈시켰다.

물론 터키는 단순한 유럽 국가가 아니다. 유럽과 이슬람 세계 사이에 위치한 경계지역이기도 하다. 터키는 그 안에 두 측면을 융합하고 있다. 터키는 유럽과 이슬람 세계 사이의 경유지로서 오스만이 했던 경제적, 정치적, 지적 가교 역할을 계속하고 있다. 그러나 그 가교는 늘 효과적으로 작동해오지만도 않았고, 항상 우회로가 없거나 통행료가 싸지만도 않았다. 그래도 역사적으로 해온 기능을 최대한 하고 있고, 그런 역할로부터 이익을 추구하고 있다. 터키는 세계 여느 지역과도 다르지 않다. 중개인의 역할은 이익을 창출해야 하고, 터키는 중개인으로서 두 세계에 발을 담그고 싶어 한다. 단순히 양다리를 걸치는 게 아니라 진정으로 두 세계에 소속되고 싶어 한다.

이스탄불에 있는 대형시장인 카팔르 차르쉬―보통 그랜드 바자르로 불린다―에 가보면 이 두 세계가 융합되어 있는 광경이 보인다. 이곳은 관광객들이 자주 찾는 명소이지만, 단지 관광객들만을 위한 장소는 아니다. 이스탄불 시민들도 찾는다. 독일산 제품도, 이란산 양탄자도 살 수 있다. 고객이 가게에 들어가면 주인은 의자를 내주고 차를 대접한다. 그리고 수세기 동안 이어져온 상인의 직감으로 고객을 가늠해보며 거래를 성사시킬 작전에 돌입한다. 이곳에서 비단길이 끝나고 이탈리아로 가는 바닷길이 시작된다. 이곳은 아시아도 아니고 유럽도 아니다. 이곳은 터키이지만 돈이 있는 사람은 누구든 환영받고 어떤 언어도 통한다. 이곳은 한때 콘스탄티노플이었고 지금은 이스탄불인 모든 것을 아우른다—터키가 관장하는, 아시아에서 유럽으로 가는 상업적, 문화적 관문이다.

오스만 제국의 정예부대는 예니체리라고 불렸다. 14세기에 최초로 조직화된 이 병사들은 기독교도 집안에서 모집했다. 종교가 아니라 파샤(고위군관)에 대한 충성도가 중요했다. 이러한 충성은 높은 임금과 복무 중과 전역 후에 권력 있는 자리에 오를 기회를 제공함으로써 보장되었다. 오스만은 태생적 그리스도교도 병사들을 바탕으로 세력을 구축했다. 부다(고대 헝가리 왕국의 수도 이름, 현재의 부다페스트—옮긴이)까지 유럽을 정복한 이들은 바로 이 군인들이다. 오스만 제국을 유지하기 위해 태생적 그리스도교도 군인들에게 의존한 사실은 또 다른 사실과 깊은 연관이 있다. 모든 오스만 술탄은 창건자인 오스만(Osman)을 제외하고, 하나같이 태생적 무슬림이 아니라 무슬림으로 개종한 어머니에게서 태어났다. 이 두 가지 방법을 통해 다양성을 지닌 제국을 하나로 유지했다.

터키는 수세기 전부터 그리스도교 국가가 아니다. 이 때문에 유럽인들은 터키를 유럽으로 간주하는 데 애를 먹는다. 유럽은 세속주의가 만연해 있지만 여전히 거부하는 종교조차도 그리스도교인 곳이다. 종교에 반항하려면 반항할 대상인 종교가 필요하다. 유럽에서 그 대상은 대부분 그리스도교이다. 터키에서 세속주의자들이 거부하는 종교는 이슬람이다. 두 지역이 거부하는 종교가 다르다는 사실은 두 지역을 이어주는 다리가 되기보다는 장애가 되어왔다. 저변에 깔린 종교, 시대착오적이라는 사망선고를 받은 종교가 여전히 두 지역을 규정한다.

두 개의 터키가 있다. 하나는 이스탄불이고, 다른 하나는 나머지 터키다. 나머지 터키는 여전히 보수적이고 이슬람이다. 이스탄불은 세속적이

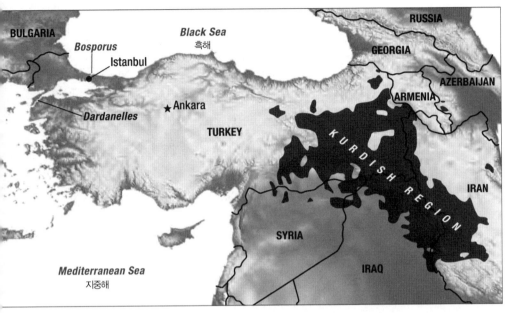

터키

다. 좀 과장하자면 그렇다. 이스탄불은 세계적인 도시로서, 지중해와 흑
해를 연결하는 대단히 중요한 수로들 중 하나—보스포루스 해협—의 양
편에 걸쳐 있다. 이스탄불은 터키와 유럽 반도를 연결하는 가교이자, 지
중해와 러시아를 연결하는 가교이기도 하다. 이스탄불은 보스포루스 해
협에 의해 갈라져 있는 중요한 도시다.

이스탄불은 상업 중심지다. 카팔르 차르쉬는 상인 중심의 옛 경제를
대표한다. 도심지역은 상업과 산업이 융합된 보다 새로운 경제를 대표한
다. 이스탄불, 그리고 그 전의 콘스탄티노플은 세계적인 도시였다. 속한
문명과 지닌 믿음은 다양하지만 하나같이 돈을 버는 기술에 심취한 사람
들이 산다. 따라서 국적과 종교가 다양한 사람들이지만 사업으로 결속되
어 있다. 작은 가게주인에서부터 고위급 금융인에 이르기까지 거래가 가
장 존중받는 여가활용 방식인 도시다. 그런 도시는 자유주의적 특성이

내재되어 있다. 현금을 꺼내놓는 사람에 대해서는 도덕적 잣대를 들이대지 않는 자유로운 곳이다.

이러한 변화는 오스만 제국의 몰락과 함께 시작되었다. 케말 아타튀르크 주도로 정권을 잡은 이들은 터키가 제국을 포기하고 아나톨리아 반도에 집중해야 한다는 사실을 알고 있었다. 또한 근대 국가여야 한다는 사실도 알고 있었다. 전쟁에서 유럽인들에게 패한 아타튀르크는 터키를 유럽으로 만들고 싶었다. 그의 관점에서 볼 때 유럽은 세속적이라는 뜻이고, 종교는 사적인 문제이며, 공적인 삶은 종교와 그에 따르는 각종 부차적인 문제들로부터 자유로워야 한다고 생각했다. 터키의 경우 이는 공직을 맡은 사람들은 이슬람 전통의상을 입지 못하도록 금지하고 공공장소에서도 이슬람 복장을 될 수 있으면 삼가도록 권장한다는 뜻이었다.

아타튀르크는 근대화에 대해 복잡한 견해를 지니고 있었다. 그는 민주주의를 원했지만 터키처럼 큰 변화를 겪고 있는 나라에서 민주주의는 불안정을 야기할지 모른다고 생각했다. 근대화의 또 다른 수단은 군이라고 생각했다. 어떤 면에서 보면 군은 개발도상국에서 가장 근대적인 부문이다. 사회적 조직화와 기술에서 가장 앞서가는 기구가 될 수 있다. 그리고 바로 이 점이 아타튀르크가 염두에 둔 점이라고 나는 생각한다. 실용적인 의미에서는 군이 터키의 안정을 보장한다는—그리고 규정한다는 뜻이었다. 그는 또한 유럽적인 의미에서 전문가들로 구성된 군을 원했다. 그들은 특수한 기술이 있고 자기 전문직이 요구하는 윤리적 원칙들을 준수해야 했다. 따라서 그들은 직업 정치인들보다 우월했고, 아타튀르크는 정직하고 의무를 중요시하는 군인에 비해 직업 정치인들은 부패하고 이기적이라고 보았다. 그리고 군인들은 전문화되지 않은 터키 사회의 나머지 사람들보다도 우월했다. 수년에 걸쳐 군은 여러 차례 정치절차에 개입했다. 아타튀르크의 세계관에 따르면, 육군은 세속주의, 안정, 윤리를 보장했다. 군은 또한 전문가 정신과 성과주의라는 유럽적 원칙을 보증했다. 군은 터키 사회 전체의 귀감이 되어야 했다.

아타튀르크는 샤 왕정 하의 이란과 가말 압둘 나세르 하의 이집트를 포함해 다른 많은 나라들에도 영향을 미쳤다. 세속적이고 군사화된 나라라는 모델이 이 지역에 자리를 잡았다. 그러나 세속주의 모델은 이란 혁명을 시작으로 이슬람 종교의 도전에 부딪혔다. 그리고 그러한 도전은 1990년대 이슬람 수니파 지역에 서서히 확산되었다. 가장 극단적인 사례가 이란이나 알카에다이다. 무슬림 세계 전역에서 세속적이고 군대 중심의 국가는 그 매력을 상실했다. 서구 진영이 매력을 상실했기 때문이기도 하고 아타튀르크의 개념에서 유래한 나세르식 개혁이 먹혀들지 않았기 때문이기도 하다. 종교를 순전히 사적인 영역으로 제한한다는 개념은 가족과 씨족이 삶 자체를 구성하고 공과 사를 구분하기 불가능한 사람들의 삶에 정면으로 배치되었다. 그리스도교는 여전히 공과 사를 구분하느라 애를 먹고 있다. 세속주의는 과분한 존중을 받았다. 이슬람은 진정으로 공과 사를 구분하는 개념을 포용한 적이 없고 아타튀르크가 창조한 세계는 압박을 받게 되었다.

터키는 이슬람 세계에서 세속주의의 본거지였지만, 여기서도 문제는 매우 복잡했다. 이스탄불을 벗어나면 터키는 여전히 보수적이고 종교적이다. 터키는 민족주의적이고, 그 때문에 아타튀르크주의를 고수하게 되었지만 그 개념을 완전히 포용한 적이 없다. 2000년, '정의와 발전'이라는 정당이 창당되고 2002년에 압도적인 승리를 거두었다. 정의와 발전당은 다수인 무슬림을 대변한다는 취지로 창당되었고, 세속주의가 부과한 일부 금지사항(머릿수건을 쓴 여성은 관공서에서 일할 수 없었다)을 완화하면서도, 유럽연합에 합류하겠다는 바람을 유지하고, 세속주의자들을 보호하고, 군을 통제하려 했다. 세속주의적인 CHP 당은 정의와 발전당이 겉으로는 온건한 노선을 표방하지만 이슬람 국가를 창건하는 과정에 있다고 우려했고 이에 반대했다. 뜨거운 논쟁이 벌어지는 터키 정치에서 주장과 반박이 난무했다.

우리는 이스탄불에서 카르삼바라고 불리는 지역을 걸어서 둘러보았다. 이스탄불에서 가장 종교색이 짙은 지역사회라는 얘기를 들었다. 한 세속주의자는 이곳을 "사우디아라비아"라고 불렀다. 가난하지만 활기 있는 지역사회로서 학교와 가게가 즐비했다. 아이들은 거리에서 뛰놀고 남성들은 삼삼오오 모여서 갑론을박했다. 여성들은 부르카와 머릿수건을 쓰고 있었다. 젊은 남성들이 코란을 비롯해 종교적인 과목들을 공부하는 큰 학교가 근처에 있었다.

이 구역은 내가 어린 시절 살던 브루클린의, 환경미화 정책으로 개선되기 전의 윌리엄스버그를 생각나게 했다. 윌리엄스버그는 정통 유대교를 믿는 하시딕 유대인들이 많이 거주하고 탈무드를 가르치는 교육기관인 예시바가 즐비하며, 거리에는 아이들이 뛰어놀고 가게 바깥에서는 남성들이 삼삼오오 모여 담소를 나눈다. 이 지역사회가 풍기는 정서와 내가 외지인이라는 인식이 옛 기억을 생생하게 되살려주었다. 이 대목에서 두 지역사회가 얼마나 닮아있는지를 묘사하는 게 타당하겠지만, 가난하고 종교적인 도시 구역에서의 삶이라는 공통점은 두 지역 주민들이 신봉하는 두 종교 간의 심오한 차이—그리고 중요성—를 극복하지 못한다.

카르삼바를 둘러보니 정의와 발전당이 아니라 그 어떤 당이라도 터키를 통치하려는 당이라면 부딪치게 될 문제가 보였다. 이스탄불에는 정서적으로나 가치관으로 유럽에 가까운 구역들이 많이 있고, 이러한 구역들은 중요한 지역들이다. 그러나 카르삼바와 아나톨리아의 마을과 도시들처럼 오늘날 무시 못할 자부심과 자기주장을 지닌 곳들도 많다.

세속주의자들은 정의와 발전당이 (이슬람 교리를 토대로 한 법체계인) 샤리아 법을 강요하려 한다는 걱정이 깊다. 전문직 종사자들 사이에 특히 이런 우려가 강하다. 나는 터키에서 대대로 뿌리를 내리고 살아온 한 의사와 저녁을 같이 했는데, 그는 정의와 발전당이 지금 가는 방향으로 계속 간다면 유럽으로 이주할 작정이라고 했다. 때가 되면 정말 그가 그렇게 할지 나는 알 수 없었지만, 포도주가 두어 순배 돌자 그는 걱정을 토로했다. 그의 생각은 세속주의자들 중에서도 극단적인 축에 속하고, 대부분은 정의와 발전당이 전혀 그럴 의도가 없다고 생각한다. 이따금 일부러 두려움을 과장하는 듯이 보이기도 한다. 터키 정부와 관련해서 나 같은 외지인의 인식에 영향을 미치려는 의도에서 말이다.

그러나 내 생각은 다시 카르삼바로 돌아간다. 세속주의자들은 이곳 사람들을 오랜 세월 동안 무시했지만, 이제 그런 시절은 지났다. 이러한 율법 학자들과 가게주인들을 터키 사회에 통합시키지 않고는 터키를 통치할 방법이 없다. 이슬람 세계를 휩쓰는 힘을 고려해볼 때 그들은 이슬람 세계에서 점점 중요해지고 있는 추세를 대변하고 있으며, 그들을 억압하기(그런 시대는 갔다)는 불가능하고, 그들을 수용하든가 아니면 장기적인 갈등을 겪든가 둘 중 하나다. 나머지 이슬람 세계에서는 말만으로 그치지 않는 그런 종류의 갈등 말이다. 카르삼바는 이스탄불에서 극단적인 사례이지만 이 문제를 가장 극명하게 보여준다.

이스탄불은 유럽과 이슬람 세계 사이에 위치한 경계지역이고, 유럽의 가치와 이슬람의 가치가 내부적으로 갈등을 빚고 있다. 유럽주의자들은 유럽연합에 가입하기를 간절히 바란다. 경제적 이유가 아니다. 터키의 경제는, 이제는 성장속도가 둔화되고 있지만, 지난 십여 년 동안 괄목할 만한 성과를 보였고 지난 5년 동안에는 대부분의 유럽 국가들보다 훨씬 선전했다. 그런데도 유럽주의자들은 유럽연합에 가입하기를 바란다. 세속주의와 자유민주주의를 보장할 안전장치로 보기 때문이다. 회원국이 되면 그들이 유럽인임을 확인하게 되는 셈이다. 이슬람주의자들은 그다지 관심이 없다. 세속주의자들과 마찬가지로 그들도 터키가 유럽연합에 받아들여지지 않으리라는 사실을 알고 있다. 유럽연합에 가입하게 되면 자유롭게 이주할 수 있다는 뜻인데, 자유로운 이동은 더 많은 무슬림들이 유럽으로 이주한다는 뜻이다. 유럽은 그런 사태를 감당할 수 없다. 터키의 유럽연합 가입은 성사되지 않겠지만, 회원이 되는 데 찬성하는지 여부는 세속주의 지역사회인지를 판단하는 시금석이 된다. 정의와 발전당은 잃을 게 별로 없는 게임을 하게 된다.

이 모두는 오스만이 제1차 세계대전에서 패했다는 사실에서 비롯되었다. 그들은 남쪽에 있는 아랍 영토를 잃었고, 발칸 반도에서 소유하고 있던 영토를 대부분 잃었다. 그들은 오스만 제국의 심장부이자 투르크족이 대부분인 아나톨리아 반도는 지켜냈다. 진정한 아나톨리아 반도는 흑해 연안인 조지아 국경에서 지중해 연안에 있는 아다나까지 가파른 대각선으로 이어지는 지역이다. 그런 다음 터키는 동쪽으로는 조지아와 국경을 접한 산악지대까지, 북쪽으로는 아제르바이잔과 아르메니아, 남서쪽으로는 이란, 남쪽으로는 시리아와 이라크까지 뻗어 있다.

이곳은 산악지대로서 동쪽으로 갈수록 산세가 더 험해진다. 주위가 바다고 험한 산세라는 지형 때문에 이곳이 오스만 제국의 심장부이고, 더 이상 물러날 수 없는 핵심 지역이다. 터키를 침략하기는 매우 어렵다. 오스만이 아나톨리아 반도를 장악하는 데 한 세기 넘게 걸렸다.

동쪽으로 갈수록, 또는 서쪽으로 갈수록 다양하고 적대적인 집단들 사이에 있는 내부 경계지역의 중요성은 떨어지고, 민족국가들 사이에 있는 외부 경계지역은 더 중요해진다. 아시아, 아랍 세계, 유럽이 뒤섞인 동쪽에서는 항상 긴장이 감돌고, 폭력이나 전쟁, 그리고 거의 전쟁에 가까운 사태가 존재한다. 쿠르드족 지역, 아르메니아, 이라크, 아제르바이잔, 시리아가 모두 터키와 국경을 접하고 있고, 쿠르드족 지역은 이라크 내부까지 뻗어 있다. 터키 안팎에서는 끊임없이 폭력사태가 일어난다. 보스포루스 해협과 유럽 반도가 있는 서쪽으로 갈수록 폭력사태가 일어나는 빈도는 줄어들지만 정치적 불확실성은 훨씬 심각하다.

터키의 국경들에는 터키 쪽으로 국경을 넘어온 민족 집단들이 바글바글하다. 역사의 잔재다. 가장 중요한 집단이 동쪽에 있는 쿠르드족이다. 쿠르드족은 나라 없는 민족이다. 그들은 이라크, 이란, 시리아, 터키에 분산되어 살고 있고, 그들만의 언어가 있지만 그들만의 나라는 없다. 이들이 거주하는 영역은 이 지역에서 가장 취약한 경계지역으로 손꼽힌다. 네 개의 다른 민족들 사이에 묻혀 있는 단일 민족은 끊임없이 불안정한 사태를 유발한다. 이 지역에 사는 쿠르드족은 약 3,000만 명에 달한다. 절반 이상이 터키에 거주한다. 그렇다면 대략 7,500만 터키인들 가운데 20퍼센트가 쿠르드족이라는 뜻이다. 그들은 터키의 동쪽 지역에 집중되어 있고, 국경 너머의 쿠르드족들과 관계를 맺고 있기 때문에 터키에게 훨씬 큰 문제를 안겨준다.

12세기에 등장한 살라딘은 이슬람의 위대한 영웅이다. 그는 이집트와 시리아의 술탄이었고 그리스도교 십자군들과 싸웠다. 단테는 『신곡』에서 살라딘을 호메로스, 플라톤, 율리우스 카이사르와 함께 그리스도교도가 아닌 위인의 반열에 올려놓았다. 그는 이슬람의 영웅이었고 그리스도교도들이 경외했다. 그는 또한 쿠르드족의 후손이었다.

내가 이 사실을 지적하는 이유는 쿠르드족이 나라가 없다는 게 이상해서다. 제1차 세계대전이 끝나고 쿠르드족 국가를 창건하자는 진지한 논의가 있었다. 그러나 실현되지 않았다. 근본적인 이유는 지역의 맹주들—이라크, 터키, 시리아—이 죄다 반대했기 때문이다. 이들은 모두 산악지대에 깊이 파묻힌 국경이 안보에 유리하다는 사실을 알고 있었다.

쿠르드족 국가가 생기면 산악지대 한가운데에 있는 공간을 차지하게 된다. 쿠르드족의 외교정책은 예측 불가능했고, 쿠르드족의 수는 상당히 많았다. 그러나 내부 경계를 따라 쪼개진 쿠르드족 국가는 지역 맹주들 가운데 어느 한 나라가 강탈할지도 몰랐다. 이란이 터키 쪽으로 밀고 들어가든가, 터키가 이라크 쪽으로 밀고 들어가든가 하는 식으로 말이다. 아니면 쿠르드족이 힘을 키워 세 나라를 모두 위협하게 될지도 몰랐다. 쿠르드족의 처지는 불분명했다. 분할하는 게 답이었다—터키, 이란, 이라크에게 말이다.

지금까지 본 바와 같이 민족들은 말없이 가만히 있지 않는다. 그리고 쿠르드족은 당연히 저항했다. 유럽 변방에 사는 그들은 여러모로 이례적인 민족이었지만 자신들의 민족적 권리를 주장하기 위해서 기꺼이 폭력에 의거하는 성향은 다른 민족들과 진배없었다. 터키 내에서는 종종 협상이 진행되었고, 이따금 쿠르드노동자당이 주도한 폭발 사건이 이스탄불과 쿠르드족 지역에서 일어났으며, 터키군의 습격이 있었다. 쿠르드족이 사는 지역은 가난하고 이슬람을 믿으며 터키인들에게 적대적이다. 터키인들도 쿠르드족에게 그에 상응하는 대접을 한다.

우리는 이란 국경 근처에 있는 쿠르드족 마을 도귀베야지트에서 하룻밤을 보냈다. 터키인들은 이란인들과 원만한 관계였고, 트럭들은 쉽게 국경을 넘고 있었다. 우리도 마음만 먹으면 이란 쪽으로 쉽게 넘어가겠다는 생각이 들었다. 그러나 도귀베야지트에서 상황은 달랐다. 이 마을은 쿠르드족 지역에 진입하기 전에 만나는 마지막 주요 터키 마을인 에르주룸보다 훨씬 가난했다. 호텔과 거리에서 변화가 확연히 느껴졌다.

우리는 그날 밤 아홉 시에 잠자리에 들었다. 아무것도 할 게 없었고 밤 늦게 거리를 걸어 돌아다니고 싶지 않았기 때문이다. 딱히 특별한 이유가 있어서라기보다 그냥 직감이었다. 불을 끄고 잠시 후 두 발의 총소리가 들렸다. 몇 구역 떨어진 곳인 듯했다. 몇 초 간격으로. 뭔가를 축하하기 위해서 폭죽을 쐈을지도 모르지만, 딱히 축하할 일은 없어 보였고 그냥 재미로 그랬을 수도 있다. 자동차 내연기관이 내는 소음은 아니었고, 권총 두 발 같았다. 내 귀에는 처형하는 소리로 들렸다. 나중에 더 큰 '반'이라는 마을에서 누군가로부터 얘기를 들어보니 처형도 불가능한 얘기는 아니라고 했다. 그러나 정치적인 처형은 아닐 거라고 했다.

비단길은 살아있다. 그러나 요즘 이 길을 거쳐 가는 상품은 헤로인이다. 헤로인은 이란을 통해 터키로 반입되는데 쿠르드족이 밀수해 유럽으로 운반한다. 모든 밀수가 그러하듯이 규정을 지키는지 여부는 참여자들이 감시한다. 아마도 처형하는 총소리 같다고 했던 그 소리는 정치가 아니라 마약과 관련되었을 가능성이 높았다. 앞서 말했듯이 경계지역에는 늘 경계 이쪽 편에서 저쪽 편으로 넘어가는 뭔가가 있다. 경계의 양쪽에서 상품의 가치가 다른 점을 이용해서 이익을 보려고 말이다. 그리고 이 경계지역은 오래전부터 이용되어온 밀수 경로다. 누가 거래를 주도하고 가장 많은 돈을 챙기는지는 내 알 바 아니고 알고 싶지도 않다. 그러나 이 지역의 정치만 알아가지고는 충분치 않다. 경제도 알아야 한다.

터키 동쪽에는 쿠르드족 자치구 말고도 화약고가 있다. 또 다른 화약고는 아르메니아다. 우리는 터키 쪽 국경에 있는 '아니'라고 불리는 곳을 방문했다. 아르메니아의 중세 수도다. 세계 최초의 그리스도교 국가이자 중세 시대에 터키 동부를 점령했던 나라다. 아니는 아르메니아에서 강 건너편에 있는 평평하고 건조하고 바람이 심한 고원이다. 터키인들은 이 지역을 발굴하고 있는데, 아르메니아인들은 이에 분노하고 있다. 오스만 제국이 몰락하자 터키인들은 방어 가능한 경계를 구획해야 했고 필연적으로 인종청소가 뒤따랐는데, 이 과정에서 수많은 아르메니아인들이 죽음을 당했다. 아르메니아인들은 그 참사를 잊지 않았다. 터키인들은 그 사실을 인정하지 않으려 한다. 그들은 나름대로 아르메니아인의 행동에 대해 이러저러한 주장을 한다. 유럽에서와 마찬가지로 기억은 오래 가고 100년이라는 세월은 아무것도 아니다. 이 고대 수도는 터키 수중에 있고, 아르메니아는 그저 지켜볼 수밖에 없다.

아니에서 북서쪽으로 가면 '카르스'라는 도시에 다다른다. 터키 도시지만 건물들이 러시아 건물처럼 보인다. 사실 러시아인들이 제1차 세계대전까지 이 지역 전체—아르메니아, 아니, 카르스—를 점령했었다. 제1차 세계대전 중에 오스만이 러시아에 맞서 싸웠고, 러시아는 러시아 국경에서 멀지 않은 터키 산악지대 알라후엑베르 다글라리에 있는 사리카미쉬에 대규모 군대를 파견했다. 터키인들은 1914-1915년 겨울에 러시아인들을 공격하기 위해 9만 명의 군대를 파견했다. 전투는 일주일 동안 계속되었고 거의 8만 명의 터키 군인이 사망했다. 현지 사람들에 따르면 하룻밤 사이에 일어난 일이라고 했다. 그들은 얼어 죽었다. 하룻밤 사이에 일어났든 며칠이 걸렸든 그건 중요하지 않다. 31년의 학살이 이곳에서도 일어났다는 사실이 중요하다. 이곳은 여전히 유럽이었다.

이스탄불에 사는 내 친구의 사촌이 '골레'라는 마을에서 우리를 맞았다. 카르스에서 자동차로 한 시간 떨어진 거리에 있다. 그는 어느 날 밤 우리를 데리고 터키 북동쪽 비포장도로와 헐벗은 기슭을 지나 작은 마을에 갔고 거기서 자기 나이가 110살이라고 주장하는 남자를 만났다. 눈과 귀가 어두운 그 남자는 라즈 즉, 터키계 조지아인이었다. 그는 언덕 기슭에 지은 2층짜리 집에서 4대가 살고 있다고 했다. 60대인 그의 아들은 시내에서 일하고 40대 초반인 듯한 그의 손자는 '무타르'였다. 마을 지도자라는 뜻이다. 그의 증손자는 네 살 정도 됐는데, 자기 집을 찾은 낯선 사람들을 보고 수줍어하면서도 신기해했다. 라즈는 캅카스 남쪽에서 온 조지아인을 일컫는데, 이 마을과 이웃 마을들에는 라즈들이 많았고 이

오지에 살면서 과거에는 러시아의 지배를 받았고 지금은 터키의 지배를 받고 있다. 이들은 마을에서 가장 부유한 집안이었다. 소 50마리를 소유하고 있었기 때문이다. 이곳에서 국경은 큰 의미가 없었고 누가 그 지역을 통치하든 자기 삶에 간섭만 하지 않으면 환영받았다.

차 석 잔을 마신 후 문이 열리더니 노인의 며느리가 들어왔다. 60대로 보이는 억센 여성이었다. 그녀는 밖에서 소를 돌보고 있었다며 자랑스럽게 말했다. 소를 돌보는 일은 그녀가 맡은 일이었고, 마을에서 누구보다도 소를 많이 키운다고 했다. 치아가 다 빠진 이 여인은 성품이 온화하고 따뜻했고, 가족의 구심점 역할을 하는 게 분명했다. 이곳은 오지인데도 그들은 위성인터넷이 있었고 자기 마을 언덕 너머에서 무슨 일이 벌어지는지 온라인으로 검색하면 알 수 있었다. 그 노인이 90살인지 110살인지 확인할 길은 없었지만 4대가 함께 사는 이 가족은 자신들이 부자라고 인식했고 이를 자랑스러워했다. 그러한 부를 미국에서 온 이방인들에게 과시할 정도로 말이다.

이 여정에서 겪은 또 다른 얘기도 할 필요가 있다. 카르스와 놀라운 전투가 벌어진 사리카미쉬의 유적을 보고 나서 우리는 마을 몇 개뿐인 황량한 계곡을 자동차로 통과했다. 그 마을들은 오늘날의 터키나 그 주변의 어느 국가와도 닮지 않았다. 가난하지는 않았지만, 다른 시대에 온 듯했다. 연료는 몇 마리 되지 않는 소의 배설물에서 얻었고, 그게 그들이 가진 전부였다. 나무도 토탄도 없었다. 소똥은 움막처럼 수북이 쌓아놓았고 똥 더미 위에는 뭔가 상징물을 새겨놓았는데 뭔지는 알 수가 없었다. 토요일 오후였고 노파들이 똥 더미에 장식을 하고 있었다.

방문하는 마을마다 한 집은 집 앞에 깔끔한 현대식 트랙터가 있었다. 소똥 조각보다 더 묘한 광경이었다. 정부에서 정책적으로 트랙터들을 보급했다. 그러나 전기나 다른 동력이 공급되지 않았고, 이곳은 8만 명이 얼어 죽은 산악지대였다. 이제 우리는 유럽의 끄트머리에 와 있었다. 이 곳 사람들은 유럽이라면 더 이상 감내하지 못할 여건들을 감내하며 조용히 살고 있었다.

비단길은 마약뿐만 아니라 석유도 운송하고 여기에도 쿠르드족이 관여한다. 이라크 전쟁은 나라를 사분오열했다. 분리된 지역 중 하나가 이란과 터키와 접한 이라크 북동쪽, 쿠르드 지역이다. 이곳에는 오래전부터 석유가 매장되어 있다고 알려져 왔지만 아무도 사담 후세인이 통치하는 이라크에 들어가 석유를 발굴할 엄두를 내지 못했다. 그의 정권이 붕괴되자 쿠르드 지역은 상당한 자치권을 확보했고 석유회사들이 위험을 감수하고 석유를 발굴하기 시작했다.

이 때문에 터키는 묘한 처지에 놓이게 되었다. 한편으로 터키는 쿠르드족의 독립에 결사반대하면서도, 다른 한편으로 자국이 에너지를 크게 의존하고 있는 러시아 이외의 다른 에너지원을 개발하기를 몹시 원했다. 터키는 쿠르드 지역정부를 자국의 에너지 필요를 충족시키기 위한 유용한 도구로 보았지만, 쿠르드 민족주의의 위험한 선례이기도 했다.

여기서 요점은 터키의 에너지 전략을 살펴보는 게 아니다. 쿠르드족에 대한 터키의 정책이 얼마나 복잡하며, 하나의 이해관계가 또 다른 이해관계와 어떻게 충돌하는지 살펴보는 게 중요하다. 이라크의 쿠르드족과 터키의 쿠르드족 사이에는 이념적 긴장관계가 있지만, 그들은 여전히 같은 쿠르드족이고 터키의 쿠르드족은 이라크 쿠르드족이 누리는 자치와 상업적 가능성에 주목하게 되었다. 터키인들은 과거와 마찬가지로 지금도 아슬아슬한 외줄타기를 하고 있다.

터키인들은 시리아 내전이 일어났을 때도 비슷한 외줄타기를 했다. 그들은 바샤르 알 아사드가 이끄는 시리아 정권에 적대적이었다. 아사드 정권은 알라위 종파 구성원들이 이끄는 세속적 정부였다. 터키인들은 아사드에 맞서 싸우는 수니파를 지원했다. 그러나 수니파는 분열되었고 일부는 ISIS와 같은 극단적인 지하디스트였다. 터키인들은 전쟁에 신중하게 접근했다. 터키까지 전쟁이 확산될까봐 두려워서였다.

터키인들은 터키의 동부와 남부 경계지역을 따라 극도로 조심스럽게 접근했다. 캅카스, 터키 내의 쿠르드족, 이라크나 시리아의 쿠르드족을 상대할 때는 단순한 게 아무것도 없다. 터키를 둘러싼 초승달 모양의 지역이 불안정해지면 이 불안정한 상황은 때로는 솔깃할 만한 기회가 되기도 하고, 때로는 오로지 위험만 도사리고 있기도 하다. 이 초승달 모양 지역은 사실 유럽의 경계들 가운데 하나였다. 동쪽으로는 이란, 남쪽으로는 아랍 국가들이다. 유럽 국가는 하나도 없다. 유럽의 끄트머리인 이곳에서는 뭐든지 불안정하고 폭력사태가 빈번하다. 이러한 상황은 유럽으로 번졌고, 터키 이민자들과 함께 유럽 반도로까지도 번졌다.

냉전 시대 동안 가장 민감한 잠재적 화약고로 손꼽혔던 곳은 서쪽—보스포루스 해협과 터키가 보유하고 있던 유럽 반도 부분이었다. 소비에트인들은 이 해협에 집착했다. 보스포루스 해협, 마르마라해, 다르다넬 해협에 대한 러시아의 집착은 18세기까지 거슬러 올라간다. 세계에서 가장 풍요로운 연안인 지중해는 탐나는 전리품이었는데, 러시아 해군의 지중해 접근을 불허하는 마지막 관문이 바로 이 지역이었다. 러시아가 이 해협들을 차지하면 지중해에 접근하게 되고 가난한 내륙국가로서의 삶에는 종지부를 찍을 수 있었다. 그들은 부유한 해상세력으로 변신하고, 그들의 해군은 영국, 프랑스, 그리고 그곳에 집결한 모든 나라들과 경쟁하게 된다. 그들이 그 해협들을 차지하지 못하면 그들은 늘 지중해에서 객일 수밖에 없고, 터키나 다른 주요 해상세력이 허락해야만 지중해에 접근할 수 있다.

냉전 시대에 미국 전략의 핵심은 소련 봉쇄였다. 봉쇄전략의 필수적인 요소로 손꼽히는 게 터키와 그리스를 소비에트가 장악하지 못하도록 하는 일이었다. 이와 동시에 터키와 그리스는 에게해의 섬들을 서로 차지하려고, 키프로스 위기를 둘러싸고, 또 오랜 원한 때문에 때로는 거의 전쟁까지 갔다.

현재로서는 이 모두가 사라졌다. 러시아는 석유 운송을 위해 보스포루스 해협을 이용하고, 터키는 그 석유를 사고 있다. 그리스는 심각한 위기에 처해 있으므로 터키와 갈등에 휘말릴 처지가 아니다. 아나톨리아 반도 경계를 따라서 평화가 깃들어 있고, 그 상태가 지속될 수도 있다. 터키의 북동쪽 경계와 러시아의 남쪽 경계는 그렇지 않다. 캅카스 산맥이 있는 지역 말이다. 현재로서는 지중해는 더 이상 전장이 아니다. 이따금 이스라엘이 행동을 하거나 이스라엘을 겨냥한 사건들이 일어날 뿐이다.

그러나 지중해가 잠잠한 기간은 그리 오래가지 않는다. 지중해 바다와 지중해를 둘러싼 육지는 그냥 가만히 내버려두기에는 가치가 너무 높다. 미국과 러시아 사이의 긴장이 높아지고, 분열되고 덜 풍요로운 남부 유럽을 마주보는 북아프리카가 다시 요동치기라도 하면, 충돌이 일어날 기회가 열리게 된다.

그러나 가장 중요한 요소는 터키가 부상하고 있다는 점이다—부침이 없지는 않지만 점점 강해지고 있다. 주변 국가들은 대부분 약해지거나 갈등에 휩싸여 있는데 말이다. 오스만 제국으로의 귀환은 터키에서 폭발성이 강한 개념이다. 특히 이를 샤리아 법을 도입하려는 꼼수로 보는 세속주의자들 사이에서 그렇다. 그런 구상이 얼마나 민감한 문제이든 상관없이, 터키의 힘은 강해지고 있고 시간이 흐르면서 그 힘은 캅카스와 발칸 반도 모두에서 유럽에 영향을 미치게 된다. 터키인을 비롯해 모든 무슬림 이민자들이 유럽에 미칠 영향보다 훨씬 더 큰 영향을 미치게 된다.

15

영국

Britain

도 버의 절벽에 서면 저 멀리 프랑스와 유럽 반도가 보이는 듯하다. 실제로 본 적은 없다. 바로 발밑에 해협 터널을 지나다니는 차량들의 엔진소리가 들리는 듯하다. 바로 이게 영국의 모순이다. 표면적으로 영국 해협은 늘 그래왔듯이, 영국으로의 접근을 막고 유럽 반도와 거리를 유지할 수 있게 한다. 그러나 이제 영국 해협을 무색케 하는 터널이 영국을 유럽 반도와 연결하고 있다. 이 모순은 영국의 역사와 전략에 근본적인 의문을 던진다. 영국은 정확히 유럽 반도와 어떤 관계일까? 유럽 반도의 미래는 최소한 부분적으로는 이 질문에 대한 대답에 달려 있다.

해협에서 물러서면 전경이 눈에 들어온다. 해협은 제국으로 가는 길인 대서양과 연결되고, 영국 섬들과 스칸디나비아를 연결하는 북해와 연결된다. 유럽의 이 두 부분은 반도에 속하지 않은 유럽으로서, 프로테스탄티즘과 바다를 중심으로 구축된 문화로 연결되어 있다. 노르만족은 1066년 프랑스로부터 해협을 건너 영국을 정복했고, 그 과정에서 영국을 재규정했다. 영국인들은 스칸디나비아, 네덜란드, 벨기에, 그리고 수세기 동안 프랑스에 긴밀히 관여해왔다. 로열 더치 셸을 비롯해 십수 개의 기업들이 영국-네덜란드계이다. 영국 해협은 영국과 유럽 반도의 관계를 규정하는 이상의 의미를 지닌다. 북해와 유럽자유무역연합(EFTA)도 고려해야 한다. 유럽연합의 대안으로서 영국이 창설하고 북해를 중심으로 구축된 기구 말이다.

북해는 영국과 북해 연안 지역을 반도로부터 떼어놓는다. 북해 연안은 인구규모로 보면 작다. 독일을 지탱해주기에 충분한 부나 자원을 보유하지도 않았지만 덴마크, 네덜란드, 프랑스 일부를 끌어들일 수 있다. 반도에서 이 나라들이 속한 기구의 대안으로서 말이다. 이와 같은 의미만으로도 유럽 반도를 더욱 분열시키는 힘이 된다. 결정적인 힘은 아니지만 그래도 유럽의 통일에 또 다른 걸림돌이 된다.

영국은 이 지역에서 가장 인구가 많고 가장 막강한 나라다. 영국은 수세기 전부터 유럽 반도의 속도를 조절하는 바퀴 역할을 했다. 유럽 반도는 늘 내부에 몰두했고 주변 국가들이 가하는 위협에 긴장을 늦추지 않았지만, 바다로 둘러싸인 영국은 세계적인 관점을 지니게 되었다. 영국은 유럽 반도에서 생기는 일에 관여하기도 했지만, 관여하고 싶을 때만 선택적으로 관여했다. 주변에서 벌어지는 일에 무관심할 선택의 여지가 없는 프랑스나 독일과는 달랐다. 영국은 프랑스, 독일과의 경제적 군사적 관계를 좌지우지했고, 영국의 이익을 위해 반도의 상황을 규정할 재량이 있었다. 그리고 그 국익이란 늘 유럽 반도가 내부로 시선을 향하게 만들고 반도에 긴장을 조성하는 전략과 결부되었다.

유럽이 통일된 적이 없는 이유는 여러 가지다. 북해는 그 가운데 가장 중요한 이유와는 거리가 멀지만, 그 근처에 가장 중요한 이유가 있다. 영국을 유럽 반도와 갈라놓는 영국 해협이 아마 가장 중요한 이유일지 모른다. 영국 해협은 아주 협소한데, 바로 협소하기 때문에 매우 거칠다. 조수간만에 따라 대서양과 북해에서 바닷물이 쏟아져 들어오거나 쏟아져 나가기 때문에 항해하기가 매우 어렵다. 날씨는 차갑고 축축하고 바람이 거세고 변덕스럽다. 양쪽 어느 방향으로도 건너기가 힘들다.

1944년 6월 연합군이 노르망디를 침공했을 때, 침공에 앞서 며칠 동안 가장 고심했던 변수가 날씨와 날씨가 해협에 어떤 영향을 미칠지였다. 군사적으로 가장 현실적인 고려사항으로 꼽힌 게 뱃멀미였다. 해협의 거친 풍랑을 헤치고 보병들이 배를 타고 가다가 뱃멀미를 하면 상륙했을 때 전투력을 제대로 발휘하기 어려웠다. 대서양에서 폭풍이 연달아 불어들었고, 폭풍이 잦아든 때를 틈타 침공을 감행했다. 노르망디 침공은 보병들이 단체로 뱃멀미를 했는데도 불구하고 성공했다.

로마인과 노르만족이 영국을 침공하는 데 성공한 적이 있다. 그러나 오래전 일이다. 16세기 이후로 영국 해협은 영국을 침략하려는 굵직한 시도들을 모두 막아냈다. 16세기에는 스페인을, 19세기에는 나폴레옹을, 20세기에는 히틀러를 패퇴시켰다. 모두가 압도적으로 막강한 군대를 보유한 이들이다. 그런데 아무도 해협을 건너 군대를 상륙시키고 군대를 지탱할 역량이 없었다. 그러나 침략자들을 물리친 주인공은 파도뿐만이 아니었다. 영국에는 왕국을 수호한 영국 해군이 있었다.

영국 해군의 기원은 대전략보다는 스페인의 보물을 약탈한 데서 비롯되었다. 남미에서 스페인 본토로 부가 흘러들어가면서 영국은 이 보물에 관심을 갖게 됐는데, 그 이유는 두 가지였다. 첫째, 스페인으로 운반되는 부가 어마어마했고 약탈은 수익이 높았다. 둘째, 스페인 해군이 성장하면서 영국에 직접적인 위협이 되었다. 스페인 해군이 대서양을 지배하게 되면 영국 주변 해역도 지배하게 된다. 그런 일이 일어나면 영국은 방어하기가 불가능해진다.

세월이 흐르면서 유럽에서 가장 막강한 영국 해군이 출현했고, 영국 해군은 트라팔가 해전에서 나폴레옹의 해군을 패퇴시킨 후 세계에서 유일하게 진정한 의미에서 세계적인 해군이 되었다. 바로 이 해군을 토대로 영국은 제국을 구축했다. 19세기 말 무렵 대영 제국은 유럽의 제국 체제에서 가장 큰 비중을 차지했고, 대영 제국을 순찰하고 제국 내의 교역, 제국들 간의 교역, 나머지 세계와의 교역이 순탄하게 이루어지도록 바닷길을 열어둔 주인공은 바로 영국 해군이었다.

영국—잉글랜드 섬(스코틀랜드, 웨일즈 포함)과 아일랜드 섬으로 구성된 연방이었다가 후에 북아일랜드를 제외한 나머지 아일랜드가 독립하면서 잉글랜드 섬과 북아일랜드로 구성된 연방이 되었다—의 안보는 바다에 대한 장악력을 유지하는 데 달렸다. 장악력을 잃으면 제국을 잃게 되었다. 적의 함대를 무찌르는 최선의 방법은 적이 함대를 구축하지 못하게 막는 방법이었다. 함대를 구축하지 못하게 하려면 적이 물자를 함대 구축이 아니라 지상전에 투입하도록 만드는 방법만한 게 없었다. 이를 달성하려면 수단과 방법을 가리지 않고 유럽 반도의 국가들이 서로 불신하게 만드는 게 가장 좋은 방법이었다. 영국은 이러한 불신을 지속시키는 데 최소한의 노력밖에 필요하지 않았다. 영국은 자국이 지원하는 국가를 이 나라에서 저 나라로 갈아치우면서 끊임없이 균형을 유지했고, 유럽 반도가 내부사정에 몰두하게 만들어 영국의 안전을 확보했다.

물론 이 전략에는 문제가 있다. 늘 먹히지는 않는다는 게 문제다. 때때로 봉쇄된 체제를 박차고 나와 부상하는 세력들이 있었고, 이들은 유럽 반도를 항구적으로 지배하겠다고 위협했고 영국도 위협했다. 그리고 스페인, 프랑스, 독일은 거의 성공할 뻔했다. 가장 극단적인 경우에는 외교적, 경제적 균형을 유지하는 전략만으로는 충분치 않았고, 영국의 해상 장악력이 장기적으로 위협을 받았다. 그 시점에 영국은 뭍에서 개입해야 했다.

영국은 육군이 비교적 규모가 작고, 대대적인 전투를 치르기보다는 육군을 정밀무기로 쓰고자 했다. 워털루에서처럼, 부상하는 세력을 약화시키기 위해 제한적인 전투에서 결정적인 한 방을 먹이는 수단으로 쓰는 식이다. 이 전략의 단점은 적을 항상 정밀하게 관리할 수는 없다는 점이다. 제1차 세계대전과 제2차 세계대전에서 영국은 대대적인 소모전에 끌려들어갔고, 결국 우리가 본 바와 같이 소모전은 이 전략을 훼손했고 영국의 힘을 무너뜨렸다.

조지 오웰은 영국인을 "따분하고, 점잖은 사람들, 25만 자루의 총검 뒤에서 그 따분함을 품고 지키는 사람들"이라고 한 적이 있다. 25만 자루의 총검은 수백만 자루의 총검이 사용된 대륙에서는 별것 아니다. 그러나 흥미로운 점은 눈썰미가 뛰어난 오웰이 영국인들을 따분하고 점잖다고 생각했다는 점이다. 그는 점잖은 기질을 소중히 여겼고 따분함은 개의치 않았다. 그래도 이게 바로 영국인들이 자신들을 보는 시각이고, 이 시각에는 엄청난 모순이 담겨 있다.

수세기 동안 영국은 유럽 정치가들을 요리해왔고 그래서 "배신자 영국인"이라는 별명을 얻었다. 유럽인들은 영국인들이 유럽 반도에서 약속이나 책무에 개의치 않고 무자비하게 자기들 이익만 추구한다고 보았다. 따라서 배신자라는 수식어가 붙었다. 설상가상으로 영국인들은 그렇게 반도의 정치가들을 조종하면서 뒤로는 제국을 구축했다. 영국인들은 동맹과 조종술과 기만을 통해 최소한의 군사력만 쓰고도 수억 명의 인도인들을 지배했다. 그들은 중국에서 우월한 경제적 입지를 구축했다. 그들은 이슬람 세계도 지배했다. 영국인들은 따분하다고 보기가 어려웠고 많은 사람들 눈에 그들은 점잖음과는 거리가 멀었다. 영국 역사는 기발한 계략, 술수, 무자비함으로 점철되어 있다. 그런데도 오웰은 영국인들이 따분하고 점잖다고 했다. 도대체 무슨 소릴까?

조지 버나드 쇼의 작품 『카이사르와 클레오파트라』에서 테오도투스가 이집트에서 통용되는 결혼과 관련된 규정을 설명하자, 브리타누스가 "카이사르, 이는 부적절합니다."라고 받아쳐 테오도투스를 화나게 한다. 카이사르는 테오도투스를 진정시키려고 애쓰면서 다음과 같이 말한다. "그를 용서하오, 테오도투스. 그는 야만인이고 자기 부족과 자기가 사는 섬의 관습이 자연의 법칙이라고 생각하오."

영국인들은 세계의 대부분 지역을 정복했었다. 우리가 알고 있는 거의 모든 문화권이 대영 제국에 속했었다. 그러나 영국은 편협함을 벗어난 적이 없다. 제국을 건설했던 페르시아, 로마, 그리스와는 달리 영국은 단순히 자기 문화가 우월하다고 생각하는 데 그치지 않고 자기들의 아주 사소한 습관까지도 문명을 규정한다고 믿었다. 브리타누스는 이집트 왕실의 결혼풍습을 보고 충격을 받는다. 단순히 차이에 놀라는 정도가 아니라 예의범절에서 벗어난다고 생각한다. 자부심 넘치는 로마인 카이사르는 브리타누스가 편협하다고 인정한다. 어떤 사회든 관습이 있고, 그 관습은 사회마다 각양각색이다. 그러나 영국인들은 이따금 관습이 이렇게 다양한데도 불구하고 자기들 관습만이 인간이 살면서 따라야 할 바람직한 관습이라고 생각하는 듯하다.

사회에 발을 들여놓은 지 얼마 안 돼 나는 영국의 명문대학에서 주최하는 만찬에 참석했다. 나는 식사는 포크와 나이프로 먹는 단순한 행위로 여기고, 때로는 적절하다면 스푼을 쓰는 집에서 자랐다. 나는 영국인들의 복잡하기 그지없는 식사예절에 경악했다. 내게는 아주 단순한 행위가 영국인들에게는 온갖 복잡한 규정으로 점철된 예식이었다. 내게는 완전히 낯설고 자의적이었다. 나는 그렇게 많은 식사도구를 본 적이 없고, 용처도 불분명한 도구들도 있었다. 수프를 먹는 예절도 복잡하고 시간낭비였다. 그 테이블에 착석한 사람들은 제대로 교육을 받았으므로 틀림없이 식사예절에 통달했다고 여기는 듯했다. 어느 도구로 무엇을 찍어먹을지 몰라 당황한 나는 고개를 옆으로 돌린 채 수프그릇을 들어 입으로 가져갔다가 각도가 안 맞아 수프를 흘리고 말았다. 주최 측은 친절하게도 내가 교양이 없다는 사실을 언급하지 않았다.

훗날 나는 오스트레일리아 출신 여성과 결혼했는데, 여전히 영국에서 뿌리를 찾는 부류였고 자기가 자라면서 배운 식사예절을 자연의 법칙처럼 준수했다. 시간이 흐르면서 우리는 타협안을 찾았고 나는 그녀가 바라는 대로 먹는 법을 터득했다. 그녀는 이러한 식사예절이 그저 관습일 뿐이라는 사실을 알고 있었지만, 그런 관습을 따르는 게 유일하게 교양 있게 식사하는 방법이라는 생각을 떨쳐버리지 못했다. 물론 그녀가 보지 않을 때 나는 여전히 수프를 그릇째 들이켰다.

그녀는 따분함과는 거리가 멀다. 영국인들이 따분하다는 오웰의 말은 그들의 역사를 보면 이해하기 힘들다. 그러나 그 따분함이 그들에게 제국의 힘을 안겨주었다. 영국인들은 세상에는 서로 다른 많은 문화가 있다는 사실을 인식했고 이 모든 문화에 관심이 있었다. 그러나 그들은 수프를 먹는 일과 같이 사소한 일조차도 단순한 관습이 아니라 자연의 법칙이라고 생각했다.

마치 자연법마냥 자기들 문화에 집착하는 영국인들의 행동이 야만인의 행동처럼 편협해 보였지만, 바로 이런 성향이 만들어낸 규칙들이 그들을 결속시켰을 뿐만 아니라 자기들이 지배한 식민지들을 자신의 모습을 본떠 재창조하는 데 도움이 되었다. 영국의 따분함에는 엄청난 위력이 있었다. 일상생활에 적용되는 관습의 다양성을 용인하지 않으려는 태도에서 상상력이 부족한 듯이 보이지만, 막강한 영국인을 닮으려는 사람들로 하여금 그들의 존재 깊이 파고드는 행동을 채택하게 만들었다. 만찬 자리에서 숨 막힐 정도로 불편한 느낌은 사람을 주눅 들게 한다. 무력보다 훨씬 점잖은 제국의 무기다.

영국인은 자기 모습을 본떠 북아메리카 식민지를 창조했다. 영국에 격렬히 반기를 든 이들조차도 매우 영국적인 방식으로 이의를 제기했다. 얼마 지나지 않아 미국은 영국의 문화와 힘에 맞서게 되었다. 미국은 영국이 대제국으로 가는 출발점이었을 뿐만 아니라 제국 몰락의 원인이 되었다. 거기에는 문화적인 이유도 있었다. 미국인들은 영국의 철학을 제도화했고, 그 원칙들이 다시 영국의 제도로 흘러들어갔다. 게다가 미국은 이민을 토대로 건국되었고 이민은 끊임없이 미국의 문화를 바꾸고 있다. 제2차 세계대전 후 이민이 영국에 미친 영향과는 별도로, 격의 없고 능력을 중시하는 미국 문화가 하도 영국을 성가시게 하는 바람에 영국은 유럽 반도에 신경을 쓸 겨를이 없었다. 영국은 고립되어 있고 따분하기

384

때문에 점점 커지는 미국의 힘을 극복할 수 없었던 이유도 있다. 이는 영국이 미국에 해상권을 잃었다는 사실에서 나타난다. 해상권의 상실은 곧 제국의 상실을 뜻했다.

미국도 영국과 똑같은 관심사를 지녔다. 규모가 훨씬 클 뿐이다. 미국은 외부의 침략으로부터 지켜야 하는 섬과 같다. 따라서 미국에 가장 큰 위협은 가장 막강한 해상력인 영국이었다. 영국은 1812년 미국과 전쟁을 했고, 오리건 주를 두고, 그리고 남북전쟁 동안 미국과 간헐적으로 갈등을 겪었다. 미국이 제1차 세계대전 후에 일련의 전쟁계획을 수립했다는 점은 흥미롭다. 그 가운데 하나가 붉은 전쟁계획이다. 캐나다를 통해 미국을 침략하는 영국에 맞서는 계획이었다. 물론 억지스럽고 군사기획을 하는 이들이 수립한 아무 의미 없는 우발사태 대비책이었다. 그러나 그런 전쟁계획이 존재했다는 사실은 주목할 필요가 있다.

영국은 미국을 침략할 계획이 없었다. 그러나 두 나라는 똑같은 바다를 두고 경쟁하고 있었다. 바로 대서양이다. 당시 주요 수출국이었던 미국은 대서양에 접근해야 했다. 영국은 제국을 경영하기 위해서 대서양이 필요했다. 의도는 바뀌기 마련이므로 역량이 훨씬 중요하다. 이 문제를 두고 마찰은 없었지만, 미국은 영국이 서반구에 있는 해군기지를 장악하고 있다는 게 불안했다. 영국인들은 1900년 이후로 미국이 해상세력으로 부상하는 게 불안했다.

제2차 세계대전에서 문제가 불거졌다. 영국은 프랑스가 함락된 후 독일로부터 엄청난 위협을 받고 있었다. 미국은 영국에 50척의 낡은 구축함을 주기로 합의했다. 그 보답으로 영국은 서반구에 있는 영국의 영토와 기지들을 미국이 99년 동안 조차(租借)하도록 해주었다. 조차지에는 바하마 동부, 자메이카 남해안, 세인트루시아, 트리니다드 서부, 안티구아, 브리티시 기아나 일부, 버뮤다와 뉴펀들랜드의 기지 사용권 등이 포함되었다.

영국은 50척의 구축함을 지원받는 대신 서반구의 해군기지를 포기했고, 북대서양 어디에나 힘을 투사할 영국의 역량뿐만 아니라 영국이 미국에 가하는 그 어떤 위협도 제거된 셈이 되었다. 미국은 영국에게 그들이 절실히 필요한 것을 주었다. 독일 U-보트의 위협에 맞서 싸울 구축함이었다. 미국이 독일을 봉쇄하는 데 돕는 대가로, 영국은 북대서양에서 힘의 균형이 미국으로 기우는 상황을 받아들였다.

전쟁이 끝난 후 미국은 역사상 최초로 세계의 모든 바다를 장악하게 되었다. 미국은 태평양에서 일본을 축출했다. 영국과 프랑스도 축출했다. 이제 미국은 북대서양을 지배하게 되었고, 그나마 남은 영국 해군은 NATO를 통해서 적어도 부분적으로는 미국의 지휘 하에 놓이게 되었다. 이는 대영 제국의 종말을 뜻했다. 영국은 해양 제국이었고, 영국은 더 이상 바닷길을 장악하지 못했다. 미국은 대영 제국을 지키는 데 관심이 없었다. 따라서 대영 제국이 상실된 이유는 수없이 많지만, 미국이 1940년에 영국이 곤경에 처한 상황을 이용해 북미에서 영국을 축출한 게 결정적인 역할을 했다.

제국이 상실되고 미국이 유럽 반도의 서쪽을 지배하면서 영국은 그저 많은 유럽 국가들 가운데 하나가 되었다. 전승국이긴 했지만 영국은 가장 소중한 자산을 잃었고 이는 영국의 행동을 변모시켰다. 과거에 영국은 유럽대륙에서 힘의 균형을 유지하는 데 집중했다. 이제 영국은 유럽과 미국 사이의 힘의 균형을 유지하는 쪽으로 선회했다. 그래도 균형자역할을 하는 셈이지만 이번에는 훨씬 복잡한 셈법이 필요한 역할이었다.

이 책의 앞부분에서도 말했듯이, 영국은 제국을 잃은 이후 유럽 반도와 복잡한 관계를 유지해왔다. 그 관계가 복잡하다는 사실은 새로울 것은 없다. 영국은 끊임없이 유럽 반도와 가까운 관계를 유지하는 동시에 거리를 두었다. 18세기에 유럽 상류층은 프랑스를 따라했다. 19세기 말 무렵에는 의상과 예절을 포함해서 영국의 방식이 모방의 대상이었다. 유럽의 왕실들이 대부분 빅토리아 여왕의 후손이었기 때문인 이유도 있다. 영국의 세계적 힘과 산업혁명 덕분에 영국의 관습은 마법처럼 보였다. 그런 관습을 모방함으로써 누군가는 그 힘을 나누어 가질 수 있었다. 보다 복잡한 관습을, 오직 타고나야만 진정으로 터득할 수 있는 관습을 보유함으로써, 영국 상류층—심지어 중산층조차도—은 나머지 유럽이 약간 균형감각을 잃게 만들었다. 이와 동시에 젊은 영국신사들은 세계 일주에 나서 아테네, 로마, 파리를 돌아보면서 그런 지역의 역사와 시를 현지 시민들보다 더 숭배했다. 순탄하지 않은 결혼생활과 마찬가지로, 양측은 열정으로 묶였지만 존중, 신뢰, 공동운명 의식 같은 문제들로 인해 사이가 벌어졌다.

전쟁이 끝난 후 영국인들은 힘과 더불어 유럽 반도에 대해 지녔던 환상을 잃었다. 새로운 관심사는 미국이었고 전혀 색다른 미국의 문화였다. 영국이 복잡하고 신비에 싸인 문화로 매료시켰다면, 미국은 격의 없는 개방성으로 매료시켰다. 그러나 영국이 외국인의 역량을 제한하고 하류층이 자기 문화에 침투하지 못하도록 한 반면, 미국은 우호적이지만 무자비하게 자국 문화에 굴복할 것을 요구했다. 컴퓨터로 구현된 합리성, 음미하는 대상이 아니라 에너지를 제공하는 점심식사, 삶을 바쳐야 도달 가능한 성공 등을 중심으로 구축된 문화 말이다. 유럽인들은 대가족과 함께 살고 싶어 했다. 미국인들은 일자리를 따라 이주한다. 내 아내와 나는 자식이 넷이다. 넷이 각각 다른 도시에 살고, 우리 부부가 사는 도시에 사는 아이는 하나도 없다. 그들은 미국인이고 일이 우선이다. 그리고 우리는 그런 아이들을 이해한다. 우리도 걔네들 같기 때문이다. 성공하기 위해서 이주해야 한다면 가족은 그 다음 문제다.

유럽인들은 영국인에게 매료된 만큼이나 미국인에게도 매료되었다. 미국 문화는 모든 계층에게 열려 있다는 점에서 훨씬 매력적이었다. 미국 문화는 정중한 거리 두기(polite distance)를 거부하기 때문에 훨씬 매력적이었다. 그러나 누구에게나 열려 있지만 미국인처럼 되기를 요구하는 절대적이고 압도적인 성향은 그다지 매력적이지 않았다. 그리고 영국인은 그 사이에서 갈등을 겪었다.

2008년 경제 위기 때 프랑스와 독일은 경제 정책에 대한 "앵글로-색슨"식 접근법에 대해 논했다. 21세기에 미국의 민족성을 잘못 이해한 점과 당시 유럽연합에 닥친 재앙은 차치하고, 유럽 반도가 영국을 미국과 한데 묶어 분류한다는 사실을 주목할 필요가 있다. 영국이 미국 문화와 미국 문화의 핵심인 미국 경제 모델을 따른다는 뜻이다.

유럽인들은 영국인들이 자기들과 다르다고 본다. 미국인들도 영국인들이 자기들과 다르다고 본다. 영국인들은 자신들을 독특하게 보고 양쪽에 다 발을 담글 필요가 있다고 본다. 경제적으로는 영국의 최대 교역상대는 유럽연합이다. 그러나 개별적인 나라들을 기준으로 유럽을 보면, 그림이 전혀 달라 보인다. 2013년 미국은 그 어떤 나라보다 영국의 상품을 많이 구매했다. 영국 총수출의 13.4퍼센트를 사들였다. 독일이 두 번째로, 영국 수출상품의 9.8퍼센트를 샀다. 네덜란드, 프랑스, 아일랜드가 이 두 나라 뒤를 잇는다. 독일, 네덜란드, 프랑스, 아일랜드가 합해서 영국 수출의 31퍼센트를 구매한다. 영국 수출의 거의 3분의 1이 영국 맞은편 해안에 위치한 나라들로 간다는 뜻이다. 영국 수출의 10퍼센트는 벨기에와 스칸디나비아로 간다. 따라서 영국 수출의 약 40퍼센트는 북해 연안으로 간다.

따라서 영국은 두 개의 주요 경제관계가 있다. 첫째는 영국을 둘러싼 북해 연안과 다른 연안 지역들이다. 이를 다 합하면 가장 규모가 큰 경제

관계다. 그러나 국가별로 보면 미국이 가장 중요한 고객이다. 유럽연합은 역사적으로 영국의 국가안보와 영향력의 핵심 지역도 아니고 영국이 의존하는 대상도 아니다. 경제적으로 영국은 자신의 지리적 핵심 지역으로 되돌아갔다. 그러나 그렇게 하면서도 영국은 최고의 고객인 미국과의 관계를 유지해왔다. 북해 연안 지역을 제외한 유럽과 중국을 포함한 나머지 세계는 영국이 판매하는 시장의 절반 정도를 차지한다.

영국은 분명히 유럽연합과 너무 깊이 엮일 생각이 없다. 영국은 유럽연합에 속해 있지만 그들과 거리를 유지한다. 문화적인 이유가 아니라 전략적인 이유에서다. 영국은 더 이상 유럽에서 힘의 균형을 유지할 역량이 없다. 그러나 이와 동시에 유럽이 점점 분열되고 각 나라마다 필요가 상충되면서 영국이 피해를 입을 수 있는 상황으로 영국을 끌어들이고 있다. 영국은 문제를 해결하기 위해 유럽중앙은행에 의존하고 싶지도 않고, 유럽 반도 국가들 사이에 오가는 정치적 십자포화의 한가운데 놓이고 싶지도 않다. 영국은 유럽에 관심이 있지만, 북해 쪽 유럽에 특히 관심이 있다. 영국과 가장 중요한 관계를 맺은 나라들이 대부분 그 지역에 있다. 유럽연합 회원국이 되면 통상적인 자유무역의 틀 안에서 이 시장들에 접근하기가 쉽다. 그게 영국이 회원국이 된 이유이다. 그러나 영국의 관심사는 자유무역지대이지 단일 화폐가 아니다. 유럽합중국은 더더군다나 아니다.

이러한 균형을 유지하려면 영국은 자신의 최대 고객인 미국과의 관계를 유지해야 한다. 그러나 단순히 경제관계를 유지하는 데서 그치지 않는다. 영국은 상당한 규모의 군을 유지하고 있다. 앞으로 계획한 대로 군이 삭감된다고 해도 여전히 영국군은 유럽에서는 상당한 규모다. 이게 결국은 무슨 뜻일까? 영국군은 대부분의 지역에서 독자적으로는 작전을 수행할 수 없다는 뜻이다. 영국군의 역할은 미국이 영국에 의존하게 하고, 그럼으로써 영국이 유럽연합에 대한 평형추가 되게 하는 일이다. 지난 10년 동안 미국이 이슬람 세계에서 수행한 전쟁들에서 목격된 과정이 바로 이것이다.

영국군은 만만하지 않다. 다른 동맹국들과는 달리, 상징적인 역할과는 거리가 멀다. 특히 영국의 공군특수부대 SAS(Special Air Service)는 수많은 작전에서 중요한 역할을 했다. 그러나 미국에게 가장 중요한 이득은 정치적인 이득이다. 프랑스와 독일은 미국이 이라크에서 작전을 수행하는 데 반대했지만, 영국과 보다 규모가 작은 많은 유럽 국가들은 미국을 지지했다. 영국의 지지 덕분에 연합군이 정당성을 얻었다.

영국이 미국의 전쟁에 기꺼이 참여했다는 이유로 많은 이들로부터 비판을 받았지만, 그렇게 참여함으로써 달성한 목적은 사소하지 않다. 프랑스는 미국과 특별한 관계라고 말로는 자주 하지만 실제로 그렇다기보다 상상에 가까운 관계다. 영국은 진정으로 행동을 통해 미국과 특별한 관계를 맺고 있음을 증명한다. 따라서 영국은 미국에게 도움을 요청하고, 미국 기술에 접근하고 미국이 이룩하는 성공에 묻어갈 수 있다. 그런 의미에서, 영국은 유럽연합에서 가장 막강한 경제 국가는 전혀 아니지만, 몸집보다 큰 타격을 날릴 수 있다. 미국이 영국을 지원할 태세가 되어 있기 때문이다.

영국은 늘 그래왔듯이 균형자 역할을 계속하고 있고 그 균형 잡기에는 복잡한 셈법이 동원된다. 셈법 안에 또 다른 셈법이 숨어 있지만, 결국 목표는 영국이 자국이 관리할 수 없는 상황으로 빨려들어가지 않고 국익을 지키는 역량을 최대한 보존하는 일이다. 늘 그래왔듯이 영국은 주변 환경을 조작함으로써 재앙을 피하려 하고 있다. 결국 영국은 미국인들을, 프랑스인들을, 독일인들을, 그리고 나머지 세상을 조종하면서 절대로 남의 지배를 받아들이지 않는다. 영국은 자국의 힘을 보존하기 위해서 미국을 따라 전쟁에 참가하는 전략을 사용한다. 영국은 유럽연합 회원국 지위를 이용해 시장에 접근하면서도 그 시장에 매몰되지 않는다.

영국의 위험은 유럽연합에 관여하는 데서 비롯되는 게 아니라 유럽을 균형을 잡는 데 쓰는 수단에서 비롯된다. 바로 미국이다. 영국은 지역 맹주다. 미국은 세계 패권국이다. 영국은 유럽과 미국 사이에서 균형을 유지하지만 미국은 지역들과 전체 세계 체제의 균형을 유지한다. 영국은 미국의 그러한 균형 잡기의 일부분이고 영국은 미국에 쓸모 있는 나라가 됨으로써 운신의 폭을 유지한다. 이는 미국이 관여하는 갈등들에서 영국이 보조적인 역할을 할지, 아니면 영향력을 잃고 따라서 균형자로서의 역할을 잃을지를 끊임없이 선택해야 하는 상황에 직면한다는 뜻이다. 영국은 간접적으로 운신의 폭을 유지하기 위해서 갈등에 관여할 필요가 있는 독특한 입장에 놓여 있다.

영국이 과거에 관여했던 종류의 갈등은 이제 더 이상 존재하지 않는다. 영국은 유럽 반도에서 벌어지는 사건에 영향을 미치겠지만, 갈등을 마무리하는 결정적인 역할은 하지 못한다. 예전의 식민지에서 평화유지 활동에 참여할지는 몰라도 식민지에서 전쟁을 일으키지는 못한다. 북아일랜드는 민족분규를 또다시 겪을지도 모르지만, 영국은 아일랜드를 굴복시키기 위해 전쟁을 하지는 않는다. 영국 역사에서 그런 시대는 지나갔다. 그 결과 영국 해협은 화약고가 아니라 잠잠한 경계지역으로 남게된다.

라인강 유역과 마찬가지로 충돌이 일어날 확률은 낮다. 그러나 벨기에가 분단되면, 프랑스의 정치가 극단적인 방향으로 선회해 극우나 극좌 정당이 장악한다면, 상황은 폭발적으로 변할지도 모른다. 그러나 이런 일들이 일어날 확률은 매우 낮다. 미국이 세계의 대양을 지배하고 영국이 미국과의 관계를 유지하는 한, 유럽 반도와 거리를 두는 영국의 문화는 순탄하게 지속될 가능성이 높다. 적어도 그 주변 지역에서는.

따라서 영국의 화약고는 역사적으로 그랬듯이 세계 어느 지역도 될 수 있지만, 딱히 영국이 선택한 지역이 되지는 않는다. 예컨대, 탈냉전 시대의 세계에서 러시아의 형세가 강화되면서 미국은 러시아와 유럽 반도 사이의 경계지역에 군대를 주둔하게 될지도 모른다. 그렇게 되면 영국은 미군과 나란히 그 지역에 주둔하게 될 가능성이 높다. 바로 이게 갈등이 마무리된 후 지역들과 세계를 규정하는 데 영국이 중요한 역할을 하려면 치러야 할 대가다.

그러나 한 가지 변수가 있다. 스코틀랜드다. 17세기에 잉글랜드가 정복해 영국에 합병시킨 이 지역의 깃발은 잉글랜드의 세인트 조지 십자가와 스코틀랜드의 세인트 앤드류 십자가를 합성해놓은 문양이다. 잉글랜드가 지배해왔지만 스코틀랜드가 투덜대면서도 딱히 반항할 이유를 찾지 못한 그런 병합이다. 시장과 기술의 실용성에 초점을 둔 스코틀랜드 계몽주의는 영국과 그 밖에 도처에서 산업혁명을 추진한 지적인 원동력이다. 영국이 북해 유전 개발에 참여하게 된 것도 스코틀랜드에서였다.

지금 스코틀랜드에서는 독립운동이 진행 중이다. 독립에 대한 찬반투표에서 45퍼센트가 영국으로부터의 독립에 찬성했다. 놀라운 비율이다. 이는 유럽을 규정해온 근본적인 혁명의 원동력을 반영한다. 모든 민족 집단이 하나같이 자결권을 주장하면서 유럽은 점점 잘게 쪼개진다. 스코틀랜드가 독립을 추구하게끔 하는 원동력은 격렬한 민족주의가 아니라 경제적 이익이다. 그리고 영국이 이에 저항하는 이유도 경제적이다. 수세기 동안 전쟁을 치르면서 얻은 자부심과 분노가 아니다.

놀라운 점은 스코틀랜드가 주권을 회복하려 한다는 사실이 아니라 스코틀랜드와 잉글랜드 양측 모두 시들하다는 점이다. 체코와 슬로바키아의 우호적인 결별을 기억하는가. 그러나 그들의 통합은 제1차 세계대전 후에 외부 세력이 주도한 결합이었다. 열정적인 결합이 아니었다. 그러나 잉글랜드와 스코틀랜드의 통합은 피를 흘리고 맺어진 관계다. 수많은 전투를 치르고 음모와 배신이 난무한 끝에 스코틀랜드는 패배했고 잉글랜드는 승리했다. 이 둘 사이에는 핵에너지에 준하는 정서가 존재한다. 하나의 원자를 묶어놓는 엄청난 에너지가, 그 결합이 깨졌을 때 분출되어 폭발이 일어나는 그런 종류의 정서 말이다. 스코틀랜드는 독립하고 싶을지도 모르고, 원한다면 그렇게 할 것이다. 그러나 아일랜드가 영국에서 떨어져나갈 때, 그리고 북아일랜드 사태 때 보였던 분노와 쓰라린 감정이 존재하지는 않는다.

스코틀랜드가 영연방을 떠난다고 해도, 또는 잉글랜드가 떠나기 어렵게 만든다고 해도 놀랄 일은 아니다. 전쟁이 안 일어난다고 해도 놀랄 일은 아니다. 오웰이 지적한 바와 같이, 영국인은 점잖고 따분하다. 그리고 스코틀랜드인들은 이러한 기질에 깊은 영향을 받아왔다. 그렇다고 해도, 이곳에 화약고가 폭발하지 않는다고 해도 스코틀랜드인들은 유럽에 민족주의가 여전히 생생히 살아있다는 법칙을 증명할지도 모른다. 또한 민족주의라고 해서 하나같이 자기 민족에 대한 사랑만큼이나 다른 민족에 대한 증오가 원동력이 될 필요는 없다는 법칙을 증명할지도 모른다.

결론

Conclusion

이 책은 세 가지 질문을 던졌다. 첫째, 유럽은 어떻게 정치적으로, 군사적으로, 경제적으로, 그리고 지적으로 세계를 지배하게 됐을까? 둘째, 1941년부터 1945년 사이의 기간 동안 유럽이 이러한 지배력을 잃게 만든 결함은 무엇일까? 셋째, 1945년에 뒤이은 평화의 시대가 유럽의 미래의 모습일까, 아니면 유럽은 과거로 되돌아갈까? 마지막 질문에 답하려면 첫 두 질문을 제기해야 하지만, 내가 이 책을 쓴 이유는 마지막 질문에 답하기 위해서다.

짧게 답하자면 유럽의 갈등의 역사는 절대로 끝나지 않았다. 유럽의 기본적인 구조는 똑같다. 작은 대륙이 수많은 부분으로 나뉘어져 있고 많은 민족국가들로 복작거린다. 일부는 적개심과 원한의 역사를 뒤로했지만, 완전히 사라지지는 않았다. 여전히 그런 정서가 지배하는 곳도 있고 그런 정서를 감추고 있는 곳도 있지만, 많은 지역에서 특정 지역 유럽인이 다른 유럽인들에 대해 품은 분노는 여전히 존재한다.

1945년부터 1991년까지의 기간은 평화로운 시기였지만 이는 유럽이 달성한 평화가 아니다. 평화는 미국과 소련이 강제했다. 1991년부터 2008년까지의 평화야말로 유럽이 이룬 성과다. 그러나 오로지 이례적으로 풍요롭고 독일이 통일에 골몰하던 시기에만이 유럽인들은 전쟁을 피할 수 있다는 사실을 보여주었다. 그래도 전쟁은 있었다. 단지 유럽 심장부에서 일어나지 않았을 뿐이다. 유럽연합에 대해 지나치게 높은 기대가 유럽연합의 진정한 면모를 드러냈고, 독일에 대한 불안이 확산되고 러시아가 전열을 가다듬기 시작한 2008년 이후인 이제 유럽이 시험에 들게 된다. 그 결과가 유럽을 규정하게 될 텐데, 어떤 결과가 나올지는 예측하기 어렵다.

과거 31년 같은 대재앙이 일어나리라고 예상하지는 않는다. 유럽은 더 이상 국제 체제나 세계 문화의 중심지가 아니다. 31년은 유럽 바깥에 유럽을 억제할 수 있는 세력이 없었기 때문에 불이 붙었다. 이제는 미국이 훨씬 막강하다. 미국은 1918년과 1945년에 유럽에 붙은 불을 끄고 냉전 시대에 유럽을 억제했듯이 지금도 그렇게 할 수 있다. 유럽은 이제 자잘한 화약고가 있고 소규모의 화재만 나는 곳이다. 유럽에서 전면전이 일어난다면 놀랄 일이다. 그러나 현재 충돌이 일어나리라고 생각조차 할 수 없는 국가들 간에 상당한 충돌이 일어나지 않는다면 더욱더 놀랄 일이다. 유럽은 정상적인 곳이다. 전쟁은 역사에서 교훈을 얻지 못해서, 서로 상대방을 거칠게 대해서 일어나는 게 아니다. 전쟁은 서로 이익이 너무나도 달라서 싸우지 않으면 치를 대가가 싸우면 치를 대가보다 더 크면 일어난다. 시간이 흐르면서 이러한 갈등이 사라지길 바란다고 해서 사라지지 않는다. 유럽은 아무리 원해도 인간이 처한 여건에서 벗어나지 못한다. 이는 비극적인 진실이지만, 그래도 진실은 진실이다.

유럽은 세계에서 과거에 차지하던 위상을 상실했다. 유럽은 여전히 상업적 주요 세력이지만, 여러 유럽인들이 "연성(軟性) 권력"이라고 부르는 것의 일부인 상업은 국가안보—바다와 하늘을 자유롭게 이용할 역량, 당신이 교역하도록 허용하려는 다른 이들의 의향, 해외에 투자한 자산의 안전 확보 등—에 의존한다. 유럽은 여전히 기술적으로, 경제적으로 선진화된 지역이다. 일부 유럽 국가들과의 관계는 다른 나라들에 이로운 점이 많다. 그리고 이러한 관계를 거부함으로써 다른 나라들에 해를 끼칠 수 있다. 이는 얕잡아볼 힘이 아니다.

그러나, 다른 나라들에게 유럽의 투자를 존중하고 합의사항을 지키라고 강제할 역량은 미래의 투자, 미래의 교역 등에 대한 기대에 달렸다. 유럽이 세계에서 누린 경제적 힘을 뒷받침하던 경성(硬性) 권력은 사라졌다. 중국, 러시아, 미국 같이 막강한 나라들이 한때 유럽이 제공했던 바로 그 혜택을 제공하고 있고, 이들과의 합의를 위반했을 때 치러야 할 대가는 더욱 크다. 당장은 이게 크게 중요하지 않을지 모르지만, 세계 권력이 여러 갈래로 나뉘면서 유럽은 중간에서 옴짝달싹 못하는 처지에 놓이게 되고 경성 권력이 없는 처지가 점점 더 중요해지게 된다. 부유하면서 힘이 없으면 치명적이다.

따라서 유럽은 늑대가 우글거리는 세계에서 살고 있다. 이미 유럽에 눈독을 들이는 늑대도 있다. 앞으로 눈독을 들이게 될 늑대도 나타난다. 독일, 프랑스, 영국 같은 개별적인 나라들은 이 틈에 끼어 경제적인 게임을 할 수 있지만, 유럽 대부분의 국가들은 그럴 역량이 없고, 그럴 역량이 있는 나라들조차도 오로지 경제적인 힘만 지니고 있을 뿐이다. 그들은 미국과 경쟁할 역량이 없고, 바로 이 점이 유럽을 이해하는 데 가장 중요한 요소다. 군사적으로 도발을 하고 싶은 나라라면 어떤 나라든지 유럽인들을 겁박해 돈을 내게 하거나, 시간이 가면 사라지겠거니 하고 문제를 외면하게 하거나, 또는 당장 싸우기보다는 굴복하게 만들 수 있다.

가장 중요한 갈등은 이미 부상했다. 유럽 본토와 유럽 반도 사이에 놓인 경계지역을 두고 양측 간에 벌어지는 전투다. 주요 갈등 지역은 우크라이나다. 발트해 연안 국가들은 이미 유럽연합과 NATO에 속해 있기 때문이다. 전투가 어떻게 시작됐는지에 대해서는 갑론을박이 있다. 서구진영은 부패하고 억압적인 대통령에 대한 대중 봉기가 일어났다고 주장한다. 러시아인들은 합법적으로 선출된 대통령이 미국과 유럽의 사주를 받은 군중에 의해 축출됐다고 주장한다.

어느 쪽이 진실인지는 그다지 중요하지 않다. 현실은 지정학적이다. 우크라이나는 러시아 남쪽의 완충지대다. 이곳이 유럽의 영향권 안에 들어가면, 볼고그라드, 즉 소비에트인들이 수많은 인명을 희생하고 지켜낸 예전의 스탈린그라드가 우크라이나 국경에서 200마일이 채 안 된다. 우크라이나가 NATO와 동맹을 맺으면, NATO는 거의 제2차 세계대전 때 히틀러가 진출했던 지역까지 진출하게 된다. 그리고 북쪽으로 발트해 연안 국가들과 우크라이나 사이에 위치한 벨로루시도 정권이 바뀌게 되면, 러시아 제국과 소련의 심장부에 자리했던 도시 스몰렌스크는 이제 국경지역의 마을이 된다. 그렇게 되면 유럽 반도 전체가 잠재적으로 러시아에게 적대적인 세력이 되는 셈이다.

러시아는 의도는 변덕스럽다는 사실을 알고 있다. 유럽과 미국이 오로지 가장 우호적인 의도만 지니고 있다고 가정해보자. 러시아는 역사를 통해 의도란 얼마나 변덕스러우며 심지어 역량도 변한다는 사실을 잘 알고 있다. 1932년 독일은 약하고 분열되고 거의 무장을 하지 않은 상태였다. 1938년 무렵 독일은 유럽 반도에서 최강의 군사력을 보유하게 되었다. 의도와 역량은 모두 아찔할 만한 속도로 변했다. 러시아는 이를 비롯해 크리미아 전쟁과 같은 여러 사건들을 기억하고 있다. 러시아는 최악의 경우를 상정해야 한다. 최악의 경우는 보통 현실화되기 때문이다.

러시아는 지금으로서는 그다지 막강하지 않다. 한때 막강했던 육군은 껍데기만 남았다. 그러나 러시아의 육군은 그 어느 유럽 군대보다도 훨씬 강하다. 따라서 침략을 할 필요가 없다. 우크라이나의 경제는 박살났고 독일은 러시아에 맞서기 주저하고, 미국은 멀리 있기 때문에 러시아는 매우 유리한 입장에 처해 있다. 우크라이나는 러시아에게 엄청나게 중요하다. 우크라이나는 유럽에게도 매우 중요하다. 유럽도 러시아와의 완충지대가 필요하기 때문이다. 그러나 우크라이나는 미국에게는 훨씬 덜 중요하다. 유럽인들은 우크라이나 문제를 스스로 해결해야 한다. 그리고 이 문제를 해결하는 결정적인 요인은 경제력이 아니다. 우크라이나는 러시아에게 너무나도 중요하기 때문에 경제문제가 끼어들 여지가 없을 뿐만 아니라 러시아는 유럽의 팔을 뒤로 꺾어 쥐고 있다. 유럽은 러시아의 천연가스가 필요하다. 그 가스를 얻으려면 정치적 대가를 치러야 한다.

러시아는 서쪽으로 완충지대를 다시 구축하려고 한다. 유럽과 미국은 러시아가 완충지대를 못 만들게 막아서 러시아의 행동에 영향을 미칠 수 있는 여지를 남겨놓으려 하고 있다. 그러나 유럽은 군사력이 없기 때문에 불공정한 게임이다. 경계지역을 구성하는 두 번째 층을 따라 위치한 나라들—폴란드, 슬로바키아, 헝가리, 루마니아, 불가리아—은 군사력은 구태의연하다는 유럽인들의 신념을 받아들였다. 그러나 러시아의 힘이 완충지대를 확보하기 위해 서쪽으로 이동함에 따라, 이런 나라들에게는 러시아인들이 과연 어디까지 진출할지가 문제다.

이 문제에 대한 답은 또 다른 문제에 달렸다. 유럽의 동쪽 경계지역은 얼마나 취약한가? 러시아인들은 더 큰 힘을 얻기 위해 침략할 필요가 없다. 유럽은 분열되어 있고 NATO는 약하기 때문에 동쪽 경계지역은 러시아의 위협에 노출되어 있다. 유럽의 경제 위기는 여전히 해결되지 않고 있고, 이는 러시아가 경제적 수단으로 동쪽 경계지역을 자신의 영향력 하에 둘 여지를 열어둔다. 러시아는 세계에서 여덟 번째로 경제규모가 크다. 러시아는 심각한 경제적 약점들이 있기도 하지만, 헝가리나 슬로바키아 같은 나라에 크게 투자하고 있지 않다. 그저 이런 나라들을 러시아 영향권에 끌어들이기만 해도, 폴란드와 루마니아 같은 나라들은 고립되고 러시아에 순응해야 하는 처지에 놓이게 된다.

이런 나라들에게 논리적으로 합당한 해결책은 동맹을 통한 방어역량의 증강이다. 그러나 이는 허약한 동맹이다. 이 동맹은 군사행동과 경제적 유인책에 취약한, 길고 좁은 영토를 방어해야 한다. 이 동맹에는 유럽반도의 나머지 국가들도 어느 정도 참여해야 한다. 문제를 완화하기 위해 경제적 지원이 필요하고, 저항을 뒷받침하려면 군사적 지원이 필요하다. 물론 핵심은 독일의 지원이다.

독일은 유럽에서 경제규모가 1위, 세계에서는 4위이다. 독일은 세계 3위의 수출국이기도 하다. 결과적으로 독일은 세계를 경제적 관점에서 바라본다. 독일이 세계를 이런 식으로 바라보는 이유는 단지 1945년에 독일에 닥친 재앙 때문만은 아니다. 독일은 경제적 번영과 우월한 지위를 달성했기 때문에 군사적인 모험은 비이성적인 행동으로 여겨지게 되었다. 그러나 군사적으로 관여할지 여부가 전적으로 독일의 결정에 달려 있지 않다는 게 문제다. 러시아가 동유럽의 약점을 파고들면 독일은 전략적 결단을 내려야 한다. 독일은 러시아와 동맹을 맺는 시도를 할 수도 있지만, 독일이 군사적으로 약하다면 그 동맹은 덫이 될지도 모른다. 아니면 독일은 동유럽 연합을 뒷받침함으로써 러시아를 견제하려 할 수 있다. 아니면 러시아를 물리칠 태세를 취할 수도 있다.

독일과 러시아 사이의 경계지역은 이제 사실상 화약고다. 이 지역은 러시아 변방에서 유일한 화약고는 아니다. 캅카스는 여전히 화약고이고, 러시아는 아르메니아와 장기적인 협정을 맺고 그곳에 상당한 규모의 군대를 파견함으로써 불을 지피고 있다. 이 때문에 서구진영이 지원하는 조지아는 러시아와 아르메니아 사이에 낀 형국이 되었다. 이는 아제르바이잔도 위협한다. 유럽이 러시아에서 수입하는 주요 에너지의 대안은 아제르바이잔이다.

따라서 이 상황은 터키도 끌어들인다. 터키와 아르메니아는 학살이라는 끔찍한 기억 때문에 서로에게 적대적이다. 한편 터키는 러시아 에너지에 의존하고 있고, 터키가 대안—러시아 석유를 대체할 에너지원을 찾기는 어렵다—을 찾지 못하면 터키는 러시아에 맞서지 못한다. 이와 동시에 소련의 몰락으로 터키와 러시아 사이에는 넉넉한 완충지대가 조성되었다. 터키는 러시아의 영향력이 확대돼 냉전 시대의 경계로 회귀함으로써 이 완충지대가 사라지기를 바라지 않는다. 따라서 터키와 러시아는 정치적으로, 특히 아제르바이잔에서 맞붙고 있다.

터키의 입지는 복잡하다. 터키는 강대국이 되겠지만 아직은 아니다. 터키는 현재 국내에서는 정치적 긴장이 고조되고 있을 뿐만 아니라 경기 순환에 따른 침체기를 겪고 있는데, 이 두 현상은 오래가지 않는다. 터키는 경제적 힘과 터키 주변의 혼돈 때문에 강대국이 되게 된다. 혼돈은 터키에게 투자와 무역에서 중요한 경제적 기회를 제공한다. 또한 혼돈은 터키를 갈등으로 끌어들이게 된다. 터키는 흑해의 미래에 관심이 있고, 따라서 우크라이나에 이해관계가 걸려 있다. 터키는 이라크와 시리아, 아라비아반도, 이란, 발칸 반도에도 관심이 있다. 흑해 지역에서 점점 긴장이 고조되고 남쪽과 동쪽에서 폭력사태가 일어나거나 불안정해지면, 터키의 주변에서 당장 화약고가 아닌 유일한 지역은 발칸 반도뿐이다. 우리가 수세기에 걸쳐 깨달았듯이 발칸 반도에서 평온은 일시적이다. 유럽 반도와의 접경 지역을 제외하고 터키는 화약고에 둘러싸여 있다.

터키와 유럽 반도와의 관계는 북아프리카와 유럽 반도 사이의 보다 폭넓은 관계 속에서 살펴봐야 한다. 여기에는 두 가지 측면이 있다. 첫째, 북아프리카, 특히 리비아와 알제리에서 남부 유럽으로 흘러들어가는 에너지다. 이 에너지는 유럽에게 대단히 중요하다. 그 자체로서도 중요하지만 러시아 에너지의 대안으로서도 중요하다. 그러나 리비아와 알제리 둘 다 불안정해졌다. 특히 리비아가 불안정하다. 리비아에서 내전이 발발하자 프랑스와 이탈리아는 개입할지를 두고 논쟁을 했다. 프랑스는 공습을 시작했고 미국에 전투를 관리할 공중 조기경보 관제기의 지원을 요청했다. 프랑스는 자체적으로 전투를 지속할 역량이 없다는 사실이 분명해졌고, 미국은 전투를 주도하는 역할로 끌려들어갔다. 미국에게는 달갑지 않은 경험이었고 특히 후유증은 심했다.

유럽은 이집트 내전과 같은 상황들을 관리하기 위해 미국에 의존해왔다. 미국은 예전과 같은 정도로 관여할 의향이 없고, 우리가 보았다시피 이집트의 문제는 확산될 수 있다. 미국은 급진적 이슬람 운동에 맞서는 일 말고는 북아프리카에 절박한 이해가 걸려 있지 않다. 정권 교체 같은 시도는 하지 않는다. 그러나 유럽에게 원활한 에너지 유통은 중요한 관심사이고 반드시 안전한 공급이 지속되도록 해야 한다.

지중해에서 두 번째 화약고는 북아프리카와 터키에서 유럽으로 유입되는 대규모 인구이동이다. 이러한 이민은 값싼 노동력을 구하려는 유럽이 의도적으로 유인한 결과다. 이러한 이민자들은 유럽 내에서 심각한 긴장을 조성했고, 유럽연합 대부분 지역에 설정된 비자면제구역의 존속을 위협하고 있다. 덴마크 같은 나라들은 무슬림 입국을 막으려 하고 있고, 무슬림 이민은 제한해야 한다는 여론이 높아지고 있다. 이는 북아프리카에서 중요한 사안이고 유럽에 대한 반감을 낳을지도 모르며, 이러한 정서는 테러리즘이 지중해를 건너 유럽에 확산되거나 북아프리카 정권들에 대한 위협으로 전환될 가능성이 있다. 그렇게 되면 유럽은 좋든 싫든 북아프리카의 갈등에 끌려들어가게 된다.

유럽에서는 이와 관련된 또 다른 측면이 있다. 바로 우익정당의 부상이다. 금융 위기가 발생하고 실업자가 속출하면서 대중은 필연적으로 기존의 정당과 유럽주의자들의 이념에 대한 신뢰를 잃었다. 이 때문에 헝가리부터 프랑스에 이르기까지 필연적으로 우익정당들이 급부상하는 결과를 낳았다. 이러한 정당들은 공통적으로 유럽연합에 대해 적대적이고 반이민 정서가 매우 강하다. 그들은 유럽 엘리트 계층의 초국가적 이익이 아니라 자기나라의 국익을 중시한다. 이러한 정당들은 아직 집권하는 수준까지는 부상하지 못했지만, 상당한 세를 확보해 연립정부를 구성할 때 포함시켜야 하는 정당들도 생겼고 급격히 성장하는 정당들도 있다.

유럽에서 오래전부터 화약고였던 지역들, 라인강 유역, 영국 해협, 그리고 나머지 지역들은 대체로 잠잠하다. 프랑스-독일 간의 갈등은 고조되고 있지만 비등점에 이르려면 한참 멀었다. 그러나 수면 아래에서는 갈등의 요인들—주권을 다국적 기구에 이양하는 데 반대하는 낭만적 민족주의와 오랜 민족 갈등의 부활—이 부글부글 끓고 있다. 우익정당들은 빙산의 일각일 뿐이지만 별일 아니라고 일축해서는 안 된다. 수면 아래에서는 경제 사안들을 결정할 주권을 다국적 기구에 이양함으로써 야기된 결과에 대한 불만이 고조되고 있다.

당장 화약고는 유럽연합의 변경지역이지만, 유럽연합 자체가 무너지고 있다. 유럽에는 네 개의 연합이 있다. 독일계 국가들(독일과 오스트리아), 나머지 북부 유럽, 지중해 연안 국가들, 그리고 경계지역의 국가들이다. 마지막 경계지역 국가들은 러시아가 예전의 경계지역을 탈환하려는 시도에 직면하고 있다. 지중해 연안 국가들은 대규모 실업에 직면해 있고, 미국이 대공황 때 겪었던 실업률보다도 실업률이 높은 지역도 있다. 북부 유럽 국가들은 상황이 낫지만 독일만큼 선전하는 나라는 없다.

유럽연합 내의 서로 다른 지역들마다 여건과 관심사가 극명하게 차이가 나면서 이 차이를 따라 경계가 생기고 유럽연합은 이 경계를 따라서 분열되고 있다. 각 지역이 겪는 현실은 저마다 다르고, 이러한 차이는 해소하기가 불가능하다. 이런 차이들이 어떻게 해소될지 상상하기가 어렵다. 네 개의 유럽이 존재하고 이 네 개의 유럽은 더 분열되어 다시 민족국가로 회귀하고, 그들이 극복하고자 했던 역사로 되돌아가고 있다.

결국 유럽의 문제는 유럽의 절정기였던 계몽주의 시대에 출몰했던 바로 그 문제다. 파우스트의 정신(spirit)이다. 영혼을 팔더라도 모든 것을 소유하고 싶은 욕망이다. 오늘날 그들은 아무런 대가도 치르지 않고 모든 것을 소유하고 싶어 한다. 그들은 항구적인 평화와 번영을 원한다. 그들은 국가의 주권을 유지하고 싶어 하지만 이러한 주권국가들이 자국의 주권을 100퍼센트 행사하기를 바라지도 않는다. 그들은 하나의 공동체가 되기를 바라면서도 서로의 운명은 공유하지 않으려 한다. 그들은 자기나라의 언어를 쓰고 싶어 하지만 그러한 바람이 완벽한 상호 이해를 방해한다고 생각하지 않는다. 그들은 승리하고 싶어 하지만 위험을 감수하기는 싫어 한다. 그들은 완전한 안보를 원하지만 스스로를 방어하기를 바라지는 않는다.

그러나 늘 그래왔듯이, 또 다른 유럽도 있다―딱히 패배하지도 않았지만 그렇다고 딱히 안전하지도 않은 내륙의 유럽 본토다. 현대 유럽은 소련이 사망하고 유럽연합이 탄생한 1991년에 시작되었다. 2014년 러시아가 다시 부상했고, 러시아와 유럽연합 사이의 화약고가 되살아나면서 역사는 다시 시작되었다. 유럽이 실현가능하다고 생각했던 환상은 놀라울 정도로 수명이 짧았다. 유럽에서 가장 위험한 화약고는 2014년에 부활했다. 제1차 세계대전이 발발한 지 100년 만이다. 유럽이 지옥으로 떨어지기 시작한 지 100년 만이다.

유럽은 그 지옥에서 벗어났다. 그러나 파우스트가 전지(全知) 능력을 얻기 위해 영혼을 팔았다면, 현대 유럽은 대가를 지불하지 않고 완벽하기를 바랐다. 모든 것에는 대가가 있고, 그 대가가 뭔지 모르는 것만큼 위험한 것은 없다. 아니, 알고 싶지 않다면 더욱 위험하다.

가장 중요한 의문에 대한 답, 유럽이 과연 31년을 극복했는지 여부에 대한 답은 '아니다'이다. 그러나 단서조항이 달린 '아니다'이다. 유럽은 더 이상 세계의 중심이 아니라 국제 체제에 종속된 일부다. 예전만큼 걸린 이해가 높지 않다. 그리고 미국 같은 외부의 세력들이 갈등을 억누르려는 경향은 20세기보다 훨씬 강해졌다. 그러나 유럽이 이러한 문제를 해결하기 위해 무력 충돌을 이용하는 시대는 끝났다고 생각한다면 망상이다. 과거에도 그렇지 않았지만 앞으로도 그렇지 않을 것이다. 이미 러시아가 겨울잠에서 깨어나 과거 자신의 영역 중 일부라도 탈환하려 하고 있다. 그리고 독일은 더 이상 일치하지 않는 자국의 이익과 유럽연합의 이익 사이에서 갈등하고 있다.

인간이 전쟁을 하는 이유는, 인간이 바보여서도 아니고 역사에서 교훈을 얻지 못해서도 아니다. 인간은 고통이 닥치면 이를 감지한다. 인간이 싸우는 이유는 싸워야 하기 때문이다. 현실이 그들로 하여금 싸울 수밖에 없게 만들기 때문이다. 유럽인들은 여전히 인간이고, 그들은 여전히 다른 이들이 지금 직면한 것과 같은, 그들이 과거에 직면했던 끔찍한 선택지들을 마주하게 된다. 그들은 전쟁과 평화 사이에서 양자택일을 해야 하고, 과거에 그랬듯이 이따금 전쟁을 선택하게 된다. 끝난 것은 아무것도 없다. 인간에게 중요한 것은 절대로 끝나지 않는다.

| 감사의 말 |

감사해야 할 분들이 많다. 우선, 내 좋은 친구이자 편집자 제이슨 카우프먼에게 감사하다. 과거에 함께 작업한 그는 이번에도 참을성 있게 나를 이끌어주었다. 치밀한 편집과 설득력 있는 제안을 해준 로브 블룸에게도 감사하다. 둘째, 또 다른 내 좋은 친구이자 에이전트로서 출판업 관련 규정들을 가르쳐준 짐 혼피셔에게 감사하다.

내 원고를 읽고 평소와 다름없이 신랄하게 비판하고 제안을 해준 스트랫포(Stratfor) 동료들에게도 감사드려야 한다. 특히 무자비하게 비판해준 동료들은 로저 베이커, 리바 말라, 에이드리아노 보조니, 안토니아 콜리바서누, 앨리슨 페더카, 레베카 켈러 프리드먼, 로렌 구드리치, 캐런 후퍼, 네이트 휴즈, 마크 랜더먼, 존 미니치, 그리고 내가 미처 언급하지 못하고 빠뜨린 다른 많은 이들이 있다. 특히 현명한 조언과 뛰어난 유머감각을 발휘해준 내 친구이자 동료 데이비드 젓슨에게 특별히 감사드린다. 그래픽 디자이너 TJ 렌싱에게도 감사하다. 그는 이 책에 담긴 중요한 개념들을 명확히 보여주는 중요한 지도들을 제작하느라 수많은 시간을 쏟아부었다. 일정과 자료를 정리하는 데 도움을 준 테일러 크리스먼에게 감사한다. 탁월한 자료 조사 능력으로 집필을 뒷받침해준 매트 파워즈에게도 감사하다.

마지막으로, 누구보다도, 내 아내이자 공동저자인 메러디스에게 감사하다. 아내는 자기 이름을 책 표지에 올리지 않겠다고 했지만 내가 이렇게 아내 이름을 언급했으니 소원을 성취하지는 못한 셈이다. 늘 그래왔 듯이 아내가 아니었다면 이 책은 세상 빛을 보지 못했을지 모른다.